日出国《ひいづるくに》の落日の大衆的文化《ポップカルチュア》

漫画おやぢ 著

講談社エディトリアル

今は昔の大衆的文化《ポップカルチュア》

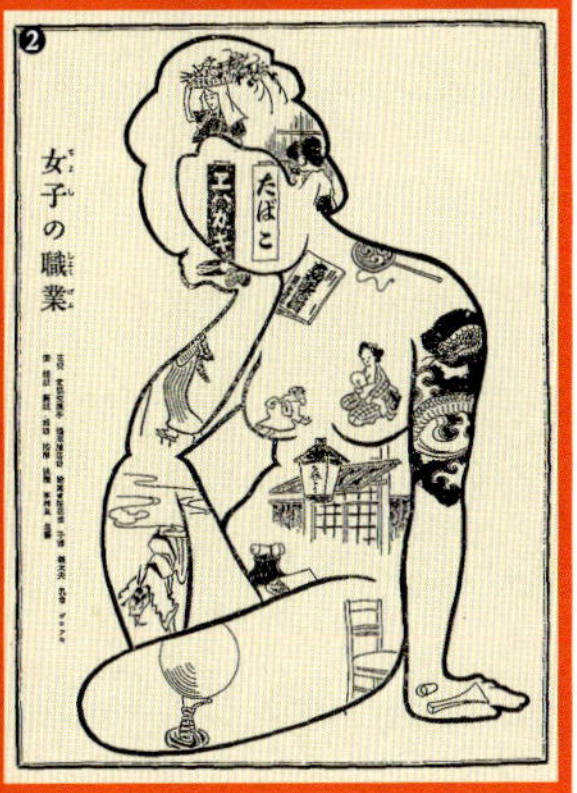

❶❷

パンチ絵（西洋風刺画）から和魂洋才で誕生したポンチ絵（日本風刺画）は、やがて日本独特の大衆文化（絵物語・漫画・劇画）へと繋がってゆく。❶はジョルジュ・ビゴー「猿まね」（「トバエ」明治20年／1887年）、❷は「女子の職業」（「滑稽新聞」明治41年／1908年）。

❸

国威発揚の物語が少年誌にも。これは、少年倶楽部十月號の附錄「少年國史繪畫館」（梁川剛一ほか絵、大日本雄辯會講談社、昭和7年／1932年）の表紙。

❹

昭和の前半、街頭紙芝居が多くの少年少女を魅了した。牽引役を担ったのか「黄金バット」（永松武雄絵）。

❺

第二次世界大戦時に発売された家庭用紙芝居「キング紙芝居劇場」のポスター。

❻

昭和29年／1954年に刊行が開始された「講談社版 少年講談全集」には髷物のヒーローがいっぱい。これは刊行開始から2年余りが経った頃の広告。

❼

「黄金バット」は絵物語としても広く人気を集めた。少年クラブ6月号ふろく「黄金バット」（永松健夫絵、講談社、昭和31年／1956年）の表紙。

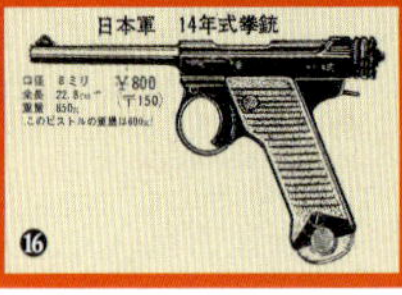

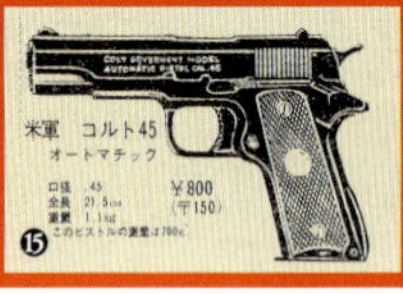

今は昔の大衆的《ポップカルチュア》文化

❽❾❿ 小説に漫画に映画に演劇に、昭和という時代を髷物のヒーローが駆け抜けた。いずれも雑誌「新少年」（博文館、昭和13年／1938年創刊）附録より（玉井徳太郎・絵）。

⓫⓬ 初の国産長編アニメ「桃太郎の海鷲」（藝術映画社製作、昭和17年／1942年）の公開を知らせるチラシ。

⓭ 小高吉三郎著『日本の遊戯』（羽田書店、昭和18年／1943年）に掲載された竹馬と春駒の挿画。「江戸制ハ太也竹馬ト云ズ春駒ト云」と書かれている。

⓮ 男児なら誰でも一度は夢中になった面子《めんこ》。円形や長方形をした厚紙の表を、その時々のヒーローが彩った。ただ、パチモンのヒーロー面子もあった。

⓯⓰ 戦後の西部劇ブームとTV活劇「月光仮面」「七色仮面」「快傑ハリマオ」等々、ピストルを撃ちまくるヒーローに男児は憧れを抱き、ピストル（銀玉鉄砲、煙硝鉄砲）は〝ヒーローごっこ〟の必須アイテムとなった。

はじめに

本作は、「アップルBOXクリエート」が季刊発行している同人誌『漫画市』と『少年なつ漫王』の両誌に、平成23年（2011年）の春季から交互に掲載された「漫画おやぢの与太話」の中から、8つのテーマ（「TV人形劇」「人形劇と人形芝居」「紙芝居」「絵物語」「遊戯《ゆげ》」「忘却の大衆時代劇」「忘却のドラマ」「日本アニメ・起源編」）をピックアップし、加筆・修正し再編集したものである。

この「アップルBOXクリエート」とは、商業ベースに合わないと判断されたため単行本にもならず、雑誌掲載以降、再び日の目を見なかった昭和の漫画の復刻（保存）や紹介を趣旨とし、東京の古本屋「誓和堂」を中心に漫画好きの有志たちで創った同人会である。結成以降、約30年の間に武内つなよし、堀江卓《たく》、九里《くり》一平《いっぺい》、吉田竜夫、横山光輝《みつてる》、桑田次郎、石川球太《きゅうた》、久松文雄、小沢さとる、河島光広、泉ゆき雄、笹川ひろし、板井《いたい》れんたろう、貝塚ひろし等々、有名無名の漫画家の埋もれた作品を世に知らしめて、出版社パンローリング（マンガショップ）を筆頭に、小学館や復刊ドットコムなど、近年の懐かしの漫画復刻ブームの火付け役となっている。

そうした同人誌の趣旨を逸脱し、大仰にも大衆文化のエッセイを5年以上書かせてもらったのだが、資料の揃ったところから順に発表していたため、内容が年代史順になっておらず、これらを鳥瞰して観てみると、いろいろとアラばかりで、どうしても書き直してみたくなった。そして、どうせ書き直すなら、1冊の本にまとめてしまえと、懲りもせず、再び自費出版に手を染めることとなった。

当時の世相を踏まえた日本大衆文化の起源から、復古と改新、隆盛と凋落を軸として語っているが、堅苦しい教養本にならないよう極力心がけて、章ごとに趣を変え、さらに硬軟織り交ぜて語っている。

中には以前自費出版した本の内容と重複する箇所も多少あるが、アプローチの仕方を変えて再構築した。以前の本を読んでいただいた諸氏にも、新たなお噺として読んでいただけるものと自負している。

本書もまた日本中の〝おじさん〟たちのタイムカプセルとして、ほのかな懐かしさを届けられたら幸いである。

なお、本書は市井の（歴史・文化）研究者の書籍や新聞、週刊誌、ムック本の記事等から私選して編んだ野史である。故に、一般見識とは異なる見解の話もある。

また、失礼ながら本編で敬称は省略させていただいた。

日出国《ひいづるくに》の落日の大衆的文化《ポップカルチュア》——目次

第2章　街頭紙芝居　絶滅危惧度★★★★☆

第3章　絵物語　絶滅危惧度★★★☆☆

第4章　遊戯《ゆげ》

第5章　髷物の怪傑《ヒーロー》　絶滅危惧度★★★★☆

日出国《ひいづるくに》の落日の大衆的文化《ポップカルチュア》

装幀・杉本瑠美［Tyche Design Office］
編集協力・上岡康子

第1章

連続TV人形劇

絶滅危惧度――★★★★★

『操人形の顔』(堂本寒星著・一條書房・昭和17年/1942年)より。

前説——人形劇・人形芝居の起源

人間が人形を用いて演劇を行うことを「人形劇」または「人形芝居」という。こうした演劇の要員は、人形、遣《つか》い手、語り手に分化され、操作方法によって、手遣い、指遣い、糸操《いとあやつり》、棒遣い、影絵、カラクリ、写し絵に分類されている。なお、現在の辞書には「人形劇」と「人形芝居」は同意語として載っているが、著者《わたし》の私的な感覚では、「人形劇は西洋人形芝居がルーツの（もしくはそれを模倣した）操人形（マリオネット）や指人形（ギニョル）の演劇のことをいい、人形芝居は文楽（人形浄瑠璃）のように人間が行う芝居を模した人形演劇のことをいっているように思える」ので、本書では基本的に、古代日本からのものを「人形芝居」、西洋から伝来して日本仕様に展開したものを「人形劇」と、使い分けて記述している。

さて、諸説ある日本の人形芝居（または人形劇）の起源だが、新世紀になって発行された加藤暁子の著書『日本の人形劇　1867-2007』（法政大学出版局刊）のあとがきには、「最近の研究によれば、弥生時代の出土品に操られた痕跡のある『木偶人《でくにん》』がある」とあった。ただ、これ以上は詳しく書かれていなかったので、他の書籍も紐解くと、『日本風俗史事典』（日本風俗史学会編・弘文堂刊）では「平安時代に著された大江匡房《おおえまさふさ》の『傀儡子記《くぐつき》』には、奈良時代に〝散楽《さんがく》（雑戯のことで、曲芸・幻術・物真似などを含む芸能）〟とともに中国から輸入された傀儡子（人形使いの古称で、傀儡《くぐつ》・傀《くぐ》儡師《つまわし》とも書く）が起源」であるとされていた。

これに対して、人形・玩具研究の最高権威者といわれた山田徳兵衛の著書『日本人形史』(冨山房刊)によれば、東北地方の「おしら(おしら神・おしら様)遊び」を起源としていた。おしら遊びは神信仰のひとつの形式で、祭壇の前で巫女が両手に男女一対のおしら神(八寸ほどの桑の木または竹に、首を付けた人形)を持ち、おしら祭文《さいもん》を歌いながら舞うのである。これが宗教色を遺《のこ》しつつ芸能化されたものが、日本の傀儡子が舞《まわ》した人形となっていった。ただし芸能化といっても、一座を組んで興行していたわけではなく、当初の傀儡子は人形を舞して物乞いに出るといったところであった。

現在は日本の伝統芸能となった文楽(人形浄瑠璃)の遣い手が姿を出して人形を操るのは、このおしら遊びが伝統だからともいわれている。ちなみに、兵庫県西宮市から出た傀儡子によって戎神《えびす》社のえびす神人形を舞す「恵比寿《えびす》かき(夷舞《えびすまわ》し)」と呼ばれるものがあり、それは組織されて諸国を回り、慶長年間(17世紀初め)に新興の浄瑠璃と結びついて、浄瑠璃・三味線・人形が組み合わさった芝居を生むことになった。これが「人形浄瑠璃」の起源だが、「文楽」または「人形浄瑠璃」と名付けられるのは明治時代に入ってからで、それまでは「操《あやつり》」または「操芝居《あやつりしばい》」と呼ばれていた。

明和年間(1764〜1772年)に大坂(明治時代から大阪)で操芝居を興行していた植村文楽軒《ぶんらくけん》が18世紀末に文楽座を創設し、操芝居は発達を遂げる。江戸時代中期には、操芝居を興行する一座が、文楽座以外にも三都(京、大坂、江戸)に創設された。そして、それまで「一人遣い」だった操芝居は、享保19年（1734年）10月の竹本座の『蘆屋《あしや》道満《どうまん》大内《おおうち》鑑《かがみ》』より、ひとつの人形を「主《おも》遣い・左手遣い・足遣い」の3人で遣う「三人遣い」が始まっている。

しかしながら、江戸時代後半から歌舞伎人気に圧《お》されたこともあって、操芝居は衰微してゆく。おまけに、興行が一人遣いから三人遣いになったことで抱える座員数も増え、経営を圧迫した。さらに、まるで操芝居の興行に止めを刺すかのように、「天保の改革」（1841〜1843年）で市中興行禁止令が出される。その結果、京、江戸、そして大坂（大阪）と順に操芝居は消え去っていった。禁止令の発布により都で堂々と興行出来なくなった操芝居は、場所を変えながら細々と上演されるだけとなり、先々で演技者たちが義太夫節などを教えて糊口《ここう》を凌《しの》いだ。

こうして多くの演技者が職を失っていった。ただし、職を求めて地方の農村に散った演技者たちが、結果的に、日本各地に義太夫節による三人遣いの操芝居を広めることになった。そして、この地方に散った操芝居の種は、明治時代になって次々と芽吹いていった。日本各地で人形芝居の座が起こり、以降、操芝居は人形芝居と呼ばれるようになってゆく。人形浄瑠璃以外の人形芝居も復活し、全国各地に保存・伝承されていた指人形（指遣い）・糸操・棒遣い（差し金遣い）・カラクリ人形系の人形芝居も公演されていた。

これらの人形が現在の人形芝居（人形劇）へと繋がってゆくので、ここから少しばかり、その歴史を遡《さかのぼ》って話を進めることにしたい。ただし、カラクリ人形系に関しては、「三段返りかるわざ人形」「茶運び人形」などを見ても判るように、芝居を見るというよりは、仕掛けによる人形の仕草（動作）を愛でるのが主だったので、ここでは解説を割愛する。

人形芝居への道

まず、フランス語でギニョル——指人形（指遣い）から。

これは、手袋のように人形の中に手を入れ、３～５本の指を用いて人形の頭と両手を操作する人形芝居で、中国や西洋でも古くから行われていた。日本での起源は定かではないが、「渡来の物だとしても、我が国においては海外に見られない、優れた人形芝居を生み出した」と山田徳兵衛は語っている。振興と凋落の時期もまた定かでないが、東国（畿内より東の諸国）の方が盛んで、千葉県君津郡（現在は君津市）根方《ねがた》の帛紗《ふくさ》人形、埼玉県秩父郡（現在は秩父市）横瀬《よこぜ》の手人形、岩手県江刺《えさし》郡（現在は江刺市）の水押人形などが有名だったようだ。拳大の頭に60センチ前後の衣装を付けた人形の、裾《すそ》から右手を差し入れ、頭部と両手を指で操作。左手で人形の裾のさばきを付けて、説教節に合わせて演じていたとある。

次に、フランス語でマリオネット——糸操。

これはアジア大陸から伝来した糸操式の人形芝居のことで、別名「南京操《なんきんあやつり》」ともいわれた。しかし、ここでいう「南京」とは地名ではなくて、「小さくて愛らしい」の意味だそうだ。江戸前期に上方（京都およびその付近）で操芝居とともに興行されていて、角太夫節《かどたゆうぶし》に合わせて演じられた。江戸では元禄（１６８８～１７０４年）の頃に興行されたが、その後中絶し、上方では宝暦（１７５１～

1764年）の頃に廃れた。

だが、安永（1772〜1781年）の頃に江戸で再興し、説教節に合わせて「虎狩《とらがり》」や、お伽草子《とぎぞうし》を題材にしたものなどを演じて人気を博し、文政から天保（1818〜1844年）まで、もっぱら上野山下で祭文節《さいもんぶし》（歌祭文《うたざいもん》）に合わせて演じられた。なお、前述の「天保の改革」の市中興行禁止令で、操芝居とともに糸操も廃れてゆく。

それでも新たな時代（明治）になると、日本各地で人形芝居一座の誕生が相次ぎ、その中から新工夫や新形式の人形芝居も現れた。特に、高知県西畑村《にしはたむら》を発祥とする西畑デコ芝居と、東北（秋田・山形）で育った猿倉《さるくら》人形芝居は、古来伝承の型を手本にした操芝居とは一線を画していた。

歌舞伎芝居を人形で演じたかった西畑は、舞台での一人遣いでも、見栄え良くスピーディーに人形を操れる棒遣い（差し金遣い）の操り法を考案。その際、操作棒は隠さず大胆に手首に付けて、手の動作を大きく見せることを優先させた。街頭系の猿倉の方は、指人形の一人遣いで、舞台下から片手で指人形を差し上げ演じる人形芝居だった。これの最大の特徴は、一人で最大2体の人形を操れたことだった。そして西畑と猿倉のどちらも、操作人が自分で芝居の台詞《せりふ》を喋ることで、自分のテンポやリズムで演じることが出来た。この日本独自の様式が時代の変化（西洋化）に対する適応力ともなり、棒遣い（差し金遣い）や指人形は、明治・大正・昭和と生き延びていったのであろう。

ちなみに、京、大阪での操芝居（人形浄瑠璃）の再流行に則して、明治5年（1872年）に大阪で文楽座が開場した。常設の小屋を持ち、最上・上質の演技が出来る文楽座だけが復活したため、ここから「人形浄瑠璃」の別名が「文楽」となったのである。

さて、「天保の改革」で廃れていった糸操だが、明治の中期に3度目の流行が起こる。それは西洋文化の流入とともに渡来した西洋人形芝居がきっかけで、初来日は明治27年（1894年）。当時の新聞記事で「傀儡《あやつり》芝居（吊り人形芝居）」と呼ばれたそれは、イギリスのダブリン（現在はアイルランドの首都）を拠点としたジョージ・ダアク座長が率いるダアク一座の人形芝居だった。

興行は5～7月に行われ、人形浄瑠璃にはないストーリー（滑稽・怪奇・ナンセンス・スラップスティック）の新しさと仕掛けの妙技が老若男女の興味を引き、大評判を得た。また幕開きに司会者役の人間が登場し、「挨拶して人形とからむ」。同じ舞台で人形と人間が芝居を演じる西洋人形芝居独特のこうした演出は、日本の演劇関係者には目から鱗《うろこ》が落ちるようだったようで、これの模倣が（その後かなり長い間）日本の子供向け舞台のひとつのスタイルになった。

ただし、表面的な演出は模倣したが、西洋の喜劇的な要素までは受容しがたかったようで、神の形代《かたしろ》が起源で神事から生じた操芝居がルーツの日本では、相変わらず説話的な表現や内容のものが劇の主流だった。それでも、転機は明治30年（1897年）にダアク一座が再来日してから。その後3年にわたって日本各地で興行を繰り返し、群馬県前橋、大阪、岐阜、名古屋、横浜、東京浅草の花屋敷には常設の小屋があった。そして3年後、日本の興行主の松根《まつね》末吉《すえきち》に人形や道具を譲り、3人の外国人の座員を残して、座主のジョージ・ダアクは日本を去っていった。

現在の人形劇の素型が出来たのは、明治から大正にかけてで、ダアク一座などが広めた（外来物が系譜の）人形劇は、常設の人形劇場や子供向けの人形劇を製作し、大人だけでなく子供も観客として意識したストーリー（例えば御伽話の『桃太郎』『雀のお宿』など）も多く演じられるようになった。また西畑、猿倉など日本各地に広まった文弥《ぶんや》人形芝居は、地域発の芸能として発展、拡大してゆく。どれも創意工夫をこらして作り上げられ、こうして人形芝居や人形劇は大衆娯楽として多くの支持を得ていった。

大正時代になると、大正デモクラシーの風潮の中で、人形劇にもヨーロッパからのモダニズムの風が吹く。若きアーティストたちがモダンな新芸術として人形劇を試みる（演劇系・教育系・愛好家系の）新興人形劇も次々に誕生。この「新興」という言葉には、反権力・反政府の意味が内包されていた。

だが、我が世の春は、大正時代の終焉とともに霧散してゆく。大正12年（1923年）9月の関東大震災後の不況は多くの失業者を生み、昭和4年（1929年）の世界恐慌を契機に起こった「五・一五事件」「二・二六事件」が、軍部の政治支配力を決定的なものにした。それにより、プロレタリア文化運動は活動不能状態になり、新興人形劇団は次々と解散に追い込まれていったのである。代わって軍部に阿《おもね》る「移動人形劇場」「国民人形劇団」が国策で創設され、「大日本帝国は神国なり」のプロパガンダに利用されていった。

太平洋戦争終戦直後、「移動人形劇場」は、情報が届きにくい農村地域の混乱や無政府状態を恐れた農林省のサポートで移動巡回を依頼され、昭和23年（1948年）まで存続。（人形作家・川崎ペップの）「国民人形劇団」の方は、昭和21年（1946年）に「胡桃座《くるみざ》」と改名して、人形劇の活動を開始した。

同年、日本人形劇協議会が設立されると、再び新興人形劇団の設立や旗揚げが起こり、昭和23年（1948年）の文部省「保育要項」に人形劇が加えられると、それが錦《にしき》の御旗《みはた》となって人形劇団の公演は活況を呈していった。そして運命の昭和27年（1952年）、翌年開局するNHKのTVの試験放送に、大阪つくし座の人形劇（演目は『猿飛佐助』で全5回）が使われ、人形劇はTVという新たなるステージへと羽ばたいてゆくのである。

黎明期のTV人形劇

紙芝居、赤本、貸本、月刊誌、週刊誌、映画、ラジオドラマにTVアニメと、終戦後の日本では、育った年代によって思い出のコンテンツ媒体はさまざまである。中でもTV人形劇は、昭和後期の二十数年間に一時代を築いた、日本風俗史に刻まれたコンテンツであった。ちなみに、「TV人形劇」という名称は本書での仮称であり、番組制作者や人形劇団関係者からは、（TV放送用の人形劇を）VTRに録画したところから「人形劇映画」と呼ばれていた。

昭和28年（1953年）2月1日の開局から10年余り、NHKも民放も、盛んに子供向けの人形劇を放映していた。それは、撮影スタジオがかなり狭くても制作に差しさわりがなく、費用も安いという点で重宝されたからであり、また「童話的な明るい夢を育てる劇の内容が終戦後の茶の間向けの娯楽に適していたからだ」と語る評論家もいる。

昭和28年当時のＴＶは、現在のように１日24時間まるまる放送されていたわけではなく、昼の部（正午～13時30分）と夜の部（18時30分～21時）の４時間だけで、その内の18時30分～19時までが「子供の時間」として企画構成されていた。そして前述の理由もあって、この時間帯に人形劇の放送が始まった。

先頭を切ったのが、謡曲『殺生石《せっしょうせき》』の九尾《きゅうび》の狐《きつね》伝説を基に書いた岡本綺堂《きどう》の小説を人形劇にした『玉藻前《たまものまえ》』（昭和28年・１９５３年／ＮＨＫで全13回放送）である。そして、吉川英治の『神州天馬侠《しんしゅうてんまきょう》』（昭和29年・１９５４年／ＮＨＫで全13回放送）、近松門左衛門の『国姓爺合戦《こくせんやかっせん》』（昭和29年・１９５４年～昭和30年・１９５５年／ＮＨＫで全15回放送）へと続き、さらに西沢実のオリジナル作品『テレビ天助《てんすけ》漫遊記』（昭和30年・１９５５年／ＮＨＫで全12回放送）、『テレビ天助 シーズン２』（昭和30年・１９５５年／全12回放送）、『テレビ天助 シーズン３ 巨人ダビドンの謎』（昭和30年・１９５５年／全12回放送）、『テレビ天助 シーズン４ 天助 南極に行く』（昭和31年・１９５６年／全12回放送）、『テレビ天助 シーズン５ 天助と白狐の鼓』（昭和31年・１９５６年／全12回放送）、『テレビ天助 シーズン６ テレビ天助武者修行』（昭和31年・１９５６年／全25回放送）へと至る。この『テレビ天助シリーズ』と、あとに続いた恒松恭助《つねまつきょうすけ》の『チロリン村とくるみの木』（昭和31年・１９５６年～昭和39年・１９６４年／ＮＨＫで全８１２回放送）の２作品が、ＮＨＫの連続ＴＶ人形劇人気を不動のものとした。

以降も、ＮＨＫは意欲的に『家なき子』（昭和30年・１９５５年／全26回放送）、『アルプス山の少女』（昭和31年・１９５６年／放送回数不明）、『アシンと十三人の盗賊』（昭和31年・１９５６年／放送回数不明）、『ガッツ君』（昭和31年・１９５６年／放送回数不明）、『かっぱ天国』（昭和33年・１９５８年／放送回数不明）、『今は昔』（昭和33年・１９５８年／放送回数不明）、『黒百合太郎』（昭和34年・１９５９年／放送回数不明）を放映し、『宇宙船シリカ』（昭和35年・１９６０年〜昭和37年・１９６２年／全２２７回放送）と『銀河少年隊』（昭和38年・１９６３年〜昭和40年・１９６５年／全92回放送）で、当時の少年たちの宇宙への憧憬《しょうけい》を誘った。一方、民放でも（数は少ないながら）ＮＨＫの人形劇人気に便乗するように、『宝島』（昭和31年・１９５６年／日本テレビで放送）、『孫悟空』（昭和34年・１９５９年／ＴＢＳで放送）、『冒険ダン吉』（昭和35年・１９６０年／日本テレビで放送）などをはじめとする作品が放映されてゆく。そして、人気忍者漫画をＴＶ化した『伊賀の影丸』なる人形劇が、人形劇団「ひとみ座」によって始められたのである。

この頃は、まだまだＴＶアニメの黎明期だった。『鉄腕アトム』（フジテレビで毎週火曜日の18時15分〜18時45分、のちに毎週木曜日の19時〜19時30分放送／虫プロダクション）、『仙人部落』（フジテレビで毎週水曜日の23時40分〜23時55分放送／エイケン）、『鉄人28号』（ＴＢＳで毎週日曜日の20時〜20時30分、のちに毎週木曜日の19時〜19時30分放送／エイケン）、『エイトマン』（ＴＢＳで毎週木曜日の18時〜18時30分放送／エイケン）、『狼少年ケン』（テレビ朝日で毎週日曜日の18時15分〜18時45分放送／東映動画）、『0戦《ゼロせん》はやと』（フジテレビで毎週火曜日の18時15分〜18時45分放送／Ｐプロダクション）など数作品が放映されてはいたが、制作会社も人手も少なく、おまけに毎回かなりの手間と制作費がかかっていた。こうしたことから、たとえ漫画が原作であっても、アニメよりは人数も手間もかからないTV人形劇が（アニメへの対抗心もあって）作られるようになったのではないかと著者は思っている。

地域によって放送日や放送時間が異なるため、当時の関東版の新聞のTV欄を参照するならば、人形劇『伊賀の影丸』は、東京オリンピック開催前年の昭和38年（1963年）11月から昭和39年（1964年）11月までの1年間（4クール）、火曜日の夕方6時から30分間、TBS系で放映されていた。声優陣は俳優・子役らで、主人公〝影丸〟の声は中学生だった藤田淑子《ふじたとしこ》（代表作は『遊星少年パピイ』のパピイ役、『ジャングル大帝』のレオ役、『遊星仮面』のピーター役）が担当した。内容は昭和36年（1961年）から『週刊少年サンデー』（小学館刊）に連載されていた横山光輝《よこやまみつてる》の『伊賀の影丸』に則しており、それらの各エピソードがアレンジして放映され、なかなか良い視聴率を取っていたと人形劇の本で語られていた。

しかし、リアルタイムで観ていた人からは、賛否両論が聞かれる。漫画家の故・和田慎二（広島県呉市の生まれ、代表作は『スケバン刑事』『ピグマリオ』『傀儡師リン』他多数）は賛美派で、平成4年（1992年）に刊行された短編集『ホラー・リザレクション 恐怖の復活』（秋田書店刊）の中で、コラム風に4ページの描き下ろし漫画で人形劇版『伊賀の影丸』と映画版『伊賀の影丸』（昭和38年・1963年東映京都／影丸＝松方弘樹、邪鬼＝山城新伍）を、懐かしさを含みつつ称賛していた。対して、懐漫ファンにはとても有名な（関西圏にある）古本屋「OKブックス」の店長は否定派で、「当時観ていたが、子供心にとってもチープで、スマートな影丸とは違和感があり、すぐに（観るのをやめてしまいました」との感想をいただいた。

個人の好みの問題なので私論は避けるとして、人形劇『伊賀の影丸』は、フィルム撮影ではなくてＶＴＲでの録画だったのが禍《わざわい》して、画像がほとんど残っていないという。当時はＶＴＲが大変高額だったため、放映完了後には使用したＶＴＲが何度も使い回しされ、現存しているＶＴＲは『由比正雪《ゆいしょうせつ》』編の十数回のみだ。その現存するＶＴＲは、人形劇『伊賀の影丸』の人形製作・操作を手がけていた人形劇団「ひとみ座」に保存されていて、これが先年、ＤＶＤ-ＢＯＸとなって復刻された。

裏の方ではいろいろと問題も起こるものの、番組自体はそれなりの人気もあったようで、人形劇『伊賀の影丸』は『新・伊賀の影丸』として続編が考えられていた。しかし、実現には至らなかった。昭和39年（１９６４年）の春にはＴＶ放送が雑誌の連載に追いついてしまったからとか、「ひとみ座」の内紛が原因だとかいう関係者もいるが、フジテレビの『鉄腕アトム』の登場以降、ＳＦアニメが子供の心を引き、そして円谷《つぶらや》プロが『ウルトラＱ』（昭和38年・１９６３年1月／ＴＢＳで放送）を携えてＴＶ界を席捲《せっけん》して、より特撮怪獣物がブームになって、ＴＶ人形劇の存在感が薄れたのが原因ではないだろうか。

当時、アニメ・特撮ブームに目を付けた企業が、ＴＶ局や出版社と提携して番組のキャラクターを自社のマスコットにしたり、主に玩具会社や製菓会社が番組とタイアップしてキャラクター玩具やキャラクター菓子を売ったりしていた。キャラクターの人気次第ではスポンサーからの制作費も潤沢となり、(『鉄腕アトム』のおかげで)キャラクターの使用料も制作者側に還元される好循環。当初は原作・脚本に2次著作権料ももらえていたようで、平井和正や豊田有恒《とよたありつね》のように、アニメに携わった新人作家は生活が潤った。いつの世も景気の良さそうな所に人が集まって来るのは必然で、他業種からも多くの人材がアニメ関連業種に流入し、それに伴いアニメ制作会社も増えていった。

その中でも株式会社東京ムービー(現在はトムス・エンタテインメント)は、人形劇団「ひとみ座」の制作部長だった藤岡豊が、一座の内紛を契機に人形劇団と袂《たもと》を分かち(クビになったからという人もいる)、国際放送から資金援助を受けて設立した会社として有名になった。そこでは設立後も波乱が続き、制作アニメの第1弾『ビッグX』(昭和39年・1964年8月3日〜昭和40年・1965年9月27日/TBSで放送)もまた、集めたアニメーターの作画技術がまだまだ未熟で、その出来・不出来が手塚治虫ファンの間でいろいろと物議を醸したアニメとして有名になった。

このように、時代はTVアニメや特撮を選んだが、NHKのTV人形劇だけは斜陽とは無縁だった。『ひょっこりひょうたん島』(昭和39年・1964年4月6日〜昭和44年・1969年4月4日/月〜金曜日の17時45分〜18時に放送)の人形の造形・操作・演出に、人形劇『伊賀の影丸』によって注目された「ひとみ座」が起用され、このTV人形劇は爆発的な人気を呼んだ。それに伴い、「ひとみ座」で行われていた棒遣いが、以降のTV人形劇の主流となったのである。

黒船来航――外来種のサブカル蔓延す

アニメの隆盛に伴い、昭和40年（1965年）に「竜の子プロダクション（現・タツノコプロ）」が登場。これをもって、「虫プロダクション」「TCJ（のちのエイケン）」「東映動画」「ピー・プロダクション」「株式会社東京ムービー」と、テレビアニメの草創期から発展期にかけて、中心的役割を果たすアニメ制作プロダクションが一応出揃う。それに加え、前述の円谷プロのTV番組参入で、以降、TVのアニメや特撮物が子供向け番組の主流となってゆく。

それでもどうにかNHKだけは、大人気のTV人形劇『ひょっこりひょうたん島』が細々と15分ながら、夕方6時前の帯（月～金曜日）で放送されていた。しかし、民放での連続TV人形劇は既に斜陽となっていた。人形劇『伊賀の影丸』終了後の民放の連続TV人形劇といえば、（『伊賀の影丸』と同時期に企画は開始したが）まだ未放送だったTBSの『こがね丸』を残して消滅していた。

ただ、斜陽となったのは日本産のTV人形劇の放送だけで、それに取って代わって登場したのが海外（イギリス）産の人形劇（マリオネット）であった。開局後間もないテレビ局には番組を量産出来る能力がなく、放送枠を埋めるために海外ドラマを輸入して放送していたのだ。苦労して番組を作るよりも費用対効果がよかったと語った放送評論家もいる。

昭和32年（1957年）以降、海外ドラマが急増する。特に昭和34年（1959年）にフジテレビ（8ch）とテレビ朝日（10ch）が開局し、昭和35年（1960年）にはカラー本放送が開始となり、日本より早くカラー放送が始まっていた外国ドラマの需要は、ますます大きくなっていった。昭和36年

（1961年）には週1～2本のペースで海外ドラマの新番組が放送されていた。外国ドラマが蔓延していたあの頃と、『冬のソナタ』に始まる韓流ブーム以降、各BS放送局の番組編成で韓国ドラマが蔓延している現在とがなぜかオーバーラップする。

閑話休題。先ほどの海外産（イギリス）の人形劇について。ポリテクニック・フィルム社のCF監督だったジェリー・アンダーソンとカメラマンのアーサー・プロヴィスは同社の倒産後、二人の名前の頭文字を合わせたAPフィルムズを発足。〝スーパーマリオネーション〟と銘打たれた人形劇を制作していた。そして彼らの作品は次々と日本のTVで放映されたのだった。

その第1弾が『スーパーカー』（昭和36年・1961年10月から日本テレビで毎週日曜日の10時～10時30分放送、全26話／昭和38年・1963年からはフジテレビで全38話が放映）で、陸・海（水中）・空と、場所を選ばず走れる万能カーに乗って、さまざまな事件を解決する冒険ドラマである。

第2弾は『宇宙船XL‐5（第12話から〝谷啓《たにけい》の宇宙冒険〟に改題）』（昭和38年・1963年4月からフジテレビで毎週金曜日の19時～19時30分放送／全39話）。世界宇宙パトロールWSPのスティーブ・ゾディアック大佐が宇宙船XL‐5号で活躍する冒険ドラマだ。ただ、2クール目から改題されていることを鑑《かんが》みると、人気は今ひとつだったのだろう。

第3弾の『スティングレイ（邦題は〝トニーの海底大戦争〟）』（昭和39年・1964年9月からフジテレビで毎週月曜日の19時～19時30分放送／全30話）は、世界海底安全パトロールWASPの原子力潜水艦スティングレイで、艦長トロイが地上侵略を企む海底人たちと戦う海洋冒険ロマンの物語で、イギリスと日本で同時放映された。

この『スティングレイ』などは『週刊少年マガジン』（講談社刊）とタイアップし、SF作家の中尾明を原作に迎えたオリジナルストーリーで、作画に藤田茂を起用した漫画と、遠藤昭吾の挿絵を用いた絵物語が『海底大戦争』の邦題で連載されていた。この頃からTV人形劇の漫画化・絵物語化も、（メディアミックス戦略の一環で）TV放映に則して少年誌で連載されるようになっていった。

そして第4弾に、あの『サンダーバード』（NHKで昭和41年・1966年4月から毎週日曜日の18時～18時50分放送／全32話）が登場する。企画段階の仮題は『インターナショナルレスキュー』だった。しかし、作品の主人公が飛行機乗りであるところから、ジェリー・アンダーソンは第二次世界大戦中、戦闘爆撃機のパイロットだった実兄のことを思い出し、米国で飛行・爆撃の訓練中によこした手紙に書かれてあった仮称の基地名称「サンダーバード航空基地」から番組名を着想したそうだ。

それまでの30分番組を倍の60分にしてストーリー性も高めたこの作品は、全世界98ヵ国にセールスされるという大ヒットとなり、APフィルムの名前を世に知らしめる衝撃を与えた。ただし、日本でこの人形劇映画（スーパーマリオネーション）に影響を受けたのは件《くだん》の人形劇団の面々ではなく、特撮怪獣映画を制作していた、そう、あの会社なのであった。

日本特撮怪獣映画の父・円谷英二《つぶらやえいじ》はイギリスにあるAPフィルムの撮影スタジオまで赴《おもむ》き、『サンダーバード』の撮影現場を見学。円谷プロよりも狭いスタジオにもかかわらず、あれほどクオリティの高い人形劇の映画を作っていることに驚いたそうである。帰国後すぐに円谷は特撮班のスタッフにAPフィルムの撮影スタジオの話をし、『サンダーバード』を観ることを勧めた。

ウルトラシリーズ第3弾『ウルトラセブン』（昭和42年・1967年／TBSで毎週日曜日の19時〜19時30分放送）で、ウルトラ警備隊基地の地下格納庫のある山の頂が割れてウルトラホーク1号が発進するシーンや、ウルトラホーク3号が滝の裏のカタパルトから流れ落ちる水を割って発進するシーン、宇宙ロケットのウルトラホーク2号がカタパルトに乗せられて発射する場面など、サンダーバード1号・2号・3号の発進シーンをリスペクトしているみたいだ。「ちょっとどころか、恥ずかしいくらい影響されているかもしれない」と、円谷プロ特撮班美術担当の池谷仙克《いけやのりよし》はBSの特別番組『ぼくらのウルトラマン伝説』で当時を振り返り語っていた。

その後、ビジネスパートナーだったATVの傘下に入ったAPフィルムは、創設者の一人であるアーサー・プロヴィスが会社を去った後、社名を「21世紀プロ」に変更。その第1弾が、国際救助隊『サンダーバード』では極力避けられていた、銃や戦闘機、戦闘車などを登場させた戦闘シーンをふんだんに使って、バトルアクションドラマに特化させた『キャプテン・スカーレット』（昭和43年・1968年1月からTBSで毎週火曜日の19時〜19時30分放送／全32話）である。

以降、人間の能力をデータ化して集積し、それを他者に転送出来る機械「BIG RAT」で、ミッションごとに適正な能力を脳にインストールされた少年スパイが活躍する『ジョー90』（昭和43年・1968年10月からテレビ朝日で毎週水曜日の19時〜19時30分放送／全30話）や、「ミニ・マイザー」という、物体を3分の1にする機械（勿論、元の大きさに戻すことも出来る）を用いてスパイ活動をする神父の物語『ロンドン指令X』（昭和45年・1970年11月からNHKで毎週日曜日の18時20分〜18時50分放送／全13話）などのスーパーマリオネーションを世に送り出した。

しかしながら、どれも『サンダーバード』ほどのヒットには至らず、ジェリー・アンダーソンは以後、人形劇映画ではなく、実写映画制作へと方向転換する。その第1弾が『プロテクター電光石火（昭和50年・1975年からの再放送より〝華麗なる諜報〟に改題）』（昭和47年・1972年／日本テレビで毎週土曜日の21時〜21時30分放送）である。当時のTV映画では（欧米日で）スパイブームが続いていた頃だったので、それに便乗してのスパイアクションドラマだったのだろう。ただ、評価はイマイチだったようで、今度は高視聴率だったスーパーマリオネーションのテイストを活かし、（不完全燃焼で終わった）『キャプテン・スカーレット』を再創造したような、（宇宙人との侵略戦争を描いた）『謎の円盤UFO《ユーエフオー》』（昭和45年・1970年／日本テレビで毎週土曜日の20時〜20時50分放送）を制作したのである。これは当時の大人気TVドラマ『インベーダー』とメカを融合させる荒技を使ったマニア受けする内容だったので、今でもファンが大勢いるようだ。

そこで、次もSFのテイストを継承し、（舞台を地球から宇宙へと移し）宇宙の放浪者となったムーンベース・アルファのクルーたちの艱難辛苦《かんなんしんく》の物語『スペース1999』（シーズン1は昭和52年・1977年、TBSで毎週日曜日の16時〜16時50分放送／シーズン2は昭和56年・1981年、テレビ朝日で月〜金曜日の16時〜16時50分放送／シーズン1はハードなSFだったが、シーズン2は内容が『スタートレック』っぽくなったようだ）を制作。まるで彼《か》のPプロ（代表作は『マグマ大使』『スペクトルマン』）の如く、特撮ＳＦドラマへと方向転換していった。

このように一世を風靡した21世紀プロ（ＡＰフィルム）も人形劇映画を制作しなくなり、昭和42年（１９６７年）からＴＢＳ系列で半年間放映され、映画にもなって、一時『サンダーバード』人気にも並んだイタリア産の人形劇『トッポ・ジージョ』のブレイクも一過性。これらの人気人形劇に取って代わる作品も現れず、再び民放から連続ＴＶ人形劇が消えてゆく。

そうした逆境の中でもさすがにＮＨＫだけは、４年間続いた『ひょっこりひょうたん島』の終了後も、『サンダーバード』を意識したとされるＳＦドラマの人形劇『空中都市００８』（昭和44年・１９６９年４月７日～昭和45年・１９７０年４月３日／月～金曜日の18時５分～18時20分放送）と、子供から大人まで大人気を得た『ひょっこりひょうたん島』のような作品を狙った『ネコジャラ市《し》の11人』（昭和45年・１９７０年４月６日～昭和48年・１９７３年３月16日／月～金曜日の18時５分～18時20分放送）などの連続ＴＶ人形劇を、（作り手は）試行錯誤を繰り返しながらも制作し続けていた。ただ、人気の方は『ひょっこりひょうたん島』をピークに下降線を辿っていたのである。

ＴＶ人形劇の中興

少しばかりＴＶ人形劇の話から逸れて時代も前後するが、昭和44年（１９６９年）に少年画報社はそれまで出版していた新書判の『キングコミックス』に続き、『ヒットコミックス』を発売。その出版第１弾が『赤胴鈴之助』（のちに第８巻まで刊行）である。これ以降、まるで復刻フェアのように、『まぼろし探偵』全９巻、『黄金バット』全２巻、『ビリーパック』全４巻と、少年画報社の往年の大ヒット漫画が次々と復刻し、第１次懐かし漫画ブームの引き金となってゆくのだった。

それはアニメにもおよび、田河水泡《たがわすいほう》の『のらくろ』（フジテレビで昭和45年・１９７０年10月５日から／エイケン）、長谷川町子の『いじわるばあさん』（読売テレビで昭和45年・１９７０年10月30日から／ナック）、川内康範《かわうちこうはん》の『月光仮面』（日本テレビで昭和47年・１９７２年１月10日から／ナック）、武内つなよしの『赤胴鈴之助』（フジテレビで昭和47年・１９７２年４月５日から／東京ムービー）のＴＶ初アニメ化があり、白黒時代のアニメヒット作の『オバケのＱ太郎』（日本テレビで昭和46年・１９７１年９月１日から／東京ムービー）、『ハリスの旋風』（フジテレビで昭和46年・１９７１年10月６日から／『国松さまのお通りだい』に改題され放送／虫プロダクション）、『ゲゲゲの鬼太郎』（フジテレビで昭和46年・１９７１年10月７日から／東映動画）、『スカイヤーズ５』（ＴＢＳで昭和46年・１９７１年10月７日から／エイケン）等がカラーＴＶ放送で再登場した。また、ＴＶ時代劇においても、昭和47年（１９７２年）10月９日から『熱血・猿飛佐助』（桜木健一主演／ＴＢＳ）、12月３日から『笛吹童子』（岡村清太郎主演／ＴＢＳ）、昭和48年（１９７３年）10月７日からリブート版『隠密剣士』（荻島真一主演／ＴＢＳ）が放送されている。

当時はそういった旧作品復活ブームの気運があったのだと、私的には推測する。のちに連続人形劇の〝中興の祖〟とたとえられる物語が昭和48年（１９７３年）の春、ＴＶに登場した。それは江戸後期の人気戯作者の滝沢《たきざわ》（曲亭《きょくてい》）馬琴《ばきん》が書いた長編伝奇小説『南総里見八犬伝』を、脚本家・石山透《いしやまとおる》が現代風にアレンジしたストーリーに、国民的アイドルだった坂本九がナレーションを講談調に語り、人形師・辻村ジュサブロー（現在は寿三郎）が文楽（人形浄瑠璃）を意識して人形たちを製作した人形劇『新八犬伝』（昭和48年・1973年4月2日〜昭和50年・1975年3月28日／NHKで月〜金曜日の18時30分〜18時45分放送／全464回）である。

ストーリーは、個性的で悲運の生い立ちを持つ主人公たちが、憎たらしいほどに悪辣《あくらつ》な敵役キャラたち（怨霊玉梓《おんりょうたまずさ》、さもしい浪人網干左母二郎《あぼしさもじろう》、蟇六《ひきろく》・亀篠《かめざさ》夫婦、悪女舟虫《ふなむし》など）に翻弄《ほんろう》されながら成長してゆき、やがて運命に導かれた義兄弟たちとの友情を絡め、艱難辛苦の末に巡り集った八犬士が大業を果たすというもの。それまで子供向けのTV人形劇など観なかった中、高、大学生までが『新八犬伝』の虜になった。

江戸時代の伝奇小説が原作なので、現在のような超絶な必殺技は出てこないが、主人公たちが絶体絶命の危機に陥ると、伏姫《ふせひめ》が役の行者から授けられた「仁、義、礼、智、忠、信、考、悌」のどれか一文字が浮かぶ8つの珠の霊力が、八犬士を守護して悪霊を霧散させたり、敵対する悪漢どもが珠の超常パワーでアタフタさせられるところに、ある種のカタルシスを感じさせるのである。

番組は幅広い層に支持され、放送期間1年の予定がさらに1年間延長となったので、物語の尺の足りないところは石山透の大胆な脚色で膨らませて話を紡ぎ、馬琴の他の伝奇小説もアレンジして使われた。例えば、滝沢馬琴の白眉《はくび》篇「椿説弓張月《ちんせつゆみはりづき》」を、〝新八犬伝〟用にアレンジしたエピソード「琉球篇」などがそうである。

ただ、こうした逸話を付け加えたため、『南総里見八犬伝』の後半に登場する〝仁の珠〟を持つ犬士の〝犬江新兵衛《いぬえしんべえ》〟の出番が延期となり、『新八犬伝』では他の七犬士と比べてかなり印象が薄くなってしまったようだ。

ここで著者が言い訳を語るのも変だが、印象が薄くなったのは、決して「犬江新兵衛の顔が生意気なので人気が出なかった」とかという問題ではなく、単に演出の結果だと思う。

全464回の第404回からの登場なので活躍の場が少なく、おまけにその登場以前に犬江新兵衛の偽物（それも悪人面）が登場して、他の七犬士は大迷惑を被った。そのため、八犬士が揃うのを心待ちにしていたファンは、偽物を本物の犬江新兵衛だと思ってガッカリしたからではないだろうか。

それまでのTV人形劇に見られる漫画チックにデフォルメされた人形と違い、「錦絵や歌舞伎で確立していた八犬伝キャラクターの世界観を壊さず、子供にも分かりやすいデザインを心掛けた」という辻村寿三郎が作った人形は、文楽の香りを醸し出し、四半世紀経った今では、懐かしさというよりレジェンドとなって『新八犬伝』ファンの心に残っている。

伝説の幕開けは偶然の重奏であった。赤坂にあるスナックのママが辻村寿三郎の人形が好きで店に飾っていたところ、たまたま来店したNHKのディレクターが、「ギロチンにかけられたマリー・アントワネット」の洋風人形を見初めて、辻村の自宅を訪ねた。その時に飾られていた（和風の）人形を目にし、人形劇『新八犬伝』の人形美術担当に彼を抜擢したのがそもそもの始まりである。

この番組以降、人形師・辻村寿三郎の名前は全国に轟きわたり、『新八犬伝』終了後のNHK連続人形劇『真田十勇士《さなだじゅうゆうし》』（昭和50年・1975年4月7日〜昭和52年・1977年3月25日／月〜金曜日の18時30分〜18時45分放送、昭和51年・1976年4月5日より18時25分〜18時40分に変更／全445回）でも、人形美術の担当を任されることになった。

時代劇小説の大家・柴田錬三郎（代表作は『眠狂四郎』シリーズ、『岡っ引どぶ』『御家人斬九郎』他多数）が、昭和39年（1964年）に『オール読物』で発表した『柴錬立川文庫《しばれんたつかわぶんこ》』を基に自身で構成し直し、児童向けに書き下ろしたものが、NHK連続人形劇『真田十勇士』の原作となっている。児童向けの作品と書いたが、柴田錬三郎の顕《あらわ》したメインテーマが〝滅びゆくものの美学〟であり、それを濃厚な脚本と演出が盛り上げていた。それにより、本来の視聴者であった児童たちの番組離れが起こり、2年目からテコ入れが行われたのである。まず、柴田錬三郎の原作を無視し、さらに子供向けの内容を脚本に書き加えたり、子供受けするキャラクターなどを登場させたりして、年少者ファンの心を繋ぎとめる工夫がされていた。ただ、それによって以前のように観てくれる児童のファンが帰ってきたかどうかは、甚《はなは》だ疑問ではある。

そんなNHKのTV人形劇から離れていった子供たちの心を根こそぎかっさらったキワモノの人形劇が、民放に登場した『飛べ！孫悟空』（TBSで昭和52年・1977年10年11日〜昭和54年・1979年・3月27日、毎週火曜日の17時〜17時30分放送／全74話）である。タイトルからも判るように、『西遊記』を模倣した人形劇で、みんなのうたの『いっぽんでもニンジン』を意識したような挿入歌『ゴー・ウエスト』は、子供から大人にまでウケて、今でもそのフレーズを思い出す人も多いことだろう。

ドリフターズ（志村けん＝孫悟空、いかりや長介＝三蔵法師、高木ブー＝猪八戒、仲本工事＝沙悟浄）のコピーパペットで、本来の『西遊記』の登場人物からあぶれた加藤茶は、なぜか一行にくっついて回る「禿げづら、ちょび髭、メガネにステテコおやじ」のカトウ役になっていた。

毎回、豪華ゲストのコピーパペット（声は本人）が登場し、まるで『8時だョ！全員集合』の人形劇版であった。当時、〝おばけ番組〟と呼ばれた同番組の人気があればこその人形劇だったようにも思えるし、穿《うが》った見方をすれば、親から『8時だョ！全員集合』を観ることを止められていた子供にも、荒井注に代わってドリフターズのメンバーとなった志村けんをピーアールするための人形劇だったのかもしれない。

思惑通り、『飛べ！孫悟空』は大人気となったが、すぐにPTAからワースト番組指定されてしまったので、本作品がTV人形劇の人気の底上げを果たしたとは到底、思えなかった。

このような民放のキワモノの人形劇を横目に、というより「歯牙《しが》にもかけず」、NHKはひたすら王道を行っていた。草双紙《くさぞうし》の大人気作品『南総里見八犬伝』と講談噺の大人気作品『真田十勇士』に続く連続人形劇に選ばれたのが、昭和23年（1948年）からNHKラジオで放送され、日本中に一大ブームを巻き起こした『新諸国物語シリーズ』（北村寿夫《ひさお》・作）であった。

中でも特に人気のあった2作品、『笛吹童子』（昭和52年・1977年・4月4日～昭和53年・1978年3月17日／月～金曜日の18時5分～18時20分放送）と『紅孔雀』（昭和53年・1978年4月3日～昭和54年・1979年3月16日／月～金曜日の18時25分～18時40分放送）が各1年間、放映された。

ラジオ放送に続き、中村（萬屋）錦之介と東千代之介のダブル主演で東映から映画化（『新諸国物語 笛吹童子』全３部は昭和29年・１９５４年に公開／『新諸国物語 紅孔雀』全５部は昭和29年・１９５４年〜昭和30年・１９５５年に公開）もされた『新諸国物語シリーズ』は、当時の子供の親たちの間でも認知度が高く、子供から老人まで一家で楽しめる人形劇を作りたいという制作側の思いとが一致したのではないだろうか。また、『笛吹童子』の前に放映された『真田十勇士』（昭和50年・１９７５年〜昭和52年・１９７７年）で大人寄りになった内容をニュートラルに戻し、老若男女に人気だった、あの『新八犬伝』（昭和48年・１９７３年〜昭和50年・１９７５年）の「夢よ再び」との思いもあったのだろう。当時のままの主題歌を使い高年齢層のノスタルジーをくすぐり、『新八犬伝』同様、現代風にアレンジした脚本と特撮もどきの演出で、子供心を引こうとした斬新な試みが随所に見られた。

その頃、平日の夕飯時は特に暇だった著者は、『新八犬伝』を観ていた時の感覚で『新諸国物語』を毎日楽しく観ていた。しかし、当時のドギツイ演出や派手なアクションの映画やアニメに毒されてしまっていたのか、視聴者（特に子供）からは、残念なことに『新八犬伝』ほどの評価は得られなかった。

原点回帰、そして落日へと

ＮＨＫは、昭和50年（１９７５年）から54年（１９７９年）の４年間に放映した『真田十勇士』『笛吹童子』『紅孔雀』では、ノスタルジーを前面に出し、老人から子供まで３世代が安心して観られる人形劇を目指して制作していた。そのため、当時の時代に合った「突き抜ける感（定説に囚われない発想）」がなかったことを鑑みて、『新八犬伝』以来、６年間続いてきた時代劇ベースの人形劇から一転。『ひょっこりひょうたん島』や『ネコジャラ市の11人』のような、子供向けのファンタジー色のある奇想天外な人形劇に路線を戻した『プリンプリン物語』（昭和54年・１９７９年4月2日～昭和57年・１９８２年3月19日／月～金曜日の18時25分～18時40分放送／全６５６回）を放送した。

これが当時としては画期的で大胆な試みがなされていたそうだ。主役のプリンセス・プリンプリンに声優未経験のアイドル歌手・石川ひとみを抜擢。それを補助するように、神谷《かみや》明《あきら》、はせさん治《じ》、滝口順平、緒方賢一等々の大勢の熟練声優陣が脇を固めた。また、NHKの番組にもかかわらず、出す歌、出す歌、発禁となる（危険な）シンガーソングライター・つボイノリオ（代表作は『金太の大冒険』で、カラオケにもあり）が、アルトコ中央TVのアナウンサー役でレギュラー出演していた。このつボイノリオの起用が特に画期的で大胆な試みだったのではないかと著者は思っている。問題なく最終回が迎えられたところをみると、つボイノリオはアドリブ厳禁だったのであろう。

冗談はさておき、この番組が画期的で大胆な試みだったと語られる理由に、２年間『新八犬伝』の脚本を一人で書き切った石山透が、再び脚本を担当したことが挙げられる。『ひょっこりひょうたん島』の反骨・批判精神をモチーフに、石山持ち前の政治意識や批判精神、また遊び心を遺憾なく発揮して弾けまくったストーリーは、現在の子供向け番組には到底見られない、政治色をストレートに表現した良質なパロディだと語る放送評論家もいる。加えて、視聴者からの批判やクレームなどなんのその、悪ふざけに近い演出がエスカレートしていった面もあった。

このように、TBSの『飛べ！孫悟空』やNHKの『プリンプリン物語』と、TV人形劇がヒットすると、やはり他局も欲が出てきたようだった。『マジンガーZシリーズ』のスーパーロボや、『ゲッターロボ』での合体ロボ、さらに『デビルマン』や『ドロロンえん魔くん』での悪魔・妖怪など、のちのアニメ作品の雛型を築き、アニメや特撮の原作や原案作りで引っ張りだこだった、漫画家の永井豪《ながいごう》に原作を依頼し、昭和55年（1980年）10月11日からフジテレビ系列（CX系列）で、特撮と人形劇を融合させたスーパーマリオラマ『Xボンバー』の放映が開始された。

永井豪に頼んだのだから「高視聴率も」との皮算用もあったのだろうが、如何《いかん》せん放送の時間帯が良くなかった。永井豪の師匠である石森章太郎《いしもりしょうたろう》（現・石ノ森章太郎）が『Xボンバー』に立ち塞がったのである。1クール目は『電子戦隊デンジマン』、2クール目が『太陽戦隊サンバルカン』と、現在もなお継続中の〝戦隊シリーズ〟が裏番組として放映されていた。おまけにTBSの長寿番組だった『料理天国』まで同時間帯で放映されていたので、『Xボンバー』は平均視聴率3パーセントという、惨憺《さんたん》たる結果となってしまった。

しかしコアなファンには支持されていたようだ。1980年代の日本文化を特集した宝島社のムック本の記事によれば、『Xボンバー』は後年アメリカで全話放映されて大人気だったことから、エンターテインメントの本場では受け入れられるだけの中身があったのだろうと話を締めくくっていた。

とにかく当時は「（ＳＦの連続ＴＶ人形劇は）手間と時間が掛かる割に視聴率が取れない」、そんな認識がＴＶ番組制作に携わる人々に刷り込まれてしまったのだろう。『Ｘボンバー』の後続番組としていろいろと考えられていたスーパーマリオラマ（企画タイトル「スペース・サンダー」「シルバースターＳＯＳ」「マシンヘッド」「宇宙騎士」）は、企画未満のまま永遠に葬られた。これによって民放から自家制作のＴＶ人形劇を放送する機運は廃れたといえる。

そしてＮＨＫのＴＶ人形劇は再び時代劇へ戻っていく。『西遊記』『水《すい》滸伝《こでん》』と同じくらい日本人が好きな中国四大奇書のひとつ、『三国志演義』を基にした『三国志』（昭和57年・１９８２年10月２日〜昭和59年・１９８４年３月24日／毎週土曜日の18時〜18時45分放送、時間も15分から45分に延長／全68回）を放送。語り部（ボケも担当）に関西の人気漫才コンビだった島田紳助・松本竜介を起用し、反面、リアリズムにこだわった演出と、それまでにない人形操作と立体的パノラマ撮影も取り入れ、大人から子供まで鑑賞出来る作品を目指していた。こうした先進的な試みも含め、制作者側の目論見《もくろみ》はおおよそ視聴者に受け入れられていたようだ。「この作品で人形美術を務めた川本《かわもと》喜八郎《きはちろう》は児童福祉文化奨励賞とテレビ大賞を受賞し、連続人形劇の質を飛躍的に変えたエポックメイキングな作品という評価を得た」と語る評論家もいる。

ＮＨＫでは昭和58年（１９８３年）の夏に12年間夕方６時台での放送が続いていた『少年ドラマシリーズ』が完結。また昭和59年（１９８４年）３月には子供向け情報番組『６００こちら情報部』（月〜金曜日の18時〜18時30分放送）も７年目で終了することになり、（『三国志』の終了後に）この子供番組帯へ連続人形劇を戻すことになった。それが人形劇『ひげよさらば』（昭和59年・1984年4月2日〜昭和60年・1985年3月18日／月〜金曜日の18時〜18時10分放送）である。幼児から中学生が観る子供番組の原点へ戻ろうとした本作品は、『プリンプリン物語』に輪を掛けてアイドル頼みの傾向があり、主役の猫のヨゴロウザに榊原郁恵と、ユメオイにひかる一平を起用。主題歌の『キャッツ&ドッグ』の作詞は（あの）秋元康で、エンディングの『地球最初の嵐のように』はジャニーズ事務所の所属だったシブガキ隊（薬丸《ヤッ》裕英《クン》、本木《モッ》雅弘《クン》、布川《フッ》敏和《クン》）が歌っていた。彼らは3匹の猫のヤックン・モックン・フックン人形の声優にも挑戦。他にも水島裕《みずしまゆう》、潘恵子《はんけいこ》、内海賢二《うつみけんじ》、井上和彦、鈴置洋孝《すずおきひろたか》、麻上洋子《あさがみようこ》、中原茂など、多数の人気声優も出演していた。

どうにかこうにか、児童たちにはそれなりの人気があったようだが、これを最後に30年以上続いたNHK連続人形劇は事実上終了する。

兵《つわもの》どもが夢の跡

NHK連続人形劇の終了から10年余りの時が経ち、『三国志』放映当時から人形師・川本喜八郎が思い続けていた『平家物語』（全5部構成で平成5年・1993年12月10日〜平成7年・1995年1月26日／月〜木曜日の20時40分〜21時放送）の放映が実現する。後年、「NHK連続人形劇が達し得た最高レベルの作品」と評された『平家物語』は、その予算も大河ドラマ並だった。放映時間からも判るように、『三国志』よりさらに大人向けの美術・演出がなされていた。しかし予算は大河ドラマ並でも、評判（視聴率）まではそれに並ばず。

にもかかわらず、川本喜八郎は、次は『史記』（司馬遷《しばせん》著）の中の『項羽《こうう》と劉邦《りゅうほう》』の制作を望んでいたが、大人向けの連続人形劇も『平家物語』をもって打ち止めとなった。

こうして日本のTV人形劇は落日となってしまったが、7年後の平成14年（2002年）に台湾[*1]から人形劇映画『聖石傳説《せいせきでんせつ》』が日本にやってくる。台湾のTVで放映された超人気の人形劇（布袋《プータイ》戯《シー》）の映画版で、劇場公開は言うに及ばず、メディアミックスの一環で、メイキングブックやフィルムコミック、ドラマCDまで発売し、満を持して日本初上陸を果たした。手遣いの人形劇に、SFXやCGで過剰演出された武人たちの（必殺技の）戦いは、どこか『聖闘士星矢《セイントセイヤ》』を彷彿させる。

そしてこの台湾人形劇に感化されたかのように、NHKのTV人形劇熱が再燃するのである。

それはNHK連続人形劇復活の試金石的な作品だったといわれる『ドラムカンナの冒険』（平成14年・2002年9月9日〜12月19日／教育テレビで月〜水曜日の『天才テレビくんワイド』の18時〜18時44分中に7分間放送）である。前述の『聖石傳説』でも使われ、SF映画などでは主流となっていたCGを多用し、新世紀のTV人形劇を目指していた。また、翌年の平成15年（2003年）には『プリンプリン物語』の部分再放送があり、平成16年（2004年）には当時、人気絶頂だったモーニング娘。が主題歌をカバーした『ひょっこりひょうたん島』のリメイク版が放映された。しかしながら、これといって目新しいインパクトは与えられず、一過性の連続人形劇復活熱は次第に冷めていった。

そして、また時は流れた。

平成21年（２００９年）、フランスの作家アレクサンドル・デュマ・ペール（代表作は『三銃士』『モンテクリスト伯』）の小説を原作に、ＮＨＫ連続人形劇フリークを（五月蝿《うるさ》いほど）公言する三谷幸喜《みたにこうき》が脚本を書き演出した、連続人形活劇『新・三銃士』が満を持して登場する。10月12日の本放送前には何度も『新・三銃士』のＣＦを流したり、20分の特別番組『カウントダウン！新・三銃士』（10月5日～9日の全5回、過去のＮＨＫ連続人形劇と世界の人形劇も紹介）を放映し、鳴り物入りで放映が開始された。

本編は平成21年（２００９年）10月12日～10月23日までの、月～金曜日の18時～18時20分に（まず）全10話が放映され、10月30日からは週一の金曜日18時～18時20分に放映日が変更され、平成22年（２０１０年）5月28日まで（残りの）全30話が放映された。

評判としては、第36回放送文化基金賞や第29回照明家協会賞、第41回照明技術賞、平成21年度映像技術賞などの賞を獲得したようだが、約１７０年前に書かれたデュマの『三銃士』の魅力は、本来の視聴者である子供たちに届いただろうか、推して知るべし。人形劇に全く思い入れも興味もなかった爆笑問題の田中裕二がナレーションを担当したのが禍したような気もする。今さらながら、坂本九が存命なら……。残念である。などと、全く根拠のないナレーション担当者への非難はさておき、その後数年、民放の連続人形劇はおろか、ＮＨＫの連続人形劇復活の話も聞こえてこなかった。

それが平成26年（２０１４年）、（文楽や人形劇に取り憑かれた）三谷幸喜が再びＮＨＫ連続人形劇に挑戦した。今度はイギリスの作家コナン・ドイルの『シャーロック・ホームズ』シリーズを再創造した人形劇で、人形の造形は『新・三銃士』に引き続いて井上文太が担当。シャーロック・ホームズもジョン・H・ワトソンも15歳の少年で、（全編）倫敦《ロンドン》郊外にある学園内で起こった事件を解決するという、原作そのままの世界を「学園もの」に置き換え、殺人事件の起きないミステリー作品として脚本を書いたそうだ。それゆえ、原作の事件を学生ならではの動機で事件が起こる内容に換えるのには苦心したが、その分、三谷幸喜は強気で「シャーロキアンの方ほど楽しんでもらえる。逆に言えば、これを観て楽しめない人はシャーロキアンじゃない！」と、制作発表のインタビューで豪語していた。

平成26年（２０１４年）３月に『最初の冒険（前・後編）』『困った校長先生の冒険』、８月に『消えたボーイフレンド』『赤毛クラブの冒険』『まだらの紐』の６作を先行放映し、10月12日（日曜日17時30分～17時50分）から平成27年（２０１５年）２月15日まで、この６作品を含めた全18話の本放送が行われた。作品評価のほどはまだ聞こえてこないが、親戚の（小学校低学年の）子供が来た時に録画したものを見せてやったら、５分ほどで飽きてしまった。

後説——ＴＶ人形劇の明日はどっちだ

ここまで「滅ぶ」「亡びる」「廃れた」などと、ネガティブな言い回しをしてきたが、これはあくまでもＴＶで放送されていた人形劇の興亡の話であり、決して日本の人形芝居（人形浄瑠璃）や人形劇が、どうかなってしまうということではない。全国版のTVや新聞・週刊誌での露出はなくなったが、各人形劇団の活動はライブ重視で地道に行われている。特に長野県飯田市は人形芝居の伝統を大切に遺していて、市内には300年の歴史をもつ「今田人形座」（宝永元年・1704年創立）と200年前の人形を納める資料館があり、地元の人がその技と伝統を伝えている。

昭和50年代半ばより、毎年夏に「いいだ人形劇フェスタ」が開催され、全国の人形劇団や人形劇フリークから支持されて、今や日本最大の人形劇イベントに成長。4日間で400を超えるステージが上演され、全国から3万人が観劇に訪れるそうだ（平成21年・2009年調べ）。また平成20年（2008年）には文楽（人形浄瑠璃）が世界無形文化遺産に登録されたこともあり、日本文化発信の一翼を担ってもいる。

冒頭の加藤暁子の著書『日本の人形劇　1867-2007』にも、「日本は世界でも稀な人形芝居の伝統の豊かな国である。文献を辿ればすでに八世紀末から『傀儡』の言葉を見つけることが出来る（中略）劇場演劇としての人形浄瑠璃の盛況は三百年余りを遡ることが出来る」と前置きし、現在は世界中の人形劇団と交流・提携を深め、日本独特の文楽（人形浄瑠璃）様式は海外の演劇家たちの多様な注目を集めていると語っている。

それに感化されたように、三谷幸喜が今度は文楽（人形浄瑠璃）にその触手を伸ばし、平成24年（2012年）に新作文楽『其礼成《それなり》心中』の原作・演出を手掛けた。基本的に文楽に演出家はいないのだが、それでも三谷は立ち位置から演技指導まで、細かい指示をしていたらしい。

ただ、人形に「平泳ぎや、バサロさせろ」とか、普段は文楽の悪役や嫌われ者の役に使われる「虎王《とらおう》」というかしらで「西田敏行さんみたいにやってください」とか、三谷幸喜独特の（斬新な）演出で、舞台裏は大変だったみたいだ。平成24年（２０１２年）と平成25年（２０１３年）に東京・渋谷のパルコ劇場で、平成26年（２０１４年）８月にはＪＲ京都駅内・京都劇場で上演された。評判の方は確認していないが、三谷幸喜が「こんなに面白いものを見ていない人がいるのは嫌だ」と言っていたから、「今後もやり続けます」と、人形遣いの吉田一輔《いちすけ》は読売新聞の対談記事で断言していた。

他にも畑違いの分野からの才能が文楽（人形浄瑠璃）に参入し盛り上げる中、新たな試みも行われていた。それは「ボーカロイド™オペラ葵上《あおいのうえ》ｗｉｔｈ文楽人形」という、『源氏物語』をアレンジした短編映画で、（音声ソフト）ボーカロイド™と文楽人形とがコラボレーションし、オペラを演じるというものである。平成26年にイギリスで開催されたイベント「ハイパー・ジャパン」の会場で初お目見えし、その後、東京・下北沢で（凱旋）上演された。

このように巷の人形劇団も文楽（人形浄瑠璃）も、変化を取り入れてグローバル化されてゆくのに、ＴＶ人形劇の方は未だに旧態然とした演出が是とされているようだ。近年は『銀河銭湯パンタくん』（ＮＨＫで平成25年・２０１３年４月12日～９月27日／全10回放映）や、中国のＴＶ人形劇『項羽と劉邦』（ＢＳジャパンで平成25年・２０１３年４月５日～９月27日／第１部が全26回放映）などの連続人形劇が放映されていたが、これといった噂も評判も広まらず、その他大勢の番組の中に埋没していった。

ただ、希望の光が全くないわけでもない。「ねんどろいどシリーズ」等のフィギュアで大変有名な株式会社グッドスマイルカンパニー（代表取締役社長安藝《あき》貴範《たかのり》）が創立15周年を記念して、『聖石傳説』を制作した台湾の人形劇団と人形造形でコラボレーションした、ＴＶ人形劇『Ｔｈｕｎｄｅｒｂｏｌｔ Ｆａｎｔａｓｙ（サンダーボルトファンタジー）東離剣遊紀《とうりけんゆうき》』が、平成28年（２０１６年）夏に放映が始まった。キャラクターデザインは『魔法少女まどか☆マギカ』のアニメ制作会社「ニトロプラス」で、勿論、原作・脚本・総監修は（大人気脚本家の）虚淵玄《うろぶちげん》が担当する。この作品はＴＶ人形劇の未来存続への試金石となることだろう。

＊1　布袋戯

19世紀初頭に中国（現在の福建省）から台湾へと渡来した（木彫りの顔と袋状の布の胴体の30センチの人形に手を入れて指を遣って動かす）手遣いの人形劇の総称。庶民の娯楽として一気に広がり『西遊記』『三国志演義』等が街頭で演じられていた。それが新たなる娯楽の出現により古い娯楽が消えてゆくのは歴史的必然であり、第二次世界大戦終戦後のＴＶの普及により、街頭人形劇は次第に人気を失ってゆくのである。

しかし昭和45年（１９７０年）、街頭の人形劇はＴＶへと舞台を移すと、ドラマのようなセットに、以前の人形劇より複雑でリアルな動きが視聴者を魅了し、「布袋戯」のシリーズは放送3年目で、視聴率97パーセントという驚異的な数字を獲得した。その後三十数年、台湾人形劇の伝統的な手法を残しながらも、過剰ともいえるアクションとＣＧの合成に、人形の顔も今風にアレンジして、さらに多くの「布袋戯」ファンを獲得。ファンクラブも出来て、コスプレのイベントも「布袋戯」のキャラクターが多数を占め、フィギュアやＤＶＤの売上も、日本のアニメキャラを凌駕するほどだそうだ。

TV人形劇年代記《クロニクル》

▼『玉藻前《たまものまえ》』

NHK、昭和28年2月20日〜10月30日、毎週金曜日の19時30分〜20時に放送、全13回／原作＝岡本綺堂、糸操、結城孫三郎《ゆうきまござぶろう》一座

▼『神州天馬侠《しんしゅうてんまきょう》』

NHK、昭和29年4月〜7月、放送曜日時間は未確認、全13回／原作＝吉川英治、糸操、結城孫三郎一座

▼『国姓爺合戦《こくせんやかっせん》』

NHK、昭和29年11月〜30年3月、放送曜日時間は未確認、全15回／原作＝近松門左衛門、脚本＝秋月桂太郎、糸操、結城孫三郎一座

▼『テレビ天助漫遊記』

NHK、昭和30年4月10日〜6月26日、毎週日曜日の18時30分〜18時50分に放送、全12回／原作＝西沢実、糸操、結城孫三郎一座

☞この「天助」がTV人形劇初の大人気キャラとなって、『テレビ天助シリーズ』は第6シーズンまで制作され、NHKで放映された。『テレビ天助シーズン2』（昭和30年7月3日〜9月18日、全12回放送）、『テレビ天助シーズン3 巨人ダビドンの謎』（昭和30年10月9日〜12月25日、全12回放送）、『テレビ天助シーズン4 天助 南極に行く』（昭和31年1月8日〜3月25日、全12回放送）、『テレビ天助シーズン5 天助と白狐の鼓』（昭和31年4月1日〜6月24日、全12回放送）、『テレビ天助シーズン6 テレビ天助武者修行』（昭和31年7月1日〜12月30日、全25回放送、11月4日の第17回から放送時間が18時40分〜19時10分に変更される）。

▼『家なき子』

NHK、昭和30年4月6日〜9月28日、毎週水曜日の18時〜18時30分に放送、全26回／原作＝エクトル・マロ、影絵、かかし座

▼『チロリン村とくるみの木』

NHK、昭和31年4月16日〜39年4月25日、毎週金曜日の18時10分〜18時40分に放送、昭和37年4月2日より月〜金曜日18時10分〜18時40分の放送に変更、全812回／原作＝恒松恭助、手遣い、劇団やまいも

☞イタリアの作家ジャンニ・ロダーリの児童文学『チ

ポリーノの冒険』をモチーフに、作家の恒松恭助が、ブルジョワの〝果物族〟と貧しい農民の〝野菜族〟と後に動物族が住むチロリン村の話を創作。大人気を博し、８年間放映された。昭和41年２月から同じスタッフで制作された続編『おーい！チロリン村だよ』が民放のフジテレビ系列で、全30回放映。NHKの番組の続編が民放で放映されるという稀有《けう》な例であり、その人気の凄さがうかがえる。

▼『アルプス山の少女』

NHK、昭和31年、放送期間日時未確認／原作＝ヨハンナ・シュピーリ、影絵、かかし座

☞かかし座は他にも、NHKで『ルパンの奇岩城』『アラジンと不思議なランプ』『ブレーメンの音楽隊』『杜《と》子春《ししゅん》』『白雪姫』『蜘蛛《くも》の糸』などの影絵劇を放映しているが、放送日時は未確認。

▼『宝島』

日本テレビ、昭和31年、放送期間未確認、毎週日曜日の18時15分～18時45分に放送／原作＝スティーブンソン、糸操、竹田人形座

▼『アシンと十三人の盗賊』

NHK、昭和31年、放送期間日時未確認／原作＝椎名龍治、手遣い、劇団やまいも

☞アラビアンナイトの１エピソードがモチーフ。

▼『ガッツ君』

NHK、昭和31年、放送期間日時未確認／原作＝椎名龍治、手遣い、劇団やまいも

☞黒柳徹子がフィデルという犬の声を担当して好評を得た。

▼『今は昔』

NHK、昭和33年、放送期間未確認、毎週日曜日の18時40分～19時に放送／原作＝八木隆一郎、糸操、結城孫三郎一座

▼『かっぱ天国』

NHK、昭和33年、放送期間未確認、毎週日曜日の18時40分～19時に放送／原作＝清水昆、糸操、結城孫三郎一座

▼『トラフグ市長とマンボ少年』

NHK教育、昭和33年10月～11月、毎週金曜日の18時10分～18時40分に放送／影絵、かかし座

▼『黒百合太郎』

ＮＨＫ、昭和34年1月～10月、毎週日曜日の18時40分～19時に放送／原作＝石川透、糸操、結城孫三郎一座

▼『孫悟空』

ＴＢＳ、昭和34年、放送期間日時未確認／糸操、竹田人形座

▼『冒険ダン吉』

日本テレビ、昭和35年、放送期間未確認、毎週月～土曜日の18時～18時10分に放送／原作＝島田啓三、棒遣い、ひとみ座

▼『宇宙船シリカ』

ＮＨＫ、昭和35年9月5日～37年3月27日、毎週月～金曜日の17時40分～17時50分に放送、第１２９話の昭和36年4月3日から毎週月・火曜日17時45分～18時の放送に変更、全２２７回／原作＝星新一、糸操、竹田人形座

▼『がんばれベルちゃん』

ＴＢＳ、昭和36年、毎週木曜日の18時15分～18時30分に放送／糸操、人形劇団プーク

▼『スーパーカー』

日本テレビ、昭和36年10月から毎週日曜日の10時～10時30分に放送、シーズン1は全26話／制作＝ＡＰフィルム

☞昭和38年からは、フジテレビでシーズン１・２の全38話が放映。

▼『宇宙船ＸＬ－５』

フジテレビ、昭和38年4月5日～12月27日、毎週金曜日の19時～19時30分に放送、全39話／制作＝ＡＰフィルム

☞第12話から『谷啓《たにけい》の宇宙冒険』に改題。

▼『銀河少年隊』

ＮＨＫ、昭和38年4月7日～40年4月1日、毎週日曜日の17時45分～18時に放送、昭和39年4月9日の第44話から毎週木曜日18時～18時25分の放送に変更、全92回／原作＝手塚治虫、アニメーション＋糸操、竹田人形座

▼『海底大戦争〈トニーの海底大戦争〉』

フジテレビ、昭和39年9月7日～40年3月31日、毎週月曜日の19時～19時30分に放送、第18話から毎週水曜日19時30分～20時の放送に変更、全30話／制作＝ＡＰフィルム

☞再放送は東京12チャンネルで、『原子力潜水艦スティングレイ』と改題されて放映された。昭和42年10月1日～43年6月23日、毎週日曜日の18時～18時30分に放送、4月7日から毎週日曜日の23時～23時30分に変更、フジテレビより9話多い全39話を放送。

▼**『伊賀の影丸』**

TBS、昭和38年11月5日～39年11月3日、毎週火曜日の18時～18時30分に放送／原作＝横山光輝、棒遣い、ひとみ座

☞未確認のところもあるが、週刊誌の掲載順に『若葉城』『由比正雪《ゆいしょうせつ》』『闇一族』『七つの影法師』『半蔵暗殺帳』までが、１クールずつ放映されたようだ。

▼**『ひょっこりひょうたん島』**

NHK、昭和39年4月6日～44年4月4日、毎週月～金曜日の17時45分～18時に放送、全１２２４回／原作＝井上ひさし・山元護久《もりひさ》、音楽＝宇野誠一郎、人形美術＝片岡昌《あきら》、棒遣い、ひとみ座

☞昭和30年から始まった経済の高度成長とともに欧米の文化が流入して、生活のスタイルも（都心から）欧米化が進み、日本人の感性にも変化が起こった。それまでの人形劇の題目は説話（神話・伝説・童話）が中心だったが、欧米の滑稽・怪奇・ナンセンス・スラップスティックのテイストを組み入れた人形劇が増えていった。喜劇作家と童話作家がタッグで紡いだ乾いたユーモアと、ハリウッドの脚本家トンカーチフも一座に加わった本作は、その代表的な人形劇で、サイケデリック、パロディ、ペーソス＆ウイットと、バラエティに富んだ作品となっている。

▼**『こがね丸』**

TBS、昭和41年に1年間、毎週火曜日の18時～18時30分に放送／原作＝巌谷《いわや》小波《さざなみ》、脚本＝寺山修二・大貫哲義・福田良二、プロデュース＝曽根喜一、棒遣い

☞当初はひとみ座がTBSと契約して人形劇を作ることになっていたが、『伊賀の影丸』と『こがね丸』の企画が同時に決定したため、『伊賀の影丸』はひとみ座が制作し、『こがね丸』の制作は人形座に依頼した。しかし、解散寸前の人形座では制作不能だったので、団員の曽根喜一が自分の人脈でスタッフを集めて、この人形劇を制作した。ちなみに、この『こがね丸』は、作家・巌谷小波の肝入りで創刊された『少年文学』（博

文館刊）という雑誌に、明治24年頃に掲載されていた少年小説。

▼『サンダーバード』

NHK、昭和41年4月10日～12月4日、毎週日曜日の18時～18時50分に放送、全32話／制作＝APフィルム（この作品から「21世紀プロ」に社名が変更される）

☞TV放送終了後、TVのパイロット版を映画化した『サンダーバード』が昭和42年に日本で公開。翌年には第2弾『サンダーバード6号』が公開された。

▼『トッポ・ジージョ』

TBS、昭和42年3月～9月、毎週火曜日の18時～18時30分に放送／原作＝マリア・ペレゴ（イタリア）

☞〝トッポ・ジージョ〟とは、イタリアはミラノ生まれの人気キャラクターで、トッポはイタリア語でネズミのこと。ジージョは愛称で、本名はトッポ・ルイスである。昭和42年の小学館の『小学一年生』（1～11月号）と『小学二年生』（1～11月号）で、石森章太郎（現・石ノ森章太郎）がコミカライズし、昭和42年7月2日には日伊合作の人形劇映画『トッポ・ジージョのボタン戦争』が公開。監督は市川昆で、脚本に市川昆＋永六輔とイタリアの脚本家。中村八大《はちだい》が音楽を、トッポ・ジージョの声は中村メイコが担当した。昭和63年には石黒昇を監督に据えたアニメ版の『トッポ・ジージョ』が、朝日放送で4月27日～9月21日の毎週金曜日に放送された。

世紀が変わり21世紀となった平成15年、『トッポ・ジージョ』はアニメで復活する。タイトルは『トッポ・ジージョ劇場』で、平成15年7月9日～16年3月にキッズステーションで全38話（6話分は放送されず、ただしDVDでは全44話が収録）が毎週水曜日に放映された。合わせて、オフィシャル本やソフトビニール人形（ポリウレタン製）、そして食玩《しょくがん》でフィギュアが発売されていたが、以前ほどの人気は得られなかったようだ。

▼『キャプテン スカーレット』

TBS、昭和43年1月2日～8月27日、毎週火曜日の19時～19時30分に放送、全32話／制作＝21世紀プロ

☞宇宙からの破壊者と戦う地球防衛隊の話で、前々作の『スティングレイ』とは毛色の変わった侵略ものとなっている。今度の敵は海底人ではなくて宇宙人（ミ

ステロン）。それも、侵略戦争の原因を作ったのは人類の方で、人類から先に攻撃を受けた報復として、地球人の体を乗っ取って（丁寧にも予告して）テロ行為を行わせるというものである。それを迎え撃つのは地球防衛隊エースのキャプテン スカーレット。当初スカーレットとブラックの２人の隊員は宇宙人に体を乗っ取られ、テロの工作員とされてしまうのだが、スカーレットはテロに失敗して事故死してしまう。ところが、宇宙人の身体再生能力のおかげで奇跡的に蘇生し、おまけに洗脳から解放されたスカーレットは、不死身となった特殊な肉体を張って（つまりスカーレットは、毎回死んで蘇《よみがえ》る）、宇宙人の挑戦を退けるのである。ただ、内容がハード過ぎて、子供たちの評判はいまひとつだったそうだ。

▼『ジョー90』

テレビ朝日、昭和43年10月2日～44年3月26日、毎週水曜日の19時～19時30分放送、全30話／制作＝21世紀プロ

☞少年諜報員の活劇人形劇。世界諜報機構WINは世界危機回避のため、電子工学の科学者イアン・マックレイン教授が開発した「人間の能力や知識をデータ化して集積し、さらにそのデータ化した能力・知識を他者に転送できる機械」《BIG RAT》の協力を求めた。そこで、ミッションごとに適正な能力・知識を脳にインストールされた（イアン・マックレイン教授の養子で）９歳の特別諜報員ジョー・マックレインが、大人顔負けの大活躍をする。「見た目は子供、頭脳は大人……」――こんなフレーズが思い起こされるが、その人気の度合いは『名探偵コナン』の足元にも及ばない。英国人形劇凋落《ちょうらく》の足音を感じる作品だった。

昭和44年に月刊誌『ぼくら』（新年号～６月号、全６話、講談社刊）にて、一峰大二《かずみねだいじ》の作画でコミカライズされるが、月刊少年漫画誌の斜陽もあり、ＴＶ人形劇の人気を補完するまでには至らなかった。奇抜なＳＦ＆スパイ＆アクションだけに、著者《わたし》としては小説家の福井晴敏か漫画家の皆川亮二（代表作『スプリガン』）にリメイク作品を描いて欲しい。

▼『ロンドン指令X』

ＮＨＫ、昭和45年11月～46年1月、毎週日曜日の18時20分～18時50分に放送、全13話／制作＝21世紀プロ

▼『空中都市008』

NHK、昭和44年4月7日～45年4月3日、毎週月～金曜日の18時05分～18時20分に放送、全230回の内訳は1週間の全5回で1話完結の全46話／原作＝小松左京、糸操（棒遣いもあり）、竹田人形座

☞昭和45年1月1日には正月特別編『空中都市008北極圏SOS』が放送されている（原作＝小松左京、脚本＝小説家の高垣眸《ひとみ》の子息である高垣葵《まもる》、音楽＝冨田勲、人形美術＝竹田喜之助、糸操・棒遣いもあり、竹田人形座、オープニングのアニメーションは虫プロダクションが担当）。『ひょっこりひょうたん島』の最終回が昭和44年3月に決まり、次回作は、大人気だった英国の人形劇『サンダーバード』を意識してか、ビデオ合成ドラマ『宇宙人ピピ』（昭和40年4月8日～41年3月31日の1年間放映、30分1話完結の4クール全52回、フジテレビの孫会社のテレビ動画が制作）の原作でNHKに実績のあったSF作家・小松左京に助けを求めた。そこで小松は、米国の児童文学『ゆかいなホーマー君』（ロバート・マックロスキー作）からアイデアを貰って昭和43年からサンケイ（現・産経）新聞発行の月刊『PTA』に連載していた子供向け小説『アオゾラ市のものがたり』を原作に、と提案したのである。

ところが、ストーリーは問題ないものの「タイトルが未来っぽくない」という話になったため、小説の中で主人公が引っ越して来た「空中都市008」をタイトルにもってきたのだった。なお、『空中都市008』の008は、日本の国家識別コードのこと。昭和38年に全国の電話が自動即時通話になって、日本のナンバーが008となっていたので、それを名称にしたのだそうだ。物語の中で、カナダは002、アメリカは003、イギリスは004の国家識別コードが付けられている。タイトル変更は承諾したものの、未来社会での子供たちの日常生活を描きたくて書いた子供向け小説だったので、小松左京はこの「アオゾラ市のものがたり」のタイトルをとても気に入っていた。そこで、これをサブタイトルとして残したという。

余談だが、『空中都市008 アオゾラ市のものがたり』（小松左京著、講談社刊）は、平成14年にノーベル化学賞を受賞した田中耕一が子供の頃から愛読して

いた本で、現在も大切にしているそうだ。氏は科学者らしい感想で、「(現在の電脳世界・ネットのリスクとなっている)コンピュータウイルスのことを、当時から問題視していた小松左京の先見性には驚いている」と語っている。このコンピュータウイルスのことが書かれているのは、小説の第6章「くるった電子脳」で、NHK人形劇では、放送開始の1週目にこの話をもってきている。

▼『ネコジャラ市の11人』

NHK、昭和45年4月6日～48年3月16日、毎週月～金曜日の18時05分～18時20分に放送、全668回／原作＝井上ひさし・山崎忠昭・山元護久、棒遣い、ひとみ座

☞低人気だった前作の『空中都市008』の汚名返上とTV人形劇人気の夢を再び、の思いもあり、原作者と人形劇団の名前からも判るように、『ひょっこりひょうたん島』の姉妹編として制作された。ネズミ族に支配されたネコジャラ地方で奴隷となっていた、ネコ族の大地主のガンバルニャンを助け、ネズミ族と戦う10人の人間たちの物語だが、ドラマの根底にある(子供の)理想と(大人の)現実との対立という構造がネックとなり、一様に感情移入しづらい設定だったといわれている。それで開き直ったかのように、ネズミ戦争終結後の第90回放送でネコジャラ13火山を噴火させ、ネコジャラ市は全滅し、主要キャラクターの大半が行方不明となる。その後レギュラーを一新したが、ますます『ひょっこりひょうたん島』風になり、最後まで二番煎じとの評価しか得られなかったようだ。『グラフNHK』に『ネコジャラ市の11人』の特集は載るも、他の人形劇のようなオフィシャル本を出す出版社はなく、この人形劇を語る評論家も稀である。

定員10名のはずが1人多い(萩尾望都の)『11人いる!』とは反対に、『ネコジャラ市の11人』なのに、当初のネズミ戦争で人間は10人しか出てこない。結論は「最期のひとりはTVを観ている〝あなた〟かもしれない」らしいが、「当時この意味が解った児童がいったい何人いただろう」と疑問視する評論家が多数いた。

▼『新八犬伝』

NHK、昭和48年4月2日～50年3月28日、毎週月～

金曜日の18時30分〜18時45分に放送、全464回／原作＝滝沢馬琴、人形製作＝辻村寿三郎、棒遣い

☞平成18年戊年の正月番組で、ジャニーズの滝沢秀明が犬塚志乃役で主演して評判になった『八犬伝』は、『南総里見八犬伝』の名で、江戸時代の1814年から28年かけて読本にて書き続けられたエンターテインメントである。初輯の主な登場人物紹介をするための口絵は、葛飾北斎《かつしかほくさい》の弟子であり長女お美弥の婿でもあった新進気鋭の柳川重信が絵師を務めていた。物語の発想は、中国の四大奇書の『水滸伝』と、それをモデルにして安永5年（1776年）に書かれた仇鼎散《きゅうていさん》人《じん》の『日本水滸伝』の「化星七英将」からで、当初は『里見七犬伝』を考えていたようだ。あらためて八字《はちじ》文殊曼陀羅《もんじゅまんだら》の八字真言を図像化した八大童子《はちだいどうじ》を基に、仁・義・礼・智・忠・信・考・悌の儒教の道徳観に則して、8人のキャラクターが創作されたのだった。なお、「八犬士」の名称のモデルであるが、彼らは実在の人物だそうで、1613年1月の大久保長安《おおくぼながやす》事件で里見家が没落し、翌年殉死した8人の家臣の墓碑銘の「八賢居士」からチョイスされた、という説が一番有力である。

▼『真田十勇士』

ＮＨＫ、昭和50年4月7日〜52年3月25日、毎週月〜金曜日の18時30分〜18時45分に放送、昭和51年4月5日より18時25分〜18時40分の放送に変更、全445回／原作＝柴田錬三郎、人形製作＝辻村寿三郎、棒遣い

☞〝真田十勇士〟という名称は、明治44年5月から10年余り、立川《たつかわ》文明堂から『立川文庫』と銘打って刊行された少年向け講談本シリーズが生み出した造語だと思われているが、これは間違いのようだ。江戸中期にまとめられたと推測される『真田三代記』『難波戦記』を元ネタにして書かれた講談本『真田幸村諸国漫遊記』(明治36年、中川玉成堂刊）では、十勇士ではなくて、猿飛佐助・霧隠才蔵《きりがくれさいぞう》・由利鎌之助《ゆりかまのすけ》・穴山小助《あなやまこすけ》・筧《かけい》十蔵《じゅうぞう》・海野六兵衛《うんのろくべえ》・望月主水《もちづきもんど》の7人。明治43年頃に松本金華堂から刊行された(猿飛佐助を主人公とした)講談本『猿飛佐助』『由利鎌之助』『霧隠才蔵』の3冊も、猿飛佐助・三好清海入道《みよしせいかいにゅうどう》・三好伊三《いさ》入道・筧十蔵・穴山岩千代・海野六郎・望月六郎の7人で、これらの講談本では〝真田七傑〟として語られていた。前記の

『南総里見八犬伝』も企画段階では七犬士として考えられていたようであり、（確認はしていないが）当時の神道では「七」という数が縁起の良いものだったのではないだろうか。

講談本『真田幸村諸国漫遊記』は、猿飛佐助と筧十蔵をお供にした真田幸村が、僧に身分を隠しての世直し旅もどきの話だとか。人気を博して『真田幸村漫遊記　佐渡島大仇討』『北国漫遊記』『九州漫遊記』などの続編が刊行された。それを少年向けにリメイクしたのが『立川文庫』第５編『真田幸村』である。ここでは猿飛佐助・霧隠才蔵・深谷新左衛門入道青海や弟の三好伊三入道・根津甚八・由利鎌之助・望月主水・望月六郎・三輪琴之助・穴山岩千代などが真田の勇士として紹介されているのだが、講談本『真田幸村』はあくまでも知将真田幸村の英雄談であり、彼ら勇士たちも真田家の郎党にすぎず、現在知られるスーパーヒーローのような荒唐無稽の活躍はしていない。

転機は『立川文庫』第40篇『真田三勇士忍術名人猿飛佐助』である。松本金華堂の講談本『猿飛佐助』『由利鎌之助』『霧隠才蔵』を繋ぎ合わせた内容で爆発的な人気を呼んだといわれ、人気上昇に伴って霧隠才蔵と三好清海入道がピンで独立している。ちなみに、「三蔵法師＝真田幸村」「猿飛佐助＝孫悟空」「三好清海入道＝猪八戒《ちょはっかい》」「霧隠才蔵＝沙悟浄《さごじょう》」を当て嵌め、『立川文庫　猿飛佐助』は、中国の奇書『西遊記』をモチーフにしているのだろうと語る評論家もいた。

〝真田三勇士〟と冠された猿飛佐助・霧隠才蔵・三好清海入道のトリオは『立川文庫』の全盛期の立役者となり、また大正時代の忍者ブームの牽引車となった。ただ、有名になるとその類似品が出回るのは世の常。こうして忍者ものの講談本が続々出版されていったのである。そしてその雨後《うご》の筍《たけのこ》のように登場した類書の中に『武士道文庫』があって、この講談本あたりから〝真田十勇士〟という名称が出てきたようだ。これらを少年向け講談本の主流である『立川文庫』が全て呑み込んでいって、「立川文庫＝真田十勇士」が本家本元であると記憶に刷り込まれたのかもしれない。

▼『笛吹童子』

NHK、昭和52年4月4日～53年3月17日、毎週月～金曜日の18時05分～18時20分に放送、全２２０回／原

作＝北村寿夫、棒遣い、ひとみ座他

▼『飛べ！孫悟空』

TBS、昭和52年10年11日～54年3月27日、毎週火曜日の19時～19時30分に放送、全74回／人形製作＝光子《こうし》館《かん》・岩本浩二、手遣い

▼『紅孔雀』

NHK、昭和53年4月3日～54年3月16日、毎週月～金曜日の18時25分～18時40分に放送、全223回／原作＝北村寿夫、棒遣い、ひとみ座他

☞本編の主役である白鳥党の正義の剣士・那智の小天狗（那智小四郎）に助けられた（孤児の）風小僧と雨小僧の兄弟。その後、風小僧の方を主役にして物語が練られ、地方新聞の日曜版に連載された。それが目黒ユウキの主演で実写化もされた、テレビ時代劇第1号の『風小僧』（NET系で放映）である。

▼『プリンプリン物語』

NHK、昭和54年4月2日～57年3月19日、毎週月～金曜日の18時25分～18時40分に放送、656回／原作＝石山透、人形美術＝友永詔三、棒遣い

▼『Xボンバー』

フジテレビ（CX系）、昭和55年10月11日～56年3月28日、毎週土曜日の18時～18時30分に放送、全25回／原作＝永井豪、企画・構成・脚本＝藤川桂介、人形製作＝コスモプロダクション、棒遣いと特撮撮影の融合

☞永井豪原作とクレジットにあるが、正確には永井豪に依頼された藤川桂介が、以前から構想していた『竹取物語』をベースにしたSF特撮物を提案。それを素案にまとめたものに、永井豪がキャラクター原案を担当し、「6体のロボットが合体して宇宙戦艦になる」等の設定を付け加えたのである。藤川桂介はアニメの『マジンガーZ』や『鋼鉄ジーグ』の脚本を書いていて、永井豪からの信頼が厚かったため、代役を頼まれたのだといわれている。

宇宙からの脅威（異星人ゲルマの侵略）から地球を守るために月面の防衛基地ムーンベースに集められた〝Xボンバー隊〟の物語。Xボンバーの乗る宇宙船ビッグ・ダイエックスは3機の宇宙船に分離し、「再合体することによって巨大ロボットに変形」するなど、まるで『大空魔竜ガイキング』『惑星ロボ ダンガードA』に、NHKでアニメ化した『キャプテンフューチ

ャー』と、東映が『キャプテン・アメリカ』の日本版『キャプテン・ジャパン』をベースに『ゴレンジャー』を踏襲した『バトルフィバーJ』、円谷《つぶらや》プロで特撮ドラマ化された『スターウルフ』『恐竜大戦争アイゼンボーグ』など、当時のアニメ・特撮のトレンドを取り入れた内容となっていた。

▼『三国志』

NHK、昭和57年10月2日～59年3月24日、毎週土曜日の18時～18時45分に放送、全68回／人形美術＝川本喜八郎、棒遣い

▼『ひげよさらば』

NHK、昭和59年4月2日～60年3月18日、毎週月～金曜日の18時～18時10分に放送、全２１３回／原作＝上野瞭、人形美術＝タナカマサオと人形館、手遣い、人形館他

☞上野瞭《りょう》の児童文学の傑作といわれていた『ひげよ、さらば』を原作にした人形劇。『ひょっこりひょうたん島』以降のNHKの連続人形劇は、棒遣いが主流だったが、『ひげよさらば』は手遣いとなっている。ちなみに、パッと見て、棒遣いの間違いではと疑問に思われる方もおられるかもしれないが、よく見ていただければ判るように、棒を持つ手の反対の手が人形の体の中に入っている。手の指で人形の頭と両手を操作する『チロリン村とくるみの木』と違い、その手の指は人形の口（唇）を操作する表情人形となっている。そのため、この作品は手遣いの人形劇といわれている。

　低年齢層の児童とニッチなもの好きな人には評判が良く、オフィシャル本・関連本・ムック本も刊行されたが、NHKの方針で、長年引き継がれてきた夕方6時台の児童向け連続人形劇の続投はなかった。ただ、『ひげよさらば』で得たものもあったようで、後のNHKのバラエティ番組に登場する操り人形は、この手遣いの表情人形（例えば、ニャンちゅう）が使われるようになった。とはいえ、幼児向けのバラエティ番組の主流は、ガチャピンやムック、ゆるキャラの人気で判るように、人が中に入る着ぐるみ人形のようだ。

▼『平家物語』

NHK、平成5年12月10日～7年1月26日、毎週月～木曜日の20時40分～21時に放送、全5部構成の全56回／原作＝吉川英治、人形美術＝川本喜八郎、棒遣い

▼『ドラムカンナの冒険』

教育テレビ、平成14年9月9日〜12月19日、毎週月〜水曜日の『天才テレビくんワイド』の18時〜18時44分中に7分間放送、全36回／シリーズ構成＝須田泰成、人形美術＝植松淳、人形製作＝スタジオ・ノーヴァ、棒遣い&手遣い

▼『新・三銃士』

NHK、平成21年10月12日〜10月23日、毎週月〜金曜日の18時〜18時20分に全10話、次いで平成21年10月30日〜22年5月28日の毎週金曜日の18時〜18時20分に残りの全30話、合計全40回が放送された／原作＝アレクサンドル・デュマ・ペール、脚本＝三谷幸喜、パペット・デザイン＝井上文太、棒遣い、エンディングテーマ曲＝平井堅

▼『銀河銭湯パンタくん』

NHK、平成25年4月12日〜9月27日、毎週金曜日の9時15分〜9時25分に放映、全10回／原作・脚本・製作＝ヨーロッパ企画、棒遣い

☞続編も放映されたようだが、未確認。

▼『項羽《こうう》と劉邦《りゅうほう》』

広島での放送時はBSジャパン、平成25年4月5日〜9月27日、毎週金曜日の7時55分〜8時25分に放送、第1部全26回／棒遣い

☞中国のTV人形劇を放送。第2部は未確認。

▼『シャーロックホームズ』

NHK、平成26年10月12日〜27年2月15日、毎週日曜日の17時30分〜17時50分に放送、全18話／原作＝コナン・ドイル、脚本＝三谷幸喜、パペット・デザイン＝井上文太、棒遣い

☞平成26年3月に『最初の冒険（前・後編）』『困った校長先生の冒険』、8月に『消えたボーイフレンド』『赤毛クラブの冒険』『まだらの紐』の計6作品を先行放映し、同年10月12日〜翌年2月15日の日曜日17時30分〜17時50分に、この6作品を含めた全18話が本放送された。

▼『西遊記外伝 モンキーパーマ』

広島での放送時はRCC、平成27年4月2日〜6月18日に放送、全12回／棒遣い、人形劇団だぶだぶ

☞孫悟空（大泉洋のコピーパペット）を使って、ドリフターズの『飛べ！孫悟空』（TBS）をリスペクト

した人形劇。

▼『Thunderbolt Fantasy 東離劍遊紀』

BS11、平成28年7月8日〜9月30日、毎週金曜日の23時30分〜0時に放送、シーズン1、全13回／原案・脚本・総監修＝虚淵玄、キャラクターデザイン＝ニトロプラス、手遣い、霹靂社

以上が、2016年現在で著者《わたし》が確認できたTV人形劇である。

他にもNHKで、一糸人形座が『安寿と厨子王』と『ガリバー旅行記』、竹田人形座が『雪ん子』と『竜《たつ》の子太郎』など、有名な小説を人形劇にしたものに、人形劇団プークが『一休さん』『ビックリ君』『大きくなる子』『楽しい人形劇』『お父さんの手紙』と、NTVで『アラビアンナイト』と、NETで『ジャン・ケン・ピョン』などの、幼児向けの人形劇が放送されたようだが、これらは（特に）放送年月日（期間・曜日・時刻）など未確認な点が多かったので、このクロニクルには未記載とした。

結果として、「TV人形劇クロニクル」と気取ってはみたものの、内容にいろいろと抜けが多い。どうにもこうにも参照できる書籍やムック本が少なくて、痒い処に手が届くものが出来なかった。

第2章

街頭紙芝居

絶滅危惧度——★★★★☆

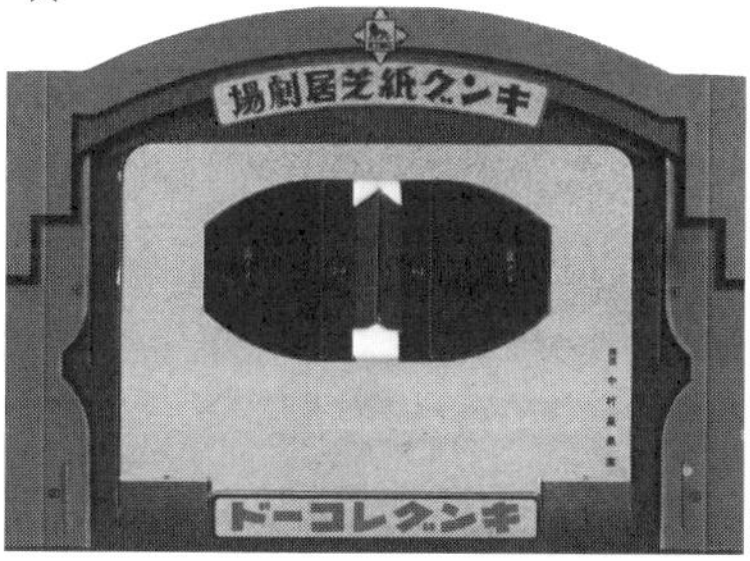

第二次世界大戦中にキングレコードが発売した家庭用紙芝居の広告と、専用舞台ケース。

光と影からの始まり——幻燈機の起源

紙芝居を語る前に、まず説明をしておかねばならないものがある。その名称は「幻燈[*1]（幻灯）機」。器械自体は紙芝居の直接的なルーツではないのだが、この幻燈機があったればこそ、（紆余曲折の果て）日本に紙芝居というコンテンツが生まれてくることが出来たのである。まずは、その幻燈機の成り立ちから語り始めよう。

さて、幻燈機のルーツのひとつに掲げられるものに〝影絵劇〟というものがある。それは東洋《アジア》（発祥には、インド説、中国説、ジャワ説などがあり、結論は出ていない）を中心に始まり、17世紀以前にトルコからギリシア、またはエジプトやチュニジアを通って南イタリアに渡ったといわれている。そこ（ローマやナポリ）で流行《はや》った影絵芝居は、松明《たいまつ》の火で照らして布に写した幽霊の影を動かしたり、それに演者が声を重ねたりしたので、観客から「生きている影」と呼ばれていた。

17世紀になると、影絵劇芸人はイタリアの喜劇役者や軽業師とともにドイツやフランス、イギリスへ行き、カーニバルなどの催し物や興行で人気を博し、「イタリアの影絵」「インドの影絵」「オリエンタルの影絵」などと呼ばれた。だが、当時ヨーロッパでは中国の工芸品が人気を呼んでいたことから、東洋的なものは全て中国に集約されたようで、一般的に「中国の影絵」と呼ばれるようになっていった。

この影絵の原理を応用したのが幻燈機なのだが、前述の影絵劇芸人が幻燈機を発明したという記述は見当たらない。ヨーロッパの大道芸人が見様見真似で影絵劇を演じ、御客を驚かせようとして偶発的に生まれたとの推論もあるが、困ったことに、誰が最初に発明したのかには諸説あり、中には大本《おおもと》の幻燈術を考案したのは彼《か》のレオナルド・ダ・ヴィンチだと書籍に著《あらわ》す人もいた。

そこで、高名なるダ・ヴィンチの名を見つけてしまったので、（典型的な小市民の著者《わたし》は）この説なら一般読者も納得するだろうと、その他の諸説を無視してレオナルド・ダ・ヴィンチ説を推し、その幻燈術を継承した人たちを軸に話を進めることにした。

諸説ある幻燈機の成り立ちの中から、ダ・ヴィンチの遺した幻燈術の考えを引き継いだジョヴァンニ・デッラ・ポルタらイタリア人が、ラテン語で〝暗い部屋〟という名称の光学装置「カメラ・オブスクラ」を作った。これは人が二重構造の箱の中に入って、外側の壁にあけた穴にレンズをはめ込み、内側の壁に貼った紙に外の景色を投影させて楽しむものだった。

さらに、その原理をリスペクトした17世紀のイギリスの科学者ロバート・フックが、「カメラ・ランテルナ（ランタンの部屋）」を考案。オランダ人の科学者クリスティアン・ホイヘンスとデンマーク人のトマス・ワンゲンスティンは同時期に「1ヵ所、小穴が開いた箱にランタンと絵を入れて、その穴から出る光によって画像を投影する幻燈機（魔法《マジック》ランタン）」を発明し実演を行った。ちなみにトマス・ワンゲンスティンは、改良したマジック・ランタンを量産して、イタリアからフランスまで販売してかなりの利益を得て、（計らずも）幻燈機の普及に貢献したといわれている。

そしてロバート・フックの「カメラ・ランテルナ」に影響を受けたイエズス会の僧でドイツ人の

アタナシウス・キルヒャー（古い本ではマジック・ランタンの発明者として記述）が、これらマジック・ランタンの仕組みや作り方などを記録として残し、展開に寄与した人だそうだ。

幻燈機の渡来

日本でこの幻燈機（マジック・ランタン）が一般的に知れ渡るようになったのは17世紀初めだが、いつ、どのように渡来したのかについての資料はないそうだ。

幻燈が登場する日本最初の文献には「安永年間（1772～1780年）に大坂（大阪）で見世物として公開されていた」とか、「眼鏡屋で幻燈道具の販売もされていて大変評判を呼んだ」という記述などがある。この眼鏡屋で売られていたことから〝影絵目鏡〟の名称で呼ばれ、光源には行燈の油皿に燈心を数本灯火して使用し、箱の内側にある目がね（レンズ）に描いた絵を差し入れて、灯火の光で白壁に写し出していた。

ちなみに、現存する資料に描かれてあった幻燈の絵が、当時ヨーロッパで流行った幻燈よりも随分簡単な仕組みだったところからすると、眼鏡屋で販売されていた幻燈機は、オランダ経由で伝来した幻燈の原理を基に、日本の細工師が見様見真似で作ったものだと考えるのが妥当だと考えられている。

その後〝影絵目鏡〟の発展型の可能性が高い「彩色かげ絵、阿蘭陀《おらんだ》細工」が、寛政2年（1790年）5月に興行。「おらんだ影絵」または「長崎影絵」とも呼ばれて民衆に喜ばれていた。ちなみに、文政年間（1818～1829年）に大坂（大阪）のガラス細工商の楠本屋忠蔵が、スライドの絵を錦絵の手法で彩色する幻燈を考案。以降、上方では〝錦影絵〟と呼ばれるようになった。

　上方に随分遅れて、江戸でも写し絵ブームが訪れるのだが、この〝影絵目鏡〟人気が江戸にまで上って幻燈が人気を得たと記述した書籍はなかった。幻燈の伝播には〝オランダ→長崎→大坂〟と〝オランダ→長崎→江戸〟の2通りのルートがあったのだろう。ともあれ、1800年代の江戸でマジック・ランタンが、写し絵の呼び名で人気の出し物となったことと、その興行を広めた日本人のことだけは、幻燈に関する本の共通事項であった。

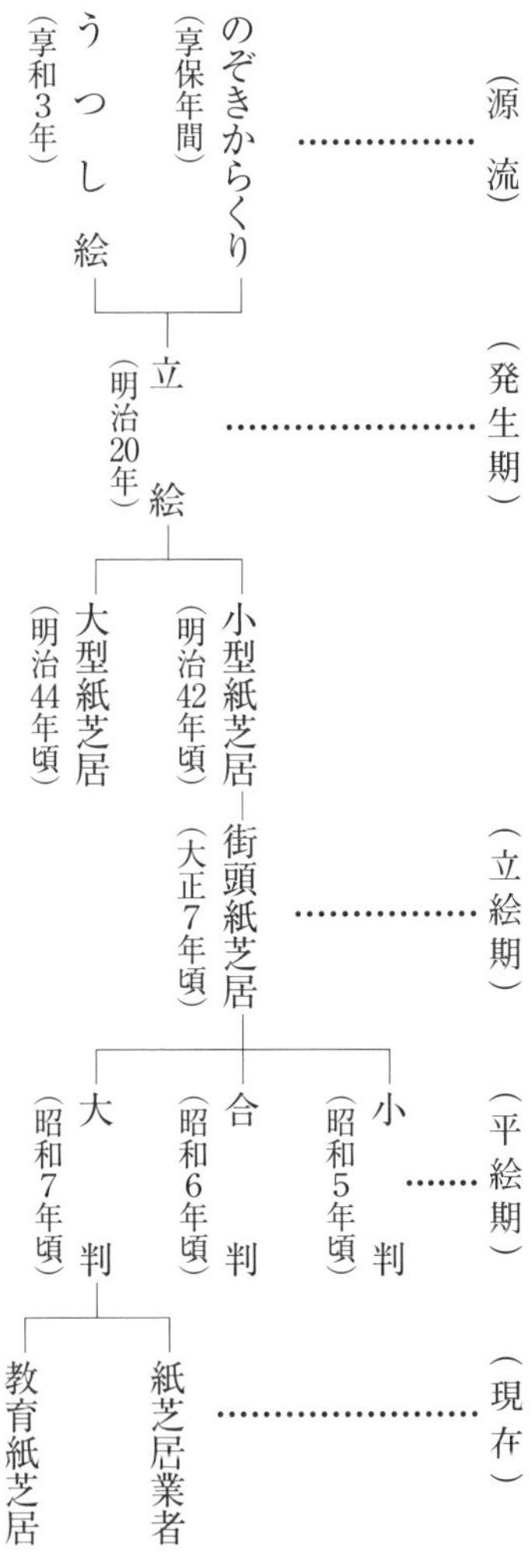

［紙芝居の変遷］
平林博『体験が語る 紙芝居の實際』
照林堂書店・昭和18年より

享和元年（1801年）、上野山下ではオランダから渡来した「阿蘭陀エキマン鏡」の興行が行われていた。それを観た染物の上絵師《うわえし》・亀屋熊吉《かめやくまきち》は、（他の見物客のように）拡大映写された絵に、ただ驚くだけではなかった。どうにも写し絵の魅力に囚われてしまい、自分も写し絵を扱ってみたいという思いが抑えられず、海外の知識に精通している知り合いの（蘭方医？）高橋玄養に助力を求めたのであった。

それ以降、亀屋熊吉と高橋玄養の二人は協力して日本独自の幻燈機を模索して製作。色絵の描かれた2枚のスライドを重ねて、片方を素早く動かすと（網膜の残像現象で）絵が動くという手法を考案（海外文献を参考）し、そのスライドを何重にも重ねて、幻燈の絵に多彩な動きを加える合成映写に成功した（と記述する書籍もある）。

享和3年（1803年）3月に牛込神楽坂の春日亭で初興行（うつしゑ）が行われ、ここで使われた幻燈機が風呂桶に似ているところから、以降、幻燈機は〝風呂〟と呼ばれるようになった。亀屋熊吉はこの写し絵の興行から手応えを感じらしく、プロを目指して三笑亭可楽《からく》に弟子入りし、後に三笑亭都楽《とらく》（亀屋都楽とも名乗り、明治維新以降に高松熊吉とも名乗る）と名乗ることになる。その後、和紙で作られた壁（スクリーン）に写された動く絵は評判を得てゆき、〝江戸の写し絵〟と呼ばれ、寄席や隅田川の納涼船の余興の出し物として使われていた。

ただ、当時の〝江戸の写し絵〟興行の様子を図説で残した資料はほとんどないそうで、歌川国芳《うたがわくによし》の艶本《えんぽん》『当盛水滸伝《とうせいすいこでん》』の中にある、〝江戸の写し絵〟の興行を描いた錦絵だけが貴重な資料文献であると、早稲田大学名誉教授で映画史・映画理論学者の岩本憲児は語っていた。

余談だが、何を規範にそれをアニメと定めるかは、人それぞれの思い入れによることを前提にしたとしても、江戸の動く幻燈は「日本初のアニメ」あるいは「世界最古のアニメ」だと、アニメ（＆影絵）関連の書籍に記されていることが多い。しかしこれに対しても前述の岩本憲児は著書の『幻燈の世紀』（森話社刊）で、「スライドの絵を何らかの仕掛けで動かす試みは、17世紀末のドイツ人エアハルト・ヴァイゲルに端を発し、同郷のボニファス・ハインリッヒ・エーランバーガーが幻燈の絵を動かしてみている。（中略）それ以前の1709年にも映写されたとの記述もあり、日本の動く写し絵の発想もオランダから得たのではないかという気がしている」と、江戸の動く幻燈の「世界最古のアニメ」説をバッサリと斬り捨てている。

さて、写し絵人気に押されるように、幕末の三代目都楽の頃から写し絵道具の販売が開始された。時代は江戸から明治へと移り、明治期の四代目、五代目がさらに広告と宣伝に努めたことが、写し絵の地方化と普及に拍車をかけた。明治初頭から30年頃までが写し絵の再流行期といわれている。ただし、単にそれまでの〝江戸の写し絵〟や〝錦影絵〟の人気だけで写し絵の再流行が起こったわけではなさそうである。明治7年（1874年）に、日本独自のものとは違う幻燈機が再渡来。従来の幻燈機を工夫して現実的錯覚を与えるようにした幻燈で、欧州では「ファンタスマゴリア」と呼ばれ、欧州各地で流行したものであった。

日本製の幻燈と違って、（日本人の新しい物好きの心を操《くすぐ》るような）写真（フィルム）のスライドを使った西洋幻燈は何かと目新しく、多様多彩な映像の内容でも日本のものを圧倒した。何だかアップルのスマートフォンが日本製の携帯電話を凌駕していった現代とオーバーラップする。ちなみに、再渡来した日本では、「マジック・ランタン」の名称から造語した和名「幻燈」と呼ばれるようになるのだが、当時の文献には〝幻燈《うつしゑ》〟と、ふりがなが付けてあるものが多いそうだ。

　こうして新たな黒船は来航したが、それによって日本の写し絵が廃れていったわけではないようである。商魂たくましい日本の人々は、西洋幻燈の大流行に乗っかって、江戸時代から襲名を受け継いだ正統な写し絵師たちは言うに及ばず、単に人気に便乗した素人なども見様見真似で商売を始めたので、全国（主に関東北部から中国地方）にかなりの数の写し絵師がいた。その後二十数年間は文明開化の娯楽としてもてはやされた。

活動写真の渡来と普及

「4月馬鹿《エイプリルフール》」なるものが「郵便報知新聞」の記事にて日本に紹介された明治20年（1887年）に、東京電灯会社が送電開始。年末には一般家庭にも電灯がつき、西洋文化が庶民の生活にも浸透してきた頃、西洋幻燈から進化を遂げた「活動写真」というものが渡来。この新たな黒船到来に、写し絵ブームにも陰りが見え始める。ちなみに、〝活動写真〟という和名の由来であるが、明治29年（1896年）の写真活動器械《キネトスコープ》の日本初公開に先駆けて、11月17日に神戸・宇治川の旅館、常盤にて小松宮が御覧になり、それを新聞（神戸又新《ゆうしん》日報）が「小松宮活動写真御覧」と報じた。以降、映画のことは〝活動写真〟と呼ばれるようになった。

明治29年（1896年）11月25日（～12月1日）に神戸の神港倶楽部《しんこうくらぶ》で写真活動器械が初公開されると、翌年の2月15日から大阪南地演舞場でフランスの自動写真《シネマトグラフ》が、21日からは大阪新町演舞場で米国のヴァイタスコープが公開され、3月から自動写真は神田川上座・横浜湊座で、ヴァイタスコープは神田錦輝館で、次々と公開された。

これらの機器の違いだが、写真活動器械は箱の覗き穴からフィルムの画像を見るものだったが、自動写真とヴァイタスコープは現在の映画と同じくスクリーンに画像を映写するものだった。

また、自動写真とヴァイタスコープは無声映画《サイレント》とも呼ばれていた。一般的には場面と場面の間に状況を説明する字幕が挿入されていて、日本での興行に際しては、オーケストラによる演奏に、スクリーンの横で展開に沿ってストーリーを語る活動写真の弁士（略して「活弁《かつべん》」）がいて隆盛を極めた。まあ、それも大正時代まで。昭和4年（1929年）以降、発声映画《トーキー》の台頭とともに失職する。職を失った大勢の活弁たちは、紙芝居の解説者や漫談家に転職していった。

ともあれ、新時代の文明の利器に圧倒され、古き物はその姿を消すことになるのであるが、ここにも新しい物好き（模倣好き）の日本人がいた。活動写真の日本公開の翌々年には、記録映画を制作（コニカの前身である小西本店の技師・柴田常吉《しばたつねきち》が九代目団十郎・五代目菊五郎の「紅葉狩」を撮影、公開は4年後）している。明治37年（1904年）の日露戦争開戦においては、貿易会社・映画会社である吉沢商店が撮影班を派遣して、撮影した記録映画の上映は活況を呈した。そして日本中が戦勝気分で盛り上がった明治38年（1905年）は、旅順陥落やバルチック艦隊との日本海戦等の日露戦争ものの無声映画が、公開・再演に明け暮れ、明治39年（1906年）には多数のフランス・パテーフィルム作品を輸入してMパテー商会が創立。明治40年（1907年）には東京・大阪で活動写真の上映館が次々に開業した。

明治41年（1908年）には吉沢商店と横田商会、Mパテー商会が活動写真の自社制作を開始。（横田商会の制作で）牧野省三が初監督作品の『本能寺合戦』でデビューしたのもこの年である。そして日本初の映画雑誌「活動写真界」が発行された明治42年（1909年）に、活動写真の人気を決定付ける役者が登場した。〝目玉の松ちゃん〟の愛称で、大正時代にかけて絶大な人気を得た尾上松之助である。

明治44年（1911年）に渡来したフランスの怪盗映画『ジゴマ』がヒットすると、日本中に空前の「ジゴマ」ブームが到来する。和製ジゴマに、偽ジゴマと、「ジゴマ」のブームに便乗した活動写真が多量に上映され、ますます活動写真が人々の娯楽の寵児となってゆき、その隆盛を象徴するかのように、大正元年（1912年）、吉沢商店とMパテー商会、横田（兄弟）商会、そして福宝堂の4社で日本活動《にっかつ》写真株式会社を設立した。

こうした活動写真の台頭により斜陽となっていった写し絵の興行は、人手が掛かり過ぎてとても採算が取れなくなり、次々と写し絵の廃業が続き、（明治中期頃の）最後の写し絵師といわれている〝両川亭船遊〟が、以前から九代目結城《ゆうき》孫三郎《まござぶろう》としてやっていた糸操の人形芝居の方に専念することに。おかげで写し絵の絵師たちは失業の憂き目にあったようだ。ちなみに、この結城孫三郎が、「TV人形劇年代記」で記述した糸操の人形劇・結城孫三郎一座に繋がっている。

立ち絵芝居の登場

さて、ここからが〝立ち絵〟（初期の紙芝居の名称）の誕生秘話となる。

『戦中戦後紙芝居集成』（朝日新聞社刊）の中の〝紙芝居先史〟（街頭紙芝居の実態調査をした東京市社会局の「紙芝居に関する調査」）や城西国際大学人文学部准教授・姜竣《かんじゅん》の著書『紙芝居と〈不気味なもの〉たちの近代』（青弓社刊）の〝紙芝居の歴史〟、また昭和の紙芝居師・加太《かた》こうじの著書『紙芝居昭和史』（立風書房刊）の〝紙芝居との出会い〟、さらに『日本風俗史事典』（弘文堂刊）の〝紙芝居〟などの項目に書かれてあった立ち絵の誕生秘話が、（頭の痛いことに）それぞれ詳細が違っていた。そこで仕方なく、これらの本の内容を著者の独断と偏見で集約編集した。このため、その他いろいろな紙芝居の解説本と違っているところがあるかもしれないが、そこは勘弁願いたい。

そもそも紙芝居誕生のきっかけをつくったのは、明治20年（1887年）頃の〝新さん（姓氏不詳）〟という人物らしい。噺家になりたくて三遊亭円朝《えんちょう》に弟子入りしたのだが、どうにもこの〝新さん〟は上方訛《なま》りが強くて大成出来なかっ

立ち絵芝居『西遊記』の人形絵が描かれた加太こうじの著書『紙芝居昭和史』（立風書房刊）のカバー。

た（前座のみ）。ところが絵の方は達者だったようで、副業として両川亭船遊（結城孫三郎）一座の写し絵のネタを描いて糊口《ここう》を凌《しの》いでいた。

ところが、先述の活動写真の台頭によって写し絵の凋落が顕著となり、収入が減ってしまった。窮余の一策とでも言うべきか、落語より絵の方が上手な〝新さん〟に三遊亭円朝は、自分の得意な落語の『西遊記』と『忠臣蔵』をネタに、駄菓子屋で売る〝おもちゃ絵（絵双紙）〟を描かせたのだった。ちなみに、ここでいう〝おもちゃ絵（絵双紙）〟とは、江戸時代に売られていた絵冊子とは違い、物語が連続する場面を数十個のコマの絵にし、一枚の木版色刷りにしたものであった。

駄菓子屋で〝おもちゃ絵（絵双紙）〟を買った子供たちは、それを絵ごとに切り抜いて、裏に串を貼り付けて遊んでいたらしい。そこに丸山善太郎（明治43年・1910年頃没）という「ろくろ首」の見世物師が目を付けた。

どうやって〝新さん〟を口説き落としたのか、その経緯は不明だが、なんとか錦絵風の人形の絵を描いてもらえたようだ。歌舞伎の舞台を模倣した箱（縦約39センチ、横約90センチ、背景は黒幕、60～90センチの4本脚付）の中で、その人形の絵に貼り付けた竹箸のにぎりを操りながら、台詞を付けて紙人形の芝居をするスタイルを二人で考案したのである。

ただし〝新さん〟の意識の中では、紙人形芝居は写し絵の変形版との思いが強かったようで、この見世物を「写し絵」と呼び、その演者を「歌舞伎屋」と呼んでいたらしい。

初公演は両川亭船遊（結城孫三郎）一座がやめた跡地に「写し絵」と宣伝して小屋掛けしたとこ

ろ、小さくてよく見えない紙製の人形絵にガッカリした客から「写し絵じゃなくて紙人形の芝居じゃないか」との苦情があり、ここから「紙芝居」の名称が広がったとの説が生まれた。

こうして十数センチの紙の両面に人物の動きや場面の背景を描き、その絵に竹箸を付けて操りながら、歌舞伎まがいの劇を演じてみせる紙人形芝居こと、〝立ち絵芝居〟が誕生した。以後、東京を中心として、（露天商《テキヤ》の興行で）1～2銭の見料を取り、テント小屋で演じられるようになった。出し物は主に寄席系列の怪談物や侠客物などだったが、講談の演目の『西遊記・孫悟空』が子供には一番喜ばれたので、やがて縁日祭礼の〝立ち絵芝居〟というと『西遊記』ばかり見せるようになった。

大正12年（1923年）9月1日午前11時58分に関東大震災が発生し、その後の不況は多くの失業者を生んだ。彼らの中には、食扶持を求めて紙芝居屋（便宜上、以降は〝紙芝居実演者〟と表記）になりたい者とか、芸事に憧れて芝居の真似ごとの紙芝居をやってみようという者が、露天商の親分のサカズキをもらったので、除々に紙芝居実演者が増えてゆき、昭和3年（1928年）には70人の大所帯となったのである。

だが縁日祭礼専門の露天商であったから、やる場所も日数も限られていて、同業者が増えた分、紙芝居をやる者は休みが多くなり収入は上がらず、（勝手なもので）そのうち自由営業をやりたいために、露天商の親分にサカズキを返したいと思う者が出てきたそうだ。

しかしカタギが自由に商売をするには、露天商の縄張りの外の空き地や街路でやることと、縁日や祭礼という人々が集まる特別な日以外でも、人を集める工夫をする必要があった。おまけにテントを張れない露天で見料をどう取るのか……。そこで考えられたのが、見料の代わりに飴《あめ》を売ることだった。これが存外粗利率が高かったので、以降、紙芝居の行商では見料の代わりに飴（戦後は駄菓子一般）を売るのが定番となったのである。加太こうじの著書によれば「餅（飴）は見料代わりだから、7本1銭で仕入れて、1本1銭で売った。1銭が7銭になる7倍の儲けだった」そうだから、総勢70人もの紙芝居実演者が当時の生活苦を訴えて、露天商の親分にサカズキを返し、（昭和4年・1929年頃から）自由営業をし始めたのも頷ける。

親分にサカズキを返してカタギとなったが、昔取った杵柄で、そのうち紙芝居実演者同志の中で露天商組織に似た先輩後輩の関係や、露天商が商品を卸す仕組みに似た紙芝居の絵の配給制度、飴の卸売り制度ができ、紙芝居実演者の同業組合「東京写絵業組合（戦後、日本画劇教育協会と改名）」が発足する。

昭和5年（1930年）頃には、長引く不況で失業した数多くの工員や職人が伝手を求めて紙芝居実演者になり、東京市中に200人ほどがいた。彼らは露天商の使うサンズン（一尺三寸の台）という移動用の舞台を担いで辻々を回り、歌舞伎・講談・文芸・お笑いネタを披露していたが、やがて客層に合わせて子供向けの内容となっていった。

当初の紙芝居実演者は荷物を担ぎ歩いて行って公演していたが、五月人形作りを生業としていた村尾緑葉（本名・光雄）が、明治30年代から庶民にも普及していた自転車を利用して紙芝居をすることを思いついた。自転車の荷台に紙芝居の道具を載せての行商は、歩いて営業するより効率的で重い荷物も楽に運べるということで、除々に自転車の紙芝居が広まってゆく。これにより紙芝居実演者の服装も〝和服の着流しに唐桟《とうざん》の半てんと角帯《かくおび》〟だったのが、自転車に乗りやすい〝シャツにズボン〟へと変化していったのである。

また利便性の向上からか、立ち絵芝居の舞台も趣向を凝らしたものが登場。それは「カガミ」を使った舞台で、立ち絵を上部斜めに付けた鏡に反射させて、立体感のある映像が観られた。この構造は紙芝居実演者にも演技をしている絵の正面を見ることが出来、立ち絵の演技がしやすいという効用も生まれ、これでさらに紙芝居実演者の数が増えることになり、これら（自転車・荷台の舞台・駄菓子販売）がのちの紙芝居の営業に続く上演の型となった。ただ、「カガミ」の後に立体絵本のような十二段返しという立ち絵芝居の舞台が出てきたりして、一時混乱したと加太こうじは『紙芝居昭和史』（立風書房刊）の中で語っている。

立ち絵芝居から絵咄（平絵）へ

ただ自由営業《カタギ》となると、また違った問題も起きていた。露天商の手を離れて路地や空地で飴を売って見せるようになった紙芝居を、商売敵《がたき》だと思った東京都台東区の菊屋橋署管内の駄菓子屋が、敵愾心《てきがいしん》を剥き出しにして紙芝居の非教育性を訴えたため、（それでなくても、普段から官憲に不当な扱いをされていた）紙芝居実演者は弾圧されることになったのである。

この菊屋橋署管内を地盤に商売をしていた紙芝居実演者の、（浅草松葉町《まつばちょう》の長屋に住む）元愚連隊の田中次郎と本職は落語家（前座のみ）の後藤時蔵の二人は、これで紙芝居を廃業してしまったら、（当時のような失業時代では）他にこれといった仕事には就けないと困り果てて、その打開策を話し合うこととなった。昭和5年（1930年）のことである。

田中次郎が「絵本を持って行って、映画の弁士のように解説したら飴が売れるかもしれない」と新たな行商案を示すと、後藤時蔵が「いや、絵本ではネタが尽きる。いっそのこと絵描きを募集して物語の絵を描かせ、それを説明してみてはどうかな。おまわりがきたら、紙芝居ではありません、〝絵咄《えばなし》〟ですと言えば、ブタ箱へぶち込むことは出来まい」と補足する。このように2人が（悪）知恵を重ねて、立ち絵芝居とは異なる（絵を見せながら語る）「紙芝居」を考案したのだった。

これは画用紙一枚一枚に映画のごとく内容が繋がった絵を描き、その絵の描かれた画用紙を捲《めく》りながら物語を話す様式のことで、〝平絵《ひらえ》〟とも〝絵咄〟とも呼ばれた。ちなみに、昭和5年（1930年）頃は葉書ほどの大きさだったが、昭和7年（1932年）にはその倍になり、B6判から四六判の画用紙が使われるようになった。そして、富士会という製作所が週刊誌2ページ大（約B5判2枚分）のものを出し、戦後はこの大きさが紙芝居の主流となった。

それと、絵の抜き方であるが、平絵が登場した当時は小版だったので、上方へ絵を抜いて（捲って）いたが、週刊誌2ページ大ともなると、（利便性を考えて）話し手の立ち位置の方への横抜き（横捲り）となった。これが登場した年代を語る書物を発見出来なかったので、推測だが、週刊誌2ページ大となってから、自転車の荷台に設置されていた立ち絵芝居の舞台を真似て、あの紙芝居専用の舞台《ケース》が出来たのだろう（左の図参照。平林博『体験が語る 紙芝居の實際』照林堂書店・昭和18年より）。

さらに余談で〝絵咄〟の話を補足すると、当時（昭和４年・１９２９年末）は世界的な大不況で、下町の工場は皆休止状態。働く場所がなくなった栗本六郎《くりもとろくろう》（のちに筆名・大城《おおしろ》のぼる）は、近所を回っていた平絵の紙芝居屋を頼り、アルバイトで紙芝居の絵を描いていた。彼の回顧談によると、この頃の紙芝居といえば〝立ち絵芝居〟の方を指し、それ以外の〝平絵〟や〝絵咄〟は、画用紙に

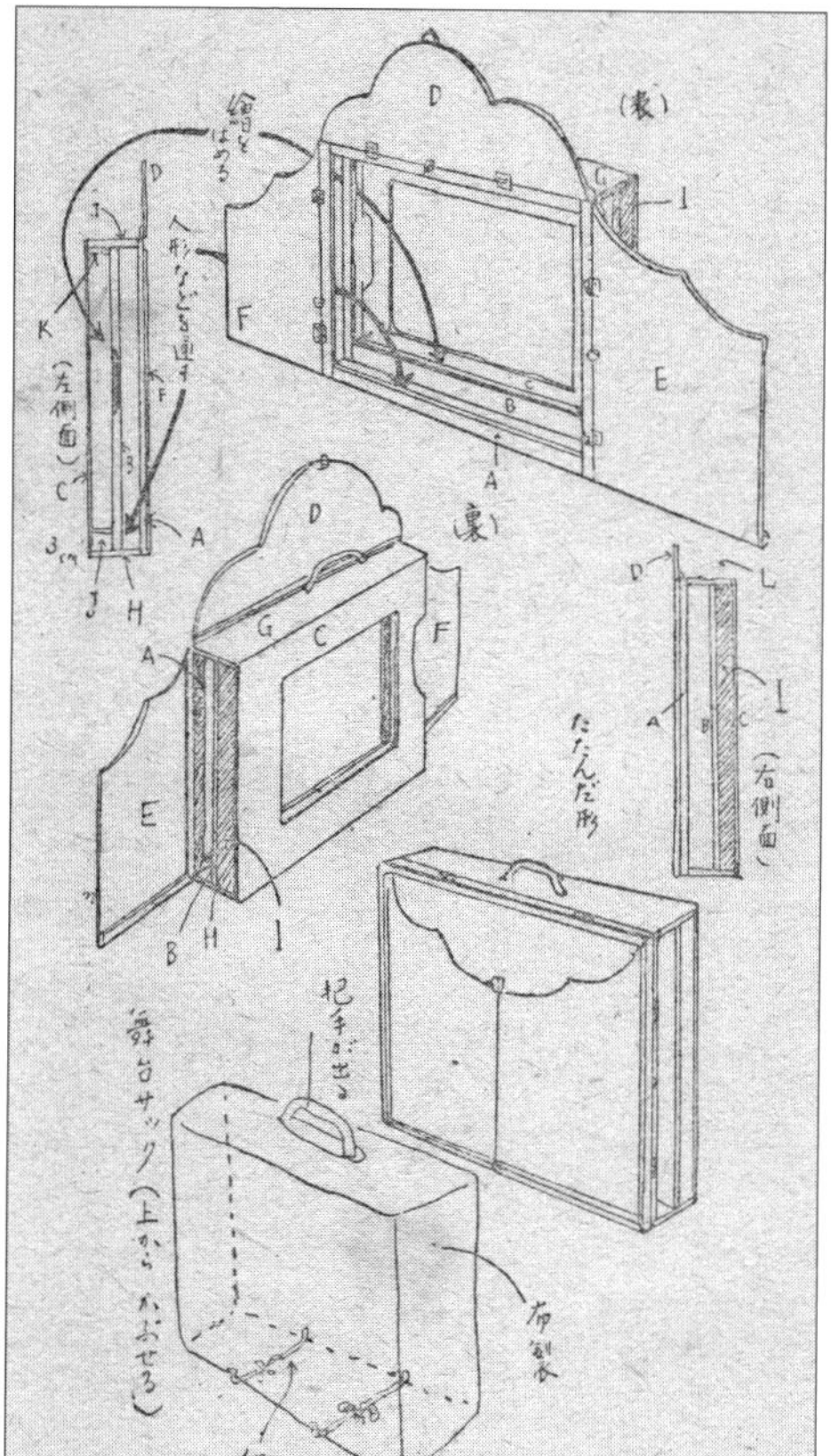

描かれた絵を見せながら物語を話すところから、巷《ちまた》では「お話し会」とも呼ばれていた。そして平絵の紙芝居屋の行商人《ばいにん》のことを、紙芝居説明者とも呼ぶようになったようだ。

閑話休題。話を田中次郎と後藤時蔵に戻す。（多少の蓄えがあ

った）彼らが新聞の求人欄に画家募集の三行広告を出すと、大不況下の失業事情もあり、80人余りが浅草松葉町の長屋に押しかけてきた。その中から映画館の看板描きの鳥居馬城という中年の画家と、（何故か本職の画家たちを押しのけて）蔵前高等工芸学校の染色図案科の苦学生・永松武雄（のちに健夫と改名）が選ばれた。ただし、鳥居馬城は看板描きが本業だったのと酒好きで休みが多かったため、結局、アルバイト学生の永松武雄が主に絵を描くことになった。

そして昭和５年（１９３０年）４月、童話物『お伽の御殿（魔法の御殿）』（作・後藤時蔵、絵・永松武雄）がお目見えする。これは（葉書大の）画用紙に描かれた絵を捲りながら話を語る様式の紙芝居で、現在知られる紙芝居の〝お初〟であった。しかしこのお目見えは、警官の目を気にしながら恐る恐る子供たちを集めて、（絵を見せながら話を語る絵物語形式の紙芝居が子供にウケるかどうか）試しにやって見せたものである。

しかし案ずるより産むが易しで、子供たちの反応は上々。「明日も来て欲しい」とか「続きが見たい」とねだる子も多くいたそうだ。そこで、『お伽の御殿（魔法の御殿）』と並行して田中次郎が作っていた（加太こうじに言わせると「でっち上げた」そうな）、白い骸骨マスクに黒マントの怪人が活躍する紙芝居『黒バット』も公開した。これは、明治後期から大正時代に大流行したフランス映画『（怪盗）ジゴマ』をモチーフにして安易に創作したものだったが、映画の手法を模した場面転換・飛躍を表現した永松武雄の作画力が相俟《あいま》って好評を得る。子供たちは従来の紙人形の芝居（立ち絵芝居）よりも、絵語りの飛躍のある話を喜んだのだった。

これで絵語りの紙芝居がうまくいくと確信をもった田中次郎と後藤時蔵は、紙芝居製作所〝蟻友《ぎゆう》会《かい》〟の看板をあげた。ちなみに、蟻友会の所属会員第1号は、田中・後藤と同じ長屋に住んでいた〝飴売りの婆さん〟であった。

紙芝居『黒バット』の続編も好評に次ぐ好評で、蟻友会所属の紙芝居の売人は興行の場を席捲《せっけん》していった。おまけに、難しい紙人形の操作が要らない、素人にでも出来る紙芝居に、自分もやりたいと切望する失業者が蟻友会に絵を借りに来たため、半年で蟻友会の所属会員は50人を超えた。

こうして、順風満帆だった紙芝居『黒バット』の興行も50回を迎えた頃、度重なる子供たちの要望もあり、そろそろ解決編を作る必要に迫られた。それによっていろいろと頭を悩ませることになった。なぜなら、我が国の道徳的規範では子供向けの物語は「勧善懲悪」が常なのに、本来、悪役である「黒バット」をあまりにも強く作りすぎために、解決編の話がまとまらなかったのである。それに、これだけの人気作が次も作れるかどうかの自信もなかったのだった。

日本初の正義の超人、「黄金バット」降誕

そこで、（某日）蟻友会で田中次郎と後藤時蔵と永松武雄の3人が、『黒バット・解決編』について談義することになったのだが、諺にあるような「3人寄れば文殊の知恵」とはならなかった。

だが、訳あって偶々《たまたま》そこに居合わせていた（蟻友会の前で行き倒れていて、助けられ、そのまま居付いたとの説あり）、元和菓子職人で物書きを自称する鈴木平太郎なる人物が、こともなげに、「黒バッ

トも敵《かな》わないのを出して、黒バットを殺してしまえば終わりになるよ」と、話に加わったのである。そして、「黒バットが悪の巨魁《きょかい》だから、正義の味方にしたらいいだろう。黒バットの白骸骨黒マントに対して、金の骸骨に赤マントはどうだ。派手でいいぞ。名前は煙草のゴールデンバットから取って黄金バットとでもしようか」と話を続け、煙草の名称をもじって、黒バットも敵わない正義の味方は〝黄金バット〟と名付けられたのであった。

キャラクターの名称が決まったら次はそのビジュアルで、それは作画家・永松武雄に委ねられた。永松武雄は「黒バットが白の骸骨に黒マントだから、黄金バットは黄金の骸骨マスクで服装はずっと派手にし、西洋の騎士のようなタイツをはかせて赤マント。服は緑色。西洋の騎士がモチーフなので、腰にはサーベルを差す」と、発案者・鈴木平太郎の助言を加味しながら、試行錯誤の末に「黄金バット」の原型を作り上げたのである。

昭和5年（1930年）の秋に、なんとか『黒バット・解決編 黄金バット出現の巻』は完成。紙芝居『黒バット』はめでたく終了したのだが、話はこれにて「ハイ、お終《しま》い」とはならなかった。『黒バット・解決編』の終わりの3コマに、突如、奇怪な笑い声を上げて登場した「正義の味方 黄金バット」に、子供たちは拍手喝采の大喜び。紙芝居が終わると、黄金バットの笑い声を口真似しながら散っていく子供たちを見て、「これは当たる。これからは『黄金バット』シリーズを作ろう」ということになったのだ。

昭和6年（1931年）になると、〝平絵〟が〝立ち絵芝居〟の人気を凌駕。この頃には、紙人形芝居の方を『立ち絵』と呼び、逆に絵語り形式の方が紙芝居と呼ばれる逆転現象が起きていた。そして絵語り形式の紙芝居を作った蟻友会は、押しも押されもしない日本一の紙芝居の元貸しとなった。１日30銭の使用料を払う行商人（紙芝居説明者）が50～60人、毎日絵を借りに現れ、さらには東京以外からも借り手が現れるようになって、横浜支部も設立した。

しかし好事魔多し。引き続き鈴木平太郎（のちに筆名は鈴木一郎）が脚本を書き、作画を永松武雄で『黄金バット』シリーズを担当するはずだったのだが、順風満帆の紙芝居商売で成功を確信していた田中次郎と後藤時蔵に、「驕る平家は久しからず」という言葉通り、青天の霹靂が待っていたのである。蟻友会成功の美酒を呷《あお》っていたのは田中と後藤の二人だけであり、その他大勢の紙芝居の行商人（紙芝居説明者）は紙芝居人気の恩恵に与《あずか》ることが出来ず、二人に対して不満を募らせていた。

そこへ元荷馬車挽きの池田守雄と商人あがりの笹川と高橋の３人がクーデターを企てたのである。これから自分たちで紙芝居の元貸しを始めるから、仲間になるよう（やはり田中と後藤に対して不満を持っている）鈴木平太郎にも話を持ちかけ、アルバイトの永松武雄も連れてくるよう頼んだのだ。

池田守雄たちはすぐに紙芝居製作所「話の日本社」を設立。鈴木平太郎と永松武雄の２人が蟻友会を脱退してそこへ所属すると、永松の描く『黄金バット』は「話の日本社」でしか扱えないため、なだれを打って蟻友会から「話の日本社」へと行商人（紙芝居説明者）が移動。おまけに池田たちを真似て紙芝居の元貸しを始める者たちが多く現れたり、立ち絵芝居を作っていたみどり屋、三松屋、あずま屋が絵語り形式の紙芝居を作り始めたため、斜陽の蟻友会からさらに行商人が離れてゆき、瞬く間に商いが立ち行かなくなった。

紙芝居製作所「話の日本社」から始まった紙芝居『黄金バット』は、脚本担当の鈴木平太郎改め鈴木一郎の、[*2]押川春浪《おしかわしゅんろう》の空想冒険小説を参考にした内容と、永松武雄の流麗かつ細密な絵で、たちまち人気シリーズとなった。ちなみに、蟻友会から独立して紙芝居の元貸しとなった所が（著作権の概念などない時代であった）、そろって『黄金バット』を作りだし、偽バットが続出する。しばらくの間、紙芝居といえば『黄金バット』ということになったそうだ。そのくらい当時、永松武雄の描いた『黄金バット』の人気は凄まじいものだった。

これ以上ない順調な船出となった「話の日本社」と紙芝居『黄金バット』だったが、昭和7年（1932年）になって、再び問題が起こった。芝浦高等工芸学校（現在は東京工業大学）の学生だった永松武雄が、紙芝居を生業にすることに猛反対の父親に抗《こう》しきれず、ネクタイ会社に（図案屋として）就職するので、作画担当を降りたいという話になったのだ。

永松が去り、絵がうまくないという理由で幾多の紙芝居製作所で作画を断られていた十代の加太《かぶと》一松《かずまつ》（のちの加太こうじ）が「話の日本社」を訪ねたのは、ちょうどこの頃。加太こうじにとって仕方なくの訪問だった。それが「十代の若さの分、これからの伸びシロがあるだろう」という池田守雄のお気楽な対応で、紙芝居『黄金バット』の作画を任されることになったのである。

ちなみに、永松武雄に代わって、加太こうじと（酒好きで）孤独な老人画家・菊池広雲も作画担当に選ばれた。だが僥倖《ぎょうこう》で仕事を得られた加太こうじであったため、「話の日本社」の仕事を数ヵ月したのち、永松武雄や菊池広雲と比べてあまりにも絵が下手だという理由でクビになったそうだ。

天賦の才を持つ絵師・山川惣治現る

作画が変わって紙芝居『黄金バット』の集客力は落ちたが、キャラクター自体の人気はなんとか保っていたようだ。しかし、時をかわさず『黄金バット』の天下を覆《くつがえ》す下剋上が起こった。紙芝居製作所「そうじ映画社」の山川惣治《そうじ》が登場し、（ほんの数年であるが）業界に「山川惣治旋風」が吹き荒れたのである。

山川惣治の出自だが、本所小学校高等科を卒業後、大恩寺という坊さんの紹介で、原澤製版所で奉公をしていた。17歳の時、東京日日新聞の漫画懸賞募集に投稿した1コママンガ『活動狂の夢』が入選（大正15年・1926年1月11日に掲載）。懸賞金の5万円を得たのを機に、幼い頃より絵を描くのが好きだったこともあり、絵を学ぶために川端画学校の夜学に入学したのであった。

兄と一緒に夢見ていた和菓子屋の開店資金を貯めるために、以降も漫画懸賞募集に投稿を続け、東京毎夕新聞の日曜版に当選漫画が度々掲載されるようになったが、毎夕新聞の漫画部主任を務めていた下川凹天《しもかわへこてん》が主宰する彗星会《すいせいかい》の集会に参加した時、そこに集まった漫画家たちの気取った感じが鼻につき、漫画を描くのを止めてしまったそうだ。

昭和5年（1930年）、和菓子屋の開店資金が貯まったので原澤製版所を辞めたのだが、詐欺に遭って貯金を騙し取られてしまい、和菓子屋開店を断念。昭和6年（1931年）、本所東駒形に「山川美術社」を設立し、似顔絵、挿絵、版下など、絵に関わる仕事は何でもしていた。そこへ紙芝居製作所・民友会の会長でもある紙芝居の元締めがやってきて絵の仕事を依頼。これ以降、山川惣治は紙芝居の世界と関わってゆくことになった。

その第一歩として、民友会の会長は紙芝居の原作にと、高垣眸《たかがきひとみ》の『銀蛇《ぎんだ》の窟《いわや》』を持ってきた。描くには描いてみたが、山川はそんな原作者付きの紙芝居作りが気に入らず、やがてストーリーから自作したくなり、当時流行っていた映画『ターザン』の主人公を、日本の少年に代えた作品を創作したのだった。

それが紙芝居『少年王者』であるが、民友会の倒産により中断。仕事と伝手がなくなって困っていたところ、民友会で紙芝居を作っていた人たちが、山川の絵の評判の良さから、他の紙芝居製作所には行きたくないと彼を頼ってきた。それならばと、彼等を束ねて昭和8年（1933年）に東駒形の「山川美術社」と同じ場所で「そうじ映画社」を設立したのである。こうして、山川惣治は本格的に紙芝居製作所を始めることになってしまった。

ただし、そこで描かれたのは『少年王者』の続編ではなく、当時の軍部が提唱していた〝王道楽土・五族協和〟が反映された、満州が舞台の冒険活劇『少年タイガー』であった。当時のナショナリズムの昂《たか》まりも相まって、紙芝居『少年タイガー』は瞬く間に大人気となった。そうじ映画社との契約会員（紙芝居説明者）も1年で10倍になり、それまで誰も崩せなかった牙城『黄金バット』の人気を抜いて、業界一位となった。しかし、もし永松武雄が紙芝居製作所を辞めず、そのまま『黄金バット』を描いていたなら、漫画史に残る面白い勝負になっていただろう。残念である。

まあ、件《くだん》の永松武雄は昭和10年（1935年）頃に紙芝居の世界に復帰し、再び『黄金バット』を描くことは描いていたのではあるが……。たった3年でも隔世の感は否めず、一世を風靡したヒーローも既に過去の遺物となり果てていた。まったく評判にもならず、ほんの数日続きを作っただけで中止となった。おまけに相方の鈴木平太郎は不安定な紙芝居製作稼業に嫌気がさして、この『黄金バット』を最後に紙芝居業界から足を洗い、これ以降、紙芝居随一の製作所だった「話の日本社」は落ち目となっていった。

対照的に、そうじ映画社は隆盛を極め、紙芝居人気で金銭的に余裕のできた山川惣治は、昭和10年（1935年）に日大芸術部美術科に入学し、本格的に絵の勉強をする。卒業後は、国威発揚以外のテーマの検閲が厳しくなってきた紙芝居の仕事を離れ、昭和14年（1939年）『少年倶楽部』（大日本雄辯會講談社、現・講談社刊）5月号の口絵で少年雑誌デビューを果たす。以降、数年間は絵物語（紙上紙芝居）に関わってゆくのだが、その話は次章の「絵物語」で詳しく述べるとして、ここからは山川惣治以外の紙芝居作家や作品について、少し説明しよう。

山川惣治自身は紙芝居の仕事を離れたが、そうじ映画社の紙芝居は健在で、紙芝居自体が廃れたわけではなかった。他の製作会社でも、『少年タイガー』と並ぶ人気となった伊藤正美の『ハカバキタロー』と『河童小僧』（ともに富士社）や、田代寛哉の『ガムちゃん』（松島会）、浦田重雄の『猫娘』（話の日本社）、八木某《やぎなにがし》の『ダブロット』（神風会）、『ナガちゃん』（東京絵話会）、『ダッチャン坊や』（ダッチャン会）等のヒット作品が生まれ続け、（紙芝居『黄金バット』登場のところでも語ったように）昭和6年（1931年）まで紙芝居の主流だった〝立ち絵芝居〟は、その数が激減していったのである。ちなみに、伊藤正美の『ハカバキタロー』をモデルにして、戦後に創作された漫画が、水木しげるの『墓場鬼太郎』であることは有名な話である。

絵師・加太こうじの開花

さて、絵が下手で「話の日本社」をクビになった加太こうじは、その後どうなったのか。年代を少し戻すと、クビにはしたが、15歳の身で家族を養っている加太に同情した池田守雄が、浅草千束町のＫＳ商会という紙芝居製作所の経営者・中村時春に、「上手い画家だ」と偽って紹介した。だが、絵が下手なのは直ぐに露呈。ＫＳ商会の会員（紙芝居説明者）からは加太の描いた紙芝居には苦情が続き、困った中村から「ウケる絵を描いてほしい」と言われたそうだ。1年ほど続けたが、昭和8年（1933年）になるとすぐＫＳ商会から仕事を断られる。

次に加太は松島会に移り、ここで知り合った台本担当の宮倉芳山の紙芝居に対する情熱に打たれ、仕事に真摯に打ち込む思いを新たにした。しかしながら、クロッキーに力を注ぎ込んでも思うように絵は上達せず、おまけに（食うために紙芝居製作所に集まった人が多く）まともに紙芝居の物語を書ける原作者が少なかったこともあって、気に入らない台本では絵を描かないという矜持《きょうじ》から、ここも辞める結末となり、以降、紙芝居の製作所を転々とすることになった。

　そして昭和9年（1934年）初夏、偶然見かけた紙芝居屋（紙芝居説明者）が持っていた絵の社名で知っただけの、設立して間もない製作所・愛国社に仕事をもらいに行き、ここで社主の大塚辰次郎と出会う。これが人生の転機となった。以前は松島会の会員（紙芝居説明者）だった大塚は、自分の好みの絵を作りたい一心で紙芝居の製作所を創《はじ》めたのだが、まだこれといった画家を集めることが出来ないでいた。僥倖かな、ここでも十代の若さが決め手となって、愛国社での仕事が決まった。

　加太の若さに情熱が掻き立てられた大塚辰次郎は、絵の下手さに呆れたり怒ったりすることなく、彼の持ってきた絵にはちゃんと目を通し、次の絵を持って来るまでに考え抜いて、「こう直せ」「こうしろ」と注文をつけた。それはどれも的を射た提言であり、自分を子供扱いしない誠心誠意の熱情に打たれた加太は、大塚が納得する作品を作って見せようと決心した。

　当時評判の紙芝居『黄金狸』（そうじ映画社）にいたく感銘を受け、これ以上の作品を作って大塚を唸らせてやろうとの思いに至り、考えついたのが『天誅蜘蛛《てんちゅうくも》』というタイトルの時代劇。天草の乱後の由比正雪《ゆいしょうせつ》の叛乱《はんらん》計画を背景にした少年剣士・鶴千代の仇打ちの物語だった。鶴千代を助ける忠臣・秋月隼人は嵐寛寿郎《あらしかんじゅうろう》、由比正雪は阪東妻三郎《ばんどうつまさぶろう》、丸橋忠弥は大河内傳次郎《おおこうちでんじろう》と、主要人物に当時の人気俳優の似顔を当てたことや、副主人公の農民の子供〝太郎〟のユーモラスさ、そして鶴千代が危ない時、（まるで黄金バットのように）現れて大活躍する〝蜘蛛の精〟などが人気を呼んだ。

これが加太こうじ初のヒット紙芝居となったのである。昭和９年（１９３４年）秋から１年数ヵ月続き、２６０巻ほどが封切られた。

やっとのことで才能を開花させた加太こうじであったが、平和な日常は長くは続かなかった。戦争は対岸の火事であり、自分たちとは無縁と思っていた日本国内にも、確実に軍靴《ぐんか》の響きが迫っていた。

戦時下の紙芝居

昭和11年（１９３６年）２月26日に日本陸軍の皇道派青年将校らによるクーデター事件（二・二六事件）後、軍部の政治支配が強化。昭和12年（１９３７年）７月７日には盧溝橋《ろこうきょう》事件を契機に日中戦争が始まると、（軍国主義化から）国内の統制を強めようという気運が高まったのだろう、内務省を中心として文化に対する官僚統制が始まり、翌年には「国家総動員法」が公布・施行された。

折も折、『猫娘』（昭和11年・１９３６年、浦田重雄画）のヒットから、それを模倣した紙芝居『トカゲ娘』『蛇娘』などを作る製作所も現れて、エロ・グロの紙芝居が流行し始めると、教育者を中心に紙芝居批判が広がってゆき、昭和12年（１９３７年）に警視庁保安興行係による検閲が始まった。

反面、街頭紙芝居の児童に対する魅力と大衆性を認めて、やがて銃後の守りとして利用されてゆく。

さらに、紙芝居の教育的価値も感知し、それを教育に活かそうとする「教育紙芝居研究会（日本教育紙芝居協会）」が昭和13年（1938年）7月20日に結成。各幼稚園や小学校にまで紙芝居による教育が採用されることとなり、その機能はますます拡大され、用途はいっそう多様化していった。しかし政府のやることは、現在のクールジャパン戦略然り、紙芝居の原理を無視し機構を度外視して、全く本質から離れているものもかなりあった。

紙芝居が教育に使われるようになったからといって、それはそれ、これはこれで、街頭紙芝居の検閲が緩められたわけでもなく、国策宣伝紙芝居の『チョコレートと兵隊』（松永健哉作・小谷野半二画）が作られると、その風潮は紙芝居の製作者に伝染して、（検閲逃れからも）政府の意向に沿った紙芝居製作へと傾倒してゆく。

そのような時代を象徴するように、大日本画劇株式会社と文部省が主催（昭和13年・1938年4月11日に日本橋高島屋屋上にて開催）した「第1回日本文化協会画劇賞選定紙芝居大会」が行われ、山川惣治の『勇犬軍人号』が1等当選し、2等は岬白鳥の『大和心』、3等は矢澤金四郎の『子狸ポン太郎』が入選した。

その後、『勇犬軍人号』と永松武雄他の紙芝居作家が描いた新作紙芝居を含めて、戦意高揚の紙芝居のシリーズとしてラインナップされた『キング紙芝居劇場』が、キングレコードから売り出された。内容は、B6判の紙芝居（全10枚の裏表20ページ）と厚紙でできた紙芝居専用の舞台（縦15センチ、横20センチ）が付き、発売元がレコード会社だけに、キング管弦楽団の伴奏で、紙芝居解説者・

島廼家勝丸《しまのやかつまる》（鈴木嘉平）が話を吹き込んだＳＰレコードが同封されていた。使い方は、組み立てた紙芝居専用舞台に紙芝居をセットし、蓄音機でＳＰレコードの島廼家勝丸の語りを流しながら紙芝居を捲ってゆくのである。

ちなみに、「キング紙芝居劇場」は広告等で8種類まで確認し、キングレコードには20作分の音源と思われるデータが存在すると聞いたが、最終的に何種類製作され、評価の方はどうだったのか、それらを記すものは見当たらなかった。戦後、ＧＨＱによって「銃後を護る」ものが集められ処分されていったことを考えると、こういったものは人目につかない所で保管され、人の口に上らなかったのだろう。

ともあれ、第二次世界大戦が勃発した昭和14年（１９３９年）には、『兄のまぼろし』『父よあなたは強かった』（日本教育紙芝居協会）などの国策宣伝紙芝居が作られ、市井の少年たちの心に（少しずつながら確実に）国威発揚とか戦意高揚の種を植え付けていった。

昭和15年（１９４０年）9月27日に日独伊三国同盟が結ばれ、昭和16年（１９４１年）12月8日、日本軍のハワイ真珠湾奇襲攻撃をもって米国に宣戦布告し、太平洋戦争が開戦。この年には『銃後の力』（日本教育紙芝居協会）という国民の団結心を促す紙芝居も作られ、大政翼賛会宣伝部推薦と銘打った『明るい銃後―物価騰貴と公定価格』（大日本画劇株式会社）の翼賛・経済紙芝居も作られていた。また「日本少国民文化協会」が設立され、警視庁からこの組織に紙芝居の検閲が移管すると、以降、軍部が提唱する「大日本は神国なり」に都合の良い国威発揚テーマや、戦時の防空・

防災・戦意高揚を促す紙芝居が作られるようにミスリードされてゆく。

ミッドウェー海戦（昭和17年・1942年6月5〜7日）で日本海軍が致命的な打撃を受けた翌年ともなると、（ここぞとばかりに）陸軍省報道部推薦と銘打って『爪文字』『玉砕軍神部隊』（日本教育紙芝居協会）が作られた。他にも、大日本画劇株式会社が『櫛』『この敵を撃て』『我等の防空』を公開している。ただし、『我等の防空』だけは戦意高揚のためではなく、これも昭和16年（1941年）に財団法人「大日本防空協会」の意向で作られた『焼夷弾』『防空壕』（大日本画劇株式会社）と同様、戦時下の防空・防災の大切さや心得を啓蒙するために作られたようだ。

これら以外にも、開戦から敗戦までに『軍神の母』『オルスバン』『国の力』『南海の防人《さきもり》』『ガダルカナル島血戦記 中澤挺進隊』『愛機南へ飛ぶ』『金太郎の落下傘部隊』『ビルマ少年と戦車』等々の、〝忠君愛国・勤勉貯蓄・防諜防犯・政府の施行徹底〟をテーマにした紙芝居が、およそ450点作られた。ちなみに、昭和17年（1942年）から朝日新聞社が資本を導入した日本教育画劇の紙芝居も貢献していて、この450点の中にもあったようだが、後年、「（これらの）戦時下の紙芝居は『銃後を護る』メディアだった」と、『戦中戦後紙芝居集成』（朝日新聞社刊）の中で揶揄《やゆ》（自戒？）している。

昭和19年（1944年）7月にサイパン島が攻略されると、爆撃機B29による日本本土の空襲が日増しに激化してゆく。そして昭和20年（1945年）3月10日の零時過ぎから始まった東京大空襲で、下町地域を中心に40平方キロが焦土と化して、下町にあった紙芝居の版元とともに、それまで作られた紙芝居作品も大半が灰燼《かいじん》に帰したのだった。

終戦後、混乱期の紙芝居屋

昭和20年（1945年）8月15日、日本国の無条件降伏で太平洋戦争（大東亜戦争）が終結。8月28日に先遣隊が厚木に進駐し、占領軍の統制下で暫定的にマスメディアの検閲制度が敷かれる。30日に連合軍最高司令官・ダグラス・マッカーサーが厚木飛行場に降り立ち、9月2日には米戦艦ミズーリ上にて降伏文書調印が行われた。8日に米第八軍第一騎兵師団2700人が東京に進駐し、日比谷の第一生命ビルに連合国軍総司令部（GHQ）が置かれ、9日にマッカーサーの「日本管理方針」に関する声明があった。軍に代わってGHQが統制を行い、19日には戦後の紙芝居製作の自由をも奪う出版法指令《プレス・コード》が発表されたのである。

新たに出版される書籍の検閲だけでなく、戦時中に発行された〝国威発揚・戦意高揚〟を思わせる内容の書籍の廃棄も行われた。またそれは地方支部に相当数保存されていた紙芝居も同様で、GHQが昭和20年（1945年）の秋に手を回して根こそぎ掻き集められ、東京内幸町のNHKのビルに持ち込まれた紙芝居は、軍国主義に協力した「銃後を護る」作品として、ガソリンをかけられて全て焼却されたのである。

戦前にはそれなりの隆盛を誇った紙芝居であったが、太平洋戦争が終結した昭和20年（1945年）8月15日には、東京に残った紙芝居の製作所は〝正ちゃん会〟のみ。戦時中に紙芝居屋（紙芝居説明者）の大半は転職したり、軍需工場へ徴用されたり、兵隊に取られたりして紙芝居から離れてしまっていた。終戦時、役所に登録されていた紙芝居屋（紙芝居説明者）は約10人、それも大半が60歳前後の老人で、紙芝居の作画に従事する者は加太こうじ、大鹿照雄、田代寛哉の3人だけだった。

正ちゃん会の経営者・木島《きじま》某《なにがし》（名前は不明）は、焼け残った紙芝居の絵を近県の紙芝居屋（紙芝居説明者）に貸すための運搬の傍ら、ヤミ食品の買い出し屋もかねていたので、加太こうじら3人は（現金決済ではなく）食糧の支給に釣られて、正ちゃん会の紙芝居の絵を描くことになり、彼らの絵も空襲を受けなかった地方の中小都市へと貸し出されていった。それに（元私小説作家）相馬泰三が社長代理をしていた印刷紙芝居会社からも若干の手当てが出ていたので、生活費には事欠かなかった。

しかし、旨い話がそんなに長く続くはずもなく、ほどなく印刷紙芝居会社から年内の打ち切りを告げられたのである。手当てをもらっていた加太こうじ、大鹿照雄、田代寛哉、松井光義、鈴木勝丸に相馬泰三を加えた6人は、これから何によって生きるべきかを、11月になって相談した。結局、誰も紙芝居以外の職を思いつくことが出来ず、自分たちで紙芝居製作所を設立することで話がまとまった。そして「民主的な世の中に合わせて、自分たちの会は平易で民主的な名前にしよう」という相馬泰三の発案で、紙芝居製作所の名称は〝ともだち会〟に決定したのである。

今度はどんな紙芝居を作るかの談義となり、加太こうじが「最初の作品は紙芝居を代表するものがいい」と言って『黄金バット』を推すと、すんなり全員が賛成した。ちなみに、原作者である鈴木一郎の居場所が判らなかったが、「同じ仲間だからなんとかなる、彼が見つかったときに諒解を得ればいい」と都合良く解釈して、紙芝居『黄金バット』は見切り発車したのだった。戦前と同じようにシリーズ化を踏まえながら、「ナチスの残党の大科学者ナゾーが超科学力を使って再び世界征服を企み、それを阻止する日本の科学者とその娘と助手のマサル少年に、彼らを助ける黄金バットが活躍する」と、永松武雄の『黄金バット』を踏襲（姿と武器の黄金丸は変わらず）しつつも、時代に合わせて一新させた内容は、オーソドックスな空想冒険科学大活劇と決めて、12月から１作目の絵を描き始めたのである。

そこに雄谷《おうや》滋という旧知の人物が数年ぶりに現れ、実父と紙芝居製作所を設立するので、加太こうじに絵を描いて欲しいと依頼してきたのである。紙芝居の再建後、ともだち会だけで紙芝居製作が独占出来るとは思っていなかったし、どうせなら近しい仲間が製作元をやってくれた方がベターと考えて承諾した。

雄谷の紙芝居製作所は新日本画劇社と命名。その新日本画劇社向けに描かれたのは、（山川惣治の『少年王者』や『少年タイガー』を彷彿させる）アフリカを舞台にした大活劇物の紙芝居『少年イーグル』で、昭和21年（１９４６年）1月10日に封切。１日遅れで、ともだち会の紙芝居『黄金バット』も封切られた。加太こうじがＧＨＱに掛け合い、紙芝居の興行許可をもらったのであったが、後に視察が入ると出版法指令《プレスコード》に沿ってＧＨＱからクレームがついたのだ。米国人には何故に〝髑髏《どくろ》〟が正義の印で主人公なのか理解出来なかったのと、「（黄金バットの）長剣の帯刀は時代劇を彷彿させる」という理由で、『黄金バット』の紙芝居の興行は禁止された。ちなみに、昭和27年（1952年）の対日平和条約発効により出版法指令《プレスコード》が失効すると、『黄金バット』は3度目の復活を果たしている。

戦後の焼け野原の跡に再び紙芝居が立ち始め、娯楽（&甘い物）に飢えていた人々はこれに飛びついた。紙芝居は昔の輝きを取り戻し戦後の隆盛へと向かう。紙芝居の人気が全国的に広がると、東京中心の紙芝居製作所では需要に生産が追い付かなくなり、昭和22年（1947年）頃から名古屋や大阪や神戸で紙芝居の絵の製作が始まった。

紙芝居が育んだ漫画家たち――加太こうじの弟子四天王の出自

昭和21年（1946年）5月に松井光義と永松武雄を中心に「紙芝居作画家連盟」が結成。8月頃に業界統一団体「日本紙芝居協会」が設立。紙芝居屋（紙芝居説明者）の「東京紙芝居業組合」が年内に結成され、これより加太こうじは紙芝居の組合の総元締的な立場になってゆくのだが、そこでは戦後の漫画史に書き遺しておきたい、奇跡と呼べる邂逅《かいこう》が4度ばかりあった。

邂逅の一人目は田中清美《たなかきよみ》で、自称、加太こうじの一番弟子。海軍飛行予科練生で特攻隊員だったが、終戦で出撃を免れる。戦後、特攻隊崩れとして酒と喧嘩に明け暮れるも、絵を描きたいとの初心を諦めきれず、（昭和21年・1946年頃に）京都美術大学に入学。ただ無頼の生活からは抜けきれず、母親から仕送りしてもらった月謝も遣い込む始末だった。遊ぶ金が欲しくて従兄弟に相談したところ、（彼の）中学時代の同級生だった加太こうじが紙芝居の絵を描いていて、「何か紙芝居がお金ンなるらしい」と聞き、「それじゃ紹介しろ」という話になり、金町《かなまち》の加太こうじを訪ねていったそうだ、筆で描いた漫画らしきものを持って。「昭和22年（1947年）頃だった」と田中清美は回想していた。

戦争で絵が描ける人材も不足していたのだろう、難なく多数の紙芝居製作所（製作元）を紹介してもらって、すぐに仕事が回ってきた。当初、製作元がくれる画用紙を持って歩いて、喫茶店でコーヒーを飲みながら描いていた紙芝居画は、1巻（10枚）で500〜600円になったので、製作元に5巻くらい持ってゆき、月に3万〜4万円は稼ぐようになった。そのうち、「冒険もの、時代劇ものを描いて欲しい」と頼まれたので簡単に承諾したら、当時は時代劇を描ける画家があまりいなかったので、あちこちから注文が山のように来て、随分、時代劇の紙芝居を描くことになった。

また昭和23年（1948年）8月の新聞の三行広告にあった「漫画家求ム」の記事を見て、「漫画くらい描けるだろう」という軽い気持ちで、千住の本屋「文林堂（のちの青林堂）」を訪ね、紙芝居の傍ら漫画も描く二足の草鞋を履くことにもなった。ちなみに、たまたまその時、学生服姿の手塚治虫も社長の長井勝一を訪ねて文林堂に来ていて、手塚治虫と長井勝一に漫画の描き方の〝いろは〟をレクチャーしてもらったと、田中清美は回想している。

その後、紙芝居製作の傍ら、児童雑誌（光文社の『少女』など）に〝石井きよみ〟の筆名で少女物の絵物語も描いたりして人気を得ていた。そこでは当時は間に合わせの紙芝居画しか描かせてもらえなかった白土三平《しらとさんぺい》が、その絵物語の手伝い（アシスタント）もしていた。

昭和30年（1955年）以降の紙芝居の衰退と、貸本漫画や月刊漫画雑誌の台頭とともに、田中清美はストーリー漫画家へと転身し、筆名も〝凡天太郎《ぼんてんたろう》〟に改名。そして、昭和45年（1970年）から『週刊明星』に連載された『混血児リカ』が大ヒットし、昭和48年（1973年）の11月まで4年間に3度映画化されたが、連載終了をもって筆を折った。ちなみに、漫画家の他にも小説家や俳優、また劇団・凡天プロモーションを主宰し、劇作家、プロデューサー、そして刺青師（梵天太郎）としても活躍した。

二人目は岡本登《おかもとのぼる》。昭和23年（1948年）頃のこと、紙芝居作画家・金野新一《こんのしんいち》の紹介で、練真中《れんしん》学を卒業した登少年が加太の紙芝居製作所にやって来た（実際は弟の鉄二と2人で来たらしい）。眼ばかり光らせて、いつも腹を空かせているような痩せた若者だった。実は、加太こうじがかつて憧れた、プロレタリア画家・岡本唐貴《とうき》の子息だったのだ。その後、加太こうじ率いる「ともだち会」「なかよし会」に加わるも、父親に教えられていた経緯もあって絵は達者であったが、古参の作画家が盤踞《ばんきょ》していたため、当初は紙芝居の作画の手伝いくらいしか描かせてもらえなかった。

そのうち〝ノボル〟の筆名で主要作品と交互に使う添え物として、『ミスターともちゃん』『カチグリ・カッチャン』などの、現代物のギャグ漫画を描かせてもらえるようになった。これらが子供たちの人気を得たのだろう、紙芝居『ミスターともちゃん』が紙芝居屋（紙芝居説明者）の支持を得る。

これを機に、〝ノボル〟は、母親の旧性を基にした白土三平の筆名を名乗るようになった。その頃には、収入も1日2000円くらいあったといわれていた。ただ、「幸いは来難く去りやすい」の故事のとおり、美味しい話が長く続くはずもなく、数年で紙芝居の衰退が始まった。

しかし、自転車で紙芝居を配送中、(旧知の)紙芝居画家だった牧数馬《まきかずま》に再会し、これが転機となる。その頃、牧が漫画家に転職して貸本漫画を描いているのを知った白土は、昭和31年(1956年)から始まった劇画の貸本漫画ブームに自分の未来を託した。昭和32年(1957年)に紙芝居業界と決別して、牧数馬のアシスタントを務める。そして同年、巴《ともえ》出版の貸本漫画『こがらし剣士』で(早々と)漫画家デビューを果たした。

3人目は武良茂《むらしげる》。終戦の翌年に復員して以来、満足出来る仕事がなく転職を繰り返していたが、神戸(水木通り)に家を買って貸家を始めた時、店子に紙芝居画家が入居したことが契機となる。

子供の頃から絵を描くのが好きだったこともあり、昭和25年(1950年)に紙芝居の世界に足を踏み込む。翌年には鈴木勝丸の経営する阪神画劇社の専属となり、そこで紙芝居作家の加太こうじを紹介され、師事。そしてこの加太こうじが、武良茂が生涯使うことになるペンネーム〝水木しげる〟の名付け親となったのだ。その後〝鬼太郎〟のプロトタイプとなる紙芝居『蛇人』『ガロア』『空手鬼太郎』『幽霊の手』を昭和29年(1954年)に、『河童の三平』『小人相撲』を昭和30年(1955年)に発表し、人気を得てゆく。だが翌年には紙芝居に見切りをつけて、貸本漫画家になるべく上京している。

4人目は小島剛夕《ごうせき》。少年時代には時代劇小説や絵物語に親しみ、肖像画家だった父親の影響から絵を描くことが好きで、日本画の修業を積んでいた。しかしながら（故郷・三重県四日市市では）絵で身を立てることは叶わなかったようで、大工、鍛冶屋、農業、作陶、彫刻などの職を渡り歩いていた。

昭和25年（1950年）、22歳の時に挿絵画家になろうと一念発起して上京。自作の絵を持って文藝春秋社や他の出版社を訪ねるも、田舎からぽっと出の無名の青年に耳目を傾けてくれる出版社などあるはずもなかった。5ヵ月経って貯金も底をついてきた頃、（糊口を凌ぐため）紙芝居画家でもやってみたらと、知人に紙芝居製作所〝あけぼの会〟の八木康育を紹介され、自分の描いた紙芝居の絵を持ち込んだ。

ここで加太こうじと小島剛夕の第一種接近遭遇があったのだ。（あけぼの会の）八木康育と山本竹生はその紙芝居の絵を加太こうじに見せて、モノになるかどうか鑑定を頼んだのである。当時の剛夕の絵は、お世辞にも上手いとはいえないものだったが、天才的な資質を感じた加太こうじは、「これはモノになるでしょう。上手いし、台本も作れるなら紙芝居向きです」と答えたと語っている。

理屈っぽい八木康育と山本竹生に鍛えられた小島剛夕は、お気に入りだった画家・大河内健太郎の真似をして時代物の絵を描いて腕を上げ、短期間で大河内健太郎よりも上手くなった。そんな彼を、加太こうじは気をよくして見守っていたと言っているが、この時の二人の出合いは名前と絵のみで、実際に加太こうじが小島剛夕本人の顔を見知ったのは、昭和29年（1954年）に学習研究社系の秀文社から絵物語の画家の推薦を頼まれて、小島剛夕を薦めてからのようである。

ちなみに、以降、小島剛夕は劇画を描き溜めては大阪の貸本文庫に持ち込む日々を繰り返し、昭和32年（1957年）3月に『隠密闇黒妖伝』（ひばり書房刊）で劇画家デビュー。昭和39年（1964年）9月に創刊された青林堂の月刊誌『ガロ』には、白土三平や水木しげると肩を並べて、（小島剛夕でなく）〝諏訪栄《すわさかえ》〟の筆名で、内山健二・作『動物百話』の挿絵と『海原の剣』の2連載を始めている。

ここまでに書いた田中清美や白土三平、水木しげる、小島剛夕以外にも、紙芝居作画家組合には、漫画家として名を売る前の武内つなよしや橋本将次《しょうじ》、挿絵画家の石原豪人《ごうじん》が加入し、食い扶持を稼ぐために紙芝居の原画を描いていた。また京都でも、挿絵画家を志望する吉田竜夫が美術学校に通いながら、年上の友人の辻なおき（昭和29年・1954年に野球漫画でデビューして翌年に上京、後年のヒット作は『ばくはつ五郎』『タイガーマスク』）と一緒に、紙芝居の版元である吉田の伯父のところで紙芝居の絵を描いていた。

しかし、まことに残念ながら、武内つなよし、小島剛夕、田中清美（凡天太郎）、吉田竜夫、辻なおきたちがどんな紙芝居を描き、どのように関わっていたのか、それらを記述している資料は入手出来なかった。

紙芝居の旭日と落日——TVと少年漫画雑誌の台頭

昭和21年（１９４６年）頃に紙芝居製作所「ともだち会」と「新日本画劇社」が設立されると、それまでＧＨＱからの通告――紙芝居関係者で軍国主義紙芝居をやったことが判ると、軍法会議にかけて処罰する――に恐れをなして身を潜めていた紙芝居関係者たちが再び集まってきて、次々と紙芝居製作所を立ち上げた。主なところでは、「実演連盟」「全優社」「あけぼの会」「画劇文化社」などがある。

また、紙芝居の業界統一団体として「日本紙芝居協会」が5月に結成されると、紙芝居説明者の「東京紙芝居業組合」も結成され、昭和23年（１９４８年）末には、東京の紙芝居屋（紙芝居説明者）の数は３０００人ほどにまでなった。相対的に画家の数も増えて１００人余りとなり、１日で紙芝居１５００枚の絵を仕上げていた。

こうした画家たちが描いた紙芝居は、当初は東京のみで実演されていたが、そのうち徐々に西へと下ってゆく。その人気とともに、さらに紙芝居屋（紙芝居説明者）の人数が増えていった。それによって、東京製の新作の紙芝居の絵が、一人ずつの紙芝居屋（紙芝居説明者）の手を経て、京都↓大阪↓神戸と渡るには時間がかかったので、待ちきれない商売気の強い関西人は地元の画家を集めて、（昭和22年・１９４７年頃から）関西圏にも紙芝居製作所を設立していったのだ。

主なところでは、大阪の「大坂画劇」「関西画劇」「Ａちゃん会」「あずま会」「浪花会」「三友会」「三邑会《さんゆうかい》」「ふるさと会」「優和社」「画劇文化社」「キンキヤマトクラブ」など、また神戸の「神港画劇」「巴画劇」「岩木画劇社」「阪神画劇社」など、そして短期間ではあったが名古屋にも「黒潮画劇社」が創設された。

ただ、関東人と関西人では性格の違いが顕著で、紙芝居にもそれは反映しているようだった。東京の紙芝居は大写し・全景・俯瞰《ふかん》その他のアングルを台本作者が指定するのが当たり前で、「不必要な背景は省略して、画面における人物の存在をはっきりさせる」などの前衛的演出も行っていた。対して関西では、大写しも俯瞰もなく、ほとんどの絵には背景が描かれていた。

この違いは、（関西人の）絵を買う側が背景のない絵を「画家が手を抜いてぞんざいな仕事をした」と嫌ったからだそうだ。「関西のほとんどの紙芝居関係者は、紙芝居をどう作るかという考えが全くなく、紙芝居はストーリーと絵の単なる融合だという前近代性が支配的で、それを打ち破る作家画家もいなければ、作家画家の組織もなかったことが原因だった」と加太こうじは語っている。

昭和25年（1950年）の最盛期となると、紙芝居屋（紙芝居説明者）は九州にまで広がり、全国で5万人にも上っていた。彼等に渡すために関西圏の紙芝居製作所では毎日約1000枚の絵が作られ、東京で描かれていたものと合わせると、2500枚以上の紙芝居の絵が製作されていた。ちなみに、この年、紙芝居屋（紙芝居説明者）の鈴木勝丸は神戸に赴いて「阪神画劇社」を興し、神戸の水木通りでアパートを経営しながら紙芝居画家になることを切望していた素人の武良茂（のちの水木しげる）を主任画家として抜擢。東京製作の紙芝居の絵と併せて紙芝居屋（紙芝居説明者）に配給し、関西圏で一大勢力となった。

なお昭和28年（1953年）がこの勢いのピークで、昭和30年（1955年）頃から衰退してゆくのであるが、この紙芝居の隆盛から没落の間、かつての人気紙芝居画家の両雄、山川惣治と永松武雄はどうしていたかというと、戦後に生まれた少年漫画雑誌へ活躍の場を変えていったのである。

戦前に一世を風靡した山川惣治の「そうじ映画社」も東京大空襲で全焼。敗戦の混乱で日本の出版業界はメチャクチャな上、GHQが交付した「日本に与うる新聞遵則《じゅんそく》」のいろいろな制約に縛られていた。おかげで仕事がなくて困っていた山川のもとに昔の紙芝居の売人が訪ねて来て、100円ほど払うから紙芝居をまた描いてもらいたいと誘った。そこで描き始めたのが、戦前に中断していた『少年王者』である。随分心の中で温めていた作品であり、空襲で資料のほとんどが焼け、残った資料が動物ものばかりだったことが、『少年王者』再登場の下地となったと、山川惣治は回顧している。

こうして昭和21年（1946年）に全優社より新作紙芝居『少年王者』が発表されたのである。それが戦後の紙芝居ブームにも乗って人気を呼び、当時の小学館の相賀《おうが》社長の目に留まった。その伝手で（小学館の一部署だったのを、少年向け雑誌発行のために会社として創設した）集英社から、昭和22年（1947年）12月に絵物語『少年王者』の単行本を出すことになった。が、これ以降の山川惣治の活躍は紙芝居の話ではないので、これも次章の「絵物語」にて述べることにする。

一方の永松武雄は（昭和21年に加太こうじとともに旗揚げした）「紙芝居作画家連盟」の代表となっていたが、彼自身は山川と同時期に紙芝居から距離を置き、永松健夫と改名して、絵物語作家へと転身を遂げた。昭和22年（1947年）11月15日、明々社より単行本で登場した絵物語『黄金バット』は第1部・第2部・第3部と続いて出版され、この3冊の本は瞬く間にベストセラーになった。紙芝居では叶わなかったが、昭和36年（1961年）11月17日に49歳の若さで逝去するまで、絵物語作家となった山川惣治と人気を競ったのである。加太こうじは「永松武雄の生涯はまさに紙芝居一代で、永松の死をもって昭和5年（1930年）から昭和35年（1960年）まで続いた紙芝居の歴史は終わりになったと思っている」と、永松武雄（健夫）の夭逝《ようせい》を惜しんでいた。

昭和20年代の紙芝居は我が世の春を謳歌していたが、その裏では不倶戴天《ふぐたいてん》のコンテンツが目覚め始め、それらを担う人材が巣立っていった。漫画雑誌の復刊や創刊が盛んになると、『少年王者』（昭和22年・1947年、集英社）、『黄金バット』（昭和22年・1947年、明々社）、『地球SOS』（昭和23年・1948年、明々社）、『沙漠の魔王』（昭和24年・1949年、秋田書店）等が刊行・連載された。それら絵物語の連続ヒットもあり、昭和24年（1949年）には絵物語のブームが起こる。加太こうじなどの紙芝居画家たちの中にも、山川惣治や永松武雄に倣《なら》って絵物語を描く者が現れていた。当時は間に合わせの紙芝居画しか描かせてもらえなかった白土三平が、その絵物語の手伝いもしていたそうである。

また赤本漫画（141ページ参照）が再び出回り始めた昭和22年（1947年）、赤本漫画『新寶島《しんたからじま》』（育英出版）で天才・手塚治虫が漫画家デビューすると、手塚漫画の人気の上昇と重なるように、彼を師事した少年少女に、〝アンチ手塚漫画〟を合言葉に貸本漫画から登場した劇画青年たち、その多くが、（昭和20年代末から）次々とプロの漫画家となって活躍してゆき、それが少年（少女）

漫画雑誌の隆盛へと繋がる。そして昭和28年（1953年）に登場したテレビジョンという娯楽。やがてこれが紙芝居人気（その後には銀幕の人気）に止《とど》めを刺すのであった。

昭和33年（1958年）の連続TVドラマ『月光仮面』（TBS）の大ヒットにより、一つの方向性を見出したTV番組の製作者は、自然に漫画雑誌へと歩み寄っていったようにも見える。漫画雑誌の方もTVの影響力を高く評価し、これよりTV番組とタイアップした漫画が増大していく。テレビとタッグを組んだ漫画雑誌には、放送前より番組の宣伝が載り、同時にコミカライズ作品もTV放映の追い風で好評を得て、まさに共存共栄となっていった。こうして次第に時代の潮流から外れていった紙芝居は、ある部分は漫画雑誌に併合され、その数を激減させてゆく。やがて時代の表舞台から姿を消すことになっていったのであった。

その後の紙芝居

ここまで偉そうに紙芝居の歴史を長々と語ったが、実を言うと、著者は路上で実演するプロの紙芝居屋（紙芝居説明者）を一度も見たことがないのである。ちなみに、子供の頃の記憶にある行商人はというと、牧歌的なテーマソングを流しながら蒸パンを売りに来る「ロバのパン屋」に、針金とペンチでゴム輪を撃つ銃・三輪車・知恵の輪を目の前で作ってくれる「針金造形屋」、生米を圧力器で膨らまして水飴をまぶしてくれる「ポン菓子屋」くらいである。

著者と一回り以上年の離れた姉たちは、紙芝居の（戦後の）最盛期に実際の街頭紙芝居の公演を観覧していたそうだ。吊り天井に押しつぶされそうになる主人公を、はらはらしながら見ていたら、「この続きは次回へ」となったことや、その場には極貧家庭の子も交じっていて、紙芝居屋（紙芝居説明者）の売る駄菓子を買わず紙芝居をのぞき見ていたら、紙芝居屋（紙芝居説明者）のおやじに怒られたうえに、他の子供らから「只見《ただみ》、只見」と、からかわれていたことを語ってくれた。

さて、ここからは「紙芝居の後日談」というのも変だが、その後の〝紙芝居〟はどうなったのかについて。

『日《ひ》出国《いづるくに》の落日の大衆的文化《ポップカルチュア》』とタイトルを付けた手前、「時代の表舞台から姿を消した」と話を締めたが、日本国内からプロの紙芝居屋（紙芝居説明者）や、紙芝居が全てなくなったわけではないようである。以前、回顧趣味的に出版された本では必ず特集されていた紙芝居師・森下正雄は、昭和24年（1949年）暮れに復員し、翌年に「松島会」の一員となって街頭に立って以来、平成2年（1990年）に喉頭がんの手術と放射線治療で声が出なくなっても、ファンから現役時代の語りを録音したカッセットテープを送ってもらったことをきっかけに、音声に合わせて口を動かす紙芝居を考えて、東京都荒川区で街頭紙芝居を続けられていた（平成20年・2008年逝去）。

あと平成27年（2015年）『週刊ポスト』（小学館刊）4月24日号の巻頭特集「昭和のお仕事」には、「駄菓子屋の卸業をしていた時に友人に勧められて、62年前から紙芝居を始めた東京・江戸川区の永《なが》田《た》為春《ためはる》87歳」が紹介されていた。現在、東日本でただ一人の紙芝居師と書かれてあった。ちなみに、紙芝居師の永田為春が高齢のため、5年ほど前からは紙芝居に魅せられた女性（通称ジャンボ）

が弟子となって、毎週水曜日に手伝いをしている。

平成25年（2013年）のNHKの特集番組によれば、関西では大阪市天下茶屋界隈で週に1度、街頭紙芝居が行われていた。この地域には戦後から続く絵元（一般社団法人「塩崎おとぎ紙芝居博物館」）があり、そこに保管されている（昭和30年代に作られた）2万点の紙芝居作品の中から、気に入ったものを選んで紙芝居師が借りて公演する、昔ながらのシステムで営業している。さらに同館では若手紙芝居師の育成も行っていると紹介されていた。

たとえ斜陽となっても、こういった若手紙芝居師の育成は細々ながら行われているようで、平成20年（2008年）5月8日のNHKの9時のニュースの特集「紙芝居の黄金時代を再び」にて、（数年前10人ほどいた）現役の紙芝居師の一人が、大阪で後継者を育てるために人員を募集したり、新人の弟子を教育する場面や、（アパレルメーカーの社長と組んで）紙芝居の会社を設立し営業する姿などを放映していた。

また東京でも、（昭和後期から）街頭紙芝居復権の動きはあり、新宿御苑前の大木戸口近くの陶芸茶屋「飛鳥」で、月曜と土曜の3時から「娘紙芝居ウサギ座」と銘打って、3本立てで紙芝居の上演がされていた。熱演するのはこの茶屋の主《あるじ》・湯川孝子（当時24歳）。紙芝居の魅力に取りつかれたのは、美術学院で舞台美術を学んだ時、一人で製作・演出・上演が出来るものはないかと考えた末、思いついたのが紙芝居だったそうだ。伝手を頼って古い紙芝居の原画を求めたり、新作の紙芝居を製作。茶屋での公演の他に、（総勢4名で）デパートやスーパーから依頼されて全国各地で出張興行も行っていた。ただし、これは昭和53年（１９７８年）発売の雑誌記事で、今も継続されているかは未確認。

現在では、声優の倉田雅世が何か新しいことに挑戦したいと、オーディションを経て紙芝居師となり、表情や身ぶり手ぶりに加えてコスチュームも変え、作品の世界観がより伝わるようにと、コスプレ姿での紙芝居を始めたそうだ。平成24年（２０１２年）7月にはフランス・パリのイベント（時期的にジャパンＥＸＰＯ）で公演し、珍しさもあり、幾重にも人垣ができるほど盛況ぶりだったと新聞が報じていた。

こうした街頭紙芝居の啓蒙運動は広く行われており、先年「第1回世界プロ紙芝居師オープン選手権大会」が行われた。一般社団法人国際紙芝居協会が主催（読売新聞社などが後援）した「世界一の紙芝居師を決める大会」と称して、平成23年（２０１１年）12月4日に関東地区の地区予選が、伊勢丹松戸店新館8階子供の遊び場にて開催された。なお、関西地区の開催場所は未確認だが、その決勝戦が12月17日に千葉県松戸市の市民劇場で行われ、総計17名の紙芝居師が熱戦を繰り広げ、初代グランプリには（大阪府能勢町の）若王子団丸《わかおうじだんまる》が選ばれた。

このように街頭紙芝居の復権を目指す団体や個人が、レジスタンスのように啓蒙運動を繰り広げている。それとは裏腹に玩具会社からは、紙芝居を家庭（個人）で楽しむための物も発売されていた。現在の家庭用紙芝居は昔話や童話がメインだが、昭和42年（１９６７年）頃から美研という会社が発売していた「ホーム紙芝居」は、流行していたアニメや特撮ドラマ、世界名作童話、日本昔話を中心に紙芝居化し、当時の子供たちの間でトレンドだった（TVドラマの主題歌を録音した）ソノシート™（薄くて柔らかいビニール製のレコード盤）も封入された、ある意味アニメやドラマのコミカライズともいえる紙芝居だった。

ともあれ、こうした試みは懐古趣味の発露であろうが、以前民放で、漫画や小説を紙芝居化する試みがあったり、フジテレビエンタープライズ（のちに共同テレビに吸収）が制作した、堀江卓《ほりえたく》の漫画『天馬天平《てんまてんぺい》』と小説『戸川幸夫《とがわゆきお》動物物語』が、TV紙芝居と銘打ってフジテレビで放映されていた。ただしTV紙芝居『天馬天平』と『戸川幸夫動物物語』は日本アニメーション協会会員・杉山卓の著書の、アニメ年表にのみ記述があるだけで資料が見つからなかった。

それに『アニメ作品事典』（日外アソシエーツ刊）のラインナップにも、この2作品がなかったのは、アニメのカテゴリーでもないからだろう。故に、TV紙芝居の詳細は不明。

余談だが、少し変わったところでは、アニメ監督の押井守《おしいまもる》が（まるで）紙芝居のルーツである立ち絵芝居をリスペクトしたような、立ち絵芝居風アニメ『ミニパト』（1話完結の全3話）を制作していた。1話が12〜14分の、アニメ版『機動警察パトレイバー』の補足説明的な（実写と混合の）アニメとなっていて、絵に描いた人形に竹串を付けたキャラクターたちが、押井守演出独特の素っトボケた感じの小芝居をしている。

まあ、戦後の日本でタッグを組んで（図らずも）紙芝居を凋落へと追い込んだTVも漫画雑誌も、インターネット（スマートフォンも含む）の台頭で、昭和の頃の勢いを失って久しい今日。だからと言って「風吹けば桶屋が儲かる」的に街頭紙芝居が、再び大ブレイクするとも思えない。娯楽の多様化した現在では、紙芝居は日本文化のひとつとして紹介される他にも、国内外のイベントでの解説用に使われたり、外国人や幼児の日本語（言語の他、道徳や宗教の）教育用に使われたりしているが、これは紙芝居特有の（製作・運搬・管理・運営の）簡易さと、簡単な絵語りによる対面発信で、情報が判りやすく伝えられるところから重宝されているだけである。それゆえ（各新聞によると）近年日本各地で、紙芝居の啓蒙活動以外に、文化・観光宣伝に用いる個人や団体が増えているみたいだ。こういった活動は、昭和13年（1938年）の紙芝居を教育に生かそうとした教育紙芝居への回帰なのだろう。

反面、教育紙芝居の対極にあった街頭紙芝居は、長年復権を願う人々がいろいろと知恵を絞って啓蒙するが、未だマイノリティの範疇から抜け出せず、（ただただ）斜陽。たとえるならば、手品師ばりのイリュージョンか、ボーカロイド™とのコラボレーションで紙芝居を行わないと、プロの紙芝居師でも世間の耳目を集めるのは難しく、昔ながらのシステムを踏襲するだけでは、商売としての街頭紙芝居が、以前のような栄華を極めることは難しいのではないだろうか……。

などと（愚痴っぽく）御託を並べたが、最近、これが「杞憂《きゆう》だったかな」と思えるような、TV番組の放映と朝日新聞の記事があった。

TV番組は、BS日テレで放送している『キズナのチカラ』というドキュメンタリー番組で、「大人から子供まで楽しめる紙芝居で話題を呼んでいる、異色の紙芝居一座『マーガレット一家』」の話だった。劇団員だった通称たっちゃんが、もっと観客と接する表現をしたいと紙芝居師に転職。最初は既製品の紙芝居を使っていたが、やがて大人でも楽しめるオリジナル紙芝居を作ろうと決意し、脚本家やイラストレーターと手を組み、実弟を営業（&経理）にして、4人で、平成19年（2007年）に「マーガレット一家」を結成した。たっちゃんが得意とするのは昔取った杵柄で、3D紙芝居と命名された紙芝居である。これは単に絵に沿って物語を話すだけでなく、全身を使って物語の世界を表現（演技）する元劇団員ならではの紙芝居となっている。

その後、紙芝居のイベントで一緒にパフォーマンス（南京玉簾・パペット使い他）をする仲間も集まり、現在20人以上の大道芸人が所属しているそうだ。街頭《そと》での紙芝居営業はほとんどなく、基本、名古屋市の事務所で仕事の依頼を受け、たっちゃんが全国の会場を駆け回っている。その依頼は子供たちのためだけでなく、結婚式から企業の式典にまで及び、（のちの記念となる）1点ものの紙芝居を作り、所属のパフォーマーとコラボして式典を盛り上げていた。

平成27年（2015年）の朝日新聞の記事の方は、よしとこと原田泰人《よしと》が紙芝居を、ひうたこと持田陽平が音楽を担当する、コンビ名を「よしととひうた」という紙芝居師の話。よしとの手描きオリジナル紙芝居に合わせて、ひうたが作曲した歌をギターで奏でるハイブリッド紙芝居を、「新感覚紙芝居」と銘打って紹介していた。全国各地の保育園・小学校・図書館・美術館等でライブを開いているそうだ。

本来の紙芝居は大道芸の一種であり、時代（環境）の変化や客の嗜好により、その姿を変えてきた。これから先、（街頭）紙芝居が生き残ってゆくためには、こうしたパフォーマンスを取り入れて、脱皮し続けるしかないのだろう。

＊1　幻燈

写し絵の別名称である「幻燈《げんとう》（幻灯）」だが、日本で造語されるのは明治時代（明治7年以降）に入ってからのようである。しかし、「幻燈（幻灯）」の歴史をわかりやすく説明するために、明治以前の話でも、（便宜上）「幻燈（幻灯）」という名称を使わせていただく。

＊2　押川春浪

明治時代の冒険小説作家で、明治33年（1900年）に冒険小説『海底戦艦』（博文館刊）でデビューする。彼の小説を一躍有名にしたのは、明治35年（1902年）の『武侠の日本』に登場した超熱血漢〝段原剣東次〟で、この段原剣東次が鞍馬天狗や怪傑黒頭巾などの創作時のモデルだと、大佛次郎《おさらぎじろう》も高垣眸も語っている。

第3章

絵物語

絶滅危惧度――★★★☆☆

昭和7年（1932年）発売の少年倶楽部十月號附錄「少年國史繪畫館」（大日本雄辯會講談社）の表紙。文学博士・中村孝也の指導のもと、陸軍歩兵少佐・大久保弘一が全文を執筆、絵師は梁川剛一、伊藤幾久造、山口将吉郎ほか数名。

もらいものが日本文化となる

古代日本では、モノガタリ（物語）という語は「お話」「語らい」といった意味合いで用いられたが、文学としての物語は「物語場」において口伝てに伝承された説話に始まる。狭義《きょうぎ》で物語とは、平安時代から室町時代までの文学の様式のことで、大別して伝奇物語、写実物語または歌物語、歴史物語、説話文学、軍記物語、擬古《ぎこ》物語などの種類があった。

そうした物語（小説）の発達と並行して、中国の画巻《がかん》を模倣した経典画巻の唐絵《からえ》を国風化した世俗画（倭絵《やまとえ》）が質量ともに発展し、12世紀頃から物語（小説）と融合して、（互いを補完する）日本独特の「物語絵（絵巻）」が誕生した。ちなみに、中国の画巻とは、仏教説話に挿図を添えた経《きょう》巻《かん》のことである。

古代より、日本の文化的なものはほとんどもらいもので、絵にしても物語にしても、完成度の高いものが同時期に伝来し、倭人《わじん》の国風化好きが相まって、絵と物語の融合したものが、大陸文化のものとは違った発展を遂げた。以降、「物語絵（絵巻）」は千数百年の時をかけて、「奈良絵本」→「草双紙《くさぞうし》（絵草子）」→「ポンチ絵（風刺画）」→「絵物語（紙上紙芝居）」→「劇画（一部の漫画）」へと変化を遂げ、今やクールジャパンの先鋒として世界に発信されている。

本章のテーマである、漫画評論家諸氏や漫画オタクたちの間で認識される「絵物語」とは、太平洋戦争前夜に大日本雄辯會講談社（現・講談社）の『少年倶楽部』編集部が創ったものだ。戦後の一時期に刹那の輝きを放ち、少年雑誌で一世を風靡した絵付き読物の総称で、「戦後の劇画の誕生に少なからず影響を与えた」と語られる。だが、一口に「絵物語」といっても、コマ割りや吹き出しを使った今の漫画の表現に近いものや、絵に言（口語）や文（文語）の短文とかオノマトペア（擬音語）が付いた絵主文従の読物、さらには文章に口絵・挿絵が付いた文主絵従の読物などがあり、何をもって「絵物語」とするのかは、人それぞれの感覚に委ねられていた。

試しに事典や辞書で「絵物語」を調べてみたが、そこには「物語文に絵をさし加えたもの」と一行あるのみで、漫画や劇画、絵本と比べて、その解説はすこぶる簡単明瞭。どうしたことか、一世を風靡した割に、日本の大衆文化《ポップカルチュア》としての認知度はかなり低いようである。

物語絵（絵巻）の起源

繰り返すが、こうした我が国の文化物の起源は中国である。絵巻の材料となる紙は前漢初期に開発された。それを後漢の西暦105年に宮中の用度係長官だった宦官《かんがん》の蔡倫《さいりん》が、樹皮の繊維や麻布の襤褸《ぼろ》や魚網を、スノコの上で水に浸しながら漉《す》き上げる製紙法を完成させたといわれている。593年に朝鮮半島へ伝来し、610年に来日した高句麗《コグリョ》の僧侶・曇徴《どんちょう》によって、墨や筆などの製法とともに製紙技法が伝えられたのである。

しかし我が国では伝授されただけでなく、さらに改良を加えた。入手しやすく良質な材料の楮《こうぞ》、雁皮《がんぴ》、三椏《みつまた》を用い、原料の処理には煮熟剤として木灰を使用し、抄造《しょうぞう》にはトロロアオイと呼ばれる一年草の根から絞り採った汁（糊料の〝ねり〟）を混ぜることを考案した。和銅3年（７１０年）には大宝律令の施行に伴って、朝廷に造紙手《ぞうししゃ》を置き、官営事業として製紙が始まり、宝亀11年（７８０年）には紙（和紙）を逆に中国へ輸出するほど、世界に冠たる紙（和紙）を作り出していったのである。なお、言うまでもなく、和紙は一般庶民にはなかなか手に入り難い貴重品で、諸地方からは年貢としても納められるなど、各地の名産として紙質の優劣が競われていた。

聖武天皇（７２４～７４９年）の御代では、官営の紙漉き場が設けられて写経司（写経所）が置かれ、６００名余りの写経生が在籍していた。６世紀に大陸から伝来した仏教が布教により広まって、奈良時代（７１０～７８４年）の仏教の興隆とともに写経が盛んになってゆき、和紙の大部分は写経のために用いられることが多くなった。なお、我が国の書物は、初めはほとんど（漢文の）写経に限られていた。

こうした紙の国産化は、漢字の持つ意味を捨て、音だけを用い、表音的に表記した日本特有の文字である「万葉仮名（真仮名《まがな》）」の考案とともに、新興国家の文化度を上げてゆき、さらに（巨大国家）唐に侮られない文化国家の形成のため、朝鮮・中国の仏教絵画と宮廷絵画も受容・推進。古代からの原始絵画の段階を脱却して本格的な宗教画が発展し、その結果、仏教美術の振興から経典画巻が作られた。ただ当時はその使用材料をはじめ題材・構図・画法など、全てが輸入大陸画の模倣期間であったばかりか、指導的立場の画家も帰化人とその子孫であった。それは全造形物に共通した現象であった。

経典画巻のお初だが、奈良時代頃に中国の画巻を模倣《まね》して作られた「絵因果経」である。これは「過去現在因果経」に絵を入れた経巻で、その内容は仏伝（釈迦の伝記、もしくは行い）を描いた「上部に絵、下部に詞書《ことばがき》（経文）」の絵巻物となっていて、これが絵巻の原型的なものとして位置づけられている。

他にも、詞書を画面上部の色紙形に書いたものや、詞書を画中に書き込んだりするものも生まれたと確認されているが、平安時代（794〜1185年）に入ってから、9〜11世紀の間の絵巻は現存しておらず、その後、どのような経緯で四大絵巻（「源氏物語絵巻」「平治物語絵巻」「蒙古襲来絵詞」「鳥獣人物戯画」）のような、洗練された絵巻が生まれたのか、その検証は進んでいない。

あと、冒頭と話が重複するが、日本独特の絵画である「倭絵《やまとえ》（大和絵）」が歴史に登場するのは2世紀先（長保元年・999年）のことで、その間、平安の貴族生活の成熟に応じて絵画が質量ともに発展すると、それまでの唐時代の絵画を模倣した絵とは全く異質の性格として完成させ、それを「倭絵」と呼び、中国式絵画を「唐絵《からえ》」といって両者を区別し始めた。なお、現存する書物で「倭絵」の用語が初めて記述されたものは、長保元年（999年）の権大納言藤原行成《ゆきなり》の日記『権記《ごんき》』である。

以上を鑑みての私論だが、9〜11世紀の間に絵巻が現存していないのは、「唐絵」から「倭絵」への日本化期間で、「倭絵」を描く絵師が育っておらず、腕の良い絵師は、拝礼用の絵画や儀式絵、（大画面の）襖・屏風に風物画を描かされていて、俗世画を描く絵師が登場するまで、かなりの年月が必要だったのだろうと思っている。

平安時代の大同年間（806~808年）には、諸国から技術の優れた紙の漉き手が集められ、京都の紙屋川沿いに官営製紙場の紙屋院を設けて、宮廷・諸官省・貴族らの需要に供して、（挿図のない）多種多様の説話集（物語集）が作られていった。こうした説話集の最古のものは、弘仁13年（822年）頃に奈良薬師寺の僧侶の景戒《きょうかい》が、中国の善悪報譚《ぜんあくむくいばなし》『霊異譚《れいいたん》』などから編纂した（説話集の祖とも語られる）『日本霊異記《にほんりょういき》』である。これは全編漢文で書かれており、内容は因果応報を説く宗教的方便で、大半は奇事怪事で占められ、その多くの説話が仏教説話集に転載されていて、これと同様の仏教色の強い読み物がその後の説話集の主流になっていった。

しかしながら、この頃の宮廷女官たちには教訓臭い仏教説話より、説話を読みやすく物語化（歌物語化）した、『伊勢物語』『大和物語』『平中物語』や長編物語の『宇津保《うつほ》物語』『落窪《おちくぼ》物語』などの世俗説話の方が、なぐさめ種《ぐさ》として人気があった。

このような世俗説話の流行もあってか、11世紀初頭には『宇津保物語』『伊勢物語』などの読み物を絵画化した絵巻の名が登場する。（著者《わたし》の想像だが）ここら辺りの絵巻が散逸してしまったのは、漫画絵を低俗なものと決め付けていた昭和の頃と同様、この時代も絵付きの読み物は軽んじられていたのではないか。現存しないのは、絵巻が大切に扱われていなかったことの証明とでもしておこう。

なお、16世紀末の室町幕府滅亡までは、これら俗な画巻の多くは「~絵」と称されていて、「物語絵」「絵巻」「絵巻物」といわれるのは近世になってからである。

12世紀に入ると、打って変わって絵巻が作られるようになってゆく。詞書を画中に書き込んだ物語絵巻・説話絵巻の『源氏物語絵巻』『伴大納言絵巻《ばんだいなごん》』『鳥獣人物戯画』『寝覚《ねざめ》物語絵巻』、経典絵巻・縁起絵巻の『信貴山《しぎさん》縁起』『粉河寺《こかわでら》縁起』『地獄草子《じごくぞうし》』『餓鬼《がき》草子』など、多くの絵巻物が作られている。これは平安貴族が皆、美的教養を競い合っていたことに起因していた。つまり貴族たちの要求に対応するように、名人肌の和紙職人たちが製造技術を革新して、華麗な装飾料紙を提供し、書《しょ》画《が》一体の表現を支えたからである。

どうしてこのような絵巻が描かれ始めたのかであるが、平成の現代では大ヒットした小説やライトノベルが漫画化されるように、当時からメディアミックス的な思惑があったのかまでは想像の域を出ない。ただ、清少納言や紫式部ら女流作家の読み物の流行が、絵巻物の隆盛に影響を与えていたのではないかと考えられる。特に、(12世紀の)現存する最古の物語絵巻『源氏物語絵巻』は、そこに描かれた貴族社会の華麗優美な世界を、(文字ではなく)見て楽しみたいとの思いが高まり、院や中宮《ちゅうぐう》を中心に絵画化が図られたとの推論がされていた(『すぐわかる絵巻の見かた』東京美術刊)。

これほど切望されて出来上がった『源氏物語』の物語絵(絵画化)であるから、当然、貴族や宮廷女官にもてはやされたと考えられる。また、その潮流に乗ってのことだろう、応天門《おうてんもん》放火事件をめぐる政治スキャンダルを著した『伴大納言絵巻』のように、ミステリアスな疑獄《ぎごく》事件をドラマチックに描いたものや、『源氏物語』をモチーフにして書かれた王朝ロマン『夜の寝覚』を絵画化した絵巻などが作られている。

そしてこれらスキャンダラスなものが流行ると、そのアンチテーゼが登場するのは世の常で、現在のライトノベル的な趣がある法力譚《ほうりきたん》（超能力物語）の『信貴山縁起』や、平安時代の人間社会（世相）を擬人化で風刺した『鳥獣人物戯画』などの絵巻も評判を得ていたようだ。ちなみに、『鳥獣人物戯画』は、他の絵巻とは一線を画し、全篇墨一色で詞書もないが、それでも動物キャラの豊かな表情や所作で状況が判る描き方で、おまけに目に見えない声や音まで描線で表現してあり、現在の漫画を彷彿とさせるところから、日本の漫画の元祖ともいわれている。

武士階級が台頭する源平時代（平安後期、11世紀末から12世紀末）になると、戦乱で荒廃し退廃してゆく世相を反映して、千手観音菩薩の霊験譚『粉河寺縁起』や仏教の説く六道思想から生れた因果応報の理を絵画化した『地獄草子』『餓鬼草子』などの絵巻が作られていた。

鎌倉時代（1192〜1333年）、源氏・北条氏等の武士階級の治世となると、絵巻物のファン層が公家（および女官）から武家に変化したと思われる。それまで全盛だった（想像創作の）物語絵巻や説話絵巻が減ってゆき、（歴史上の事件が題材の）合戦絵巻や伝記絵巻がもてはやされるようになった。

北条氏が滅亡して南北朝時代（1336〜1392年）になると、武家社会に強力な指導者が現れず、（後醍醐天皇の崩御後）復権出来ない公家階級を尻目に地方豪族が群雄割拠《ぐんゆうかっきょ》。そんな時代に呼応するかのように、それまでの読み物や絵巻とは質の異なった種々雑多な小篇の読み物が編まれた。これが（近世から）「お伽草子《とぎぞうし》」と呼ばれる絵巻の誕生である。

室町から江戸に「草双紙」誕生——絵巻物から冊子形式へ

現在「お伽草子」と呼ばれている小説（または絵咄《えばなし》）は、その名称の意味についてはもともと広狭、二様の定説があった。

広義としては、南北朝時代～江戸時代前期にかけて作られた通俗的短編小説の総称である。室町時代（1392～1467年）から（特に戦国・江戸時代）、主君に近侍して説話（武辺《ぶへん》咄・怪異談）を語る御伽衆《おとぎしゅう》という役があり、これが「お伽草子」の語源になったと伝えられ、また落語の元祖であるとも伝えられている。ちなみに、この御伽衆の中でも有名なのが曾呂利新左衛門《そろりしんざえもん》（実在のほどは不明）で、安土桃山時代に豊臣秀吉に仕えたといわれている。

一方、狭義の方はというと、室町時代から作られていた絵巻の中に、（奈良の絵仏師の手遊《てすさ》びから発生した）奈良絵を挿絵に使ったことから「奈良絵本」というお伽噺《とぎばなし》を主とした読み物があった。やがて「奈良絵本」は絵巻物から冊子形式（大和綴じ）に変化し、それを模して、江戸時代の寛文年間（1661～1673年）頃、大坂の書肆《しょし》渋川清右衛門が23篇の草子類——『文正草子《ぶんしょうぞうし》』『鉢《はち》かづき』『小町草紙《こまちのそうし》』『御曹子島渡《おんぞうししまわたり》』『唐糸草子《とういとぞうし》』『木幡狐《こわたぎつね》』『七草草紙《ななくさそうし》』『猿源氏草紙《さるげんじそうし》』『物くさ太郎』『さざれいし』『蛤《はまぐり》の草紙』『敦盛《あつもり》』『二十四孝《にじゅうしこう》』『梵天国《ぼんでんこく》』『のせ猿草子《ざるそうし》』『猫の草紙』『浜出草紙《はまいでそうし》』『和泉式部』『一寸法師』『さいき』『浦島太郎』『横笛草紙《よこぶえぞうし》』『酒呑童子』——を「御伽草子（御伽文庫）」の名称で刊行した。これが「お伽草子」の始まりである。

ちなみに、このような出版業が成立したのは寛永年間（１６２４～１６４４年）からで、商品としての書物の売買が盛んになり、本屋仲間や書物屋仲間という同業者団体が公認されたのは享保元年（１７１６年）以後だった。

ともあれ、平安時代から武家や公家や一部の分限者《ぶげんしゃ》の物だった書物が、木版画技術の発展に伴い、量産が可能となった「御伽草子（御伽文庫）」の登場で、歴史的な展開を遂げていった。（見たい箇所が即座に開けなくて）読むのに手間の掛かる絵巻が廃れ、「御伽草子（御伽文庫）」を真似た（玉石混淆の）絵冊子が多量に登場し、後年、それらは「草双紙（絵双紙）」と名付けられた。また江戸時代には大和綴じよりも明朝《みんちょう》綴じ（四つ目綴じ）が流行した。なお、こうした娯楽系の読み物の主流を占めていたのは「お話と挿絵」で、絵よりも文章の割合が多かった。

まず登場した草双紙は、子供向けのお伽噺や戦記合戦もの等の描かれた（５丁立て、今の本で10ページの）中型オレンジ色の表紙の絵本で、表紙が赤系であることから「赤本」と呼ばれた。寛文・延宝（１６６１～１６８０年）頃から江戸で出版され、享保元年（１７１６年）が最盛期であった。

わずかに現存する赤本の中には、（赤本画家の主流が鳥居《とりい》派の浮世絵師だったので）近藤助五郎、羽川沖信《はねかわおきのぶ》、奥村政信、鳥居清満《きよみつ》、鳥居清経《きよつね》、西村重長《しげなが》などの画家の名前があった。ただし、大半の赤本には作者名は記載されておらず、画家名すらないものもあった。

延享元年～安永元年（１７４４～１７７２年）には〝黒本〟と〝青本（萌黄色《もえぎいろ》）〟が登場。黒本については、滝沢馬琴《たきざわばきん》の『近世物の本作者部類』に「赤本に使われていた丹《に》（紅殻《べにがら》）が高騰したため赤表紙を黒表紙に変えたのだ」と記載されているそうで、赤本の後継本であるから、当初は内容も赤本と差異のないものであった。それが当世をテーマにしたものや色恋沙汰（当然、男色もあり）など、子供向けでないものも黒本に載せられるようになってゆく。

黒本に次ぐ青本も、赤本の延長上にある子供向けの草双紙だが、黒本よりも脱・子供向けの傾向が顕著で、風来山人《ふうらいさんじん》（平賀源内《ひらがげんない》）や大田南畝《なんぽ》、恋川春町《こいかわはるまち》、朋誠堂喜三二《ほうせいどうきさんじ》ら武士（大半は生活に困窮していた下級武士）出身者も草双紙に話を書き始めると、内容も多様になって詞書も細かくなり、大人の読者が増えていった。寺子屋という民間の学校が流行となった時期が、黒本・青本の登場時期と重なることから鑑みると、庶民の識字率が高まって、草双紙が読めるようになった大人が増えていったのも、内容が脱・子供向けになった要因の一つと考えられる。

こうした作家と読者の改進により、宝暦元年〜安永元年（1751〜1772年）に刷られた草双紙に、富川房信《とみかわふさのぶ》画『浮世楽助一杯夢《うきよらくすけいっぱいのゆめ》』（宝暦12年・1762年）などのような戯作《げさく》（洒落本《しゃれぼん》・滑稽本《こっけいほん》）と呼ばれる、江戸を中心に書かれた江戸特有の文学が登場し、庶民の人気を得てゆくのである。そして安永年間（1772〜1781年）以降、急速に子供向けの草双紙が衰退していった。

安永4年〜文化3年（1775〜1806年）には、黒本・青本に代わるように「黄表紙《きびょうし》」が登場するのだが、実は表紙も体裁も青本と同じだった。ある説によると、青本の表紙の萌黄色が太陽光で退色すると黄っぽくなるため、青本を「黄表紙」と呼ぶようになったという。ともあれ、黄表紙と呼ばれる草双紙の始まりは、安永4年（1775年）の恋川春町画作『金々先生栄花夢《きんきんせんせいえいがのゆめ》』で、それまでの黒本・青本の内容を一新した戯作であったと語られている。

以降、戯作者には前述の太田南畝・恋川春町・朋誠堂喜三二らに加え、北尾政演《まさのぶ》（山東京伝《さんとうきょうでん》の別筆名）、（のちには）十返舎一九《じっぺんしゃいっく》、滝沢馬琴など、現在も有名な戯作者が登場。彼等の書いた草双紙は完全に大人向けで、趣向の文学作品となっていた。

当時、下級武士たちは江戸町人とほとんど同じ場所で暮らし、交渉も多かった。これが町人の中の才能のある知識人を刺激し、町人の中からも戯作者を志す者も現れ、戯作者の輪が広がってゆく。当然のこと出版物も増え、黄表紙の中には一万部は刷られた大人気作もあった。ちなみに、古くから欧米でもファンの多い葛飾北斎、喜多川歌麿などの浮世絵師も黄表紙に挿絵を描いていた。

このように順風満帆に見えた草双紙の戯作者家業であったが、老中・田沼意次《たぬまおきつぐ》の失脚後に状況が一変する。幕政を担った松平定信が強行した寛政の改革（天明７年・１７８７年～寛政５年・１７９３年）で、風俗の取り締まりも活発に行われ、寛政２年（１７９０年）に発布された彼《か》の出版統制令の五カ条――①猥《みだ》らなる儀異説の禁②好色本の禁③人々家筋先祖のことの板行《はんこう》の禁④作者板元は実名を奥書すること⑤公儀に関する板行・書本の禁――で、（特に）山東京伝ら武士出身の戯作者が執筆中止を余儀なくされた。

それだけでなく、武家出身の戯作者の戯文の表現が余りにも細かく技巧的になり過ぎて、黄表紙が読者に飽きられてきたのもある。そこで、彼等に代わって町人の戯作者たちが単純明快（通俗的な物語性と勧善懲悪もの）な戯作を書き始め、これが評判となっていった。

草双紙を扱う絵草子屋の隆盛もあって、こうした商業出版の機構がより整備されていくと、（ある程度戯作が売れれば）稿料だけで生活が出来る戯作者も現れた。その最初の戯作者が十返舎一九や滝沢馬琴である。二人とも身分は士族でも最下級の武士出身だったため、若い頃から町人社会に入り苦難の青春を送っていた、名ばかりの士族であった。そのため、他の下級武士出身の戯作者とは一線を画した戯作を書くことが出来たのだろう。

単純明快（通俗的な物語性と勧善懲悪もの）な戯作は内容が長編化するのが当たり前となり、文化4年（1807年）以降、黄表紙5冊を1巻に綴じた〝合巻《ごうかん》〟が主流となっていった。それまでの5丁（10ページ）単位の製本では手間が掛かるため、製本時の省力化を図って合冊《がっさつ》したそうだ。話が少しばかり戻るが、長らく墨摺《すみずり》筆彩（丹絵《たんえ》・紅絵《べにえ》・漆絵《うるしえ》）が浮世絵の彩色方法だったのを、平賀源内らのグループと交流のあった鈴木春信《はるのぶ》が、明和2年（1765年）頃に多色刷浮世絵版画（錦絵）を創始。その明和2年（1765年）新春に、狂歌師たちが開催した摺物《すりもの》＊1（絵暦《えごよみ》）の交換会では、文人や好事家が意匠を凝らし、お気に入りの技工師（絵師・彫師・摺師）に作らせた絵暦で競い合った。それにより、絵暦の版画技術は格段に向上し、これが木版画多色摺の錦絵の誕生に大きな影響をもたらした。繊細細密多彩となった浮世絵の様式が取り入れられた合巻の表紙は多色摺りとなり、各頁にある黒単色の挿絵もさらに細かくなった。これ以降、独特の絵入り文学が完成されたといわれている。

当然のように浮世絵ブームが起こり、その影響からか、人気絵師は特別扱いをされていた傾向もあったようである。例えば、滝沢馬琴と葛飾北斎との間で（翻訳もの）作品について確執が生じた時、間に入った板元《はんもと》（出版元）は葛飾北斎の肩を持ち、滝沢馬琴を降ろして、他の戯作者に変えたという話もあった。

これが要因で、戯作者諸氏が人気絵師に反目したとはいわないが、（1749年頃から上方で誕生した）口絵と少数の挿絵のみで、伝奇的な構想と話の変化に技巧を凝らした内容で、文章を読むことを主体にした〝読本《よみほん》〟と呼ばれるものを江戸の戯作者も書き始め、文化～天保年間（1805～1840年頃）に盛行した。代表的な作品には（滝沢改め）曲亭《きょくてい》馬琴の『高尾船字文《たかおせんじもん》』『椿説弓張月《ちんせつゆみはりづき》』『南総里見八犬伝』、山東京伝の『忠臣水滸伝《ちゅうしんすいこでん》』『桜姫全伝 曙草子《さくらひめぜんでんあけぼのそうし》』があり、この頃の読本は、挿絵・口絵の下絵描きから本の装丁までが戯作者の手によってなされ、後は戯作者に指定された絵師の力量（下絵をもとに挿絵・口絵の的確な描写とアレンジ）に委ねられていた。

ちなみに、これら物語主体の読本とともに、絵と文章とが相まって老若男女が楽しめる草双紙（絵双紙）が、主に商人・町人層向けに多量に作られるようになり、絵草子屋や絵双紙売（草双紙や読売り行商人）が販売していた。ただし、当時市井の人々（庶民）にとって本は買うものでなくて、貸本屋から借りて読むものであった。

現代の新聞の走り〝かわらばん〟――「読売」の登場

こうした読み物文化の隆盛に紛れてもう一つ、絵入りの読み物も大ブレイクしていた。流通システムが確立していた草双紙・読本とは対極の、板元が不明で流通システムも確立しておらず、販売方法も今の新聞の「号外」的なものであった。当時は「読売《よみうり》」と呼ばれた1～3枚摺りのもので、時の話題（心中・天変地異・仇討・珍談奇聞）や、事実を題材とする浄瑠璃とか各種の語り物や小唄などの、（基本）絵入りの（粗悪な）印刷物であった。発売は不定期で、本屋の街頭に吊るし売りされることもあったが、速報第一義だったので、（二人一組で）町の辻々で題名めいたものを大声で叫んで売ることを原則としていた。

現在はこれらを「かわらばん」と呼んでいるが、「かわら（瓦）版」と名付けられたのは「読売」が廃れていった明治時代になってからである。現存する読売は概《おおむ》ね木版摺りであったにもかかわらず、「かわら（瓦）版」と命名されたのには諸説があったが、（多分に、コンプライアンスの重視からだろう）最近買った電子辞書（広辞苑・明鏡収録）の「かわら（瓦）版」の語源では、「河原」で作られていたとか、「河原者」が作製に従事していたからという被差別者説は抹消され、「粘土に文字等を彫りつけて瓦のように焼いたものを原版として、一枚摺りにした粗末な印刷物」と簡素にまとめられていた。

この読売であるが、その歴史は古く、創始らしきものは元和《げんな》元年（1615年）の秋に発行されたと思われる大坂夏の陣（大坂城落城）の絵図で、これが現存する最古の読売といわれている。その後も読売は摺られていたようだが、当時の流行（&事件）を面白可笑しく取り入れた草双紙も出回り始めたからだろうか、現在、この時期の読売について語られることは皆無である。

ところが、前述の出版統制令発布以降、状況は一変した。それまで読売の発行者は公認の板木仲《はんぎ》間（板元の組合）に加入していない、もぐりの商売だった。そのため、出版統制令のおかげで公認の板元は（お上の承認を得られない）世情の事柄を書いた草双紙が摺れなくなり、もぐりが発行する読売は次第に版数を増やしていったのである。

この状況にお上は、読売の事業を合法化することを決め、寛政5年（1793年）、初めて板木仲間への加入を命じ、かつ本屋仲間の再認可を受けて販売するように命じた。しかしながら、いくら違反者を罰しても、もぐり業者は後を絶たなかった。

とにかく読売は現在の号外と同じく速報が常。実際、公認の板元が災害の記事を正規の手続きを経て発行する場合、いたずらに手間取るため、どうしても、（後を絶たない）もぐりの発行者に先を越される恐れがあった。そこで、特定の事件には手を出さず、そのあたりのことは、もぐりの板元に読売を摺らせ、それを売ることを生業にした常習の（編笠《あみがさ》で顔を隠した）香具師《やし》たちに任せていたという、「暗黙の共生」が行われていた。

江戸時代後期に入り、文政の大火（文政12年・1829年）、黒船来航（嘉永6年・1853年）、安政の大地震（安政2年・1855年）が起きて幕府の威信が揺らぎ始めると、世情の動きを知りたいという庶民の欲求が高まり、読売の生産も活発になってゆく。特に、安政の大地震直後から「鯰《なまず》絵《え》」（地震は鯰の仕業とした錦絵）が多量に売り出され、一部の絵草子問屋（契約した絵師の絵から摺り絵を作り、絵草子屋や個人の売子に卸していた）が積極的に読売の印刷と販売に参入していった。そのためこの時期の読売には多色摺りのものも多く、浮世絵師や戯作者が板元と結びついて活躍していた。

同時期に錦絵（浮世絵）のような合法出版物の中にも、時事や政治を題材とした風刺画も生まれた。十数年後、明治時代（1868年〜）になって西洋を真似た情報誌が登場し、読売や草双紙（絵双紙）が廃れてゆく中で発売された「新聞錦絵[*2]（錦絵付きニュース）」は、こうした社会派の錦絵の流れを汲んだものだったのだろう。ただ、いつの世もこうした「時代の徒花《あだばな》」は、（一時《いっとき》は）華やかに咲き乱れ、人知れず散ってゆくもので、創刊から7年目には見かけなくなった。

余談だが、（近年）戦国シミュレーションゲームの美系武将《イケメン》が女性の間でブレイクして、〝歴女《れきじょ》〟と呼ばれる歴史好きの女性が増加し、また、政府の「クールジャパン」推進の影響もあってか、ちょっとした日本の歴史ものがブームになっている。（大型）書店でも平積みや棚で歴史ものの本（書籍・ムック本等）をよく見かける。特に、浮世絵師の錦絵（浮世絵・鯰絵）などの叢書《そうしょ》や、お伽草子、黄表紙等の絵咄を特集したものを見ていると、その中には現在、日本中で雨後の筍状態の〝ゆるキャラ〟や水木しげるの妖怪漫画の原型と思しきものもあった。

黒船来航以降の日本人と日本人観

島原の乱（寛永14年・1637年〜寛永15年・1638年）以降、（自然災害は別として）200年余り平和な時代が続き、多種多様な江戸文化を育んできた日の本であった。ところが嘉永6年（18

53年）7月8日、開国を迫る黒船が来航すると、勤皇《きんのう》か佐幕《さばく》かと、国を二分する戦乱時代に突入してゆく。市井の人々も殺伐とした生活を送っていたという、そんな江戸時代から幕末を題材にしたドラマや漫画が昭和の学生運動真っ盛りの頃には多く、特に白土三平《しらとさんぺい》の『カムイ伝』のおかげで、暗い江戸や幕末のイメージばかりが少年時代の著者に刷り込まれていた。

ただこれは、日本人特有の微視的な自虐思考が影響しているのかもしれない。実際に訪日した外国人は「岡目八目」のたとえ通り、安土桃山時代〜江戸時代の当時まで日本を高く評価していたようで、その証拠も多々あった。有名なところでは、アメリカのTVドラマ『将軍』のモデルにもなった、三浦按針《あんじん》こと英国人ウィリアム・アダムズ（1564〜1620年）の手紙に、「この島の住民は善良で、大変礼儀正しく、戦いにおいて勇敢である。彼らの法律は不公平がなく、犯罪者に対して厳しく適用される。この国の政治は厳密に行われており、全世界にこれほど統制の行き届いた国は、他に類を見ないと思う」とある。他にもポルトガルの宣教師が書き残したものにも、日本人に敬意を抱いていたことは表れていて、「日本人は頭がいいので学問的に尊敬されなければいけない。学問のない宣教師を寄越しては駄目だ」との趣旨の手紙を本国に出していた。

それは室町中期から庶民の子供を6〜7歳の頃から寺院に住み込ませ、僧侶が世俗教育を行っていたからだろう。この寺院に住み込ませた子供のことは「寺子《てらこ》」と呼ばれ、これがのちの「寺子《てらこ》屋《や》」の語源となっている。

以降もその教育システムは踏襲され、近世になると寺院を離れて巷間《こうかん》でも教育が行われるようになった。僧侶以外にも武士や医師、他の有識者が教育を担当し、諸藩が開設した藩校や個人経営の寺子屋と呼ばれる教育機関が設立された。こうした素地と書物の普及によって日本人の識字率は高くなっていった。決して文化レベルが世界の水準を下回っていたわけではないようだ。

それが明治維新を迎え、国策としても、西洋の文明を吸収することが最重要事項とされると、昔から「オール・オア・ナッシング」が（大きな判断を迫られた時の）一般的日本人の選択肢のようで、江戸由来の保守的なものが、「旧弊」として退けられ廃止される。多分、ここには朱子学を奨励していた江戸幕府と、異端として幕府から圧迫されていた陽明学を（主に）学んだ勤皇の志士との思想的な確執も起因したと思える。中には「徳川幕府に取って代わった明治政府としては、『江戸時代などはロクでもなかった』と宣伝でもしないと、自分たちの存在意義がなくなりかねなかったから、江戸時代をネガティブに伝えたのだろう」と、明治（薩長藩閥）政府を斜めから語る歴史学者たちもいた。

明治20年代から明治30年代にかけ、明治（薩長藩閥）政府に対する下町庶民の反感と、冷や飯を食わされていた山の手の旧幕府らの不満を背景に、欧米化の行き過ぎの反動として江戸回帰の風潮が盛んになった。しかしそれも一時のことで、この「（江戸文化の）失われた年月」は、その後の日本人の文化的価値観を変えた。元来、倭人は唐物《からもの》を珍重するＤＮＡを有しているようで、維新となっても（特に江戸っ子は）旬の物とか珍しい物が大好きであり、「洋は粋」で「和は野暮」との不文律が広まったかと窺《うかが》える。

井上亮著『熱風の日本史』（日本経済新聞出版社刊）によると、それは極端な「欧化熱」となって西洋崇拝へと駆り立てた。「改良運動」を引き起こし、「西洋人＝優良民族、日本人＝劣等民族」との自虐心から、西洋人と雑婚（国際結婚）して、心身強壮で知力も優れた子孫を残し、民族として改良すればいいという「人種改造論」が主張され、福沢諭吉や門下生の高橋義雄らの有識者も真剣に論じて著書にも表していた。この西洋信奉がいつしか東洋蔑視となってアジアへと向かうことになるのである。

余談だが、最近ハーフやクオーターの活躍が顕著となっている。それを鑑みると、（国粋主義者には反感を買うが）ある意味「人種改造論」は先進的な考えだったのだろう。

とにもかくにも、世界に類を見ない平和が育んだ江戸文化が軽んじられてゆき、顧みられることが少なくなっていったのである。作家で歌舞伎研究家の松井今朝子は、歌舞伎に反映された世相や時代劇小説のための資料を基に、日本人の気質について、以和為貴（和をもって尊しとなす）が長所だが、人に同調しすぎるのは昔からの民族性だろうと思われ、江戸時代の数々の細かい御触れにも、庶民は反発するどころか、過剰に順応していると、以前、雑誌のインタビューで語っていた。今に至っても変わらずで、「羹《あつもの》に懲りて膾《なます》を吹く」とか「転ばぬ先の杖」で、ちょっとした世間の空気を読み、過剰にコンプライアンスを重視して自己規制する人々が大勢いるようである。

ただこうした日本人気質を、屈指の知日家といわれるフィリピンの国民的社会派作家、Ｆ・ショニール・ホセは、「日本人は雰囲気に流されやすい」と危惧し、朝日新聞の戦後70年企画のインタビューでは、「(日本は) 島国なのだ。自分たちは独特だと思い込む自己陶酔がある」とか、「日本人は不可解な存在だ。変化に向けてムードが変わると、全てを受け入れる。国民的雰囲気とでもいうか。しかも一夜にして変わることがある。常に理性に基づいて行動するわけではないことは、昭和16年の (太平洋戦争) 開戦で明らかだ。国粋主義的になれば危ない」と、建国から千数百年の間に培われ、そして幕末・明治維新から迷走し暴走してしまった日本人の気質に苦言を呈した。

また作家の浅田次郎は、元々小国 (藩) 集合のため国家意識が希薄で、根っ子に同じものを抱えたまま表面だけは変化しやすいのが日本人のようだと、インタビューで語っていたのを読んだことがある。

絵草子屋の衰退と風刺画 (錦絵・開化錦絵・赤絵) の登場

ここまで江戸から明治初期の日本の状況と日本人気質、そして (それ以後の) 外国や知識人から見た日本人観を説明したかったので前置きが長くなってしまったが、閑話休題。現代と時代環境は違えども大衆的文化《ポップカルチュア》の創造に関わっていた好事家たちは、世の中の誰よりも革新的であり、お上の方針 (や思惑) などどこ吹く風で、明治政府が樹立する以前から和魂洋才《わこんようさい》の精神を遺憾なく発揮していた。起点は英国人ジャーナリスト・漫画家のチャールス・ワーグマンが文久2年 (1862年)、横浜で創刊した『ジャパン・パンチ』という、居留地に暮らす外人たちの日常生活に潤いを持たせる趣旨で作られた風刺画《ポンチ》の雑誌であった。

これが評判を呼び、「江湖《えこう》新聞」「横浜新報もしほ草《ぐさ》」「絵新聞日本地《えしんぶんにっぽんち》」などの新聞・雑誌が風刺画を取り入れると、一般の日本人にも評判が伝わり、「ジャパン・パンチ」の「パンチ」から、日本人特有の英語の聞き違えで「ポンチ」という造語が誕生。「ポンチ」は「ポンチ絵」とも呼ばれ、日本の近代漫画の始祖といわれている。

当初このような風刺画の多くは錦絵（開化錦絵・赤絵とも呼ばれる）で描かれ、戯画で有名な歌川国芳の門下生・河鍋暁斎《かわなべぎょうさい》や月岡芳年《よしとし》、（素性が不明の）昇斎一景《しょうさいいっけい》などの傑出した３名が明治初期の代表的な絵師だったと、（近代漫画・風刺画・世相画）評論家の清水勲は語っている（『明治漫画館』講談社刊）。

まあ、こうした評価は近年になってからで、前述のように江戸時代の草双紙はほとんどが貸本屋で扱われていたので、一般庶民の家では蔵書として収集されてはおらず、（貸本屋に回収後）借り手の付かなくなった草双紙は、処分されたり、摺絵などと同じように、欧州に輸出する陶器類の包装紙（緩衝材）として使われたりしていた。

それが、慶応３年（１８６７年）のパリ万国博に日本が初参加して錦絵を出品すると、１８０度風向きが変わった。それまでは欧米の一部の蒐集家の慰みものだった浮世絵が、欧米で熱狂的な評判を呼び、古くからあった日本の古本屋たちが、板元をはじめ錦絵も扱うようになって、多くの版本や錦絵が輸出されていった。これにより、国内の版本や錦絵が散逸していったのだ。

時代は明治になり、本木昌造《もとぎしょうぞう》（１８２４～１８７５年）の近代的活版印刷の完成により、日本古来の木版による印刷は廃れてゆくことになる。明治中期となると、洋式製本による多量出版が出来るようになって、（江戸時代から）出版業者が小売りも兼ねていたのが分化していったのである。それは明治20年（1887年）に東京書籍出版営業者組合が結成されたのを境に、出版業・取次業・小売業が（それぞれ）明確となり、この3つを大きな軸として今に繋がる出版業界が形成された。

そのお蔭で、旧来の株仲間組織は崩壊して、時代の趨勢《すうせい》に即応出来なかった板元は、（一部を除いて）凋落していった。このような革新と写真技術の進歩と普及によって、江戸時代から続く風俗であった絵草子屋が消滅してゆき、草双紙に代わる出版物が増えていった。

そうすると、需要と供給の関係で、新聞・雑誌の風刺漫画や読物《よみもの》の挿絵を描く絵師も当然、それなりの頭数が必要であり、この旬（売り手市場）の業界に多くの絵師たちが登場する。（主に）風刺漫画を描いた本多錦吉郎《ほんだきんきちろう》、小林清親《きよちか》、ジョルジュ・ビゴー、田口米作《べいさく》、結城素明《ゆうきそめい》、平福百穂《ひらふくひゃくすい》、中村不折《ふせつ》、読物の挿絵を描いた武内桂舟《けいしゅう》、水野年方《としかた》、鈴木華邨《かそん》、渡辺省亭《せいてい》、小林永濯《えいたく》、尾形月耕《げっこう》、松本楓湖《ふうこ》、長岡永洗《えいせん》、橋本周延《ちかのぶ》、鏑木清方《かぶらぎきよかた》、橋口五葉《ごよう》、鰭崎英朋《ひれざきえいほう》、浅井忠《ちゅう》、中沢弘光《ひろみつ》、小杉放庵《ほうあん》、岡田三郎助《さぶろうすけ》他、錦絵画、風俗画、武者絵、花鳥画を描いていた（有名無名の）多数の絵師が参入した。これには「（明治時代は）帝展など官主導の美術育成が特に強く進められていって、そこに入りきれなかった浮世絵師などの伝統をふむ人々が、挿絵画家になっていったからだ」と、小松左京は語っていた（『絵の言葉』講談社刊）。

また彼らに憧れた青年らが絵師となり、大正から昭和初頭にかけて出版物に花を添えていった。

特に高畠華宵《たかばたけかしょう》、岩田専太郎、蕗谷紅児《ふきやこうじ》、山口将吉郎《しょうきちろう》、伊藤彦造《ひこぞう》、樺島勝一《かばしまかついち》らが挿絵を描けば、その小説の読者数が増えたといわれている。中でも高畠華宵は別格中の別格で、講談社の『少年倶楽部』の初期の挿絵をほとんど担当していたほど絶大な人気を誇り、「読者は小説を読むのではない、私の挿絵が見たくて雑誌を買うのだ」と自画自賛してやまなかった。

サブカル批評家の唐沢俊一《からさわしゅんいち》は、こうした当時の絵主文従から、「挿絵の人気が小説を凌駕《りょうが》するようになれば、その挿絵の方を主にした作品を作ればいいのではないか、ということは誰しも思いつく。こうして生まれたのが、いわゆる『絵物語』というやつである」と、戦後に一時代を築いた「絵物語」の誕生の経緯《きっかけ》を、カルト漫画作品を紹介した著書『とても変なまんが』（早川書房刊）で推論している。

明治・大正の絵物語――絵本・草双紙

ここまで大人向けの書物（雑誌）の話をしたが、江戸時代の赤本・青本に代表される子供向けの書物は、どのような姿で明治・大正時代に受け継がれたのか。

とにかく押し並べて、明治初期から昭和以前の子供向けの絵本（草双紙・漫画）の文化を詳しく解説する資料が皆無。否、見つけられず仕舞いで、何とか入手出来たのは、補足もしくは参考程度の記述をしたものが数冊ほどだった。

まずは『日本風俗史事典』（弘文堂刊）と『にほんのかたちをよむ事典』（工作舎刊）の、十数行の記述をまとめて要約する。明治期初めの絵本には江戸の草双紙の名残りがあったが、博文館出版の『（巌谷《いわや》小波《さざなみ》編）日本昔噺』は完全に読者を子供に絞って刊行されたものであった。幼稚園教育が普及した明治30年代以降は、博文館出版の『幼年画報』と『教訓絵噺』や中西屋の『日本一ノ画噺《えばなし》』といった雑誌やシリーズなど、[*3]子供向けの絵本といえるものが刊行されるようになった。大正時代になると、民主主義《デモクラシー》の気運が高まる中で、婦人之友社の『子供之友』、童話と童謡の児童雑誌『赤い鳥』の流れを汲む東京社の『コドモノクニ』、フレーベル館の『観察絵本キンダーブック』などの絵本雑誌が主流となり、岡本帰一《きいち》、武井武雄《たけいたけお》、初山滋《はつやましげる》、川上四郎など、子供の本専門の画家「童画家《どうがか》」が誕生した。ちなみに、「童画」という言葉を造語したのは武井武雄である。

また、山川惣治を特集した同人誌（昭和58年・1983年発行）の絵物語の解説によると、北澤楽《きたざわらく》天《てん》の『田吾作と杢兵衛《もくべえ》の東京見物』（明治35年・1902年）が、コマ割漫画（現代漫画）のお初であり、その会話がコマの枠外に印刷されているところから、絵物語のお初であろうと語られていた。いろいろと異論のある方もおられるだろうが、今のところこれを覆す作品の発掘もないので、本書ではこの北澤楽天の『田吾作と杢兵衛の東京見物』を絵物語のお初とした。

また『少年小説大系』（三一書房刊）の別巻1『少年漫画集』と別巻3『少年漫画傑作集（一）』に収録されていた漫画とその解説には、「新聞紙上に『漫画太郎』（東京毎夕新聞）や『正チャンの冒険』（朝日新聞）等の漫画が連載されるようになった大正時代末期に、毎日1ページずつ『報知新聞』に連載されていた『タロウノタビ　月世界タンケンノ巻』（大正14年・1925年2月11日～12月28日）、

『太郎ノタビ 火星タンケンノマキ』（大正15年・1926年1月4日～昭和元年・1926年12月30日）という新聞漫画」などの、子供向け漫画のことが描かれてあった。これは当時、「報知新聞」にSF小説を連載していた野村胡堂《こどう》が脚本を書き、太田雅光という画家（?・）が絵を担当したもので、1ページ4コマの絵それぞれに4～6行の文章が書かれ、現在の絵物語形式の漫画となっていた。

他にも大正時代には、岡本一平が幼年雑誌『良友』に掲載した『珍助絵物語』（大正5年・1916年）、『平気の平太郎』（大正6年・1917年）、山田みのるの『子供絵噺・忍者漫画』（磯部甲陽堂刊、大正9年・1920年4月28日発行）、東風人（樺島勝一）の『お伽 正チャンの冒険―壱の巻―』（朝日新聞社刊、大正13年・1924年7月6日発行）、巌谷小波の小説を原作にして岡本帰一が物語絵化した『木兎《ズク》小僧一代記』（東京日日新聞、大正14年・1925年1月6日～3月17日）等が描かれていた。

現在「絵物語」と呼ばれているこれらの作品は、明治時代には「ポンチ」とか「絵噺」と称されていた。前述の『珍助絵物語』のように、タイトルに「絵物語」と入れた作品もあったが、昭和の時代になるまで「絵物語」の名称は一般化していないようだし、宮尾しげをの『団子串助《だんごくしすけ》漫遊記』（大正13年・1924年、大日本雄辯會、現・講談社刊）や『輕飛輕助《かるとびかるすけ》』（昭和2年・1927年6月4日、大日本雄辯會講談社、現・講談社刊）、『○□《まるかく》サン、助《ちょんすけ》サン』（昭和8年・1933年7月10日、大日本雄辯會講談社、現・講談社刊）、牧野《まきの》大誓《たいせい》作・井元水明《いもとすいめい》画の『長靴の三銃士』（昭和5年・1930年8月1日、大日本雄辯會講談社、現・講談社刊）、『現代漫画大観』（昭和3年・1928年6月5日、中央美術社刊）の4巻目に収録されていた『猿飛佐助漫遊記』（宮尾しげを画）、『花 競 異国《はなをきそういこくの》忍術試合 忍曽太郎助』（宮尾しげを画）、『煙火《えんか》の金太』（阪本牙城《さかもとがじょう》画）でも、「絵物語」の呼び名ではなくて、「漫画物語」とか「コドモ漫画」と紹介されている。

雑誌と紙芝居がコラボ（紙上紙芝居）して「絵物語」と呼ばれる

さて、時代は子供文化が花咲く昭和となり、ここで再び「赤本」という名前が世の中に登場する。昭和の赤本は江戸時代のとは趣が違い、「ゾッキ本」とも呼ばれ、最大の流通ルートは大阪であったといわれている。

漫画・風刺漫画研究家の清水勲著『「漫画少年」と赤本マンガ』（刀水書房刊）の赤本の説明を要約すると、元々はポンチ本の一分野として日清・日露戦争期に登場した、木版刷りあるいは石版刷りによる小型サイズ（主にB6判）のもので、日露戦争期に創業した大阪の榎本書店が世界地図や絵草子物の他に、子供を対象にそうした漫画の本を出版したのである。これが大正期に入って、（B6判より一回り大きい）新サイズの「ポンチ本」の出版に繋がり、大正末期には『正チャンの冒険』（朝日新聞社刊）や『ノンキナトウサン』（報知新聞社刊）などの漫画がベストセラーになると、これを模した亜流漫画の本も出版するようになった。

昭和になると東京や大阪で厚紙・丸背の20ページほどの漫画の本が出版され始め、東京で昭和8年（1933年）に創業した中村書店も、そのようなスタイルの漫画の本を出版。江戸時代の草双紙の赤本よりさらに、表紙にドギツイ赤を使うものが多かったので「赤本漫画」と呼ばれた。

それを真似た質の悪い「赤本マンガ」が、特に大阪で蔓延していった。補足すると、『火星探検』（中村書店刊）の原作者で童話作家の小熊秀雄（原作筆名は旭太郎）の回想話では、内務省の役人が子供向けの読み物の取り締まりに視察で訪れた関西地方の本屋で、売れ筋の本を聞いたところ、見せられたのが赤本マンガで、その内容の粗雑さと全国の流通版数の多さに驚き、以降、ゾッキ本の検閲や取り締まりが行われるようになった。雑な絵とスラング。これら「赤本マンガ」の絵を描いていたのは、挿絵画家の卵か、絵を描くことが好きな素人であろうと著者は思っている。

　漫画が最大の槍玉に上がった、中世魔女狩りのような悪書追放運動の火種は、この時の「漫画＝悪書」のイメージが刷り込まれたのが原因ではないだろうか。現在と違って、明治から昭和初期にかけては、子供向けの漫画を描いて生計を立ててゆける人は少なかった。田河水泡《たがわすいほう》や阪本牙城、島田啓三、大城《おおしろ》のぼる等の現在でも作品が復刻される人気漫画家もいたが、まだまだ発表媒体も裾野も狭く、現在のような読者からの熱狂的な支持もなかった。また明治32年（１８９９年）に制定された著作権法の認識は浸透しておらず、関東圏を離れるほど無法状態であり、こうしたゾッキ本を圧倒して駆逐出来るほどの行使力はなかった。

　二・二六事件（昭和11年・１９３６年2月26日）以降、軍部の政治支配力が強まり、「日本精神を養う」という軍部の意向で、少年誌にも国威発揚の物語が掲載されるようになってゆく。これは私見であるが、昭和11年（１９３６年）10月に発売された『少年倶楽部』（大日本雄辯會講談社、現・講談社刊）の付録小冊子「少年國史繪畫《かいが》館」が、（当時の）軍部の肝入で少年誌に載せられた国威発揚もののお初だろう。これがどうしても、昭和12年（1937年）7月7日の盧溝橋事件を契機とする日中戦争の露払い的なものに思えてならない。

「少年國史繪畫館」の内容だが、挿絵から判るように「天孫降臨《てんそんこうりん》」「神武天皇東進」「日本武尊《やまとたけるのみこと》」等の神話の時代から、「大日本帝國憲法御發布」「日露戦争勝利」「（第一次世界大戦時）ドイツ領の南洋諸島への進軍と占領」「川原挺身隊の熱河《ねっか》進撃」等の近代（明治・大正・昭和初期）までの歴史を、文学博士・中村孝也《こうや》が指導し、それを陸軍歩兵少佐・大久保弘一が全文を執筆、そして梁川剛一《やながわごういち》、伊藤幾久造《きくぞう》、山口将吉郎他数名の絵師が挿絵を担当した。皇道《こうどう》と臣道《しんどう》がいかなるものかを絵咄にして、（愛国と忠誠心を）青少年たちの心に刷り込もうとしていたのが見て取れるのである。

なお、この「少年國史繪畫館」は同年12月から刊行された「講談社の繪本」[*4]シリーズにも影響を与えているようで、『忠勇美談《ちゅうゆうびだん》』（伊藤幾久造他・絵、久米元一・文、昭和12年・1937年10月1日発行）、『國史繪譚』（尾竹國観他・絵、久米元一他・文、昭和13年・1938年8月1日発行）、『日本武尊』（田中良・絵、西条八十・文、昭和13年・1938年11月1日発行）、『廣瀬中佐』（梁川剛一・絵、橋爪健・文、昭和14年・1939年6月1日発行）など他にも国威発揚絵本が十数冊発売された。

おまけに日中戦争の長期化を踏まえて、昭和13年（1938年）4月に第一次近衛文磨内閣によって、人的及び物的資源を統制し運用する広汎な権限を政府に与える法令「国家総動員法」が公布。これがまた白紙委任状に等しき授権法で、国民生活（事業・文化・言論）にまで国家統制が及び、言うまでもなく、新聞・書籍などに検閲が入るようになっていった。ほどなく少年誌にも波及。同年10月に図書課から「児童読物改善ニ関スル指示要綱」が通達された。巷に増殖していたゾッキ本の規制どころか、（真骨頂である）滑稽を宗《むね》とした漫画も少年漫画誌に載せ難くなっていったのである。

こうした世の趨勢《すうせい》を鑑み、少年雑誌の編集部としては、（滑稽）漫画に代わる子供向けのものの掲載を模索していたのであろう。そのような（『少年倶楽部』）編集部の事情と、紙芝居画家としての成功を収めた後も、（絵を究めたい思いから）本格的に絵を学ぶため26歳から日本大学芸術科に入学までした画家（山川惣治）の思いが合わさって化学反応を起こす。端緒は、大学卒業後の山川惣治が32歳の時、文部省主催による日本紙芝居コンクール用に描いた「勇犬軍人号」が1等に入選。それが『少年倶楽部』の編集長・須藤憲三の目に留まり、昭和14年（1939年）の5月号に動物画集として2色刷りの口絵で雑誌デビューすることになったからである。

紙芝居の大人気画家を単なる挿絵師に留めておきたくなかった編集部は、氏の紙芝居作家という経歴をうまく反映させようと試みたのだろう、ページの上部に紙芝居の絵を入れ、その下に文章を付けて、雑誌の1ページに一体化させた「紙上紙芝居」[*5]という形態が考案されたのだ。これ以降、山川惣治は紙芝居製作所の仕事を人に任せ、『少年倶楽部』に専念するようになっていったのである。タイトルに「紙上紙芝居」と冠されて、山川惣治初の絵物語である『宣撫《せんぶ》の勇士』が昭和14年（1939年）『少年倶楽部』7月号に掲載された。

ちなみに、この「紙上紙芝居」の名称であるが、その使用期間は2作目の『白熊と老土人』までと極端に短く、3作目の『幻の兄』からは「繪物語」という名称が使われていた。言うまでもなく、これが戦後（特に昭和22年・1947年〜昭和32年・1957年）の少年たちを熱狂させ、今は漫画のカテゴリーのひとつとして語られる「絵物語」の誕生の経緯である。ただ、当時の『少年倶楽部』編集部は、宮尾しげをや島田啓三らの「漫画物語」とは一緒にせず、小説のカテゴリーの中に山川惣治の作品を入れていた。

第1作の『宣撫の勇士』に続き、昭和14年（1939年）夏休み増刊号には『白熊と老土人』、10月号に『幻の兄』、11月号に『ノモハンの若鷹』、12月号に『われ等の大地』が掲載。昭和15年（1940年）の1月号に『日本の工場魂』、2月号に『戦死した唐犬《からいぬ》』、4月号に『焼け残った三軒』、5月号に『軍馬を育てる人々』、9〜10月号に『愛路少年隊』、11〜12月号に『間宮林蔵』が連載される。

日独伊三国同盟締結（昭和15年・1940年9月29日）で日米関係が緊迫し始めた昭和16年（1941年）1月号には『この国土のために』、2〜3月号に『北里柴三郎』、4〜6月号に『国友藤兵衛《くにともとうべえ》』、7〜8月号に『砂糖にうちこむ魂』、9〜10月号に『郡司大尉』、11月号に『和井内鱒《わいないます》』が掲載され、昭和17年（1942年）の1月号に『はじめて日本地図を作った偉人』と、これらの中・短編を3年あまりの間に掲載したが、評判には至らなかったと山川惣治フリークは語っていた。

そもそも、お上の検閲を通らないと雑誌掲載の許可が下りない時代である。戦時中の『少年倶楽部』の体制擁護の方針もあって、自由な創造を封じられ、国威発揚を促すものしか描けなくては、いくら山川惣治でも国民的な人気を得る作品は生み出せなかったようだ。おまけに、太平洋戦争開戦（昭和16年・１９４１年12月８日）に伴い、以降は（絵物語の依頼より）兵隊、軍艦、飛行機等の挿絵の仕事が増えていったのである。

赤本マンガから大ベストセラーが生まれた

戦後となり、「赤本」という名前が世の中に３度目の登場。これらの本の装丁にも赤色が多く使われていたので、戦前のように赤本と総称されたのである。それは昭和22年（１９４７年）頃から昭和31年（１９５６年）頃にかけて、大阪の玩具問屋や人形問屋の街である松屋町周辺で出版されていた。書店の流通ルートを通さず駄菓子屋・夜店・縁日の露店などで売られていたので、「オモチャ本」とも呼ばれたマンガ本であった。Ｂ６判～Ｂ７判・Ｂ８判といった小型本が中心で、総ページ数も24～48ページくらい。値段も子供の小遣いで買える10～50円くらいが多く、高くても70～90円だが、作家名のないものや、（奥付に）発行所や発行年月日がないものもあり、当然のことながら書籍の体を成していなかった。

これらの赤本マンガには、『ターザン』『少年探偵団』『黄金バット』『鞍馬天狗』等々の有名なタイトルもあるが、当然無許可・無関係で、しかも、大半は下手な絵のオンパレード。そしてストーリーは「内容もないよう」と〝おやじギャグ〟が出るほど、とってもチープ。

当初はほとんどおもちゃ扱いだったが、昭和22年（１９４７年）４月１日を境に状況が一変する。

たとえるなら、地域のおやじたちが始めた草野球同好会が、突然、一夜にしてプロ野球連盟に加入したようなものであった。

それは後に「天才漫画家」とか「漫画の神様」と称賛される（当時無名の）手塚治虫が登場したからである。酒井七馬《しちま》構成・手塚治虫作画の『新寶島《しんたからじま》』（育英出版刊）が発売され、瞬く間に大ヒットし、40万部の大ベストセラーとなったのだ。これにより赤本マンガの存在は全国に広まり、空前の赤本マンガ・ブームが訪れることとなった。そして、大阪を中心に赤本マンガ単行本の出版が盛んになってゆく。

おまけに田川《たがわ》紀久雄《きくを》・田中正雄・桑田次郎（現在は桑田二郎）・東浦《ひがしうら》美津夫《みつお》らが、赤本で漫画家としてデビュー。のちに漫画評論家から賛美される作品も残しているのだが、それでも当時の赤本マンガのほとんどが粗悪でチープな内容のものであり、ヒット作が出ると、それをパクった（つまり海賊版の）赤本マンガが山ほど出回って、まともに商売をしている作家や出版社を悩ませた。そういった粗悪漫画のアンチテーゼ的なものとして、「紙上紙芝居」改め「絵物語」が、戦後の日本に復活するのである。

戦後の「絵物語」ブーム

昭和21年（1946年）に全優社から新作紙芝居『少年王者』が発表。戦後の紙芝居ブームにも乗って人気を呼ぶと、それが当時の小学館の相賀《おうが》社長の目に留まり、『少年王者』を本にするよう勧められたのだと、山川惣治は当時のことを回顧している。しかし百科事典や学習本などのお堅い書籍などを刊行していた小学館は、伝統としてその手の娯楽本は出せないということで、（当初は小学館の中の一部署だったのを）少年向け雑誌発行のために創設した集英社から、絵物語『少年王者』（昭和22年・1947年12月25日刊行）の単行本を発行したのである。紙芝居で大人気のタイトルなのだから、この位は売れるだろうと思ったかどうかは不明だが、初版3万部を刷ったのが、なんと予想を遥かに越えて、2日後には完売。翌年の春にかけて50万部のベストセラー作品となり、（本の作家としても）山川惣治は一躍売れっ子となっていったのだ。

時を同じくして、紙芝居画家時代のライバル永松健夫（戦後に武雄から改名）も絵物語の世界へと足を踏み入れていた。それも山川惣治と同様、永松健夫の大ヒット紙芝居『黄金バット』を絵物語で登場させたのである。絵物語『黄金バット』（昭和22年・1947年11月15日、明々社刊）は第1部から第3部まで続いて単行本が出版。この3冊は瞬く間にベストセラーになり、累計20万部以上の売り上げがあった。この大ヒットをきっかけに明々社は『黄金バット』を看板作品に、当時、街頭紙芝居で人気の的になっていた作品などを網羅して、昭和23年（1948年）7月に雑誌『冒険活劇文庫』を創刊。『黄金バット』はその舞台を雑誌に移し、単行本の第1部『なぞの巻』より前の話、〝黄金バット誕生編〟『アラブの宝冠』の連載が開始。昭和25年（1950年）1月からは『科学魔編』（全5回未完）へと続いた。なお『冒険活劇文庫』は少年向け雑誌だということを強調するように、昭和25年（1950年）の4月号から雑誌名を『少年画報』に改題した。

この『冒険活劇文庫』の成功を見て、２匹目の泥鰌《どじょう》を狙った『冒険ロマン』（ミリオン刊）が昭和24年（１９４９年）１月に創刊。看板作品として（紙芝居画家の）加太こうじが作画した『黄金バット・マゾー編』が連載されたが、これといった評判も得られず、数ヵ月で廃刊となってしまった。ちなみに、当時２～３号で潰れる雑誌は、カストリ雑誌と呼ばれていた。

さて、この２つの大ヒット作品が呼び水となって絵物語を載せる雑誌が増え、多くの絵物語の作家が誕生する。その中には、挿絵を描いて糊口《ここう》を凌《しの》いでいた小松崎茂《こまつざきしげる》や福島鉄次《てつじ》もいた。

小松崎茂は『地球ＳＯＳ』（『冒険活劇文庫』昭和23年・１９４８年・10月号～昭和26年・１９５１年10月号）で、福島鉄次は『沙漠の魔王』（『少年少女冒険王』昭和24年・１９４９年８月号～昭和31年・１９５６年２月号）で大ヒットを飛ばし、山川惣治や永松健夫と肩を並べる人気絵物語作家となっていった。ちなみに、『沙漠の魔王』の初回のタイトルは『ポップ少年の冒険・沙漠の魔王』で、『ポップ少年の冒険・ダイヤ魔神』（昭和24年・１９４９年７月号）の続編という設定となっていた。

漫画評論家の故・米沢嘉博《よねざわよしひろ》は、「マンガがまだ他愛ない笑いを受け持たされ、物語を語らなかった時代、その単純でわかりやすい絵は、かわいさと滑稽さ以上の物を表現することは難しかった。戦前の少年小説の面白さと挿絵のカッコ良さを併せ持った絵物語は、密林冒険活劇、空想科学物、西部劇等、大衆エンターテインメントに徹しており、ヴィジュアルの魅力を誌面いっぱいに展開し、波乱万丈の面白さで、昭和20年代の少年たちを熱狂させ、大判の絵物語を中心とした視覚的少年雑誌を次々と創刊させるパワーを見せつけた」と語っていた。

このように、当時の絵物語は赤本マンガブームをも凌駕していったのである。特に（数人の第一線級の作家と以下の人気の差が大きいこともあり）山川惣治や小松崎茂は引っ張りだこで、自らが創作した絵物語以外にも、江戸川乱歩や南洋一など、作家の小説に絵物語風の挿絵を描く仕事もしていた。

また『黄金バット』以外、これといった話題作品《ヒット》が生まれなかった永松健夫を尻目に、山川惣治と小松崎茂の2人は、SFや拳闘、冒険活劇、西部劇などさまざまなテーマの作品を次々と生み出して絵物語ブームを牽引。絵物語は少年雑誌になくてはならないソフトコンテンツとなっていった。昭和27年（1952年）～昭和28年（1953年）が絵物語の絶頂期だったそうで、挿絵画家だった植木金矢《きんや》（他に寺内鉄雄、寺内新、最上元、ゲン最上、最上三郎、川口元郷、大道寺鉄の筆名あり）が絵物語作家に転向。他にも石原豪人《ごうじん》、中村猛夫、玉井徳太郎、湯川久雄も挿絵と並行して絵物語を描くようになった。

こうした絵物語ブームは新人ばかりではなくて、古参《ベテラン》の挿絵画家・山口将吉郎（代表的な挿絵は『神州《しんしゅう》天《てん》馬《ま》侠《きょう》』）、伊藤彦造《ひこぞう》（代表的な挿絵は『豹《ジャガー》の眼』）、伊藤幾久造（代表的な挿絵は『快傑黒《かいけつくろ》頭巾《ずきん》』）までも、（原作付きの時代劇であるが）絵物語と銘打った作品を描くようになっていったのである。

その勢いは紙芝居や漫画を描いていた（又は目指していた）諸氏にも少なからず影響を与えていた。著名なところでは、大城のぼる、石井きよみ（のちの梵天《ぼんてん》太郎）、岡友彦、小島剛夕《ごうせき》、吉田竜夫らが、絵物語の世界に足を踏み入れてゆく。その風潮は今でいう劇画調の絵物語の絵とは対極の絵を描いていた（駆け出しの）藤子不二雄にも及んでいたようで、（1作だけ）『史劇絵物語 十字架上の英雄』（学童社刊、昭和29年・1954年『漫画少年』11月号）を描いていた。

漫画家・紙芝居画家諸氏の中でも、特に中学2年生の頃には漫画家としてデビューしていた桑田次郎（桑田二郎）などは、どうしても絵物語を描きたくて、岡友彦に師事し、数年間アシスタントや代筆を務めていた。それまでの手塚治虫調の丸っこい絵から脱皮して、桑田次郎の的確なデッサン力がこの時培われたのだと語る漫画評論家もおり、桑田自身も「勉強した分は最終的に活きた」と言っている。だが、「絵物語に表現の限界も感じていた」とも言っていた。

時代の潮流や風潮が気になるのは天才漫画家・手塚治虫も同様で、当時、旬だった絵物語を無視することが出来なかったようだ。『漫画少年』（学童社刊、昭和26年・1951年11月号）に『ウォルト・ディズニー物語』、『少女クラブ』（大日本雄辯會講談社、現・講談社刊・昭和26年・1951年12月号）に『おかあさんの足』、『おもしろブック』（集英社刊、昭和28年・1953年4月号〜昭和29年・1954年2月号）に『銀河少年』などの絵物語を描いている。

今さら言うまでもないことだが、後年の劇画ブームでは『花とあらくれ』『落盤』『刹那』を描き、妖怪漫画ブームの時には『どろろ』を描いたように、負けず嫌いの魂が疼《うず》いて、どうしても挑戦せずにはおられなかったのだろう。

しかし、しだいに（桑田次郎が感じたように）絵物語に表現の限界も感じたのかもしれない。絵物語『銀河少年』の第8回からはところどころに漫画が混じり、最終の第10回に至っては（絵物語とは名ばかりの）全編いつもの漫画の表現（コマ割り、吹き出し）となっている。

まあ、常人か凡人なら二度と絵物語に関わらないところだが、そこは手塚治虫、一旦は絵物語から気持ちが離れたようであったが、昭和32年（1957年）1月4日から「西日本新聞」に絵物語『黄金のトランク』の連載を始めている。これは手塚プロダクション資料室長の森晴路《はるじ》の話によると、「1回分1ページを描くにあたり、漫画では情報量が少ないと考えて（結果的に）絵物語という形態をとった」と推測していた。また、（『銀河少年』のこともあり）依頼当初は気乗りしない仕事だったようだが、完成後には手塚治虫のお気に入りの作品となったとも、氏は語っていた。

余談（後日談）だが、後年『COM』（虫プロ商事刊、昭和43年・1968年5月号）から『黄金のトランク』を再録する際、時代はもう絵物語ではないだろうと（文章の部分を除いて）漫画に再編集して連載したところ、ファンから猛烈な抗議の投書が届いたのである。そこで、2回目からは絵物語の形式にも戻したそうだ。しかし、「時代は変わろうと、表現方法が古くとも、良い作品は良いのだ」と再認識する逸話《いましめ》とはならなかったようで、手塚治虫の描き換え癖は最期まで直らなかった。

「絵物語」の凋落と中興

子供から人気が高ければ高いほど、その親世代の反感も強く、人気作家・南洋一郎などは元小学校教師だったことから、青少年に健全な読物を届けようとの信念があって、週刊誌『日本週報』（日本週報社刊、昭和30年・１９５５年5月5日発行）の特集「対決 俗悪ヨミ物マンガ追放」に「野放図は許されない！　子供におもねる作者の罪悪！」という見出しで、本名の池田宜政《よしまさ》で（乱歩の『少年探偵団』や絵物語などの）俗悪な読物が少年たちを害すると苦言を呈している。

他にも秋田書店創立65周年記念特別企画で完全復刻された、『沙漠の魔王』の付録「沙漠の魔王読本」に寄稿したマンガ研究家・中野晴行の解説によると、戦前「生活綴方《つづりかた》運動」の推進者だった教育者・滑川道夫《なめかわみちお》が、昭和30年（１９５５年）2月11日付の「朝日新聞」で、「最近の児童雑誌の半分がマンガ・絵物語が占めており、大部分が怪奇冒険探偵小説・活劇物語・空想科学小説・講談の類で、さらに内容が荒唐無稽で、非科学的かつ前近代的である」と、出版界への警告をしていた。また、同年3月30日付の「読売新聞」に東京の「母の会連合」が、悪書を「見ない、読まない、買わない」の「三ない運動」を徹底させると宣言し、悪書と決め付けた5万冊を切り裂いて古紙業者に売るというパフォーマンスを行ったとも書かれていた。

当時、こうした教育ママゴンのアジテーション的な行いは社会現象となり、そんな風潮のせいではないだろうが、大人気絵物語だった『沙漠の魔王』も当然ヤリ玉に上がり、昭和31年（１９５６年）2月号で唐突に終了したそうだ。まあ、絵物語ブームのピークは既に過ぎていたのだから、「作者も編集者も終わるタイミングを計っていたのかもしれない」と裏読みする評論家もいる。

いずれにしても、一気に燃え上がったブームの炎は鎮火するのも早く、評論家諸氏の見解によると、戦後の絵物語ブームは昭和32年（１９５７年）頃までで、その後、廃れていったと結論付けている。

ただ、歴史書に「武田家滅亡」と記述されていても、そのDNAを受継ぐ人々は現在も健在なように、絵物語も時代によってマイナーチェンジはあれど、ブーム沈静後も漫画史にしばしば登場する。例えば、当時、少女漫画を描いていた松本あきら（のちに松本零士と改名）も、『少女クラブ』（講談社刊、昭和33年・1958年5月号）の『月はみていた』から、『ディズニーランド』（講談社刊、昭和43年・1968年5月号）の『みつばちマーヤ』まで、（女子・幼児向けの）絵物語を十数作品ほど描いている。

ただし昭和40年代に起こった絵物語再燃の鏑矢《かぶらや》を放ったのは、いつものことながら手塚治虫（あくまでも著者調べ）だった。昭和36年（1961年）3月12日から「赤旗 日曜版」に羽衣伝説をモチーフにしたSF『羽と星くず』と、昭和36年（1961年）8月13日から「産経新聞」に近未来絵物語『オズマ隊長』（1～8回まで週1、9回目から毎日）の連載を始めてからである。「赤旗」での連載の経緯は不明だが、「産経新聞」の方は、最初（1回分1ページの漫画を2つも描きたくなかったのか）手塚治虫は断るつもりだったようだが、どうしても断り切れなくなって承諾した。

これは著者の邪推だが、『オズマ隊長』も絵物語で連載したのは、昭和30年（1955年）10月までの4年間「産経新聞」に連載されて、国民的人気を得ていた山川惣治の絵物語『少年ケニヤ』に対する（いつもの）挑戦であったと考えている。でも流石、手塚治虫である。『オズマ隊長』は人気作品となり、3年間の長期連載となった。その後も「産経新聞」で『ハトよ天まで』（昭和39年・

１９６４年11月11日～昭和42年・１９６７年１月22日）、『アトム今昔物語』（昭和42年・１９６７年１月24日～昭和44年・１９６９年２月28日）、『青いトリトン（海のトリトン）』（昭和44年・１９６９年９月１日～昭和46年・１９７１年12月31日）と連載が続いた。

しかし「（絵物語は）世の中の趨勢には勝てず」（森晴路談）で、『ハトよ天まで』から徐々に漫画の部分が増え、『青いトリトン』に至っては全て漫画で描くようになったのである。

こうした手塚治虫の新聞連載の絵物語が話題となったのか、または編集部の意向なのか、回顧なのか、再び絵物語を載せる少年漫画誌も現れ始めた。その背景となる昭和40年代は、漫画雑誌の主流が月刊誌から週刊誌へと完全に移行。ＴＶアニメもカラー化でますます人気が高まり、それにつれて映画やＴＶ番組（アニメ&ドラマ）と少年漫画誌のメディアミックスや、異業種（玩具、子供靴、文具、その他）とのクロスメディア戦略が活発になっていった時代であった。絵物語化の傾向も映画やＴＶドラマのメディアミックスが主体で、あとは出版社（編集部）の方針（意向）で、独自の絵物語が掲載されていた。

その全ては調べ尽くせなかったが、（出版界は）発行媒体の増加で漫画家の長期確保が難しくなっていたので、以前ならば漫画化されていたものが、（カット画のみの）絵物語にして負担を減らしたり、漫画家の補助として挿絵画家を使ったりしていたので、全体的に文主絵従の傾向が見てとれる。

それら作品（または作者）の有名なところを少し列挙するなら、まずは昭和39年（１９６４年）

の『週刊少年マガジン』（講談社刊、第39〜52号）の絵物語『海底大戦争』の連載。これは本書の第1章「連続TV人形劇」の中で解説した『スティングレイ（邦題は「トニーの海底大戦争」）』の絵物語化で、ストーリーをSF作家の中尾明、絵を遠藤昭吾が担当していた。これが好評だったのか、昭和40年（1965年）の第1〜10号に中尾明・原作、藤田茂・作画で漫画化されている。その後、『サンダーバード』や『キャプテン スカーレット』等の人形劇も絵物語化されている。

講談社の月刊誌『ぼくら』では、昭和40年（1965年）3月号から昭和41年（1966年）7月号まで、絵物語『ウルトラQ』が連載されている。初回は中村猛男、それ以外は萩原孝治の挿絵で、1話分が5〜8ページ、ストーリーは梶原一騎の実弟・真樹日佐夫《まきひさお》が1〜10話、あとをSF作家の二人が引き継ぎ、中尾明が11〜13話、豊田有恒《ありつね》が14〜17話と、TV版『ウルトラQ』の脚本家の金《きん》城哲夫《じょうてつお》、山田正弘、上原正三らがまとめた作品の原案を、子供向けの内容にアレンジして書かれていた。

小学館も昭和40年（1965年）から『週刊少年サンデー』で関耕太・文の絵物語『走れ!!はやて』『冒険サンゴ』『猛犬ふぶき』が順次連載（期間は未確認）。昭和41年（1966年）の講談社刊『週刊少年マガジン』第16〜26号には、宮崎惇《じゅん》のオリジナルストーリーの絵物語『バットマン』（全3話、3〜4回の連載で1話完結）を連載していた。これらは全て、絵は盤五十六《ばんいそろく》となっている。ちなみに、盤五十六とは、さいとうたかをの別の筆名で、さいとうプロが原作を担当した以外の絵物語の挿絵や作品などの時に使っていた名前である。

昭和41年（1966年）『週刊少年キング』（講談社刊）第35号から、テレビ絵物語『SF大冒険・マグマ大使』の題名で、文・荻野良実、挿絵・前村教綱《のりつな》（のちに旭丘光志《あさおかこうじ》が担当）で連載されていた。なお、これは月刊誌『少年画報』に連載されていた手塚治虫の『マグマ大使』をアレンジしたものではなくて、TV版（ピー・プロダクションの特撮）の絵物語化である。

また昭和41年（1966年）の『別冊少年マガジン』（講談社刊）に『空飛ぶろくろっ首』（梶原一騎の原作）、『悪魔くん絵物語 大海魔』、昭和42年（1967年）には『魔女人形』、昭和43年（1968年）の『こころ』（平凡社刊）に『耳なし芳一』、『ぼくら』（講談社刊）に『絵物語 ゲゲゲの鬼太郎』、昭和46年（1971年）の『れお』（虫プロ商事刊）に『ないた赤おに』、昭和47年（1972年）には描き下ろしで『雨月物語』（番町書房刊）を水木しげるが描いている。水木しげる漫画の信奉者に言わせると、「戦後、水木しげるは紙芝居を描いていたこともあったので、表現形態が非常に類似した絵物語を好んで描いていた」そうだ。その後も、日本妖怪の絵本や、描き下ろしの絵物語集『水木しげるのおばけ学校』全12巻（ポプラ社刊）を刊行している。

昭和42年（1967年）の「中日新聞」では、横山光輝が『五郎の冒険』（昭和34年・1959年～昭和40年・1965年の小学館の学年雑誌と『中学生の友』連載）を再構成した絵物語『タイム旅行』（昭和42年・1967年1月1日～昭和43年・1968年2月5日）の連載をしていた。この頃には、絵物語の復権と復興を目指した山川惣治が、昭和42年（1967年）、出版社・タイガー書房を設立。同年8月から月刊誌『ワイルド』を創刊して、絵物語『バーバリアン』を再連載している。前述のような、ちょっとした回顧趣味の再燃があってのことだろうが、やはり隔世の感は否めなかったようで、昭和43年（1968年）4月から絵物語『少年ケニヤ』のリメイク版の連載を始めるも、2ヵ月後、『ワイルド』は17巻目で廃刊となった。

新世代の絵物語――異色コラボレーション

著者が昭和40年代を説明する時の書出しはいつも同じフレーズとなるが、「いざなぎ景気に突入した昭和40年（1965年）からの8年間は〝昭和元禄〟と称され、識者たちに恍惚の文化とか、高度成長が生んだ落とし子だとか揶揄された時代であった」。「アンダーグランド」「サイケデリック」「ハレンチ」なものがもてはやされるようになると、その時代を具現化したような絵物語も登場する。

まずは小説家と漫画家（もしくは画家）との異色コラボレーションの絵物語から。「講談社の創作童話」の一冊として出版された長編童話絵本で、筒井康隆と永井豪《ながいごう》の『三丁目が戦争です』（昭和46年・1971年4月）。それと、平井和正と石森章太郎（現・石ノ森章太郎）の黄金コンビの作品の『新幻魔大戦』（早川書房刊、『SFマガジン』、昭和46年・1971年11月号～昭和49年・1974年1月号）の2作品である。『三丁目が戦争です』の方は未《いま》だに誕生の経緯は未確認。『新幻魔大戦』の方は森優編集長の考案で、原作を完全に小説として書き、その小説を劇画とコラボさせる手法をとった絵物語で、「劇画ノベル」と呼称された。

また同じ頃、剣豪小説の雄・柴田錬三郎と新進気鋭の画家・横尾忠則の異色コンビの作品『絵草子うろつき夜太』（集英社刊、『週刊プレーボーイ』、昭和48年・1973年1月2・9日合併号〜12月25日号）があった。これは作家・柴田錬三郎の主導だけに、文主絵従の作品か。連載前の告知で、「私は、これまで、いわゆるアウトローの人物を、たくさん書いてきたが、今回は、同じアウトローでも、全くの自由人を描きたいと思っている。ひとつの事件が未解決でも、イヤになればさっさと消えてしまうような男なのである。そういう勝手な行動をする男を、横尾忠則君が、どういうふうに描くか、その方が、私は興味がある。劇画流行《はや》りの当今だが、これは劇画などとは違った全く新しい絵物語だと思っていただきたい。私自身がどうなるか判らぬこころみをやるのであるから――」と語っていた。絵草子は、横尾忠則が言うところの「毎週、6ページ4色オフセットのカラー挿絵入りの前代未聞の絵物語」で、後年、柴田錬三郎は「二度と再び、このようなわがまま放題な物語を、書かせてくれる雑誌も記者も、いないであろう」と語っている。

1980年代となると、宮崎駿《はやお》の『風の谷のナウシカ』を皮切りに、アニメーターが小説の挿絵や漫画を描くのがトレンドになり、特に安彦良和《やすひこよしかず》、天野喜孝《あまのよしたか》、美樹本晴彦《みきもとはるひこ》等の描く絵には、多くのファンがついていった。それらに感化されたわけではないだろうが、（例えば）山田章博《あきひろ》や寺田克也のようにイラストレーターを目指していた人たちも漫画も描くようになり、昭和の終わりから平成には、絵物語の方にも名を連ねるようになる。

この頃から萩尾望都《はぎおもと》や木原敏江などの少女漫画家は漫画を描きながら、（自作の）童話やエッセイに絵を添えた絵物語を描き始めていた。平成《いま》の出版不況と違い、昭和末期の出版業界は上り調子で、まだまだ活況を呈していたが、それはそれでライバルも多く、作家も出版社も試行錯誤しながらの創作・創刊が続いていたように思う。

その中で角川書店は意欲的に（革新的）月刊雑誌の創刊や、新旧作家（&作品）の発掘《サルベージ》と展開《アピール》のメディアミックスで出版業界を牽引していた。そうして創刊された月刊誌『野生時代』に、漫画家・永井豪とSF作家・川又千秋《かわまたちあき》のコラボ作品『魔獣大陸』（第1部は昭和57年・1982年6月〜11月、第2部は昭和58年・1983年5月〜昭和59年・1984年1月、未完）があった。SF・ビジュアル・ノベルと名付けられたこのクロスメディアの試みは、小説と漫画の融合を目指した新世代の絵物語といえる。

角川書店は他にもメディアミックス戦略として、実写映画からアニメ映画へと自主制作の手を広げていた。その角川アニメ映画第2弾『少年ケニヤ』の昭和59年（1984年）3月の公開を前に、山川惣治フェアを展開し、文庫本で絵物語の『少年ケニヤ』と『少年王者』が復刻された。そしてこれも山川惣治フェアの一環としてであろう、昭和58年（1983年）9月に（スタイリッシュな大人の冒険小説の復活を目指して）創刊した『月刊小説王』第1号から、「14年ぶりの剣舞《パン》！」と銘打って、武田泰淳《たいじゅん》の小説を山川惣治が自己流にアレンジした絵小説『十三妹《しいさんめい》』の連載が開始された。

喜寿を目前にしても、〝山川惣治の情熱は消沈せず〟で、再度、絵物語の復権と復興を目指した意欲作であった。しかし、（私見だが）角川書店の大々的な『少年ケニヤ』のアニメ宣伝も、山川惣治フェアを打っても「笛吹けど踊らず」で、おまけに『月刊小説王』の売上も伸びず1年半で廃刊。『十三妹』は大団円に辿りつかず、第1部完で締めくくられた。のちに『十三妹』の単行本が全2巻で刊行されたが、これといった評価もなく、ほどなく絶版となった。

ちなみに、思いの外早い廃刊の憂き目にあったが、『月刊小説王』の創刊号から連載されていた神霊小説『帝都物語』だけが、実相寺《じっそうじ》昭雄《あきお》の監督で昭和63年（1988年）に映画化されて大ブレイク。これにより小説家としての荒俣宏《あらまたひろし》の名前は日本中に広まっていったのであった。

時代が前後するが、荒俣宏の存在がまだコアなファンにしか知られていなかった頃、漫画家の中山星香《せいか》（昭和52年・1977年『ビバプリンセス』春季号に『ヤーケウッソ物語』で漫画家デビュー）と組んで、文主絵従の『九つの鬼絵草紙 平安鬼道絵巻』（東京三世社刊、昭和61年・1986年）を書き下ろしで発表していた。この作品の企画の経緯は不明だが、荒俣宏は「巌谷小波《さざなみ》らの童話作家たちに固定化され、抽象的なイメージでしかなかった鬼が、生き生きとした存在となる──そんな物語を書きたかった」と同書の巻末で語っている。全9編の短編集で、厩戸王子《うまやどのおうじ》（聖徳太子）、安倍晴明《あべのせいめい》、渡辺綱《わたなべのつな》と四天王が活躍する話であり、荒俣が好んで何度も登場させた陰陽師・安倍晴明の名が世間に知れ渡るのは、この作品よりさらに後のことである。

上代から現代へと、ここまで綴ってきて、読物と絵の親和性がとても高いのは、今さら説明するまでもないことだが、平成ともなると、作家と絵師（漫画家も含む）同士の親和性から生まれた作品がトレンドとなっているようだ。

象徴的な作品はというと、宮部みゆき&黒鉄ヒロシの『ぱんぷくりん 鶴之巻』（PHP研究所刊、平成16年・2004年6月）と『ぱんぷくりん 亀之巻』（PHP研究所刊、平成16年・2004年6月）がある。ある春先のこと、気分が塞いでいた宮部みゆきが、仕事場に置いてある縁起物を使って、楽しい話を書きあげて気分転換した。これを世に出したかったが、（ショートショートより）短い話なので、文章だけで本になるはずがなかった。それが「絵本にしてもらえたらなぁ、黒鉄ヒロシさんに絵を付けてもらえたら最高に嬉しいなぁ。わたしファン、なんですよ」と呟いていたら夢がかない、黒鉄ヒロシとのコラボ絵本が出来たのであった。

もうひとつは、画家・天野喜孝と作家・夢枕漠《ゆめまくらばく》の『鬼譚草紙《きたんそうし》』（朝日新聞社刊、『アサヒグラフ』平成11年・1999年）と、画家・寺田克也と作家・夢枕漠の『十五夜物語』（早川書房刊、『SFマガジン』平成24年・2012年）の2作品。のちに『鬼譚草紙』は朝日文庫から、『十五夜物語』は早川書房から1冊の本にまとめられ刊行されている。この2作品は、（陶芸や釣りなどの）遊びの最中に創作が脳内に降臨《ひらめい》した夢枕漠が、たまたま一緒に遊んでいた遊人《ともだち》である天野喜孝や寺田克也に、創作に合う絵を付けるようにと挑戦した絵物語である。

夢枕漠とのコラボ作品によって、「天野喜孝と寺田克也が絵物語という新境地を開眼した」と結論づけるのは拙速とは思うが、寺田克也は挿絵を担当した伊坂幸太郎の連載『ガソリン生活』（朝日新聞社刊、平成23年・2011年11月21日～平成24年・2012年12月10日）を抜粋し、連載時の挿絵を使って絵物語へと再構成した『寺田克也式ガソリン生活』（朝日新聞社刊、平成25年・2013年）を刊行した。また、天野喜孝は漫画原作者・小池一夫と組んで『帰れソレントへ－「ZAN」より－』（小池書院刊、『ストレンジャー・ソレント』平成25年・2013年創刊号）の連載を始めている。

これらの作品は、（何かと熱い）昭和が終わってからというもの、特に少年少女雑誌では、萌え系、カワイイ系の漫画に圧倒されて、発表の場が縮小してしまった劇画の、新たなる模索から生まれた「劇絵物語」とでもいうべきなのだろう。

こうした小池一夫の試みはまだ結論が出ていないが、寺田克也が編み出した新聞小説&挿絵から絵物語への再構成は、漫画家・こうの史代《ふみよ》へと踏襲されていた。同じ「朝日新聞」連載の小説だったから出来た試みなのだろうか、平成25年（2013年）3月から1年余り「朝日新聞」に連載されていた『荒神』（宮部みゆき・文、こうの史代・挿絵）の挿絵だけをこうの史代が再編集し、小説版『荒神』を再構成した文章を付けて絵物語にした『荒神絵巻』（朝日新聞出版刊、平成26年・2014年）が刊行された。和綴じ本を模した装丁（四つ目綴じに見えるようデザイン・印刷）で江戸の草双紙を意識させるが、中身は手塚治虫の『ハトよ天まで』のような絵物語になっており、牧歌的な絵にライトノベル的な趣もあって、老若男女問わず幅広い層に受けそうな作品となっていると感じた。

また、こうした絵物語化の傾向は絵師主導ばかりではないようで、近年、絵とのコラボレーションを試みる文筆家も少なからずいた。名の通ったところでは、前述の宮部みゆきと朋友の京極夏彦に、村上龍、恩田陸、（『夢をかなえるゾウ』の）水野敬也、（詩人の）谷川俊太郎などが書き下ろし作品で挑戦している。

村上龍ははまのゆかと『盾 SHIELD《シールド》』（幻冬舎刊、平成18年・2006年3月25日）、宮部みゆきは吉田尚令《ひさのり》と『悪い本』（岩崎書店刊、平成23年・2011年10月）、京極夏彦は町田尚子と『いるのいないの』（岩崎書店刊、平成24年・2012年1月）、『あずきとぎ』（岩崎書店刊、平成27年・2015年3月20日）・井上洋介と『うぶめ』（岩崎書店刊、平成25年・2013年9月30日）・城芽《じょうめ》ハヤトと『つくもがみ』（岩崎書店刊、平成25年・2013年9月30日）・石黒亜矢子と『とうふこぞう』（岩崎書店刊、平成27年・2015年3月20日）・山科理絵と『ことりぞ』（岩崎書店刊、平成27年・2015年3月20日）、恩田陸は樋口佳絵《かえ》と『かがみのなか』（岩崎書店刊、平成26年・2014年7月）、谷川俊太郎は漫画家の松本大洋《たいよう》と『かないくん』（東京糸井重里事務所刊、平成26年・2014年1月）、水野敬也は（パラパラマンガの）鉄拳と『それでも僕は夢を見る』（文響社刊、平成26年・2014年3月18日）と『あなたの物語』（文響社刊、平成27年・2015年2月25日）等の作品があった。

ちなみに、村上龍の『盾 SHIELD』以外の作品は、作家の原作を画家がそれを絵で表現し、簡単な状況説明文や会話文のみで構成した絵主文従のため、絵物語ではなくて大人向けの絵本として刊行されている。

それと、これは近年の江戸時代のお伽草紙や絵草紙の復刻ブームの影響だろう、『群像』平成27年（2015年）2月号に、「絵本 御伽草子」の特集があった。6人の作家がそれぞれ6人の画家とコラボレーションした、『付喪神《つくもがみ》』（町田康・文、石黒亜矢子・絵）、『象の草子』（堀江敏幸・文、MARUU・絵）、『鉢かづき』（青山七恵・文、庄野ナホコ・絵）、『木幡狐《こわたぎつね》』（藤野可織・文、水沢そら・絵）、『うらしま』（日和聡子・文、ヒグチユウコ・絵）、『はまぐりの草紙』（橋本治・文、樋上公実子・絵）の文主絵従の作品集で、いにしえのお伽噺をアレンジし、カラー絵を添えて、平成の現在に蘇らせた意欲作品である。のちに1話ごとに分けて全6巻のハードカバーが講談社から刊行された。

　このような試みが定着してロングセラーとなる確証はないが、試行は「手を替え品を替え」綿々と続くことだろう。

＊1　絵暦
江戸時代に流行した絵入りの暦。元は文字を知らない農民を対象として、絵で農事などの暦日を示したもので、南部暦（座頭暦）と呼ばれた。初期は手描きに一部木活を使用。経年とともに木活の部分が多くなっていった。やがて江戸の文人や好事家の間で、1年間の主要な暦記事を判事絵（絵文字と記号）で示した暦が流行りだした。

＊2　新聞錦絵
新聞錦絵の第一号は明治7年（1874年）7月に発売。「新聞」と銘打ってあるが、絵師の落合芳幾《よしいく》が新聞の評判に便乗して、人形町の具足屋福田熊次郎店から売り出した。（カテゴリーは）浮世絵（錦絵）で、日刊の「東京日日《にちにち》新聞」から煽情《せんじょう》的な話をピックアップし、その記事に（主に）落合芳幾が錦絵を付けて多色摺りにしたものである。当時は商標権などという意識はなく、新聞錦絵には「東京日日新聞」のタイトルと号数が、そのまま付けられていた。

　寺小屋で庶民の識字率が高くなってはいたが、現在のような全員一律の教育ではなく、個別に、なりたい職業に特化した教育（番匠《ばんしょう》所事往来、商売往来、百姓往来、他）だったので、その職業の専門用語の文字は読めたが、旧幕臣のジャーナリストが論陣を張った政論新聞では、一般庶民には新聞の内容が理解出来なかった。それで政論新聞を読売（かわら版）仕様にした新聞錦絵は、大勢の庶民に支持されて売れ行きを伸ばしたのだった。

すると「日新真実誌」（明治5年・1872年4月創刊）、「郵便報知新聞」（明治5年・1872年6月創刊）、「朝野新聞」（明治7年・1874年9月に「公文通誌」より改題）等の後発の新聞から、庶民の興味を引く部分を抜粋した新聞錦絵が売り出された。それらのタイトルは「東京日日新聞」に倣って、記事を抜粋した新聞名を無断借用しているが、それぞれ特色を出すため人気絵師を囲い込んでいた。「郵便報知新聞」は月岡芳年が執筆し、「日新真実誌」では小林永濯が活躍した。しかし「時代の徒花」の宿命で、情報誌の隆盛により、新聞錦絵は明治14年（1881年）頃には姿を消した。

＊3　子供向けの絵本

一般的に、絵の分量が本文（物語り）に比べて同等以上を占める、子供を対象にした絵入りの図書のことを絵本と呼ぶ。弘化2年（1845年）にドイツで出版された『もじゃもじゃペーター』が絵本のお初だそうで、石版画に手で丹念に彩色された短い絵物語が幾つか収められていた。作者はフランクフルトの医師ハインリッヒ・ホフマンで、3歳の息子のために絵本を求めたが、気にいる絵本がなかったのが発端。そこで自らノートに幾つかの話を書いて、（単純な線でやや抽象的な）絵を添えて絵本を作った。その後、産業革命の進展の結果として、木口木版・写真製版・多色刷りなど、挿絵印刷技術の革新により絵本の普及にも拍車が掛かってゆく。出版技術や絵本に先鞭を付けたドイツであったが、やがてイギリスの後塵を拝することになる。明治24年（1891年）に、ウィリアム・モリスがイギリスに私版所を設立し、理想の書物を制作することを追求してゆくと、その活動に刺激されて、19世紀から20世紀初頭にかけて多くの私版所が造られた。これにより良質の出版物が増え、イギリスを中心に美しい絵本も多量に発行されて、児童文化の発展に寄与した。その中にはルイス・キャロルの『不思議の国におけるアリスの冒険（不思議の国アリス）』（慶応元年・1865年刊）や、ビアトリクス・ポターの『ピーター・ラビットのおはなし』（明治35年・1902年刊）などがあり、今日もその人気は失われていない。

日本で子供向け図書としての絵本雑誌が登場するのは明治の中期で、広く普及してゆくのは大正時代に婦人之友社『子供之友』と東京社『コドモノクニ』が創刊されてからである。さらに、フレーベル館の月刊絵雑誌『観察絵本キンダーブック』や繪本叢書『子供が良くなる、講談社の繪本』が昭和初期に登場して一世を風靡してゆく。特に講談社の絵本は、「子供が良くなる」というキャッチコピーを当て、時代の動向や子供が興味を持ちそうな社会事象を素早く取り上げていた。

＊４　講談社の繪本

大日本雄辯會講談社（現・講談社）の絵本は４色刷り64ページの四六倍版で、『乃木大将』（伊藤幾久造・絵、池田宣政・文、昭和11年・１９３６年12月１日発行）から『クヂラノタビ』（藤沢龍雄・絵、久米元一・文、昭和17年・１９４２年４月５日発行）まで、全２０３冊が出版されている。これが圧倒的な人気を博し、戦前における絵本の代名詞となったそうで、「この絵本シリーズの内容は、当時の日本の生活風俗を反映する資料としても、きわめて貴重な資料的価値を持っている」との、称賛のコメントが書かれた書籍もあった。

＊５　紙上紙芝居（絵物語）

小説の挿絵は活字の補助的役割を担っていただけだったが、紙上紙芝居（絵物語）は絵と活字がほぼ同等の比率で構成され、その各々がお互いを補てんする作用を持っていた。その代表的なものが『少年王者』『少年ケニア』『地球ＳＯＳ』『太平原児』などで、絵と活字が分離し、絵の枠外に文章を付けた作品である。これらの作品を総称して「絵物語」と呼んでいた。ただし絵物語と呼ばれるものの中には、桑田次郎の『快傑《かいけつ》黒《くろ》頭巾《ずきん》』とか植木金矢の『風雲鞍馬秘帳』のように、現在の漫画と同様にコマ割をし、台詞に吹き出しを用いたものや、福島鉄次の『沙漠の魔王』のように、「絵と活字が分離」と「漫画と同様にコマ割」を、展開に応じて使い分けるものもあった。手塚治虫が表した漫画が手塚チルドレンの登場を促し、ＴＶアニメの産声に呼応するように戦後の漫画は隆盛となる。やがて漫画の勢いに押されて、絵と活字が分離した絵物語の方は凋落してゆく。しかし歴史の皮肉なのか、「漫画と同様にコマ割」をした絵物語の方が、（さいとうたかをら大阪出身の有志が興した）貸本漫画会社「劇画工房」の面々が編み出した「劇画」という新たなる漫画のカテゴリーに融合して、昭和の高度成長期の世の中に一時代を築いていったのである。

第4章 遊戯《ゆげ》

「遊戯」は遊び事全て《クロスメディア》の総称なので、絶滅危惧度は個別に表示。

著者の恩師（小学6年生のときの担任）が定年後、次世代の子供たちに伝えるために作った回顧小冊子の一冊。

日本人と遊戯

何年前のどこの局のニュースだったか忘れてしまったが、カラスが公園の滑り台で遊ぶ姿を報じていた。ガラス片や指輪等の光る物を巣に持って帰るとか、殻の堅い木の実を高所から落として割ったり、それを道路に置いて走っている車のタイヤに轢かせるなどの行為は、生存本能に則した行為として説明がつくようだが、滑り台を滑り下りるのは人間の子供の遊びを模倣《まね》したのか、それ以外の理由なのか、判らないらしい。

これが（特に飼育されている）哺乳類ともなると、水族館のイルカや猫、犬、熊、象、もちろん霊長類の猿も、道具を使って遊ぶ姿をそこら中で見せてくれる。例えば、広島市安佐動物公園のツキノワグマのクラウド君が、木の棒や元広島カープの栗原健太選手からもらったバットを振り回して遊ぶ姿が全国ニュースにもなった。なお、最近は棒回しに飽きてしまったらしく、棒に触れもしないようだ。

さて、我ら人間となると、単なる遊びにも学問的（哲学・史学・社会科学・自然科学）な解釈を試みる学者も現れ、遊戯の真髄を啓蒙する書籍を遺している。遊びの文化的意味を強調したオランダの歴史学者J・ホイジンガは著書『ホモ・ルーデンス』（中央公論新社刊）で、「遊びは元来魂を揺り動かす祭りから生まれた一種の宗教的呪術であった」と語り、遊びの研究で著名なフランスの社会学者ロジェ・カイヨワは著書『遊びと人間』（講談社刊）で、「遊びは競争（試合）か偶然（賭博）

か、模擬（模倣）か眩暈《げんうん》（混乱）かの四つの役割に分類される」と記している。

しかしながら、『日本風俗史事典』（弘文堂刊）に記されている〝子供の遊び〟の項では、「（J・ホイジンガとロジェ・カイヨワが語る）これらの遊びについての提言は日本にも当てはまるが、しかし日本の遊びと著しく相違することは、これらの遊びが一般的に宗教・信仰から切り離されることを強調していることである」と、（森羅万象全てに神が宿る）八百万《やおよろず》の神の日本と一神教の欧米との宗教感による遊戯の違いを語っていた。

良くも悪くも海に囲まれた我が国は、（大和朝廷樹立以降）異国からの侵略によって培った文化を廃棄されることなく、また時々の為政者が（治安のためと称して）強制する、度重なる廃止（禁止）令にも民草《たみくさ》は屈することもなく、日本古来の遊戯も渡来の遊戯でも、（宗教的禁忌《タブー》が少ないこともあって）独特の継承・発展・変化を遂げることが出来た。そして上代から現在を見渡してみても判るように、我が国は世界に類を見ない、遊戯（&玩具）のバリエーションが豊富な国となった。おまけに、大人が遊んでも楽しめる子供向け玩具もたくさん存在している。それに、近年の古来の遊戯の斜陽に反し、なぜかその歴史や遊び方を紹介した（私家版を含む）書物が数多く出版され、書籍以外にも、こうした日本の大衆文化を伝承・研究する傾向は盛んである。

平成13年（２００１年）に設置された大阪商業大学の附置研究所（国内大学初の専門研究機関）のアミューズメント産業研究所には3万４０００点の収蔵資料があり、常設展示コーナーでは古今東西のボードゲームなど３００点が無料で見学出来る。他にも、日本古来のゲーム（拳《けん》遊び・闘《とう》茶《ちゃ》・磐双六《ばんすごろく》等々）に関する一般向け講座も開設している。

また、大阪市北区の「大阪くらしの今昔館《こんじゃくかん》」では天保初年の大坂の町並みを原寸復元した常設室で、ボランティアの町家衆が（福笑い・双六・羽根つき等々）当時の定番玩具を使って遊び方をレクチャーしてくれて、「むかしの正月遊びを体験出来る」催しなどが人気を集めていた。

個人が設立したもので有名なのが、戦前・戦後とグリコのおまけデザイナーとして活躍し「おまけ博士」と呼ばれた故・宮本順三が平成10年（1998年）に創設した、東大阪市の八戸ノ里《やえのさと》駅前の「宮本順三記念館 豆玩具舎《おまけやズンゾ》ZUNZO」である。数々のグリコのおまけの他に各地の郷土玩具・民芸品など約5000点を展示。他にもNPO法人「おまけ文化の会」のメンバーが講師となって、玩具作りの体験や小学生までを対象に月2回工作教室も開かれている。（全てを調べてはいないが）現在こうした施設は大都市だけでなく、他の各県でも開催されているようだ。

しかしどこの地方自治体も資金不足につき、（特に大阪で）いつまで補助金が支給されるかは不明で、人口減が続く我が国で、どれだけの施設が生き残れるだろうか。

ましてや好奇心の強い倭人《わじん》は新たな物が登場すると、古き物を平気で棄て去る一面もあり、今は懐古趣味で何かと話題に上るだろうが、昭和期に青春時代を過ごした方々も、あと20～30年も経てば大半が鬼籍に入り、問題となっている少子化もありで、こうした遊戯がこの先も顧みられるのかどうなるかは、「神のみぞ知る」である。

【鬼子ッ子（鬼子・鬼事・鬼渡し・鬼遊び）】　**絶滅危惧度★★☆☆☆**

起源は諸説あるが、城西国際大学教授で一般社団法人「鬼ごっこ協会」の会長でもある羽崎《はざき》康男は、「平安時代の宮中では、大みそかの夜に、疫病を表す鬼の面をかぶった人を追いかけて閉め出す『追儺《ついな》』という儀式があった。神社・寺院でも鬼を追う行事の『鬼追い』があり、これに子供も参加していて、それが子供の世界で模倣されていった。これが始まりと考えられている」と語っていた。また安永4年（1775年）に越谷吾山《こしがやござん》が編纂した（江戸時代の）方言辞書『物類称呼《ぶつるいしょうこ》』の記述からも、子供の遊びとして広がったことが判るそうで、古来の信仰習俗の名残が残っている遊びといわれている。

「鬼ごっこ」といっても種類は1000以上あるそうで、その中でも一般的な遊び方はシンプルで、多数の参加者の中から[*1]鬼定《おにぎ》めで鬼役を一人決め、他は「皆子」という逃げ手となって、決められた範囲内を鬼に捕まらないように逃げ回るだけ。体を鬼に触れられたり、摑まれたりしたら、捕まった「皆子」が次の鬼となって、遊びは継続される。

昭和初期までは「鬼遊び」「鬼事《おにごと》」と呼ぶ地方が多かったそうで、関西の一部では「鬼子《おにご》」、関東の一部で「鬼子ッ子」と呼ばれていたが、戦後、メディアの発達に伴い「鬼ごっこ」の呼び名に集約されたと思われる。

また、遊び方も地方によって違いがあり、捕まった者が鬼役と交代せずに次々と鬼になってゆくものや、（女児も参加しやすいように）鬼から退避出来る場所が設けられているものもあった。その退避場所が一つあるのが「一宿鬼《ひとやど》」、二つあるのが「二宿鬼《ふたやど》」と呼ばれた。ちなみに、1000種類ある鬼ごっこ全てを調べることは出来なかったが、「人当て鬼」「目隠し鬼」「隠れん坊」も（広義では）〝鬼ごっこ〟だそうである。

鬼ごっこは単純な遊びだが、真面目に走り回ると結構疲れるし、（特に都会では）大勢の子供が集まることも場所もなくなっており、ここ20年余り、鬼ごっこをして遊んでいる子供たちを街中で見かけていない。最近見た鬼ごっことといえば、「時間給の賞金を賭け、追跡者《ハンター》たちがタレントたちを追いかけ回す」TV番組「逃走中」くらいか。

そういえば、近年「鬼ごっこ」を競技化した「スポーツ鬼ごっこ」というものがあると新聞に書かれていた。7人ずつに分かれて自陣の宝を守りながら敵陣の宝を奪う形式で、敵陣地で相手に触れられると「タッチ」と宣言され、一旦、自陣に戻らねばゲームに再参加出来ないというルール。敵の間隙《かんげき》を縫って多くの宝を奪ったチームが勝者となる。前述の一般社団法人「鬼ごっこ協会」が平成22年（2010年）から普及を図っており、現在、愛好者は推定24万人もいるそうだ。

【折紙（折居・折形）】 絶滅危惧度★☆☆☆☆

遊戯としての折紙が盛んになった江戸時代には、「折方」「折形《おりがた》」「織形」「折据《おりすえ》」「畳折」などと呼ばれていたが、明治時代以降に「折紙《おりがみ》」の名称で一般化した。

これが昨今のクールジャパンの乱発で、折紙も日本特有なもののように扱われているのだが、12

世紀頃が起源と思われるスペインの「小鳥《パハリータ》」などは、西洋で最もよく知られた伝承折紙であり、中国や韓国にも古くからこれに類した伝承折紙があったようだ。

ただ、和紙という日本で改良した丈夫な紙の普及が庶民にまで行き届いたことにより、我が国の折紙が特別に豊かに発展し、そのバリエーションの多さから、日本文化の代表的なものとして位置づけられたのかもしれない。

大陸から紙が伝来して以来、紙は穢《けが》れを祓《はら》うというアニミズムから宗教儀式に付随したものである。祭具として用いられたり、紙形代《かみかたしろ》（紙人形）を作って神社に奉納したり、また流し雛のように厄《やく》や穢れを形代に移して海や川に流す。これが次第に実用的な折紙細工となり、趣味嗜好や手芸のような細工ものとなっていったのである。

ちなみに、武士階級の治世となった鎌倉時代から、折り畳める質の紙が競って生産され値が下がったことによって、物を包むことにも使われるようになり、やがて贈答品に添えるものとして、鮑《あわび》の乾物を包んだ熨斗《のし》[*2]（熨斗鮑）が生まれる。のちに、熨斗の中の鮑を紙で代用するようになると、さまざまな表現が生まれたそうだ。なお、江戸時代の公家や旗本の中には礼法の熨斗折りを伝える家があった。

さて、本題の遊びとして折紙が使われ始めたのはいつか。江戸時代の百科事典『嬉遊笑覧《きゆうしょうらん》』（喜多村筠庭《いんてい》、文政13年・1830年自序）に、「浅草に紙を折って人物鳥獣何でも人の望み通りに造るものあり」と記述されていたのと、井原西鶴の『好色一代男』（天和2年・1682年）で主人公の世之助が「比翼の鶴」を折る場面などをあわせて考えると、「17世紀末頃からと考えるのが妥当で、かなり流行した」というのが研究者の結論のようだ。

ちなみに、現存する最古の資料の『秘伝千羽鶴折形』（作品創作者は魯縞庵《ろこうあん》、秋里蘺島《りとう》著）が出版されたのが寛政９年（１７９７年）で、その寛政年間（１７８９〜１８０１年）の江戸錦絵の興隆から派生した千代紙[*3]が、切紙細工の他に折紙にも使われるようになり、見た目の華やかさも増して人気が高まっていった。

明治に入り、日本の幼稚園発足に際してドイツの教育家フレーベルの教程が導入され、その中に折紙も含まれていて、教材として取り入れられた。反面、「日本の伝統的折形の多くは忘れられ、その結果、折紙は稚拙な形を折って作る幼児の遊びだと思われるようになった」とか「敗戦後の日本の幼児教育では、折紙は摸倣性を増長するものとして教育から排除された」と語る研究者がいる。しかし、これで日本の折紙が衰退していったわけではなかった。「創作折紙」というものが芽吹いてもいたのだ。

その先駆者の一人である吉澤章が、１９５０年代より工芸的繊細さを持った造形を多く発表し、折紙による表現の高い可能性を世界に発信したのである。その後、多くの創作家や研究者によって（「教育」「造形」そして後述する「数学と科学」へと）折紙の可能性が広げられていった。

このような葛藤の歴史があったことなど露知らず、著者《わたし》が子供だった高度成長期の頃は、男子も口伝や雑誌の記事で見知った、新聞紙で作る兜《かぶと》（かぶと帽）や紙鉄砲《クラッカー》、騙し船、紙飛行機（いか飛行機・三角飛行機）等の折紙を作って遊んでいた。ただ、これらは（ここ数十年の）新規に考案された簡単な折紙ばかりのようで、定番の千羽鶴や紙風船の折り方は別として、その他の伝統的な折紙が紹介されていた記憶がない。

こういった状況を危惧した有志が集《つど》って、完全に忘れ去られる前に伝統を継承しようと「日本折紙協会」を昭和48年（1973年）に発足しているが、その啓蒙努力の果実はなかなか実らず、おまけに昭和52年（1977年）以降はスーパーカーや〝キン消し〟（キン肉マン消しゴム）、ゲーム&ウォッチなどが大ブームとなって、折紙で遊ぶ子供が姿を消したのである。ただ「日本折紙協会」などが、現在まで小冊子や専門雑誌、ケーブルテレビ等でも作品ごとに折り方を紹介し啓蒙運動を続けたことから、小人数のアマチュアグループ（折紙サークル）も増え、子供の遊びから大人の嗜みへと変化していったようだ。

戦後に折紙の本を英国で上梓した本多功《いさお》が「Ｏｒｉｇａｍｉ」という名詞を使うことを強く主張したのと、アメリカで折紙の普及に尽力したリリアン・オッペンハイマーが「Ｏｒｉｇａｍｉ」という名称を使ったことに始まり、平成10年（1998年）にフランスの折紙愛好家グループが、ルーブル美術館を借りて折紙の創作美術展を開催し大好評を得たのと並行して、フランス人の日本文化オタクたちが盛り上げた「ＪＡＰＡＮ ＥＸＰＯ」の相乗効果もあって、「Ｍａｎｇａ」と同様、「折紙」はいまや「Ｏｒｉｇａｍｉ」という世界共通語にまでなった。

ちなみに最近のパリでは、折紙はアクセサリーのモチーフやショー・ウィンドーのディスプレイにと、おしゃれの最先端としてクリエーターたちの創作意欲を掻き立てている。折紙の専門店も開店していて、そこでは店主の作った創作折紙の販売の他に、定期的に折紙教室も開かれ、折り方の指導もしていて、日本人以上に折紙の啓蒙運動を行っている。

また折紙の刮目《かつもく》すべきところは、前述の「数学と科学」である。つまり、折紙が遊戯の範疇に留まらず、医術や建築などさまざまな分野への応用にまで広がり、大学や企業、ひいては国家レベルでも折り方の研究が行われていることであった。それは「計算折り紙（Computational Origami)」のことで、１９８０年代から研究が始まり、１９９０年代以降、研究が盛んになった。作りたい形態の折り線をコンピューターで算出させる研究分野だ。折紙の技を最新技術に応用しようとするもので、国内外で数学者や物理学者、コンピュータソフト開発者などが、次々と新たな折り方の理論を研究し発表している。

現在、折紙研究は日米が先頭を競っているが、折紙の技術を科学分野（折紙工学）の応用に先鞭を付けたのは我が国で、東大名誉教授・三浦公亮《こうりょう》が考案した「ミウラ折り」は、（二十数年前から）人工衛星に積む太陽光パネルを効率よく畳むために使われている。また北海道大学の繁富香織《しげとみかおり》特任教授は、「なまこ折り」という折り方を応用した形状記憶合金製のステントグラフトを開発した。

しかし歴史的にも自国の旧文化を軽んじる傾向があって、現在の日本の官僚の中でも「折紙は単なる遊び」という固定観念がなかなか払拭出来ず、一方、折紙研究に十数億の研究費を注ぎ込んで、あらゆる可能性を模索している米国には、近いうちに後塵を拝することになるだろうと、有識者たちが危惧している。

【拳（虫拳・数拳・狐拳・石拳）】 絶滅危惧度★☆☆☆☆

その起源は中国にあり、日本に伝来して日本化（和魂漢才《わこんかんさい》）した遊びのひとつで、大きくは「石拳《じゃんけん》（三《さん》すくみ拳《けん》）」「数拳《かずけん》」「その他の拳」の３種類に分けられる。時代によってそれぞれの拳には流行り廃りがあり、（主に）平安・鎌倉・室町時代には「虫拳《むしけん》」が、江戸時代の文化文政期までは「数拳」が、幕末・明治時代には「狐拳《きつねけん》」が大人の間で遊ばれ、20世紀に入ってからは子供を中心に「石拳」が広まっていった。基本は、手の五指の屈伸を数としたり、上体と手の動きで動物（または物）を体現し、それによって勝負を競う遊戯である。

〔虫拳〕 中国の思想書『関尹子《かんいんし》』に「百足《むかで》は蛇を喰い、蛇は蛙を喰い、蛙は百足を喰う」とあり、この天敵三匹が揃うと、お互い竦《すく》んで動けなくなる強弱関係から「三すくみ」と呼ばれ、これを拳の遊びに転化したものが虫拳（三すくみ拳）であった。それがいつ頃日本に伝来したのかは、正確な時期は不明だが、嘉禎3年（1237年）に成立した『法然上人伝法絵《でんほうえ》』や正中元年（1324年）頃から作られ始めた『石山寺縁起絵巻』に拳を打っているような絵があり、遅くとも平安時代には伝わったと考えられている。ただし、拳の遊びが世間一般に流行するのは江戸時代になってからで、恐らく元禄文化が華やかになった頃からだろう。

ともあれ、虫拳とはこの「三すくみ」の要素を用いて勝敗をつける、複数人で行う対戦型の遊びで、「手を握った状態から人差し指を持ち上げる」のが〝蛇〟、「手を握った状態から親指を持ち上げるのが」〝蛙〟、「手を握った状態から小指を持ち上げる」のが〝蛞蝓《なめくじ》〟を表していた。最初は小脇に右手（左手）を隠しておき、『し』の合図で出して勝負となった。当初は大人の酒宴の座興《ざきょう》だったが、規則《ルール》が単純だったので、18世紀頃には子供たちの間でも流行したのであった。なお、日本での「三すくみ」は「蛇・蛙・蛞蝓」と、百足から蛞蝓に変えられているが、これも正確な理由は不明のようだ。

〔数拳〕天延2年（974年）以前の中国に発祥し、数で勝敗を競う遊びである。日本伝来は虫拳と同じ頃らしいが、これも正確な時期は不明。18世紀初頭のさまざまな文献に登場しているので、江戸時代に好んで遊ばれていたと考えられる。当初は「本拳《ほんけん》」と呼ばれ、唐音《とうおん》で「ろま・とらい・さんな・はま・さんき・ごうりき・すむ」などと掛け声を発しながら数で争う対戦型の酒宴での遊び。勝敗のつけ方は、「対戦する二者が片方の手の指で数を示しながら、自分と相手の示す数の合計を予測して答え合い、合計数を当てた方に勝点がひとつ付く」。その勝点を先に5（勝敗を早めたい時は勝点を3にする）にした方が勝者となるのである。ただし、答えた合計数が「双方とも違っていた時」と「双方とも正解していた時」はノーゲームとなり、どちらにも勝ち点は付かない。

書籍によって説が異なるが、寛永年間（1624～1644年）に長崎で流行ったため「長崎拳」とも呼ばれ、これが各地に広がり処方《やりかた》が地方化して、薩摩拳《さつまけん》や大坂拳、四谷拳、何個《なんこ》拳、商人拳、太平拳などと呼ばれるようになって、酒宴の座興として用いられた。故に、これらを総称して「酒拳」ともいわれている。

　これが手の指の代わりに手の中に隠した箸の数を当てる〝箸拳〟や、石の数を当てる〝ナンコ〟にも変化。現在でも酒宴の座興としてこうした遊びをする地方（主に四国・九州）もある。また、御座敷遊びの座興として長崎拳や薩摩拳を行う所もあるようだ。ちなみに、掛け声は地域によって千差万別である。

〔狐拳〕 虫拳からいろいろ派生した三すくみ拳のバージョンのひとつである。「蛇・蛙・蛞蝓」の代わりに「庄屋・狐・猟師」が使われていているところから、庄屋拳、名主拳《みょうしゅけん》、在郷拳《ざいきょうけん》などとも呼ばれていた。勝敗は「庄屋が狐に負け、狐が猟師に負け、猟師が庄屋に負ける」で決まり、これは当時の日本の階級の力関係が反映されていたといわれている。

　狐拳も数拳と同じく酒宴の座興で行う対戦型の遊びだが、虫拳や数拳のような指使いではなく、上半身を使って庄屋・狐・猟師を示す仕種《ポーズ》で勝敗を決めていた。「手の平を正面に向ける」のが〝狐〟、「鉄砲を構える」のが〝猟師〟、「膝に手を置く」のが〝庄屋〟を示す。これ以外にも庄屋・狐・猟師を示すポーズは複数存在する。特に、大人の慰みとしてお座敷の酒宴で芸者さんと遊ぶものだったので、客も芸者も自分の粋さを表すために、形のバリエーションが必要だったのだろう。

　また、虫拳が流行った頃には近松門左衛門の浄瑠璃『国性爺合戦《こくせんやかっせん》』が流行し、この物語から「虎・和藤内《わとうない》・老母」を三すくみとした「虎拳《とらけん》」が誕生。江戸末期になると藤八五文《とうはちごもん》という薬売りの振れ声を取り入れ、狐拳を藤八拳《とうはちけん》と呼ぶようになり、その他にも柳拳《やなぎけん》、尾上拳《おのえけん》、深川拳《ふかがわけん》、ちょん脱げ拳、回り拳、お上げのお手拳、おいでなさい拳、目隠し拳、併せ拳等々の、身振り入りの拳も生まれた。中でも狐拳と虎拳は、現在も御座敷遊びの座興として行う所もある。

　ちなみに、明治20年代初めに、名古屋で庄屋拳をカルタに転用した庄屋券と呼ばれるものがあり、これから紙めんこが発祥したともいわれている。

〔石拳〕これも虫拳から派生した三すくみ拳のひとつだが、大人が遊ぶ酒宴の座興ではなくて、子供向けの拳として発達。子供が遊んでいた虫拳の「手を握った状態から、親指、人差指、小指を立てることで『蛇・蛙・蛞蝓』を表していた」のが、じゃん拳の「グー・チョキ・パー」に引き継がれたといわれている。このじゃん拳は〝勝ち負け〟を単純に決めることが出来る遊びだったので、大人の酒宴の座興のメインイベントにはなりにくかったため、単なる勝負ごと以外に、前述の鬼定めのひとつにも含まれ、そのうち、遊びを始める際の参加者たちの順番や選別を公平に行う前行為にもなった。ちなみに「じゃん拳」という言葉の発明は「石拳」からとも「両拳」の中国音からともいわれており、１８４０年代には文献に記載されていたが、誕生の時期までは不明。

〔その他の拳〕前述の拳以外で酒宴の座興で行うものに、「答礼拳《さようけん》」「聾拳《ろうけん》」「唐山拳《もうしんけん》」「大洋拳」「匕玉拳《すくいたまけん》」等があるが、眷族《けんぞく》とは言い難い遊戯だった。これらも酒宴の座興で行う遊びだったので、便宜上《ついでに》、語尾に「拳」を付けたらしい。

【馬の名前を冠した遊び】　絶滅危惧度★★★★☆

猫、鼠《ねずみ》、鼬《いたち》、猪、鹿、虎、獅子、牛、猿、狐、兎、蛇、蛙、鶏、雀、鳶《とび》、雁《がん》、鰻《うなぎ》、鰯《いわし》、鯰《なまず》——子供の遊びには多数の動物名が出てくる。中でも馬という動物は（渡来人の文化から戦《いくさ》で馬を扱うことを学習して以降、日露戦争の頃まで）戦いにおいて特別な存在だったようで、その勇ましさから、男子の遊びには「竹馬」「馬遊び（木馬遊び）」「馬つぶし」「騎馬戦（馬ごっこ・馬合戦）」「馬競べ（競馬）」「水馬《すいば》（舟競べ・競艇）」など、昭和の頃まで「馬」の文字を冠したものが流行った。

〔竹馬・春駒〕ことわざの「竹馬《ちくば》の友」は中国の『晋書《しんじょ》（殷浩伝《いんこうでん》）』の故事から来ているのは周知のことだが、さて、竹馬はいったいどのような遊びだったのか。

日本にどのように渡来したのかまでは不明（つまり、記述した物がない）。ただ、平安時代の延喜元年（901年）に完成した六国史《りっこくし》の第6『日本三代実録』（藤原時平、他・編）、平安中期の詩歌選集の2巻『和漢朗詠集《わかんろうえいしゅう》』（藤原公任《きんとう》・選）、平安末期の歌学書の『袋草子《ふくろぞうし》』（藤原清輔《きよすけ》・著）などに記述されている、幼童の代表的な遊びに竹馬《ちくば》と呼ばれるものがあった。その形状や遊び方は現在の竹《たけ》馬《うま》とはずいぶん違っていて、笹の付いた1本の竹を使った遊びで、笹の方を地面に付けて、これを馬に見立てて竹にまたがり、仲間たちと走り回ったり競争したりしていた。鎌倉時代の『法然上《ほうねんしょう》人行状《にんぎょうじょう》絵図《えず》』にこの竹馬遊びをする幼童の姿が描かれている。

これが江戸時代になると、竹竿《ちくかん》の頭に木製の馬頭と、反対側に車を付けた遊具が作られて、「春駒《はるこま》」と名づけられた。言うまでもなく、遊び方は竹馬《ちくば》と同じで、欧州の「棒馬《ぼううま》遊び」と呼ばれるものを模して作った可能性もある。著者の幼児期には床の間に春駒を持った「金太郎人形」が飾ってあったし、時代劇ドラマにも若殿が幼少の頃に遊ぶ遊具として登場していた。既に春駒は遊具というより、端午の節供に（兜・武者人形・鯉のぼり等）縁起物として買ってゆく人の方が多かったと思う。

さて、ここからは昭和生まれのおじさんたちの記憶の中にあって、そして「竹馬（たけうま）」と呼ばれている遊具の話を少しばかり。この「竹馬《たけうま》」は「竹馬《ちくば》」と同じく竹を使った馬遊びでも、その起源は全く違っていたようだ。室町時代の御伽草子《おとぎぞうし》『福富草子《ふくとみそうし》（紙）』の中で描かれている、（現在の）竹馬に似たものを担いで走っている子供の絵のこともあり、今では、室町時代に行われていた田楽の芸に、使用されていた鷺足《さぎあし》や木製の高足が起源であろうと推測されている。江戸時代から昭和中期まで、屋外の遊具として日本の子供文化に花を添えた。著者が生まれた頃には、手作りで凧や竹馬を（そこら辺りで材料を調達して）製作出来るおじさんが、町内に一人以上はいたものだ。

それがビニール製の凧（ゲイラカイト）やスチール製の竹馬が登場した頃には、人々の趣向も生活環境も大きく変わり、いつしか作るおじさんも遊ぶ子供も自然消滅した。

〔馬つぶし〕 起源を語るものは見つからなかったが、半世紀前までは小学校高学年の体育の授業で行われていた団体戦の競技である。6人以上集まれば遊びでも行うことがあったが、当然体格の良い子供が有利で、著者のように小柄な子にはキツイ遊びだった。

参加する最小6人から最大8人を2組に分け、じゃん拳で乗り手組と馬組を決める。馬組の大将は壁（又は太めの木）を背に立ち、一人目が前屈みになって大将の腰を抱きしめ、二人目以降も前屈みになって前の人の腰に摑まってゆく。馬組の全員が連なった時点で、乗り手組が次々と馬組の背に飛び乗ってゆき、全員が乗った後、乗り手組の先頭と馬組の大将とがじゃん拳をし、勝った方が乗り手組に、負けた方が馬組となって遊びは継続する。

　また、じゃん拳で勝敗が決する前に乗り手組が一人でも落ちたら、乗り手組と馬組が交代、あるいは馬組が潰れたら最初からやり直しなので、乗り手組は馬組を潰そうと体重をかけて思い切り飛び乗り、馬組は乗り手組を振り落とそうと躍起になったものである。

　大阪万博（昭和45年・1970年）の頃には全く見かけなくなった遊びで、今この遊びを推奨したら、「怪我でもしたら……」とか「いじめの助長になる」など、何々《なんとか》モンスターからクレームが来そうだ。

〔騎馬戦（馬ごっこ・馬合戦）〕　騎馬武者の合戦を模した遊戯で、「馬ごっこ」「馬合戦」「騎馬戦闘」「騎兵戯《きへいぎ》」とも呼ばれていた。ただし、これも起源を語る資料は見つけられず。

　騎馬の組み方には基本的に3種類あり、一つ目は一人が馬となって騎手を背負う二人騎馬。ちなみに、著者が小学校高学年の頃のほんの一時期、休み時間にこの二人騎馬戦が流行っていた。それも、相手の帽子を取ったら「ＴＨＥ　ＥＮＤ！」の生易しいものではなく、肉弾戦で相手の騎馬を潰すという、ハード極まりない騎馬戦だった。まあ、著者は人並み外れて小柄（小学1年生から中学1年生まで整列時は先頭で、「前に倣え」ではいつも手は腰）だったので、もっぱら背負われる方だったから随分と楽だった。

　二つ目は前に立った子の腰を前屈みになった子がつかんで馬となり、前屈みの子の背に騎手が乗る三人騎馬。ただ、子供遊びの本に書かれているだけで、三人騎馬は全く見かけたことがない。

そして三つ目は、後ろの二人が前の子の肩を摑んで腕を鞍とし、手の指を組んで鐙《あぶみ》として、そこに騎手を乗せる四人騎馬。

半世紀前、騎馬戦は棒倒しと並んで運動会の最大イベントだったと幼い頃の記憶にあったが、今も棒倒しが続いているのは防衛大学校とか、頑なに伝統を継承している小中高校の運動会くらいだろう。また昨今の騎馬戦といえば、昭和の末期、フォリーブスのおりも政夫が司会者の、「芸能人水泳大会（のちに〝女だらけの水泳大会〟と改題）」（フジテレビ系）の中で行われた〝男女混合水中騎馬戦〟があったが、それすらも世の男性のリビドーを刺激した「ポロリシーン」だけが記憶に上書きされてしまっている。

【面子《めんこ》】 絶滅危惧度★★★★★

鎌倉時代からの遊びであったと記述（中田幸平《こうへい》著・社会思想社刊『日本の児童遊戯』参照）している書籍もあるが、それがどのようなもので、どんな遊び方をしたのかまでの記述はなかった。現在、一般的（市販の百科事典等）には、享保年間（1716〜1736年）に登場したといわれている。

素材と形体は現在知られている面子《めんこ》とは随分かけ離れたものであった。それは「泥面子」と呼ばれ、京都の伏見で土人形の製法が確立したのと同時期に製造が始まっていた。作り方は瓦や石などに（およそ直径2〜3センチの）型を彫り、中に泥粘土を詰めて型取りをし、乾燥させた後に素焼きをして完成。中でも色を塗ったものが流行した。

素焼きの泥面子は、家紋や文字、花や動物を模《かたど》ったものや無文様のおはじき状のものもあったが、特に楽舞《がくぶ》で使われた仮面（行道面《ぎょうどうめん》・能面・狂言面）を模して作られたものが多くあり、それが小さなお面だったので〝面子〟となった。これが面子の呼び名の由来である。しかし、いつ頃から面子という呼び名が定着したのかまでは不明。当初は「面模《めんがた》」「面打《めんうち》」「紋打」と呼ばれていた。

今の面子と形体が違うので遊び方が違うのは当たり前で、泥面子の遊び方のルーツは、「意銭《いせん》（銭打《ぜにう》ち）」と呼ばれていた鎌倉時代の貴族の遊びを真似たもの。投げたり撒《ま》いたりして、お互いの銭を奪い合う博打《ばくち》だった。その「意銭（銭打ち）」の遊び方がマイナーチェンジされて江戸で大流行したのだが、そもそもが博打なので、江戸後期にはたびたび禁止令が発布された。

いろいろあった泥面子遊びの中でも、最も江戸っ子に流行ったのは「穴一《あないち》」だった。これは投げ込み線から数メートル離れて掘った（直径10センチの）穴に泥面子を投げ入れる遊戯で、とにかく穴に入れれば勝ちで、穴から出たり他の泥面子に当たったら無効になった。別バージョンでは、泥面子を撒いて、その中から指定した泥面子に自分の泥面子を投げて当てる遊び方もあった。まあ、これは現在の面子遊びというよりも、ビー玉の遊び方である。

ちなみに、「意銭（銭打ち）」も「穴一」も平安期頃に中国から伝来した遊びで、文明開化以降、特に厚紙製の面子が主流となってからは、ビー玉特有の遊びとして受け継がれてゆく。

年号が（江戸時代の）慶応から明治に変わり、第二次産業が発展してゆく日本で、それまでの木版・石版印刷に代わり、至るところで西洋印刷機（鉛活字《なまりかつじ》）が導入され始めると、加工のしやすい鉛の需要が増え、他の製品や子供の玩具類にも使われるようになった。そして明治10年（1877年）頃、日本初の金属玩具である鉛面子が登場する。泥面子から変化した金属製のおもちゃは、近代化していく日本社会の象徴的なオブジェにでも見えたのか、新しい物に目聡《めざと》い都市部の子供たちの間に大流行していった。

遊び方はほとんど泥面子と同じであったが、鉛面子から生まれた遊び方もあった。最も盛んだった「起こし遊び」という遊び方は、地面に置かれた鉛面子に別の鉛面子を叩きつけ、地面に置かれた鉛面子を裏返したら勝ちとなる。これが現在知られている（厚紙製の）面子のポピュラーな遊び方のルーツとなっているようだ。

ちなみに、明治33年（1900年）に幼児の鉛中毒事件が起き、玩具類への顔料の使用が禁止されると、鉛面子も発売禁止となり、出回っているものも全て回収され、軍需工場に回されて拳銃の弾丸に加工された。

さて、ここからやっと昭和生まれのおじさんの思い出の中にある面子のお話。

明治9年（1876年）に大日本印刷株式会社の前身である活版印刷所秀英舎《しゅうえいしゃ》を創立した佐久間《さくま》貞一《ていいち》が、ボール紙（板紙）の初の国産化を手掛け、明治27年（1894年）の日清戦争を契機にボール紙の生産が爆発的に増えていった。この頃に「紙面子（丸面子）」が登場したといわれている。

その紙面子の起源であるが、『拳の文化史 ジャンケン・メンコも拳のうち』（たばこと塩の博物館刊）の解説には、「幕末から明治初期に存在した『庄屋拳（狐拳）』が『紙面子』の前身。明治20年代初めに名古屋で『庄屋拳（狐拳）』の遊び方をカルタ化したものが『庄屋けん』と呼ばれていた。そのカルタが面子遊びに使われるようになり、明治27年に大阪に普及した」とある。またあるいは、『めんこグラフィティ』（光琳社出版刊）では、「当時は絵草紙屋と呼ばれる店があり、子供たちは学校の帰り道など必ず足をとめていた。そこで売られていた（神話、歴史・戦記物、武勇伝などの）赤本絵本やおもちゃ絵を買って帰り、絵を切り取って、丸く切り抜いたボール紙に貼り付けて遊んでいた。これに目を付けた玩具業者が面子専用の絵の印刷を思い付き、絵がすでに貼り付けてある紙の面子の製造を開始した。だから発売当初の面子には神話や歴史上の武将の絵が多かった」と推論していた。まあ、そもそも遊戯の誕生の根底には自然発生的なクロスメディア（つまり、じゃん拳と双六、じゃん拳とカルタと面子、面子とお弾きとビー玉などに共通した遊び方）が存在しており、明確な起源を語るのは難しいのかもしれない。

ともかく、紙面子は明治31年（1898年）頃から世間に出回り始め、明治33年（1900年）の鉛面子発売禁止後、鉛面子に取って代わるように紙面子は子供たちの間に広まってゆく。明治37年（1904年）には全国的に流行。大正2年（1913年）頃には紙面子は黄金期を迎え、面子の絵柄も軍人や花、動物、ことわざ、風俗（職業人や映画俳優）などバラエティに富み、大正末期には長方形の面子（長メンコまたは角メンコ）も登場した。

昭和に入ると、相も変わらず人気の武将絵の丸面子の他に、丸面子の中判・大判化に加えて人形型や動物型、砲丸型、さらには長メンコより長い栞《しおり》型などの変わり面子が登場する。世相を反映して、軍人絵（階級または兵器名称付き）の面子やトーキー映画のヒーローや俳優も絵柄になった。昭和10年代になると「戦雲渦巻く波乱の時代」になるが、どんな時代になろうともサブカルの熱気は冷めやらず、面子の絵柄は爆発的に増えてゆく。野球選手から、（ベルリン・）オリンピック選手、エノケンやエンタツ・アチャコに代表されるコメディアン、（のらくろ・ミッキーマウスの）著作権など全く無視した漫画のキャラクター、戦争（戦地の状況の絵柄）に海軍面子や階級章の角面子まで出回った。

そして和物サブカルチュア受難の昭和20年代前半、日本の民主化・非軍事化の方策の一環で、連合軍総司令部《GHQ》が9月19日に出版法指令《プレス・コード》を発表し、戦争・軍人・武将などの面子が姿を消した。それに代わって進駐軍や、ポパイやベティ、ミッキーマウス等、アメリカのアニメキャラクターや、ターザン＆チーター、西部劇映画などが面子の主役となった。教育基本法と学校教育法が発布（昭和22年・１９４７年）されると、その政策の一環で、運動や教育（算数・英単語・動物擁護・勧善懲悪のお伽話）をテーマにした面子も多量に売り出された。

昭和27年（１９５２年）４月、連合軍総司令部が定めた検閲制度が解除されると、それまで抑圧されていたエネルギーが一気に解放され、現在に繋がる日本のサブカルチュアを形成するためのビッグバンが起きた。それは面子にも少なからず影響を及ぼしていく。王道である武将絵やチャンバラ映画スターの絵柄の復活はいうに及ばず、ＳＦ漫画やＳＦ小説、ＳＦ映画などをモチーフにした絵柄の面子、ＴＶ放送が始まった昭和28年（１９５３年）２月１日以降は、プロ野球や相撲力士などのスポーツ選手の絵柄の面子が子供たちに人気を博した。

　そして、時代は面子の最大にして最後の黄金期といわれる昭和30年代に。戦前にも増して面子ブームとなり、人気漫画が次々と登場したりＴＶで放送される番組が増えるのに伴って、面子の絵柄はその種類を増やしていった。

　昭和40年代に入ると、面子の絵柄は漫画やＴＶアニメや特撮番組《もの》が主流となり、花形であった武将やチャンバラ映画スターは姿を消してゆく。まあ、面子自体がその数を減らしていったということが要因ではあるが……。他にも都市化（空き地が減り交通量の増加）や（塾通いやＴＶ鑑賞で）遊び時間が減少、（商店のデパート化により）駄菓子屋が激減、多様な玩具が豊富に登場して子供たちの心が離れていったということもある。そして止《とど》めは昭和45年（１９７０年）に著作権法が全面改正されたこと。（それまで気にもしていなかった）ロイヤリティなど払えるはずもない小物玩具類の零細製造業は、撤退を余儀なくされたのであった。

　昭和50年代に入るとコンピュータゲーム「ブロック崩し」や「スペースインベーダー」の大ブームから、昭和55年（１９８０年）の「ゲーム＆ウォッチ」、昭和58年（１９８３年）には「ファミコン」が登場し、ますます子供たちは外で遊ばなくなってゆく。平成の現在、面子はレトロな郷土玩具というカテゴリーでくくられ、ＴＶ番組の宣伝ツールに使われていたり、デパートの郷土玩具フェアでは復刻版の面子が売られたりしている。

【ベーゴマ（貝独楽）】　絶滅危惧度★★★★☆

独楽《こま》は、平安時代の（日本初の分類体の）漢和辞典『倭名類聚抄《わみょうるいじゅしょう》』に記された「古末都玖利《こまつぐり》」の名称から、もともと「ツグリ」と呼ばれており、「狛《こま》」「高麗《こま》」とも記されている。このことから、平安時代以前に（隋か唐時代の）中国から高麗（高句麗《コグリョ》の別名）を経て日本に伝わったと考えられている。

他にも、「ツグリ」に「古末《こま》」が付くのは「高麗を経て来た」ことを示し、孔《あな》があったのでその形状から「唸《うな》り独楽だろう」と記述する本もあった。なお、古代エジプトやギリシャにも独楽はあったようだが、自然発生的な遊具と考えられていて、中国の独楽との差異や類似の詳細を記述するものも見当たらず、はっきりとした起源はよく判らないようだ。

古代の独楽はもっぱら宮廷儀式に用いられ、古くは『日本書記』では雄略天皇在位8年2月条にみられた。ただし、この独楽が遊びとして一般に広まったわけではなく、奈良時代に伝わった散楽《さんがく》（中国伝来の楽舞の一つ）雑戯の一種が、神仏会や相撲の節会《せちえ》（相撲も起源は農作の豊凶を占って水人を供養する神事）の余興で行われ、独楽呪師《じゅし》の演じたものが、後に貴族の遊具となり、南北朝時代の頃から（多分に貴族の）子供の遊具となった。そこから日本全国に広がって大衆化し、多様化していったと考えられている。

独楽での遊び（&博打）が盛んになったのは江戸時代の元禄年間（1688～1704年）で、日本独特の独楽も作られた。材質も竹や木、貝、金属で作られ、（興行で行われた曲独楽《きょくごま》の）博多独楽と輪鼓《りゅうご》、（喧嘩独楽用の）鉄胴独楽《かなどうごま》、唸り独楽（唐独楽《とうごま》）、（硬貨で作った）銭独楽《ぜにごま》、八方独楽《はっぽうごま》、（賭博用の）お花独楽と当て独楽などがあった。

回し方は種類により違い、心棒を指でつまんで回すものや心棒を両掌《りょうてのひら》で挟んでから擦って回すもの、心棒に巻き付けた紐を引いて回すもの、独楽に巻きつけた紐の端を指に引っかけて独楽を投げて回すもの、独楽を紐で叩いて回すものなどがあった。

当初は博多独楽の興行が大当たりして曲独楽が流行するのだが、そういった庶民の風俗に禁止令が出されると、流行は曲独楽から競《くら》べ独楽へと移っていった。そして男児たちが一番興じた競べ独楽のひとつに、戦後に一代ブームを起した「べーゴマ」のルーツといわれる貝独楽《ばいごま》（心棒がないことから〝不精独楽〟とも呼称）があった。享保年間（１７１６〜１７３５年）の頃より細螺《きさご》の貝殻で作った貝独楽（貝の肉を抜き取って蠟《ろう》を流し込み、均衡をとるため底に鉛屑や砂を流し込んだもの）が、海に近い地方から広がった。それを樽の上に茣蓙《ござ》で作った円形の座の上で回し合い、相手の独楽を弾き飛ばしたら勝ちという遊びが流行った。

しかし天保年間（１８３０〜１８４４年）に浅草の玩具問屋の美濃屋文翁《みのやぶんおう》が売り出した（鉄棒を心棒にした）鉄胴独楽が売り出されると、貝独楽よりも流行したのである。

貝独楽が再び脚光を浴びるのは近代になってからであるが、製鉄技術の向上に伴い、明治末期から大正初年にかけて、貝の独楽は鉄の独楽（直径３〜４センチの平たい円錐形の鋳鉄《ちゅうてつ》の塊）へと変化する。

大正時代は「飛行機玩具」や「ビリケン人形」「キューピー人形」などの流行や、忍者映画ブームの影響で忍者ごっこが流行っていたが、まだ鉄独楽が流行ったという記述はなかった。それが第一次世界大戦後の不況を切り抜けるため、鋳物《いもの》業者が考えついた窮余《きゅうよ》の策《さく》のひとつとしてベーゴマが作られたのだが、これが「瓢箪から駒」で、昭和元年にはヒット玩具となった。

次にベーゴマが脚光を浴びるのは第二次世界大戦後。どうもベーゴマはいつも戦争後に流行るようで、昭和21年（1946年）の春以降、それも主に東京都内だけでブレイクした。茣蓙の代わりにテント布や厚手のビニールを、バケツや樽に中央を弛《たる》ませて張って独楽床を作り、そこで独楽同士をぶっつけ合って遊んでいた。路地裏にはいくつかの独楽床が集まっていたといわれている。その頃、地方では木製の独楽の鉄芯を相手にぶつけて互いの独楽を割り合う遊びの方が流行った。これは喧嘩独楽や相撲独楽の傍流として自然発生したものだろう。

ちなみに、ベーゴマの最盛期は昭和20年代であり、キューポラの街であった埼玉県川口市には昭和30年代までベーゴマ工場が約60軒あった。

華やかなりし元禄文化を模して「昭和元禄」と呼ばれた昭和40年代、日本の玩具文化にもさまざまな変化があった。高度に巧妙かつ複雑化し、精巧に本物を模倣した「ミニカー」や「レーシングカー」「モデルガン」「プラモデル」などの「大人向けの玩具」が流行する。ちなみに、「ピンク・トイ」と呼ばれる「夜の大人の玩具」が多量生産され出したのもこの頃で、商品種類は200種以上あった。

こういった精密な玩具に圧《お》され、「面子」や「ベーゴマ」「拳玉」などの子供遊びが姿を消していく一方で、そういった子供の遊びの技術を保存しようという、草の根運動（同人会）も始まった。作家・吉村昭が代表となった〝貝の会〟では、30〜40代の会員が月1回集まって童心に返って遊んでいたと、当時の東京新聞で記事になっていた。

子供たちに興味を抱かれず、懐かしの玩具として郷愁を醸していたベーゴマが変化を遂げるのは昭和も後半。（製造元は忘れたが）硬質プラスチックのベーゴマとプラスチックの専用対戦ステージが売り出された。ただし、このベーゴマは紐で回すのではなく、（ギヤ付き）発射装置にベーゴマをセットし、ギザの付いた細いベルトをギアに絡めて引き抜き、ベーゴマを高速回転させるのである。

21世紀に入ると、このプラスチックのベーゴマがさらに進化する。平成12年（2000年）から『月刊コロコロコミック』（小学館刊）に『ベイブレード 爆転SHOOT』（青木たかお著）が連載され、翌年にタカラ（現・タカラトミー）が発売した玩具は名称を「ベイブレード」とし、当時、一大ブームを巻き起こした「ミニ四駆」を真似て、独楽の機能をカスタマイズ出来ることが子供たちの心を摑んだ。

テレビ東京がこの漫画をアニメ化し、『爆転シュート ベイブレード』『爆転シュート ベイブレード2002』『爆転シュート ベイブレードGレボリューション』と年ごとに放映した。これに則して「ベイブレード」の対戦競技大会が地方や全国規模でも行われた。平成21年（2009年）からは前作の世界観を受け継ぐアニメ『メタルファイト ベイブレード』『メタルファイト ベイブレード～爆～』が放映され、ベイブレードの対戦競技大会はアジアから世界へと広がりを見せた。ちなみに、負けるとコマがバラバラになる仕掛けが、さらなる競争心をあおっていた。

さて、現在のベーゴマの状況だが、川口市にあったベーゴマ工場はほぼ全てが廃業してしまい、今は株式会社日三《にっさん》鋳造所が、同市にある河村鋳造所と協力して、年間30万個のベーゴマを作っている。最近はアニメのキャラクターものが人気で、（アニメキャラを含む）オリジナル商品を受注することも多いようだ。従来のベーゴマ遊びに使うのではなく、缶バッジやピンズのように、記念品として収集されているのだろう。こうしたコラボ人気がいつまで続くかは不明だが、「ウチでこの日本独特の文化を守りたいね」と、『週刊現代』（講談社刊）の特集記事で日三鋳造所の辻井俊一郎社長は熱く語っていた。

子供の遊びとしての独楽は衰退しかけているのだが、世界展開したベイブレードに感化されたかのように、近年「けんかゴマ（競べ独楽）」を復権させようと、全国２００の町工場の大人たちが「全日本製造業 コマ大戦」を平成24年（２０１２年）から開いている。このイベントのきっかけは、平成23年（２０１１年）6月にパリで開催された航空ショーに、航空機や人工衛星の部品などを製造する神奈川の町工場・由紀精密が出展。その際、小さなコマを作って配布したところ、これがパリっ子に評判を呼んだのである。この噂が（「技は心とともにあり」を合言葉に神奈川でものづくりの楽しさを伝えている）町工場経営者らのグループ「心技隊」に伝わり、だったらコマを作って「けんかゴマ」をしようと、平成24年（２０１２年）2月に横浜で第1回大会を開いたのである。

そしてその模様をYou Tube《ユーチューブ》で流したところ、全国からコマ大戦参加の意思を示す町工場の人々の声が上がり、ネットを通じて840円のコマが4000個あまり売れたそうだ。その後も（各地で）コマ大戦は続いており、参加企業は延べ2000チームにのぼり、東南アジアや南米にも広がりを見せている。

平成27年（2015年）2月15日には、3回目の全国大会で初の世界大会である「世界コマ大戦2015」が、横浜市中央区で行われた。地方予選を勝ち残った日本国内の18チームと、海外6ヵ国の11チームが参加し、自分たちの技術（&アイデア）や指先の器用さを競った。

【お弾き（石弾き・細螺《きさご》弾き）】　絶滅危惧度★★★★★

小石を弾《はじ》いて遊ぶ石弾きの遊びは古代からあった。『倭名類聚抄』には「世説云弾碁《せせつにいうだんぎ》」と記述があり、中国の魏《ぎ》の文帝《ぶんてい》（曹操《そうそう》の子の曹丕《そうひ》）も好んでいたとある。この「弾碁」[*4]という遊戯が奈良時代に伝来したようで、『源氏物語』『宇都保《うつぼ》物語』にもこの遊びが描かれるほど、平安時代の貴族の間で流行った。

庶民の間でも平たい小石を用いて遊ぶ石弾きが流行。江戸時代には細螺《きさご》という小さな巻貝の貝殻が彩色され、小石の代わりに石弾きに使われ、「細螺弾き」「きしゃご弾き」「いしゃら弾き」などと呼ばれた。石や細螺の他に、小豆や木の実（銀杏）、草の実（ムクロジ）、数珠玉なども石弾きに使われた。しかし江戸時代の石弾きの主流はやはり細螺だったようで、『長崎歳時記』や井原西鶴の『二代男』などにも「貝でのお弾き遊び」が描かれている。

お弾きが庶民の間で再ブレイクするのは明治時代。ガラスのお弾きが登場してからで、その多くは名古屋市押切町あたりで製造されていた。ちなみにこれ以降、名古屋はこの種の（つまり勝者と敗者の間で所有物のやりとりが行われる）「勝負ごと」おもちゃの主産地となったといわれている。さすがはパチンコ店発祥の地である。

ブレイクの端緒は明治36年（1903年）初頭の名古屋・岐阜方面で、〝ハジキ〟という名の玩具が、老若男女（勿論、子供含む）の間で流行した。材質はガラスで、加工技術の向上から形も梅、菊、牡丹、銀杏、笹竜胆《ささりんどう》、桐、小判、五十銭銀貨、将棋の駒、鏡、時計、大砲、釣鐘《つりがね》、自転車、船、下駄、ラムネの壜《びん》、福助、恵比寿、大黒天、兵隊、唐子、狐、兎、犬、鳥、猫、脹雀《ふくらすずめ》、鯉、鮑《あわび》など、20〜30種類あった。色は白、青、藍、水、茶で、透明のものと不透明のものがあった。大きさは直径1・5〜1・8センチで厚さは3ミリ。（地域によって値段は異なるが）1銭（1円の100分の1）で8〜10個買えた。

ちなみに、地域によっては「イシナゴ」「ツブ」「ビイドロ」などと呼ばれたり、遊び方によって「おねぼ」「お釜」「ちゅちゅたこかいな」等、お弾きの異名も自然発生した。

ただ、この人気は一過性のものだったようで、翌年にボール紙の面子や合わせかるたが全国で流行り始めると、いつしか（特にビー玉が再登場してから）お弾き遊びは女児専門との不文律が出来上がっていた。そして戦時中の物資不足の折には土製のものや木、竹、ボタンから転用されたもの、戦後にはロウ石で作ったものやプラスチック製のお弾きも登場する。しかし、女児の遊びも多様化して、お弾き遊びも廃れていった。

【ビー玉（ビードロ玉）】 絶滅危惧度★★★☆☆

ガラスの製造が始まったのは紀元前24〜22世紀のエジプトといわれていて、以降、西洋と東洋に製造技術が広まった。この古代ガラスは宝石の模造品として製造されていたといわれている。ちなみに、近世代の日本においてガラスを表すポルトガル語の「ビードロ」の名称は、江戸時代から呼ばれるようになった。

そのガラスの玉がいつ頃から遊びの道具となったのか、明確に記した本が見つけられなかったのだが、『おもちゃ博物館』④（京都書院刊）では、ビー玉遊びの起源は鎌倉時代の貴族の遊びを真似た（投げたり撒いたりしてお互いの銭を奪い合う博打の）「意銭（銭打ち）」とだけ推論していた。「意銭」については面子やお弾きの遊び方のルーツを辿っても出てくる話である。

ビー玉遊びの初記録らしきものは、万延元年（1860年）の横浜居留地を描いた浮世絵師・一《いち》寿斎《じゅさい》（歌川芳員《よしかず》）の『外国人男女子供遊』に描かれていた。片膝をついた男児がビードロ玉らしき物を、地面に描いた円をめがけて投げようとしている姿を描いた絵であった。しかし風俗画のみで、遊び方までの説明はない。ビードロ玉が略称の「ビー玉」と呼ばれて遊び道具として脚光を浴びるのは、明治30年（1897年）に（〝レモネード〟の聞き間違いによるネーミングである）〝ラムネ〟

の玉ビンが出現してからである。

そもそも「ラムネの玉ビン」誕生の発端は、明治19年（1886年）頃。氷水などよりもラムネを飲んでいればコレラに罹《かか》りにくいという風評でラムネが流行した。ところが明治20年（1887年）、横浜のラムネ商がサイダー（金線サイダー）を作り、その翌年には現在も有名な「三ツ矢炭酸」（平野水・プレーンソーダ）が売り出されると、なんとこれがラムネを凌ぐ売れ行きとなったのだ。そこで「人気挽回のため、ラムネ業界はビードロ玉を入れた玉ビンを開発したのだ」と、出版研究の評論家・紀田順一郎は語っている。

そのラムネの中に入れられたビードロ玉であるが、のちに駄菓子屋などで売っていたビー玉とは、厳密には別物であると言えなくもない。現在は工場での製作後検査の過程で、ラムネの栓に適合する玉と規格外（変形・矮小《わいしょう》・気泡入り）の玉が選別されて、合格した玉は（A級品だから）〝A《エー》玉〟と呼ばれ、ラムネの栓として使われているのである。

規格外の玉（B級品なのでB《ビー》玉）は廃棄対象（溶かして再利用）とされているが、昔は廃棄対象（規格外）の玉が払い下げられ、主に駄菓子屋などで売られていたそうだ。それで「〝ビー玉〟と呼ばれるようになった」という説もある。ただ、この呼称がいつ頃から使われ始めたのか、調べがつかなかったので、本編ではビードロ玉の略称の「ビー玉」説を取る。

こうして廃棄ビー玉は安く仕入れられて全国に広がり、子供の頃、ビー玉に親しんだ人は皆、その記憶の刷り込みから、当時駄菓子屋で売られていたビー玉も、ラムネ瓶の中のラムネ玉も、ひとくくりで思い出の品となっただろう。

とにもかくにも「ビンの中でコロコロと転がるラムネの玉は、子供たちの好奇心をそそった。ビー玉遊びは、やがてそれから生まれた」と、斎藤良輔の著書『おもちゃの話』（朝日新聞社刊）には記されていた。また、作家の獅子文六《ししぶんろく》は慶応義塾幼稚舎入学の頃の回顧で、ラムネの玉を転がして対手《あいて》に当てる遊びやラムネの玉をマーブル（遊戯用の弾き石）と呼んでいたことを書き残している。

ただ、明治期のビー玉遊びは一過性の流行だったようで自然に廃れてゆき、以降は「鉄製の輪回し」や（名古屋地方限定で）「おはじき」「ボール紙の面子」「爆竹花火」などが、そして大正時代には「飛行機玩具」「ビリケン人形」「キューピー人形」が流行する。

昭和に入り男児の遊びは「ベーゴマ」「けん玉」「野球ゲーム」へと変わり、「ヨーヨー」などの流行を経て、玩具産業の黄金時代となった昭和10年（１９３５年）に、やっと「ビー玉」が再流行となるのである。昭和10年代には（駄菓子屋の店頭等で売られていて）「一銭おもちゃ」の名で子供たちに親しまれていた小物玩具類も新しい発展段階を迎え、海外にも盛んに輸出されて、日本の玩具として大きな分野を占めるようになった。反面、日本国は破滅への道を歩んでいたのである。

敗戦後の物（資材・施設）不足の日本でも、昭和20年（１９４５年）の年末には紙製の遊具（ぬりえ、福笑い、千代紙）やピンポン玉が、そして昭和21年（１９４６年）春からはブリキの呼《よぶ》子《こ》笛《ぶえ》や鋳物のベーゴマなどの小物玩具が登場。昭和21年（１９４６年）から翌年にかけては食料玩具（アメ、いか、風船ガムなど）が圧倒的な売れ行きを示し、駄菓子屋が子供たちのトレンドとなっていった。セルロイドからプラスチックへと玩具の素材が変化した昭和30年代に入ると、駄菓子屋には定番の「凧」や「面子」「ベーゴマ」「ビー玉」「お弾き」、それ以外に「スーパーボール」「パチンコ」「（煙硝《えんしょう》の）ロケット弾」、そして（水、銀玉、煙硝と）鉄砲玩具の種類も増え、子供でも気軽に手に入るおもちゃの供給場所となっていた。

昭和40年代になるとTVアニメ玩具（「鉄腕アトム」「鉄人28号」「オバケのQ太郎」）や怪獣ものの玩具など、著作権法改正後にロイヤリティを払える玩具会社が隆盛し、零細小物玩具業者は衰退していった。現在、子供やオタクの間で隆盛を誇っている「ガチャガチャ（ガチャポン）」が日本に初登場したのは昭和40年（１９６５年）頃で、香港製の自動販売機用の小物玩具が輸入されて全国に広がった。販売機に10円玉を入れてハンドルを回せば、長さ10センチほどのカプセルが出てくる。砂時計や望遠鏡、宝石箱、英字バイブル等が入っていた。それ以外の小物玩具の衰退は駄菓子屋の激減の要因ともなり、子供たちが玩具類を買うのは、デパートのおもちゃ売り場か玩具専門店となり、そこが子供たちの新たなトレンドとなった。都市化や子供の遊びの変化で、昭和50年代以降は「凧上げ」「面子」「ベーゴマ」「お手玉」「お弾き」、そして「ビー玉」などの遊びも、大都市地域から見かけなくなっていった。

しかし昭和が去って平成に入ると、新たなるビー玉の遊びが誕生した。タカラ（現・タカラトミー）が発売した「ビーダマン」というビー玉を発射出来る玩具で、エポック社の「（極小《ミニ》鉄球を打ち合う）魚雷戦ゲーム」のように、中央の標的めがけて特製の盤上で打ち合う遊びであった。メデイアミックスの一環で、平成8年（1996年）『月刊コロコロコミック』（小学館刊）に『爆球連発‼スーパービーダマン』（今賀《いまが》俊《しゅん》原作）が連載。平成11年（1999年）にはテレビ東京で8ヵ月間、アニメも放映された。またそれらに副うように玩具の売上促進策として、「ビーダマン」の対戦競技の地方大会や全国大会が行われた。

男児の遊び玩具としての魅力を見失って久しいビー玉であるが、現在は宮崎県東《ひがし》臼《うす》杵《き》郡《ぐん》門川町《かどかわちょう》にある「松野工業株式会社」（昭和22年・1947年操業）が日本で唯一、製造しているそうで、月2000万〜3000万個を作り続け、ビー玉作りの伝統を守る最後の砦として頑張っている。

近年これに呼応するように、日本独特な形状の瓶のラムネ飲料が、海外（中国・米国）で人気を集め、輸出額も4割増。遊び以外でビー玉人気が再燃しつつある。

【雙六《すごろく》（双六・須久呂久）】　**絶滅危惧度★☆☆☆☆**

賽《さい》（象牙か牛の角か白黒石でできたもの）を用いる室内遊戯の一種。現在は、「盤双六」「絵双六」の2種類に大別されるが、紀元前3世紀のエジプトで発祥したのは「盤双六」で、ヨーロッパに伝わって「バックギャモン」となり、アジアではインドを経て中国に伝わり「握槊《あくさく》（雙六《すごろく》）」と呼ばれ、6世紀後半から7世紀にかけて遊ばれていた。

明確な記録はないのだが、飛鳥白鳳時代以前には日本に伝来していたようで、『日本遊戯史』（平凡社刊）では、7世紀中頃に編まれた中国の史書の中の一冊『北史倭国伝』で、倭の国の人の遊戯についての記述にある「握槊」が盤雙六であろうと説明。『おもちゃ博物館』⑥（京都書院刊）と『日本風俗史事典』（弘文堂刊）の解説では、『日本書記』の持統記に「『689年（朱鳥3年）12月に雙六を禁止する』と書かれていることから、この時期には雙六が普及し、それによる賭け事が蔓延していた」と解釈がされていた。

ちなみに「雙六（双六・須久呂久）」という和名の由来であるが、これには諸説があり、「1から6までの数目の賽を2つ使うところからきた」説と、「中国の握槊が朝鮮半島を経て倭国に渡来し、古くは『すごろく』と書かれ、これは朝鮮語の転訛《てんか》したもの」という説と、書籍によって命名の理由が違っている。

その遊び方であるが、記録なども一切残っていないので、当時描かれた絵（鎌倉時代の怪異な説話絵巻『長谷雄草紙《はせおそうし》』）や正倉院蔵の盤雙六（「紫壇木画双六局《したんもくがすごろくばん》」「橘紋蒔絵双六盤《たちばなもんまきえ》」）から推測すると、日本で盤雙六と呼ばれているものは、縦約24センチ、横約36センチ、厚さ約12センチの、上下2列に12桝目が描かれた盤上で、お互いが（白か黒に分けた）15の駒を使って一対一で戦う対戦型の遊戯であったようだ。

前述の『日本遊戯史』の盤雙六の解説によると、先ず自分と相手の陣を右の上段端か下段端かを決める。2個の賽を竹筒の中に入れて振り、自分の駒を上下させながら（上段端なら上から斜め下・下から斜め上、下段端なら下から斜め上・上から斜め下へ）、出目数だけ左の桝目に進めることが出来る。ただし、その桝目に相手の駒が2個以上ある時は進めず、1個の時はそれを排除することが出来た。そして排除された駒は右端からやり直し。そして決着は、相手より先に手持ちの15駒の全てを、左端の桝目に進めた方が勝ちとなる。ところが著者がたまたま観たNHK大河ドラマ『平清盛』の第37回「殿下乗合事件」では、松山ケンイチ演ずる清盛と森田剛の時忠が盤雙六で遊んでいるシーンがあり、ここでは駒の進め方が違っていた。

奈良時代にはたびたび禁止令が出され賭け雙六は下火となったが、平安時代の『源氏物語』や『枕草子』に室内遊戯として描かれているように、雙六の遊びが途絶えたわけではないようだ。また細々と賭け雙六も継承されていて、武士階級が台頭してきた鎌倉時代以後には、他の賭博などとともに再び賭け雙六が流行していった。そのうち賭け雙六の賽だけを使った賭博が行われるようになると、自然に雙六による賭けごとは廃れた。

やがて雙六は有閑人や子供の遊びの世界へと移ってゆき、紙製の〝すごろく〟である「絵双六」が登場した。これも『日本遊戯史』では、15世紀頃の『言国卿記《ときくにきょうき》』で「絵双六（浄土双六）」が初めて表現されたと記されている。他の書籍によると、末学の僧に天台の名目《みょうもく》を教えるための絵（名目双六、仏法双六）が転じ、仏道の過程を描く「仏法浄土双六」を使って、悪い目は地獄、良い目は極楽というように遊ぶようになったことが「絵双六」の起源だと推測している。

遊び方は「南無分身諸仏」の6文字をそれぞれの面に記した骰子《さいころ》を用い、南閻浮州《なんえんぶしゅう》を振出しに、良い目が出れば天上に上って妙覚《みょうかく》で上がり、悪い目が出れば地獄に落ちて永沈《ようちん》に入る。つまり無《む》間地獄《げんじごく》に落ちて、この勝負が失格となるのだ。

17世紀以降に、木版刷りの一枚絵が普及するようになると、「道中双六」や「野郎双六」など種類も増え、さらに木版刷りの技術の進歩で多色刷りが可能となって以降は、多種多様な双六が作られ始めた。中には浮世絵師などが彩色を施した錦絵の双六も登場した。

また錦絵の双六は江戸時代が終わり明治時代になっても盛んに作られていたが、その内容は（国策だった）富国強兵・立身出世が反映された「出世双六」が流行したり、教育効果を狙った「開化諸官省教訓双六」「教訓小学寿語六」「教育学校双六」など、子供の趣向を全く意に介さない絵双六も多く作られた。

西洋から技術や素材が流入して印刷技術が革新されると、多量印刷が可能となって、明治20年（1887年）頃から雑誌社や新聞社の付録として、一色刷りの（歴史物・時事物の）双六が付くようになる。そして明治後半に多色刷りの絵双六が登場すると、（毎年）雑誌のお正月号の付録には多色刷りの絵双六が付くのが恒例となった。

大正時代になると、デモクラシーの影響からか、教訓めいたものより、（人気挿絵画家が描いて）子供たちに夢を与えるようなモダンなものや、漫画の主人公をテーマにした絵双六が作られ、少年少女の人気を呼んでいた。

昭和に入ってもモダンなものや漫画チックな絵双六が作られていたが、満州事変が勃発してからは、軍事色の強い絵双六となり、太平洋戦争の戦況悪化に伴い双六は激減していった。そして戦後、高度成長に伴って新たな遊びの玩具が生まれると、子供たちの興味は多様化した玩具へと移り、双六は衰退していく。前述の明治時代から恒例となった「雑誌のお正月号の付録には多色刷りの絵双六が付く」が原因ともいえる、「双六は正月限定の遊び」という概念が固定化し、まれにヒットした漫画やアニメのキャラを使った双六が発売されて売れることもあったが、1年も持たない一過性の流行でしかなかった。

ところが化石化していた双六に昭和43年（1968年）、一大転機が訪れる。タカラ（現・タカラトミー）が2Dだった双六を3D化し、サイコロをルーレットに変更した「人生ゲーム」というボードゲームを開発したのだ。「モノポリー」や「バンカース」のようにマネー制度を設け、止まったコマではそれまでの「一回休み」「ふりだしに戻る」「～コマ進む」「～コマ戻る」以外に、金銭がらみの出来事や、当時、実際に起きた事件を組み込んだ多彩なイベントを網羅して大ブームとなった。

ちなみに、その進化は欧米でも、「バックギャモン」は「モノポリー」や「バンカース」などのボードゲームに姿を変えて一大ブームを起こしている。

以降、「人生ゲーム」は廃れることなくロングセラーとなっている。この人気の要因は、ゲームのコマに書かれているイベントを（その時代に合わせて）変更し、数年おきに新たな「人生ゲーム」を発売しているからだろう。

こうして日本古来の盤雙六はもとより、時代に沿って絵柄が変化しながら続いていた絵双六の姿も、一般家庭では見かけなくなった。しかし「人生ゲーム」や「モノポリー」「バンカース」等にはコアなファンが世界中に存在し、マイノリティであるボードゲーム好きたちを対象に、新たな作品が創られ続けている。中でもドイツは現在、ボードゲーム大国らしく、多種多様な作品が開発されているようだ。

また、ＴＶゲームやオンラインゲーム（携帯ゲーム）が蔓延している日本でも、少数派のファン向けに、ボードゲームを特集した書籍が細々ながらも刊行されている。それらを見ると、「人生ゲーム」「モノポリー」「バンカース」に代表される、戦略性を持った双六からパズル形式のものや、知識・記憶力、勘や推理力、なぜか器用さが試されるものまで、四百数十種類のボード（やブロック）ゲームが紹介されていた。

そしてこれも全世界総デジタル化の揺り戻しなのだろうか、国内玩具の市場規模は平成25年（2013年）度まで縮小傾向だったのが、大人たちの間ではカードやブロックを使って遊ぶボードゲームが人気を集めている。それも昔のように友人宅に集まって遊ぶだけでなく、ボードゲーム喫茶店や集会所などに集い、友人同士（＆サークル）で遊ぶことが流行っている。

それらを鑑みると、昔ながらの双六遊びは形骸化し回顧趣味で形だけは残り、戦略を要する進化した双六は、子供の遊びのカテゴリーを離れ、大人の嗜《たしな》みとして、（麻雀が廃れなかったように）これからも存続するのではないだろうか。

【手車（ヨーヨー）】　絶滅危機度★★☆☆☆

ジャイロスコープの原理を応用した木や陶器製の遊び道具で、もともと中国で創案されたものが18世紀、宣教師によって東インドからヨーロッパに伝来。やがて玩具となって世界に広まった。ちなみに、当時のイギリスでは「プリンス・オブ・ウェールズ（Prince of Wales）」、フランスでは「ヨーヨー・ド・ノルマンジー（Yo - Yo de Normandie）」と呼ばれていた。

余談だが、「もとは古代に東南アジアで武器として使われていたものが、宣教師によってヨーロッパに伝えられ、玩具となって世界に広まった」と書かれた本もあった。もしかすると漫画家の和田慎二はここからヒントを得て、『スケバン刑事《デカ》』の麻宮サキに武器としてヨーヨーを持たせたのかもしれない。また、冨樫義博の『HUNTER×HUNTER』でも、（キメラアント編で）キルアが武器としてヨーヨーを使っていたが、これは〝スケバン刑事・麻宮サキ〟のオマージュだろう。ただ、古代に武器として使われていたヨーヨーと、現在のヨーヨーとの差異までは不明である。

ヨーロッパから世界に広まったヨーヨーだが、日本へは中国から伝来した。まず長崎で流行し、享保年間（1716～1736年）の初頭には京坂《けいはん》で（土瓶の蓋に紐を付けた）土製の物が作られた。それが「手車《てぐるま》」「釣りゴマ」「お蝶殿の手車」などと呼ばれるようになる。宝暦2年（1752年）に作られた『繪本家賀御伽《えほんかがみとぎ》』の挿絵にも描かれるような手車の行商人が現れ、売り口上を唱えながら、人の多い路地では荷を開いて展示しながら売っていた。文政年間（1818～1830年）になると、「銭独楽《ぜにごま》」と呼ばれた銭と箸と木綿糸で作った手製の物も登場し、子供から大人にまで親しまれていた。

しかし明治時代に入ると「手車」による遊びは廃れ、再ブレイクするのは昭和になってから。昭和5年（1930年）、「ヨーヨー」の名称で世界的に流行し、昭和7年（1932年）にはフランスから輸入され、同年11月10日付の東京日日新聞（現・毎日新聞）の家庭欄で紹介されると、翌年にかけて流行玩具となり日本全国で流行した。フランスの玩具というモダンな点が人気を集めたのだろうと語られている。

とにかく舶来ものが大好きな日本人が、ヨーヨーに「坂《さか》田《た》山《やま》心中」とか、映画の題名にひっかけて、「天国に結ぶ恋」とか「花嫁の寝言」と名付けて売り出した。また『中央公論』の昭和8年（1933年）4月号には、作家・高《たか》田《た》保《やすま》が「ヨーヨー時代」と題してブームの熱狂ぶりを掲載したり、永井荷風が昭和12年（1937年）、朝日新聞に連載した『濹東《ぼくとう》綺《き》譚《だん》』の「作後贅言《ぜいげん》」で、昭和7年（1932年）夏から翌年にかけて、至る所に〝ヨウヨウ〟を売る娘がいたことを回想していた。これらのことからも、当時の浮かれ具合をうかがい知ることが出来る。

ちなみに、裏長屋の貧しい子供相手の駄菓子屋などでは、10銭のヨーヨーが買えない子供たちが、ゴム風船に水を入れてゴム紐を付けたものを1銭で買ってゆき、これを「ヨーヨー」と呼んで路地裏で流行した。現在でも夜店の風船釣りで手に入れて遊んでいる人を見かける。

しかしながら独楽を糸でただ上下させるだけの単純な遊びでは、当然飽きられるのも早くて、例えば昭和のアメリカン・クラッカー人気と同様に、一気に盛り上がれば、その反動も顕著で、昭和8年（1933年）の秋には、人気は1年ももたず急激に下降線を辿っていった。玩具の関連本を何冊か探ってみたが、それから何十年もの間、ヨーヨーが流行したという記述はない。

　再々ブレイクするのは、戦後になってからであるのは事実だが、はっきりとした確証はない。異論もあるだろうが、それまでは玩具店や駄菓子屋でヒッソリと売られていたヨーヨーが全国的な人気になったのは、コカコーラのオマケとして、硬質プラスチック製のカラフルなヨーヨーがもらえるキャンペーン以後だと思う。波待ちのサーファーが暇つぶしに、このヨーヨーで遊んでいたのが世間一般に広まっていったとの説がある。

　以降、ただ上下させるだけの遊びではなく、アクロバティックな技を披露するヨーヨーのパフォーマーが、次々とＴＶに登場してヨーヨーブームを盛り上げ、刹那の人気を得ていた。その後、日本人のヨーヨーパフォーマーも多数現われたり、豆電球や夜光塗料を使った「光るヨーヨー」や、中国独楽を模した溝の広いものなど、変わり種も売り出された。

　21世紀の現在は、ヨーヨーを凌駕するアクロバチックな技が魅力となって、空前の「けん玉ブーム」が世界中に訪れている。ヨーヨーも世界レベルの大会は開催されているが、もはや日本（の巷）ではマイナーな遊びでしかなく、最近の世界的な「けん玉ブーム」のおかげで、ヨーヨーはますます影が薄くなってしまったように思える。


【けん玉（剣玉・拳玉）】　**絶滅危機度☆☆☆☆☆**

平成27年（２０１５年）に窪田保著『けん玉学』（今人舎刊）が刊行されるまで、どのカルチャー関連書籍にも「中国から けん玉が伝来」とあったので、ヨーヨーと同様、中国で創案されたものだとばかり思っていた。それが先年のＴＶニュースで、けん玉発祥の地・広島県廿日市市《はつかいちし》にてけん玉専門店を営み、販売と伝道・研究を行っている（元小学校教師の）御仁の話から、起源が16世紀頃のフランスで、「ビル・ボケ」という名称だったと知った。ちなみに、件のけん玉専門店にもビル・ボケが飾ってあった。

見た目は燭台（1本蝋燭用）を模したようなもので、形状は20～30センチの木製の棒の一端を丸く尖らせてあり、その棒の首下《くびした》には、下部に穴が開いた（直径9センチくらいの）玉が細い紐でぶら下げられている。つまり、ボール＆ピン（玉と棒）型で、現在知られている十字《クロス》形とは違った形であった。遊び方は単純で、（釣りの要領で）玉を空中に放り上げ、玉に開いた穴に丸く尖った棒の先端を差して遊ぶだけである。

初めは王族・貴族の遊び道具だったが、家臣たちにの間でも流行し一般庶民へと広まった。次に欧州中に広まり、さらにはアジア大陸へと伝わった。その形体も経年とともに、カップ＆ボール（皿と玉）型や、ボール＆ピン型にカップ＆ボール型をコラボさせた「ビル・ボケ」も現れた。そしてこれが江戸中期の安永6～7年（1777～1778年）頃に日本に伝来したらしいのだが、中国経由なのか、オランダ経由なのかはハッキリしない。

伝来した「ビル・ボケ」の中でもカップ＆ボール型が「匕玉拳（拳玉）」と呼ばれ、江戸時代の遊郭で酒席の座興として流行っていた。（近世の風俗習慣・芸能・文学等に考証を加えて、諸書の説を抄録した）喜多村信節《きたむらのぶよ》の随筆『嬉遊笑覧』に、酒席で「匕玉拳（拳玉）」で遊ぶ様子が描かれている。

なお、和名の由来であるが、前述の「拳」の項目の中の「その他の拳」で説明したように、酒宴の座興で行う遊びには「拳」という言葉が付けられるのが習慣だったので、「拳玉」「匕玉拳」という当て字が使われたのだろう。

時代は明治になり、明治5年（1872年）に学制（学校に関する制度）が敷かれ、明治9年（1876年）に文部省がイギリスの子女教育書を翻訳した『童女筌《どうじょせん》』を発行。その中では女子が遊ぶ拳玉（盃及ヒ球）を教育玩具として紹介していた。そしてこの本をきっかけに、拳玉は大人の遊びから子供の遊びへとなり、特に男子の間で流行っていった。

他の書籍を紐解くと、明治40年（1907年）頃から拳玉遊びが始まったそうで、子供の遊び道具として人気を集めたと記述にあり、大正時代にはマイナーチェンジされたものや、装飾の施された拳玉も作られ始めた。その中には面妖《めんよう》な拳玉もあった。玉にカイゼル（ドイツ皇帝ウィルヘルム二世）の渋面《じゅうめん》を描いて首に見立て、剣に擬した棒の先端で突き刺す趣向の、「カイゼルの首剣玉」という名称の悪趣味なものだった。多分、「剣玉」の由来はこれである。

拳玉（剣玉）が現在のような十字の形で考案されたのは大正7年（1918年）頃である。大阪心斎橋の的場の顔役だった江草濱次《えぐさはまじ》（広島県呉市出身）が、それまでは玉と棒だけだった拳玉（剣玉）の棒の上部分に、大小2つの皿を付けた十字架もどきの物を考案し、これを「日月《にちげつ》ボール」と命名し、翌年に実用新案として登録した。ちなみに、「日月ボール」の当初の目的は、大道芸として売り出すためだったようだ。

大正10年（1921年）、江草濱次は広島県廿日市市で木製玩具を作っていた本郷木工品（現・本郷）を訪ね、「日月ボール」の製作を頼んだ。廿日市市の木材加工店を選んだ理由は、同市が木材の集積地で、木工業が盛んだったからである。本郷木工品は製造権を得て量産を開始。それが大正13年（1924年）に関西圏で人気に火が付き、昭和初期には全国に広まるほどの大流行となって、生産が追いつかないほどであった。またその人気に便乗して、廿日市市以外でもけん玉の製造が行われるようになる。

いつ「日月ボール」の名称が「けん玉」に、また「大道芸で使う物」が「子供の遊具」になったのか、それらを記述する資料は発見出来なかったが、太平洋戦争後は日本のどこでも「けん玉」と呼ばれていたし、子供の遊び道具として世間一般で認知されていた。『郷土秘玩』（郷土秘玩社刊・昭和7年・1932年第1巻第4号）の「玩具ケンダマ」（記事・岡田俊）でも、「ケンダマ」の名称は使われている。

この見聞記には、けん玉はフランスのパリでも大人気で、横浜港に碇泊したフランスの軍艦内で海軍士官たちにも遊具として遊ばれていたことや、世界の流行の魁《さきがけ》というパリの有名な店舗々々に、けん玉の古いものや新型、異型、変形等々が陳列されていたとあった。こうしたパリっ子たちからの人気の根底には、フランスで大人の遊び道具として流行したことと、パリにはけん玉倶楽部まで組織されていたからだった。しかし、これらの記事に「ビル・ボケ」の名称は出てこない。そもそも彼ら記者は、けん玉の起源がフランスであるという見識を持ち合わせていなかったようだ。

単純な動作の繰り返しが飽きられたのか、見た目だけを真似た（バランスの悪い）粗悪なけん玉などが出回ったことが要因なのか、昭和30年代の最盛期以降、けん玉人気は下火となってゆく。

しかし、一部の愛好家が集まって、けん玉の素晴らしさや遊び方を伝えてゆこうと、昭和43年（1968年）に「東京けん玉クラブ」を設立。その後、昭和50年（1975年）に「日本けん玉協会（平成14年・2002年にNPO法人、平成24年・2012年に一般財団法人、平成26年・2014年に公益社団法人として認定）」が設立され、「公式けん玉（競技用けん玉）」を設計・製造したり、持ち方や構え方などのルールを統一し、競技会の開催や級・段位の認定を行って、けん玉の普及や発展に寄与した。ただ、公式化することによって（遊戯にありがちな）地方ルールが廃れ、遊び方の多様性が失われたと苦言を呈する人もいる。

昭和52年（1977年）に協会の活動がTVに取り上げられ、ここから「けん玉ルネッサンス」と呼ばれる大ブームが起きた。だがそれも束の間、1980年代に入ると、「ゲーム&ウォッチ」に代表される電子ゲーム機器や、TVゲームの先駆者・任天堂のファミコンの登場によって、子供の遊びが様変わりしていった。人気のピーク時は全国生産の6割を占めていた広島県廿日市市のけん玉生産も減少し、また後継者となる若人が育たず職人の高齢化で、木工店もけん玉製造を断念。平成10年（1998年）に最後の1社も製造をやめている。

しかし、同市は広島の伝統を守るため平成12年（2000年）、木材利用センターに工房を設置し、以前けん玉職人だった人を招聘。平成23年（2011年）からは市内の全19の小学校の新1年生に、工房で作られたけん玉を配って、広島の文化を次世代に伝える努力を怠らなかった。そんな広島県人の郷土愛が「事実は小説より奇なり」の奇跡を呼んだといえる出来事が起こる。

平成19年（2007年）頃に日本を訪れた（有名な）米国のプロスキーヤーの男性が、けん玉をお土産に買って帰り、自分のDVDのボーナストラックにけん玉で遊ぶ姿を付けたところ、それを観た米国のスキー好きたちが真似てけん玉を始めた。上達したその中の一人（現在「けん玉USA」メンバー）が、平成21年（2009年）頃から、けん玉で遊ぶ姿に音楽を合わせた動画をインターネットで配信。これを観たユーザーの間で評判を呼び、序々に全米に広まり、ブームに火が点いたのだ。これは「エクストリームけん玉」と呼ばれ、「日本けん玉協会」が提唱して公式化されたものとは一線を画す、〝魅せる〟けん玉遊びだった。その後、ブームは次のステージへ移り、欧米で選手権も行われるようになったのだ。

こうして海外で進化し、〝魅せる〟けん玉という新たな潮流に危機感を覚えたわけではないだろうが、平成22年（2010年）1月30日に「第1回全日本けん玉道チームチャンピオンシップ」が、東京都板橋グリーンカレッジホールで開催された。お笑い芸人のワッキーやハリセンボンの箕輪はるかが参戦して大会に花を添えた。その後、この二人が出演してけん玉を披露するバラエティ番組や、「ガンプラ」で有名なバンダイから、「ケンダマクロス」という、プラスチック製でカスタマイズも出来るけん玉が発売された。また、同社がスポンサーでもあるテレビ東京の子供向けバラエティ番組「おはスタ」でテクニックが紹介され、新世紀のけん玉ブームを後押ししていた。

こうした流れを追い風にして、けん玉作り発祥の地・広島県廿日市市が世界初の「けん玉ワールドカップ」を平成26年（２０１４年）7月11〜12日に開催。世界各地から約１００名のけん玉パフォーマーが参加し、予想を超える反響があった。

世界的な「エクストリームけん玉」のブームに便乗したという見方もあろうが、もともとブームになる前から、廿日市市に住む有志たちが、細々ながら、けん玉の啓蒙に尽力していたのである。例えば、（元広島東洋カープの）山本浩二の母校である県立廿日市高等学校に「けん玉部」が創設され、学生たちが継承を行っていたり、小学校の元教諭が平成20年（２００８年）頃に退職後、「けん玉教室」を開いて普及に努め、現在は廿日市駅通り商店街に国内初の「けん玉専門店」を開業。さらに、廿日市市にある木工店の若き後継者が（平成15年・２００３年頃に）市からの依頼でけん玉製造を復活させて、世界中のけん玉パフォーマー垂涎《すいぜん》の「けん玉　夢元無双《むげんむそう》」を製作。その後、広島東洋カープとコラボした「カープけん玉　夢元無双」も限定生産され、平成27年（２０１５年）2月1日から販売された。

中でも平成12年（２０００年）、広島大学時代にけん玉サークルを設立し、以後、海外でもけん玉の魅力を伝道して回っていた御仁が、「グローバルけん玉ネットワーク（ＧＬＯＫＥＮ）」を立ち上げた。世界に広がるけん玉人気を不動のものにするため、「けん玉」作り発祥の地・廿日市市で世界大会を開催するため、同市のけん玉好きとともに世間に働きかけたのであった。

この「ＧＬＯＫＥＮ」では、次回の「けん玉ワールドカップ」の認知度の底上げを含め、日本ではまだまだ少ない女性のけん玉プレイヤーを増やそうと、平成27年（２０１５年）５月30日に大阪で「女性だけのけん玉大会（Girls Dama Jam Fest）」を開催。全国各地から（８歳～30代主婦までの）30人の参加があり、会場には１００人以上の観客が集まり、一体となって大会を盛り上げた。

ともあれ、現在世界の（エクストリーム）けん玉のプレイヤーは１００万人を超え、世界中（デンマーク、オランダ、台湾、カナダ、アメリカ、日本）に数多くのけん玉メーカーがあり、プロのプレイヤーも所属している。また日本でも、〝ずーまだんげ〟のようなプロのけん玉ストリートパフォーマーも現れ、大道芸としてのけん玉を考えていた江草濱次の夢が一世紀の時を経て、ここに成就したのである。

【凧揚げ】　絶滅危惧度★★★☆☆

凧揚げの起源にも諸説あり、中でも特に面白そうなのは欧州起源説。「紀元前４００年頃、ギリシャで凧揚げが行われていて、（それが何と）哲学者プラトンの友人の哲学者アルキュタスが、（空気を噴射して動く構造の）木製凧を作って揚げた」とあった。ただ、この話は口伝のようで、凧の構造を明らかにしたものが残っておらず、これが西洋で伝承されていった凧のルーツであるとの証明はされていない。

凧の収集家で日本凧の会創立発起人の比毛《ひけ》一朗の著書『凧大百科 日本の凧・世界の凧』（美術出版社刊）には、「先史前の人々が、風に舞い散る木の葉や、鳥や蝶が飛ぶのを模倣する過程で、自然発生的に凧が誕生したと考えられるので、いつ、どのような凧が、どこで最初に作られたかについては明らかでない。原始的な凧のひとつが中国に伝わってから、（紀元前に）高度の文化を持った中国の人々によって、飛躍的に改良され発展していったものだろう」「（ただし）太平洋諸島を経て米国に、またシルクロードを通って欧州に普及していった凧は、中国から伝わったもので、欧米の凧の発生地を中国とする説を支持している」と記述してあった。

最古の文献である『韓非子《かんぴし》』（紀元前３００年）と、『墨子《ぼくし》』（紀元前３００年）には〝木鳶《もくえん》〟という木製の凧について記述がある。凧に関する最初の本格的文献（中国宗時代の）『事物紀原《じぶつきげん》』に「前漢時代（紀元前２０２～紀元後８年）の前漢の武将の韓信が、反逆者を征する時、未央宮《びおうきゅう》を攻撃しトンネルを掘り、地下から場内に進入するために場内までの距離を測る方法として紙鳶《しえん》（凧）を用いた」という記述があり、この逸話を参考にして、これが凧揚げの起源だという本もあった。ただし中国で紙が発明されたのは西暦１０５年頃であるから、この凧は牛皮製か布製であろう。

少し紙鳶の補足をすると、紙でトンビ（鵄《とび》・鳶）の形状をした凧を作ったところから、それは紙《し》老鵄《ろうし》と呼ばれていたが、西暦１０５年以降に編纂された文献では、凧のことを「紙鳶」と総称している。それがいつ日本に伝来したのか記述したものはなく、平安時代の（源順《みなもとのしたごう》編纂、日本初の分類体の）漢和辞典『倭名類聚抄《わみょうるいじゅしょう》』に紙老鵄が記されているところから、遣隋使（飛鳥白鳳時代）以降に中国（隋か唐）から渡来したのであろうとの、推測くらいしか出来ないようである。なお、日本の凧は紙老鴟ではなく、15世紀まで「紙鳶」という総称で呼ばれていた。

平安朝の頃には（中国製を模倣した）布製の紙鳶が貴族たちの遊びとして用いられたとか、紙鳶が実用的に用いられたという伝説はあるが、戦国時代までの約400年間に、日本の凧について記録したものはないそうだ。

それが16世紀を境に凧の記録が数多く現れる。（マイペディアによると）遊びとして凧揚げが盛んになったのは17世紀（江戸時代）に入ってからで、まず、大坂（大阪）で流行り始めたと検索出来た。そして江戸へと伝わり、禁止令が出るほど大流行（正月に凧揚げをするのは江戸の風習。大坂は2月、長崎は4月、浜松は5月）。鳶凧《とんびだこ》、奴凧《やっこだこ》、烏賊《いか》凧、達磨凧《だるまだこ》、振袖凧、剣凧、将棋凧等、いろいろな形のものが作られた。ただし、形は多様でも、凧は絵凧と字凧のふたつに大別される。

江戸後期の俳人小林一茶も「美しき凧あがりけり乞食小屋」と詠んでいるように、季節の風物詩としても認知されていた。また、江戸の芝・増上寺の大屋根の頂点の瓦屋根の改修工事では、足場作りに大金がかかるため、凧を揚げて修理したと神沢《かんざわ》杜口《とこう》の随筆『翁草《おきなぐさ》』に記されている。

凧揚げは、その飛昇する姿が隆盛や繁盛を連想させるところから、子供の遊び道具以外にも、商売繁盛のために商売人が店子に揚げさせたり、大人たちの競技としても発展し継承された。明治・大正・昭和中期まで正月の風物詩として愛でられたものの、経済成長に伴う都市開発で、子供が凧揚げをして遊ぶ姿が消えていった。それを憂うかのように、凧の調査研究を一手に担い、画人で郷土玩具愛好家の俵有作《たわらゆうさく》を中心として「日本の凧の会」が、昭和44年（１９６９年）に発足（発起人・茂出木心護《もでぎしんご》）。以降、この会は世界中の凧や凧揚げの伝承や担い手の育成と、（世界各地で）凧揚げ大会を開催している。

そんな凧好きの人々の苦労も啓蒙も子供たちには届かず、遊びとしては斜陽になっていったが、昭和50年（１９７５年）に米国よりゲイラカイトが渡来すると、スポーツとしての凧揚げブームが再燃する。以降、「スポーツ・カイト」による競技会も開催され、完全に正月の子供の遊びから昇華していった。子供の手を離れた凧揚げは、現在もスポーツの一環として凧合戦や喧嘩凧などの競技として、（地方の）祭りや同好会などでも継続されている。しかし平成の現在、これらの集まりも後継者不足と高齢化の波が打ち寄せており、一番若い人が40～50歳代という同好会も多いようだ。

先年、そのような（斜陽）状況の凧揚げ同好会をなんとか若人にアピールしようと、高知県（凧の町）香南《こうなん》市の「野市町《のいちちょう》土佐凧保存同好会」の面々が、凧揚げの高度世界記録（平成12年・２０００年、カナダ）の４４２２メートルに挑んだ。徳島県北島町の（日本で唯一あらゆる凧を作る）凧専門メーカーから、高度まで揚げられる新しい凧についてのアドバイスを受け、愛媛県松山市の化学繊維メーカーが作った、薄くて軽い新素材の帆生地と、同市で（炭素繊維シェア世界一を誇る）化学繊維メーカーが作った炭素繊維の骨を十数本もらい、それらを使って（８０００メートルの上げ紐の重さに耐えられるように）大きさ３×３メートルの新土佐凧を設計・製造し、晴天の高知の大空に舞った。天高く羽ばたいて大空に挑んだイカロスのごとき結末となったが、その挑戦は彼らの情熱と年齢（体力・気力）の限界まで続くと思う。ただ、凧揚げの伝統を次の世代に受け継ぐ後継者の確保は、高度世界記録より遥かに（難度が）高いのではないだろうか。

【人形（ドール・フィギュア）】 **絶滅危惧度☆☆☆☆☆**

日本の特に古墳〜奈良時代は、人形はまだ遊具ではなく「ひとがた」「〜のかたち」といって信仰に用いられていた。古代は石や木の枝などに人間の形に似たものを見出して、神や精霊の形代《かたしろ》として祀られ、文明が進むに伴い加工され、土や紙や草木で作られた人形が、人間の形代として祓《はらえ》にも使われた。あの「丑三《うしみ》つ参りの藁《わら》人形」の風習も、これらから伝承したのだろう。

人形と書いて「にんぎょう」と読むようになったのには諸説あり、国語辞典『色葉字類抄《いろはじるいしょう》』（橘忠兼・選）が編纂された平安時代末期〜鎌倉時代頃であろうと記述するものや、室町時代の『御湯《おゆ》殿上日記《どののうえのにっき》』に「人ぎやう」「にんぎやう」の語が現れるのが初めてのようだと記す書籍もある。

人形・玩具研究の最高権威者といわれた山田徳兵衛の著書『日本人形史』（冨山房刊、昭和17年・1942年）によると、人形が子供の玩《もてあそ》ぶものになったのは平安時代の頃で、それを雛《ひいな》と呼んでいた。語源は不明であり、雛の絵や実物が残っていないから、どんな人形だったかも明らかではないが、当時の書物の記述では、少年や少女を写した人形だったようで、この男女の人形を対にして遊ぶ雛遊びとは、今でいうところの飯事《ままごと》のようなものであったそうだ。

男の子も加わることもあったが、勿論、女の子が主流の遊びで、人形の他に、雛を入れる館があり、食器（壺・皿・箸など）や乗物（牛車か？）などもあった。なお、この頃は小さくて美しい少年少女二人を、「雛のようだ」と言っていたそうで、これが人形信仰と相まって、3月の節句に飾る雛人形となっていったのだろう。

平安時代より公家や一部の武家の子供の間で人形遊びは行われていたが、一般化し盛んになってゆくのは江戸時代になってから。それまでの人形の役割とは、もっぱら信仰の対象として扱われていた。例えば、室町時代から文献に出てくる天児《あまがつ》・這子《ほうこ》（四つん這いの幼児を模したもの）と呼ばれた人形は、小児の枕元に置いて魔除けとして使われた。

そして天児・這子と並んで小児の祓いに用いられたものに犬張子《いぬはりこ》がある。別名を犬箱《いぬばこ》（御伽犬《おとぎいぬ》、這狗《はいごま》）ともいい、男犬・女犬の一対で用いられ、中に守札《まもりふだ》や畳紙《たとう》、白粉《おしろい》などが入れられて、宮参りや嫁入りの時にも持参された。勿論、小児の遊びにも用いられた。こうした京都生まれの犬張子は当初、箱型であったが、江戸時代中期以降に犬の立ち姿を模した江戸の犬張子が出現した。ちなみに、江戸の犬張子の図は『江都二色《えどにしき》』（安永2年・1773年刊）に収録されている。

雛祭りもこういった人形信仰から生じたもので、中国・秦の民間の言い伝え——「季節の変わり目に人を犯す悪気があり、それを避けねばならぬ」——が、日本に伝わってから、「季節の変わり目に人を犯す悪気」が我が国固有の祓いの対象となった。そしてこの悪気を祓うために「神を迎えて祓っていただく」祭りを始めた。

祭りには神の形代を用い、祭りの終わりにはそれを水に流して「神送り」した。これと人間の形代の祓とが結びついて、形代（雛）を流すことが節句の古い行事となった。いつしか神の形代や雛を流さず、家に飾るようになって、後世の雛祭りとなった。ただし、流し雛の行事は地方によっては現在も行われている。雛を流さなくなった理由のひとつとして、「人形を立派に作るようになったから、（勿体無くて）流さず家に飾るようになったのでは」と語る識者もいる。

江戸時代に入り、規模の大小を問わず勃発していた大乱も、島原の乱を最後に終息。やがて元禄時代に町人階級の経済力が向上し開花した都市の文化圏では、劇場や出版などが発達し、歌舞伎の流行に代表する、それまでの価値観をリブートした大衆向けのカルチュアがいろいろと生まれた。

これに反比例して人形信仰が衰えてゆくのだが、それで即「人形＝子供の玩具」となったわけではなかった。衣装人形・市松人形・御所人形・加茂人形（木目込人形）・嵯峨人形・奈良人形・宇治人形などと呼ばれる美術的な人形が作られ始めると、（一般庶民ではない）大人が座右に置いたり、室内に飾って愛玩したり、鑑賞したりしていた。現代の大人のフィギュア萌えを鑑みると、日本人のメンタルは、３００年以上経っても大した変化がないようである。

さて、ここまで大人の愛玩・鑑賞の人形ことばかりを書いたが、（前述のような）美術的な人形を作っていた所でも、子供用の人形製作も行っていた。主に女児用のもので、女姿の人形が多く作られ、明治時代になるまで、（人形によっては年代で流行り廃りはあったが）姉様人形・土人形・（廉価版の）市松人形が最も好まれた。当初は、人形製作の多くが上方（京や大坂）で行われていた。

開国して明治時代になると、布教や通商、技術供与、稀に旅行で、欧米の人々が頻繁に日本を訪れるようになる。そうすると岡目八目で、古き日本の良さを面白がり理解するのは、いつの時代も倭人《われわれ》ではなくて、外つ国人《とつくにびと》たちだった。

当時、来日していた外国人の中には、江戸文化の名残のある庶民文化に興味を持つ、例えば『江戸幕末滞在記』の著者、エドゥアルド・スエンソンや米国人教師、E・W・クラーク等が、自国に帰って極東の島国の奇妙さや面白さを（書籍などに書いて）伝えた。彼ら以外にも、横浜の外国商館の商人も日本独自の人形や玩具にひかれて、西洋諸国向けの輸出品として、市内の小売店や縁日の夜店まで漁って、日本玩具を買い求めた。こうして日本玩具の輸出が始まったのは、明治3年（1870年）のことである。

これを受け、目聡《めざと》い日本の商人がすぐさま追随。「経木《きょうぎ》を骨として彩色画を張った竹の柄の（三寸位の）日傘」「版画張りの（四、五寸位の）扇子」「千代紙、版画・掛け軸」「竹蜻蛉《たけとんぼ》」「（三尺位の）弓と矢」「綿細工の鳥類」「日本髪を結んだ（各種の）人形の頭」「木彫り面、紙面」「水中花」「紙凧」「木製の船」等々が、輸出品第1号として（横浜の外国商館を通して）海を越えた。

しかしながら当時の日本では、先進諸国の文明を吸収することが最重要事項で、江戸由来の保守的なものは、「旧弊」として斥《しりぞ》けられ、廃止されたりした。それは人形信仰も例外でなく、明治5年（1872年）春、張子や木製の陽物の縁起物がお上の法令で禁止になり、明治6年（1873年）1月には五節句の廃止が発令された。雛人形業者（それに携わる職人・売人全ての人々）にとっては死活問題となり、業界はその対策に奔走した。

結果、同年に東京だけだが、日本橋本石町十軒店《じっけんだな》で4月27日から5月6日まで、兜人形の出店が復活許可された。これで雛を飾る風習だけは辛くも廃止の難を逃れたが、節句行事の衰退は否めなかった。

おまけにこの衰退に則して、人形玩具は日本人形から西洋人形への、新旧交代も起こり始める。人形信仰が薄れた日本人形は、専《もっぱ》ら子供（女児）や婦人が玩ぶものが主流となるのだが、明治5年（1872年）頃以降、海外から渡来した舶来玩具は幼稚な国産品に比べて精密なものが多く、子供たちはそれらに魅せられ、この人形遊びですら、（ドイツの）陶器製人形（輸入人形の大半がドイツ製だった）やブリキ細工の玩具、ゴム製品（明治9年・1876年発売。ゴム風船のことで、球風・コンペイと呼ばれる）などに圧倒され、舶来化に拍車が掛かってゆく。ちなみに、明治10年（1877年）には凧揚げ、羽根つき、独楽回しなどが、交通妨害の理由で路上遊び禁止となった。

この頃の西洋文明への心酔は「舶来品＝一流品」という刷り込みとなり、大した根拠がなくても海外文化よりも日本文化を軽んじ、（時を経て敗戦後の米国文化の再刷り込みもあって）この歪《いびつ》な舶来崇拝は、今もって日本人の心を縛っているように思える。

ただし舶来品を有り難がる者ばかりではない。日本人の得意芸である模倣も始まっていた。明治7年（1874年）頃から輸入が始まったブリキ板の廃材（空缶）を使って赤子用の「ガラガラ」を作ったり、その後、柄や形を改良したものがいろいろ作られた。やがて銅壺屋《どうこや》がブリキ玩具のメーカーとなって、太鼓にラッパ、サーベル、汽車、電車、汽船、軍艦、そして自動車などのブリキ玩具が製造された。

明治10年（1877年）にセルロイドが初輸入。明治43年（1910年）には日本での生産も始まり、セルロイド製の玩具も増えていった。中でも米国生まれの「キューピー人形」をコピーしたセルロイド人形は秀逸で、大正6年（1917年）に日本で大流行する。昭和に入ると、セルロイド玩具はさらなる発展を遂げ、日本製のものが米国へ逆に輸出されるようになるのである。

ここから日本人形の復権運動と西洋人形の和製化が始まる。昭和2年（1927年）3月に、米国の世界児童親善会（CWFAC）が日米親善人形使節として、1万2000体の西洋人形（青い目の人形）を日本に贈った。これは関東大震災で人形類を失った日本の子供たちへの慰問だともいわれている。この返礼として日本人形（答礼人形）が米国に贈られ、その結果、グローバル化されていない日本人形のいろいろな不備が報告され、改良が進み、日本の人形技術に大きな進歩をもたらした。昭和5年（1930年）に人形創作運動が台頭すると、昭和8年（1933年）には人形師やアマチュア作家らが日本人形研究会を結成。昭和10年（1935年）前後を頂点に、日本人形は華やかな流行ぶりを展開。昭和12年（1937年）にはフランス人形（欧米風の人形の総称）の製作熱が盛んになった。

しかし歴史は、昭和6年（1931年）に満州事変勃発、続く昭和7年（1932年）に上海事変と五・一五事件、昭和8年（1933年）には日本が国際連盟を脱退、昭和11年（1936年）の二・二六事件、昭和14年（1939年）の第二次世界大戦勃発と、平和友好の象徴も軍靴《ぐんか》の響きにかき消されてゆく。昭和14年（1939年）7月に日米通商条約を破棄、翌年1月失効になると、米国への玩具輸出が途絶し、欧州諸国の日本製玩具の輸入禁止が相次いだ。

昭和20年（1945年）8月15日に太平洋戦争が終結。戦後、それまで人形は女の子の遊具というのが一般認識の趨勢《すうせい》を占めていたが、昭和35年（1960年）頃に一変する。昭和34年（1959年）の月刊誌『少年』（光文社刊）6月号で金属（ブリキ）製「鉄人28号」の通信販売が行われたことに始まり、実写版『鉄人28号』（日本テレビ系列）の放映に合わせるように、昭和35年（1960年）10月に野村トーイがゼンマイ歩行の金属製「鉄人28号」を発売。同年11月には電動歩行の「鉄人28号」を今井科学（昭和34年・1959年12月株式会社化）が発売した。これが日本キャラクタープラモデル第1号で、以降に売り出された電動歩行プラモデルの基礎となった。

ブリキやプラスチックのキャラクター人形は一躍、人気玩具となり、今井科学は二匹目の泥鰌《どじょう》を狙って、月刊誌『少年』で『鉄人28号』と人気を二分していた『鉄腕アトム』のプラモデルを、昭和37年（1962年）7月に「歩くマスコットシリーズ」と銘打って発売。他に「ナガシマくん」「ロボット一家（ロボット三等兵の別バージョン）」「鉄人28号」が売り出され、以降キャラクターモデルはフィギュア・プラモデルとして広く認知されていった。なお、「歩くマスコットシリーズ」の動力は電動モーターではなく、当初はゴム動力の糸巻き車で走行する仕組みだった。翌年から、「（台座に）フェライト磁石付き」→「コロ走行」→「バネ飛び出し」へと変化していった。

昭和38年（1963年）1月1日、フジテレビ系列で始まった『鉄腕アトム』以降のTVアニメ人気の追い風で、漫画やアニメのキャラを模したフィギュア・プラモデルは全盛期を迎える。ちなみに、これらキャラものは「マスコミ玩具」という名が付けられていた。

また、この頃には「木のぼりウィンキー（愛称〝ダッコちゃん〟）」の大ヒットもあり、ビニール製のキャラもの玩具（ソフビ）もプラモデルと並ぶ子供の人気玩具となっていった。ただ、造形技術がキャラ本体に追い付いておらず、子供心に「TVや漫画と違うなぁ」と思いつつ遊んでいた記憶がある。現在、（昭和特集の）TVや写真で見かけるその姿はパチモンっぽい。ただし、そこが良いからと、大枚を叩《はた》いて買ってゆくマニアも少なからずいるため、東京の秋葉原や中野ブロードウェイの古物商が、今もって盛況なのだろう。

折も折、日本人形玩具に一石を投じる、米国の人形玩具「バービー人形」（昭和37年・1962年誕生）と「G・I・ジョー」（昭和39年・1964年2月誕生）が、昭和41年（1966年）には太平洋を越えて我が国にやって来た。日本の業者がこれらを専売契約して売り出すと、今までにないリアルな着せ替え人形が評判となって人気が沸騰した。

この海外から渡来した（可動式の）ファッション人形が、現在の日本フィギュア隆盛の嚆矢《こうし》（鏑矢《かぶらや》）になったといえるであろう。昭和42年（1967年）には「バービー人形」を模した「リカちゃん人形」が、昭和47年（1972年）には「G・I・ジョー」に「仮面ライダー」「人造人間キカイダー」のテイストを混ぜた「変身サイボーグ」を、タカラが製作販売して大ヒットした。

もともと人形は流行廃りの少ない女児玩具で、「リカちゃん人形」は現在まで続くロングヒットとなっている。男児玩具の「変身サイボーグ」の方は、「ミクロマン」シリーズという後継玩具も生んで人気を呼ぶも、昭和54年（1979年）にデジタル玩具が登場すると、男児は人形遊びより、任天堂から発売された「ゲーム&ウォッチ」の虜になり、巷に増殖してゆく。昭和58年（1983年）のファミコンの登場でそれは決定的となり、TVゲームが小児たちの玩具人気の上位を占めていった。

この頃から個人の作家が「フィギュア」を作り始め、彼らが、折からのアニメブームに便乗して、アニメ（&ゲーム）に登場するキャラを造詣した美少女フィギュアを売り出した。それらに（子供の頃）「変身サイボーグ」や「ミクロマン」等で遊んでいた世代のオタクが食い付き、1990年代の美少女フィギュアブームを牽引していった。ちなみに、こうしたオタクの要望に呼応したのが、ボークス、海洋堂、ムサシヤ、コトブキヤ、京商、ニューライン、スカイネット、マーミット、マチャップトイ（ドレス専門）などの、老舗や新興の人形玩具（ドール&フィギュア）メーカーで、以降、萌え系少女フィギュアの萌え度合を競うようになるのである。

そういった一部のオタクの慰みものだった人形玩具（ドール&フィギュア）であったが、平成11年（1999年）にフルタ製菓が発売したおまけ付きチョコレート菓子「チョコエッグ」が引き金となり、玩具としての「フィギュア」が日本の隅々にまで広まることになった。この「チョコエッグ」とは、昭和58年（1983年）以降、「ガレージキット」（少数生産される組み立て式模型）の店として名を上げてきた海洋堂製作の（動物や昆虫の）フィギュアがおまけに付いた菓子で、このフィギュアが人々のコレクター魂に火を点けた。

こうして、菓子よりおまけがメインの〝食玩《しょくがん》〟が国民的な人気を得て、（勝ち組の）フルタ製菓に便乗・追随した類似の食玩も多種多様誕生する。この頃からフィギュアのメーカーや造形師、そして新作フィギュアを特集する雑誌や本が多く発行されるようになり、TVなどでも取り上げられるようになっていった。

やがて国民的な食玩ブームが訪れ、フィギュアに対する世間の認識が変化していった。それまでこういった物を収集したり飾ったりしていたのは、世間では「オタク」といわれるマイノリティの人々だったのだが、食玩ブーム以降は一般の家庭どころか、職場の机にも飾る若人が増殖していった。造形の技術も日進月歩で向上し、至る所に食玩やフィギュアを扱う専門店が増え、人気のフィギュアなどはネット上で、高額で売買されるようになった。

平成のシリーズ化で再ブレイクした『機動戦士ガンダム』の人気で、プラモデルの売上も世界規模で拡大し、これが呼び水になって（それまでマニア向け限定発売だった）「鉄人28号」「ブラックオックス」「マジンガーZ」「ゲッターロボ」等、過去の人気ロボットの（それも関節可動式の）フィギュアが量産されるようになった。まあ、近年は以前ほどの全国的な熱気はなくなり、専門店も激減していった。しかし、『コードギアス』や『タイガー&バニー』等のヒットしたアニメキャラは、アニメ終了から間を置かず、すぐにフィギュアとなり、人形玩具好きばかりでなく、新たなアニメファンを何とか顧客に引き込もうとの戦略を凝らしている。

【偶像模倣（〜ごっこ）】　**絶滅危惧度☆☆☆☆☆**

昭和24年（1949年）の月刊誌『少年』（光文社刊）1月号から連載が始まった江戸川乱歩の少年小説《ジュブナイル》は、人気紙芝居画家だった山川惣治《やまかわそうじ》の挿絵も相まって（戦前と同様）人気作品となり、少年たちの熱狂的な支持を得て、10年以上のロングラン連載となっていった。その人気に拍車を掛け、さらに不動のものとしたのは、『少年探偵団』のラジオドラマ放送であった。昭和27年（1952年）頃の朝日放送と昭和29年（1954年）5月のラジオ東京、昭和29年（1954年）8月朝日放送からのラジオ放送もあったが、特に日本全国に人気を広めたのは、朝日放送の録音版（昭和29年・1954年からの2度目の放送分）を譲り受けて、昭和30年（1955年）6月23日からニッポン放送で再放送されたラジオ劇『少年探偵団』である。毎週月〜金曜日の夕方に放送があり、あの少年探偵団の歌は、日本中の夕飯時のお茶の間に木霊《こだま》した。

再放送分の放送が終了した後も、ニッポン放送で新作のラジオ劇『少年探偵団』の放送が続き、社会現象化した「少年探偵団」ブームを、火付け元の月刊誌『少年』も見逃すはずもなく、昭和30年（1955年）に懸賞商品で「BDバッジ」、昭和33年（1958年）には「少年探偵手帳」が懸賞商品（昭和34年・1959年〜昭和38年・1963年には付録）で、月刊誌の売上向上を促した。後に「BDバッジ」と「少年探偵手帳」は、通販で手に入るようになり、こうして2つのアイテムを手にした日本中の子供たちが、俄《にわか》「少年探偵団」となって町中を闊歩したのである。

そんな〝少年探偵団ごっこ〟と同時期に流行っていたのが、米国から渡来した西部劇とスーパーマン。開局後まもないテレビ局には番組を量産出来る能力がなく、放送枠を埋めるためにも海外のドラマを輸入して放送していた。昭和32年（１９５７年）からはその数が急増し、必然的に鞍馬天狗や快傑《かいけつ》黒頭巾《くろずきん》などの剣士ヒーローよりも、外来ヒーローの真似をする子供たちが増えていった。

まあ日本のクリエーターたちも、ただ指を銜《くわ》えて見ていたわけでなく、すぐさま和製のニューヒーローを登場させる。しかしながら、スーパーマンやローン・レンジャーの影響は絶大で、マントや目元を隠すためのアイ・マスク、それにハンドガンなどは、（例外もあるが）以降の和製ヒーローの必須アイテム化し、どれかひとつは携えていた。ＴＶドラマ初のスーパーヒーロー『月光仮面』を皮切りに、『まぼろし探偵』『七色仮面』『ナショナルキッド』『快傑ハリマオ』他多数の子供向けヒーロー番組が放映され、多くの子供たちを虜にしていったのである。

米沢嘉博《よねざわよしひろ》・式城京太郎《しきじょうきょうたろう》共著の『２Ｂ弾・銀玉　戦争の日々』（新評社刊）には、白いマントと白覆面とサングラスと拳銃の「月光仮面セット」、お面とマントとスーパーコルトと手袋の「七色仮面セット」、鈴の絵の付いた赤胴とお面と竹刀の「赤胴鈴之助セット」が大きな箱に入って４００〜７００円で売られていたと書かれていた。裕福な家庭の子供はそのような「なりきりセット」を買ってもらえたが、一般家庭の子供は駄菓子屋か祭りの出店で、セルロイド製のお面と銀玉鉄砲を手に入れ、長袖シャツの（袖を首に縛った）マントで月光仮面を気取ったり、山田風太郎《ふうたろう》の『甲賀忍法帖』に始まり、白土三平《しらとさんぺい》の貸本時代劇漫画、横山光輝《みつてる》の『伊賀の影丸』、そして極め付きはＴ

Vドラマ『隠密剣士』の登場で空前の忍者ブームになってからは、廃材置き場から拾ってきた持ちやすい細木を刀に見立て、秋草新太郎《おんみつけんし》もどきvs忍者もどきのチャンバラごっこが精々だった。

著者が生まれた広島の安佐郡祇園町は、裏に銀山《かなやま》（通称は武田山《たけたやま》）と火山《ひやま》が聳《そび》え、少し遊びの範囲を広げれば山林や小川の清流があったので、お山の大将の悪ガキどもが、インドア派の著者を、さも当然のように連れ出し、（上忍が下忍を従えるような強制力で）忍者ごっこをさせられていた。落ち葉を使って「（ただ服が汚れるだけの）木の葉隠れ」、川の浅瀬を遁走《とんそう》するだけの「水遁《すいとん》の術」、ただ木に登るだけの「猿飛びの術」では、よく木から落ちた。

TVドラマ『忍者部隊月光』の放映があった当時は、廃材の刀と銀玉鉄砲を持って、あの有名な手信号を（その意味は不明のまま）真似て、ただ闇雲に走り回っていたり、今考えると、とても怖い話であるが、昭和40年（1965年）前後は、まだ何箇所か残っていた防空壕跡の、それも小山の岩壁を削って造った巨大な洞穴《ほらあな》を、敵秘密基地に見立てて探検をしたものである。ちなみに、20年後に小山はなくなって平地となり、現在は住宅が建っている。

昭和37年（1962年）の『ドクター・ノオ（Dr. No）』で初映画化された007《ダブルオーセブン》ジェームズ・ボンド。それ以降のスパイブームでは、「007スパイセット」に、バックルから弾丸が飛び出す「ベルトガン」、ラジオからマシンガンに変形する「ラジオガン」、カメラから拳銃に変形する「カメラガン」、そしてスパイの心得や暗号表や水に溶ける紙が付いた「スパイ手帳」が売り出されて、妄想込みのスパイごっこが流行。必殺ブームでは『必殺仕掛人』の梅庵《ばいあん》先生（演・緒方拳）や『必殺仕置人』の念仏の鉄（演・山崎努）の真似などが流行したり、『燃えよドラゴン』のヒットでカンフー・ブームとなって、ドラゴン銘の映画が封切られ、主役のブルース・リーの物真似が日本中に蔓延した。その後、お笑い番組や物真似・歌真似番組が多くなり、ＴＶ番組の定番となって現在まで続いている。

20世紀から21世紀へと時代は移り、メディアと通信網《ネット》の発達・発展に伴って、それまでほんの一部の人たちだけの趣味だった「コスプレ」という偶像模倣が、ひとつの（日本）文化として巨大化し、いつしか子供の遊びから大人も楽しむ娯楽へと昇華。それまで小さなサークルで集まって、自己満足だけで完結していたのが、今は大々的なコンテストも行われるようになった。マンガ・コミケ・アニメ・アニソン等のポップカルチュアのイベントには（絶対）欠かせないものとなり、インターネットの世界的な普及もあって、加速しながら全世界へと拡がりをみせている。

愛知県では「コスプレの街」と称して、毎年8月に「世界コスプレサミット」が開催。世界22の国と地域から20万人以上を動員する世界最大級のコスプレイベントとなり、県知事の大村秀章自ら、名探偵コナンやデスラー総統のコスプレをして大会を盛り上げていたり、近年の日本では「ハロウィン」が常態化し、クオリティの高い大勢のコスプレをした人々が大都市の街路を闊歩し欧米人を驚かせていた。ただ闊歩する大行列を皮肉って「百鬼夜行《ひゃっきやこう》」と呼ぶ人もいる。

＊1　鬼定め

草履を並べて決める草履近所や、（「ずいずいずっころばし」「一《ひ》ぃ二《ふ》ぅ三《み》ぃ四《よ》ぉ」「いっちくたっちく」「いっぽてっぽてがいやんま」等の）童歌《わらべうた》を用いて、鬼を決めることをいう。後には、石拳（三すくみ拳）も鬼定めのひとつに含まれるようになる。

＊2　熨斗鮑

中世になって進物には酒肴を添えて贈る習慣が広まって、生肴の他に乾物も添えることが行われた。中でも鮑は長生きであることが喜ばれて、熨斗によく用いられたのである。

＊3　千代紙

和紙に数々の文様を木版で（5色に）色刷りしたもので、最初は京都で作られ、贈物に添える熨斗紙に用いられていた。のちに江戸に伝わり、錦絵の影響を受けて発達した。なお、千代紙の語源については「徳川将軍家の千代田城大奥で細工紙に用いられたので、千代紙と名付けられた」と記述する本がある。

＊4　弾碁

紫式部の『源氏物語』にも公家の遊びとして記述されている。2名がまず黒の碁石6枚か白の碁石6枚のどちらかを選んで、（一見囲碁の盤にも似た）中央が高くなった専用の盤に対座。お互いに碁石をひとつ盤上に置き、先行がその碁石を弾き、相手の碁石に当たればその碁石を取得出来、当たらなければ相手に自分の碁石を取られる。交互に弾き合い、最初に持っていた6枚の（黒か白の）碁石を全て取られた方が負けとなる。

第5章

髷物の怪傑《ヒーロー》

絶滅危惧度——★★★★☆

昭和29年（1954年）12月から刊行が開始された「講談社版 少年講談全集」の広告。既刊18巻に新刊3巻を加えた時点のもので、昭和32年頃ではないかと思われる。

なぜ時代劇はつまらなくなったのか

昭和44年（1969年）にTBS系列で放映が始まった『水戸黄門』シリーズも、平成23年（2011年）に40余年の時を経て幕を閉じた。TBSの名物だった月曜夜8時の『水戸黄門』シリーズの完結は、単に一番組が終わったというだけでなく、昭和世代のおやじたちに「一つの時代が終焉を迎えた」と、そんな喪失にも似た感慨を与えたと語る人もいる。

一部に例外（『鬼平犯科帳』『平成の必殺シリーズ』）はあるにせよ、今のTV欄のどこを見ても、昭和世代が子供の頃には当たり前のように目にしていた「時代劇の英雄・豪傑」の名を冠とした劇やドラマは、21世紀の映画やTVでは皆無となっている。このような事態を鑑《かんが》みて、時代劇評論家・安田清人《やすだきよひと》は、『週刊ポスト』（小学館刊）で連載の『時代劇を斬る！』第5章〝時代劇復興の牽引車たち〟の中で、「時代考証にこだわり、ドラマそのものを楽しもうとしない、そんな観る側の姿勢が時代劇をつまらなくした。（中略）新たな時代劇が求められている。長年、お茶の間で愛された『水戸黄門』の終焉は、時代劇のパラダイム・シフトの象徴だ」と主張している。

過去を振り返って見ると、半世紀以上前の太平洋戦争敗戦後、昭和20年（1945年）9月19日に連合軍総司令部（GHQ）が発令した出版法（主に言論や新聞の自由に関する規制）で、奈良時代の頃から綿々と受け継がれてきた日本人の魂ともいえる、ありとあらゆる「英雄・豪傑」が否定される一方で、日本国民主化の方策の一環として、ジョン・ウェインに代表される西部劇映画や米国の生活やスタイルが輸入され、憧れの対象となっていった。

それでも昭和27年（1952年）4月に検閲制度が解除されると、堰《せき》を切ったように時代劇が復活し、演劇や映画、雑誌（小説・漫画）にと、講談の英雄・豪傑が世の中を跋扈《ばっこ》。大佛次郎《おさらぎじろう》、佐々木味津三《みつぞう》、山本周五郎、長谷川伸《しん》など、戦前の人気時代劇作家は言うに及ばず、司馬遼太郎、五味《ごみ》康祐《やすすけ》、柴田錬三郎、池波正太郎らの新人時代劇作家が「綺羅、星の如く」登場し、特に新人作家たちの創作（もしくは実在の歴史人物を脚色）した魅力溢れる剣客は、多くの読者の心を虜にした。

勿論、次々と映画化もされ、市川雷蔵《いちかわらいぞう》はじめ大川橋蔵《おおかわはしぞう》、大友柳太郎《おおともりゅうたろう》、近衛十四郎《このえじゅうしろう》、鶴田浩二、中村（萬屋《よろずや》）錦之介《きんのすけ》、勝新太郎《かつしんたろう》等、銀幕のスターを生んだ。新鋭・山田風太郎《ふうたろう》の『甲賀忍法帖』から始まった第二次忍者ブームは、白土三平《しらとさんぺい》や横山光輝《みつてる》が描く忍者漫画人気に拍車を掛け、TBSのTV時代劇『隠密剣士《おんみつけんし》（特に第2部から）』の登場で国民的大ブレイクとなった。以降、（『隠密剣士』『忍者部隊月光』関連を含む）忍者をテーマにしたムック本が出版され、たとえるなら、現在の「戦隊ヒーロー」ものや「（平成）仮面ライダー」もの等の公式（公認）本のような人気で売れていたと思う。

それが、戦後生まれの漫画世代→アニメ世代→TVゲーム世代が順次成人するたび、時代劇の漫画、TV、映画が少しずつ消えてゆき、スマホ世代が新成人となった現在は、NHKがまるで最後の砦のように時代劇番組を制作し、なんとか頑張っている。しかし実際、京都以外でも時代劇の撮影が可能なテーマパークができたことも含め、京都・太秦《うずまさ》の存続や時代劇に携わる職人技術の継承が危ぶまれるようにまでなっている。

このように映像系の時代劇は斜陽となっていくが、日本の大衆時代劇の未来に全く光明がないわけではない、時代劇評論家・安田清人、春日太一両氏には異論もあるだろうが……。

平成17年（2005年）にカプコンが発売した戦国アクションゲーム『戦国BASARA』。登場人物が史実とは全く違いビジュアル系となって描かれ、その戦国武将に萌える女性（俗称〝歴女〟）が増殖。アニメ化や舞台化されるクロスカルチャー戦略がとられたり、メディアミックス戦略としてゲームを題材にした同人誌やアンソロジーなども数多く刊行された。さらに、歴女が武将ゆかりの地を訪ねる〝聖地巡礼〟がブームとなったり、メディアがそれを連日のように取り上げ、世間に日本の歴史を再認識させて、関連本も相次いで出版された。

また、近年の時代劇小説ブームである。藤沢周平や佐伯泰英《やすひで》、和田竜《りょう》などのブームは、「時代劇小説ファンはまだまだ健在なり」をアピールしている。三氏の作品も含め、書店や新古書店には新旧作家の時代劇小説の扱いも多く、書店によっては時代劇小説専用の棚が広く確保されている。

さらに、『蒼穹のファフナー』等のアニメやゲームの原作・脚本、さらにライトノベル作家としてもマニアに人気だった冲方丁《うぶかたとう》が、時代劇小説『天地明察』で平成22年（2010年）に本屋大賞と吉川英治文学新人賞を受賞しファン層を広げた。この作品はジャニーズの岡田准一主演で映画化もされ、マニア以外の冲方丁ファンも増えたようだ（イケメンだし）。

そんなこんなで、映画やTVでの時代劇関連の斜陽に比べて、時代劇の読み物の方はやたらと元気である。当時の時代劇小説の趨勢《すうせい》を感じ取って、ノンフィクション作家の関川夏央《せきかわなつお》は『おじさんはなぜ時代劇小説が好きか』（集英社刊）を刊行し、日本人にとって時代劇小説が持つ意味の持論を説いた。

そして近年の時代劇小説の人気に牽引されたかのように、この数十年間、時代劇漫画で孤軍奮闘（漫画原作者・小池一夫の小池書院も細々ながら参戦）していた〝さいとう・プロダクション〟の出版部門であるリイド社が、時代劇専門の漫画雑誌をいろいろと創刊した。

こうした時代劇漫画の増加の要因であるが、（私論としては）平成になってからの「かわいい」ブームが影響しているだろう。アニメでも漫画でも、女性ファンの急増で、たとえそれが有名なロボットアニメ（平成の機動戦士ガンダム他）や少年漫画誌でも、少女漫画風のかわいいキャラがトレンドとなり、昭和の時代を席捲《せっけん》した劇画調のものが出番を失っていった。そこで、行き場のなくなった劇画ファンの最後の砦として、時代劇漫画が見直されたのだろうと考えている。

その時代劇漫画の受け皿はリイド社だけに留まらず、あの角川書店からも平成24年（2012年）秋に『サムライエース』が創刊されて、新たな日本の時代劇の魅力をアピールしようとしている。とともに漫画ならではの表現を駆使し〝時代劇の怪傑〟を平成の世に送り出しているようだ。特に角川書店はメディアミックスやクロスメディア戦略はお手の物であり、この雑誌から漫画の人気が出れば、そのアニメ化・映画化も即座に行われることだろう。

このように、TVや映画から視点を変えて見ると、小説に、戦国アクションゲームに、アニメに、漫画にと、時代劇を題材にした作品が現在でもけっこう溢れている。

また、連合軍総司令部が発令した出版法に対する苦肉の策として時代劇（または歌舞伎）から洋風活劇へアレンジされた（時代劇役者）片岡千恵蔵《かたおかちえぞう》の『多羅尾伴内《たらおばんない》シリーズ』を端緒に、以降、特に子供向けのTV番組で、『月光仮面』や『豹の眼』『快傑ハリマオ』『忍者部隊月光』『スーパー戦隊シリーズ』『忍者キャプター』『宇宙からのメッセージ 銀河大戦』『世界忍者戦ジライヤ』『ゼイラム』『有言実行三姉妹シュシュトリアン』等々が、アメリカンコミックのスーパーヒーローを模倣しながら、時代劇の趣向が加味された（和魂洋才の）活劇番組（アクションドラマ）が作られた。時代劇のTV番組や映画の凋落に反して、時代劇DNAは日本人製作者の（心の）深層に受け継がれてはいるようだ。

しかしながら、そこかしこで時代劇は「つまらなくなった」と言われるようになった、本来の時代劇映画やドラマがひと昔前のような国民的ブームになるには、時代劇評論家・春日太一が切望するところの、「（映像系のTVや映画で）才能ある監督が作り、そして名優が演じる」魅力的な時代劇の復権がどうしても必要だろう。あと、「金は出すけど、口は出さない」度量のあるスポンサーに、重箱の隅を突付いてクレームを付けない心優しい視聴者も。

鞍馬天狗

大衆時代劇筆頭に挙げられる怪傑の出自を語る前に、まずは原作者の紹介から。明治30年（18

97年）横浜生まれの野尻清彦《のじりきよひこ》は、大正6年（1917年）東京帝国大学政治学科に進むも、ほとんど登校もせず学業はそっちのけで、学問に関係ない書籍や演劇にのめり込み、自ら舞台で役を演じたり、フランスの作家ロマン・ロランの作品の翻訳などもしていた。後に外務省条約局に勤めることになったが、演劇や文筆の趣味は捨てきれず、同人誌の発行や翻訳、外国の伝奇小説の抄訳を発表している。「好きなことには金を惜しまない性格なのだろう、浪費と、特に本の購入に使う金銭も半端でなく、お金に困り、お金を稼ぐ手段として娯楽雑誌の原稿を書いたのが職業作家の始まり」と語る評論家もいる。

だがそれは付随的理由のようで、本心（本人回顧で）は、外務省勤めが気に染まなかったので、大正12年（1923年）9月1日に起きた関東大震災で、通勤の汽車が不通になったのを幸いに勤めをやめ、文筆業に専念することにした。そこへ洋書の翻訳等で世話になった『新趣味』編集長・鈴木徳太郎が退職し、博文館の娯楽雑誌『ポケット』に移ったのでその挨拶に来た。その時、話の流れで「もしも貴方が〝髷物《まげもの》（時代劇）〟を書かれることがあれば、原稿を拝見しますよ」と言われたのである。それまで洋書の翻訳が主で、日本の時代劇小説（や講談）など関わったこともないし、その時は「ちょん髷ものなんか書けるものではない」と断った。しかし他にこれといった依頼もなく、年の瀬に背に腹は替えられぬと『ポケット』を買ってきて、講談体の読み物の執筆に挑戦。これが職業作家としての第一歩だった。

同人誌や翻訳では多数の筆名を使っていたが、それを全て廃し、鎌倉の大仏の裏（大仏坂）に住んでいたことから〝大佛次郎〟の一本に決め、大正13年（1924年）4月の『ポケット』にこの筆名でデビュー。エドガー・アラン・ポーの『ウィリアム・ウィルソン』をモチーフに、初めての大衆小説『隼の源次』を書いた。同年5月には『鬼面の老女』を同誌に発表し、やがてこの作品で活躍した〝鞍馬天狗《くらまてんぐ》〟が大ブレイクすることになる。

鞍馬天狗とは、（以降）倉田典膳《くらたてんぜん》、館岡弥吉郎《たておかやきちろう》、海野雄吉《うんのゆうきち》と、幾つもの変名を使う神出鬼没で正体不明の武士。このキャラクターのベースになっているのは、京都好きの大佛が、牛若丸（源義経の幼名）に鞍馬山で剣術と兵法を教えた〝鞍馬の大天狗〟と、（大仏が子供の頃に読んで心に残っていた）押川春浪《おしかわしゅんろう》の冒険小説の主人公〝段原剣東次〟が、覆面姿で白馬にまたがり疾走するイメージで、この二人をモデルにして創作に生かされた。ただし、大佛次郎ファンの中には独自の解釈をする御仁もいて、社会学博士の小川和也などは、坂本竜馬が鞍馬天狗のモデルであるとの持論を持っているようだ。

こうして鞍馬天狗は『快傑鞍馬天狗　鬼面の老女』で初登場となったのだが、この物語の主人公は尊皇攘夷派の公卿《くぎょう》の小野宗房《むねふさ》で、鞍馬天狗は小野宗房を助ける脇役であった。最初は読みきりのつもりで書いたそうだが、これが好評につき鈴木編集長から連載の催促があり、結局続編が7作品作られた。これら8作品は英国の作家ゴーグの『夜の恐怖』をヒントに創作されている。

ちなみに、物語に登場する公卿の美女の白菊姫（小野宗房の叔父・小野宗行の息女）のモデルは大佛次郎の夫人らしい。夫人は無声映画《サイレント》の元女優・吾妻光《あづまてる》で、彼女が主演した「白菊物語」から命名したのだろうと、評論家・島野功男が語っていた。

大正14年（1925年）の1月から初の長編『快傑鞍馬天狗　御用盗異聞』を11月まで連載。この作品からが大佛次郎のオリジナル作品となっていて、12月には『御用盗異聞』の続編『幕末秘史　鞍馬天狗　水上霹靂編』と、翌年1月にも同作の続編『快傑鞍馬天狗　柳橋侠艶録』が読切で掲載され、2月からは長編『快傑鞍馬天狗　東叡落花篇（のちに『小鳥を飼う武士』に改題）』が連載されている。

また、加藤謙一に乞われて、昭和2年（1927年）『少年倶楽部』（大日本雄辯會講談社、現・講談社刊）3月号に少年小説『角兵衛獅子《かくべえじし》』を連載すると、これが子供たちに大好評で、鞍馬天狗人気が一般の老若男女に浸透してゆくことになるのである。このシリーズから杉作少年が登場し、黒姫の吉五郎も返り咲き、以降、鞍馬天狗とともに活躍してゆく。

ちなみに、当初鞍馬天狗は勤皇の志士であったが、年月とともに反権力、反権威の象徴に変わり、性格も『角兵衛獅子』以降は、少年小説であったことから、紳士的で子供に優しく、決して人を殺めない剣士となっていった。ただ、これによって変わったのは小説の主人公だけでなかったようだ。

「『角兵衛獅子』の連載以降、同雑誌の他の作家たちの筆の使い方も明らかに変わってきている。大佛さんの新鮮な表現の形式に影響されたのだろう」と語る編集者もいた。

太平洋戦争を挟み、昭和40年（1965年）に「河北新報」他の新聞に連載された、47作目で最後の作品の『地獄太平記』まで40年余り、鞍馬天狗のシリーズが続き、短長編併せて全47編の鞍馬天狗が書き続けられ、大佛次郎の代表作として語られている。

映画化は大正13年（1924年）の實川延松《じつかわえんしょう》主演の『女人地獄』（帝国シネマ）から、昭和40年（1965年）の市川雷蔵主演の『新 鞍馬天狗 五条坂の決闘』まで、戦前に34編、戦後に24編と、併せて58編も製作。その中で一番多く鞍馬天狗を演じているのが〝アラカン〟こと、嵐長三郎《あらしちょうざぶろう》*1（昭和3年・1928年に寛寿郎《かんじゅうろう》に改名）であり、昭和2年（1927年）のマキノ御室製作の『鞍馬天狗余聞 角兵衛獅子』に始まる。『少年倶楽部』に連載された少年小説の映画化なので、杉作少年が主人公の内容だったが、想定外に嵐長三郎の〝鞍馬天狗〟が好評だったので、続編が作られることになった。これも好評に継ぐ好評で嵐長三郎の当たり役として語られる。

嵐寛寿郎以外に〝鞍馬天狗〟を演じたのは、實川延松が1作品、〝目玉の松ちゃん〟こと尾上松之助が1作品、コメディアンの榎本健一が1作品、市川百々之助が1作品、坂東好太郎が1作品、斯波快輔《しばかいすけ》が1作品、杉山昌三九が2作品、酒井猛が1作品、新国劇の島田正吾が1作品、小堀明男で3作品、東千代之介は4作品、市川雷蔵が2作品ある。ちなみに、これだけ多くの役者が演じているが、どれも嵐寛寿郎の〝鞍馬天狗〟には敵わないと酷評する映画人もいる。嵐寛寿郎本人にも自負心があるようで、「（鞍馬）天狗はワテが作った」との公言を憚《はばか》らなかった。

ＴＶ化となると、昭和31年（1956年）の市川高麗蔵《こまぞう》に始まり、昭和34年（1959年）にはフジテレビ系列で嵐寛寿郎、昭和35年（1960年）にはＴＢＳ系列で市川団子《だんこ》（猿之助）、昭和38年（1963年）にはＴＢＳ系列で中村竹弥《たけや》、昭和42年（1967年）にはテレビ朝日系列で大瀬康一《おおせこういち》、昭和44年（1969年）のNHKでは高橋英樹、昭和49年（1974年）にはテレビ朝日系列で竹脇無《たけわきむ》我《が》、昭和56年（1981年）にTBS系列で草刈正雄とフジテレビ系列で中井貴一と、平成2年（1990年）になって、テレビ東京で目黒祐樹が演じていた。

21世紀に入ると、平成13年（2001年）フジテレビ系列で松平健の〝鞍馬天狗〟が参上。平成20年（2008年）1月17日NHKで再び『鞍馬天狗』が見参し、新しい鞍馬天狗像を期待された野村萬斎が好演した。原作と違って鞍馬天狗の正体は小野宗房で、初回ではどうして鞍馬天狗になったのかが語られ、以降『山岳党《さんがくとう》奇談《きだん》』等のエピソードを挟んで、後半は『角兵衛獅子』のエピソードが使われていた。（舞台は未確認だが）これ以降、TVや映画で〝鞍馬天狗〟は登場していない。

鞍馬天狗役で野村萬斎を越える役者がいなかったのか、鞍馬天狗のキャラクターに魅力を感じる民放や映画のプロデューサーがいなかったのだろうか。（例えば、新選組の面々をやたらと使いたがる）パロディ主体の漫画やアニメですら〝鞍馬天狗〟は、イジられても使われてもいない。

快傑黒頭巾

さて、高垣眸《たかがきひとみ》の時代劇の白眉《はくび》篇『快傑黒頭巾《かいけつくろずきん》』を語る前に、大正から昭和にかけて、数々の時代劇の怪傑を生み出してきた少年誌『少年倶楽部』について説明をしなければ、画竜点睛《がりょうてんせい》を欠くので、少しばかりお付き合い願いたい。

大正3年（1914年）11月に大日本雄辯會（昭和33年・1958年に社名を〝講談社〟に改称）から

創刊された『少年倶楽部』は以降、少年小説の優れた作家を発掘して育て質的に急成長させ黄金期を作ったと語られている。社長・野間清治《のませいじ》の英断で大正10年（1921年）4月、入社間もない新人の加藤謙一が編集長に就任。それからの15年間の成長は特に顕著で、新編集長加藤謙一は斬新な企画を次々に打ち出し、就任時には2万5000部だった発行部数を、退任時には75万部にまで伸ばした。

しかし全てが順風満帆だったわけでなく、加藤謙一が編集長に就任して4年目の大正14年（1925年・日本でラジオ放送が開始された年）、『少年倶楽部』を根底から揺るがす大問題が起きている。「国貞えがくの乙女もゆけば華宵《かしょう》好みの君もゆく」と流行歌にも歌われるほど一世を風靡した挿絵画家・高畠《たかばたけ》華宵が、画料の支払いの拗《こじ》れから『少年倶楽部』との蜜月が崩れたのだ。なおかつ、高畠を宿敵である『日本少年』（実業之日本社刊）に引き抜かれ、雑誌の発行部数がガタ落ちしたのである。加藤謙一はこの事件を期に、一人の花形に依存する危険性を認識して、「雑誌は活字」の基本に立ち返り、子供たちが熱狂する作品を書ける作家の発掘と育成に重点を置いた。そして、同年の『少年倶楽部』4月号から連載された海洋伝奇小説『竜神丸』でデビューした高垣眸は、当時発掘された新人作家の中の筆頭に挙げられ、翌々年には冒険活劇小説『豹の眼』を連載して人気作家となってゆく。

また新人作家発掘に加えて、その後の『少年倶楽部』を支える新しい挿絵画家たちを探して加藤謙一は東奔西走。高畑華宵離反の後、山口将吉郎《しょうきちろう》、藤原しげる、斎藤五百枝《いおえ》、河目悌二《かわめていじ》、林唯一《ただいち》、伊藤彦造《ひこぞう》、樺島勝一《かばしまかついち》、川上四郎、須藤しげる、渡部審也《わたなべしんや》、岩田専太郎等が以後20年余り、『少年倶楽部』の挿絵画家として活躍した。

新人ばかりでなく、加藤謙一は大衆雑誌の売れっ子作家も口説き落として少年雑誌に招聘《しょうへい》していた。それが吉川栄治の少年小説『神州天馬侠《しんしゅうてんまきょう》』で、大正14年（1925年）の『少年倶楽部』5月号から連載。翌年に大阪毎日新聞で連載が始まった『鳴門秘帖』と双璧と評価されるほど大ヒットしたのである。子供向けに書かれた小説なのに『神州天馬侠』は大人たちも愛読し、『少年倶楽部』では伝記・冒険小説のブームが加熱していく。その熱気は昭和初期のメガヒット伝奇小説、大佛次郎の少年小説『角兵衛獅子（鞍馬天狗シリーズ）』（『少年倶楽部』掲載）の登場を誘うこととなるのである。

次に加藤謙一が仕掛けたもので特筆すべきは、ストーリー漫画の連載に力を入れたことである。「漫画は雑誌全体を明るくするし、家中の人が楽しめる」という作家・佐藤紅禄《こうろく》の提言で、さらなる飛躍には漫画というコンテンツが不可欠と感じた。そこで、それまで『目玉のチビちゃん』と『神州桜之助』を『少年倶楽部』に描いていた田河水泡《たがわすいほう》を再起用する。これが大当たり。昭和6年（1931年）の1月号から連載された『のらくろ二等兵』は戦争や軍隊を風刺するストーリーで、予想以上の人気を博した。

ただ、市井の人々の知らぬところでは、シビリアン・コントロールを嘲笑《あざわら》うように、統帥権を楯に軍部が蠢動《しゅんどう》し始めていた。昭和6年（1931年）9月18日に「満州事変」が勃発、それが飛び火し昭和7年（1932年）1月28日に「上海事変」、そして昭和8年（1933年）3月27日「日本国国際連盟脱退」となり、日本の運命が軍国主義へと傾いていったのである。

『少年倶楽部』昭和8年（1933年）6月号から島田啓三の「冒険ダン吉」、昭和10年（1935年）1月号からは中島菊夫の「日の丸旗之助」が連載されて大ヒット。「のらくろ」「冒険ダン吉」「日の丸旗之助」は『少年倶楽部』の看板漫画作品となり、少年雑誌に漫画の存在は欠かせないという認識を広めた。

少年雑誌に漫画連載が始まるという、このエポック・メーキングな出来事は戦後の少年漫画隆盛の種火となって、軍国主義に傾倒してゆく世間の風雪にも負けず、細々ながら灯り続けていくのである。だが、やがて少年雑誌の内容も、特に「上海事変」で破壊筒を持って敵陣に突入し、爆発に巻き込まれた「肉弾三勇士」の戦死が新聞紙上で美談として報じられてから、徐々にナショナリズムを煽《あお》る傾向が強くなってゆく。

このような時代の変化を背景に、『少年倶楽部』に掲載された長編伝記小説『快傑黒頭巾』は、昭和10年（1935年）1月号から12月号まで1年間続いた。当時は小説も映画も「鞍馬天狗」ブームだったので、作者の高垣眸も『鞍馬天狗 角兵衛獅子』に影響を受けた一人として、鞍馬天狗の頭巾姿が黒頭巾のモデルではないかとも思われている。

しかし黒頭巾の発想がどこから生まれたのかを記すものが見当たらなかったので、これは想像だが——。佐々木譲の時代劇小説『黒頭巾旋風録』（平成17年・2005年、新潮社刊）の冒頭で4ページにわたって黒頭巾について説明されていたものを要約すると、「幕末の探検家・松浦武四郎のことを調べていて、武四郎の知人が口頭筆記した一説に『黒頭巾なる怪傑』の文章を発見。それはアイヌ人に『黒頭巾』または『クロテンさま』『黒天狗さま』と呼ばれた、黒いかぶりものを着けた（天保の頃から弘化になる前まで）東蝦夷《えぞ》地一帯に広まった風説の人物で、『忽然と現れては、松前藩の圧政に苦しむアイヌの人々を救い、風のように去ってゆく覆面の快人物だった』」とのことだった。まるで「快傑黒頭巾」である。もしかして、高垣眸もこの話を知っていたのだろうか。

高垣眸は広島県尾道市出身で、海軍兵学校のあった江田島の近くで育ち、海軍に憧れ、晩年になっても『海軍』という写真雑誌を毎月購読するほど、大の軍艦好きだったと語っていた。また、昭和13年（1938年）頃になると国威を発揚するような題名の作品も書いていたが、だからといって戦争好きだったわけではなく、戦意高揚を促すような内容は極力避けていたそうである。

その思いは『快傑黒頭巾』にも反映されていて、主人公の黒頭巾は非暴力主義であった。物語（原作小説）の中で、1度たりとも自分の刀を抜いたことがないし、他人を傷つけたり殺したりしていない。「罪を憎んで人を憎まず」の黒頭巾は殺生を好まず、剣の達人でありながら極力争いを避けている。『快傑黒頭巾』では無為な殺戮場面を廃し、物語の展開の面白さに重点を置いた上質の冒険譚に仕上げたのだそうだ。そのため、高垣眸は『快傑黒頭巾』を〝少年読物のチャンバラの元祖〟と評されるのを大変嫌っていた。しかし「黒頭巾」を模倣した「紫頭巾」「紅頭巾」「白頭巾」等の覆面の怪傑が、雨後の筍のように出没。戦時下を反映し、「切った、張った」のチープなチャンバラを披露していた。

余談だが、高垣眸は戦争を嫌っていたが無類の軍艦好きであることは前述のとおりだが、中でも「大和は武装も性能も世界の軍艦に比して空前絶後の冠絶した最強のものだが、その形態の気高さ、優美さは、構成美の極致であり、芸術品としても至高の傑作だ」と戦艦大和を大絶賛。朝な夕なに、書斎の机上に飾ってある精密な大和の模型を眺め暮らすほど愛情を持っていた。それが高垣の初めてのノベライズ本である『熱血小説 宇宙戦艦ヤマト』（オフィス・アカデミー、昭和54年・１９７９年７月4日発売）へと繋がっていった。

ラジオドラマ『快傑黒頭巾 マグナの瞳』を昭和31年（１９５６年）に書いて以降、高垣は戦後教育の実情と国民の読書力と思考力の喪失に失望して筆を断っていた。しかし、昭和48年（１９７３年）に最後の文筆奉仕を思い立ち、欧米人のもたらした文明文化によって心が歪曲された日本人を憂い、人類の危機への警告を促したＳＦ小説『恐怖の地球』を書き下ろした。

二人とも亡くなられているので確認できないが、そのＳＦ小説を『宇宙戦艦ヤマト』のプロデューサー・西崎義展《にしざきよしのぶ》が目にしたのだろう。高垣に〝ヤマト〟のノベライゼーションを依頼したのである。互いに戦艦大和好きの二人は会合で意気投合。『宇宙戦艦ヤマト』のＶＴＲとシナリオを見た高垣は、他のアニメと一線を画した「人間性の点で、現代とかく見失われがちな美しさ、愛、不屈の精神力が全編に一貫して流れている」と、ストーリーにすっかりはまってしまい、小説『宇宙戦艦ヤマト』の執筆を承諾したのだった。

昭和27年（1952年）4月、連合軍総司令部が定めた検閲制度が解除され、その翌年に東映京都から大友柳太郎主演で『快傑黒頭巾』が映画化。好評につき、以降8年間で全9作品が〝大友黒頭巾〟で制作されている。この8年間が「快傑黒頭巾」ブームの最盛期だった。

この人気を少年雑誌が見逃すわけはなく、『少年倶楽部』の後継誌『少年クラブ』で、（小説ではなく）挿絵画家・伊藤幾久造《きくぞう》の絵物語としてリメイクされた『快傑黒頭巾』が連載。他にも昭和30年（1955年）の月刊誌『少年』（光文社刊）6月号付録に桑田次郎が描き、（連載期間が未確認だが）昭和30年（1955年）の月刊誌『小学三年生』（小学館刊）に石井芳比呂が作画、昭和33年（1958年）の月刊誌『少年』12月号から（脚本は高垣眸の実子・高垣葵《まもる》で）高野よしてるが作画、昭和34年（1959年）の『冒険王』（秋田書店刊）10月号から天馬正人《てんままさと》の作画で、連載されていた。

TVも『快傑黒頭巾』の映画に便乗するように、昭和33年（1958年）に若柳敏三郎《わかやなぎとしさぶろう》主演で日本テレビ、昭和41年（1966年）には加島潤主演でフジテレビが放映した。昭和51年（1976年）にはNHKの『少年ドラマシリーズ』の第70弾として、11月22日から12月2日まで全8回を坂東八《ばんどうや》十助《そすけ》（三津五郎《みつごろう》）の主演で放映。平成2年（1990年）10月7日にはTBSが2時間ドラマで高橋英樹主演の『快傑黒頭巾』を放映した。著者《わたし》の知る限り、これ以降に高垣眸の『快傑黒頭巾』をモチーフにした映画もTVも漫画も作られてはいないと思う。

唯一の個性が「正体不明で神出鬼没の黒覆面の正義の味方」だけでは、ラノベ（キャラ重視の少年向小説・ライトノベルの略）全盛の最近の読者の心を摑むのは大変難しい。また、例えばラノベ好きの趣向に合わせて性格をファンキーにしてしまうと、高垣眸の矜持《きょうじ》を踏みにじった全く別物のキャラとなってしまうだろう。

桃太郎侍

講談社などでは、社員が他誌に文章（原稿）を書くことは禁じられていたが、当時の博文館の児童雑誌『譚海《たんかい》』では、編集の傍ら文筆家を志す者がかなりいた。編集長をしていた井冂長次《いぐちちょうじ》も御多分にもれず、山手樹一郎《やまてきいちろう》の筆名で時代劇小説を書いていたのである。ちなみに、なぜ氏が時代劇小説を書いていたかというと、その頃、現代物を書く作家は大勢いたため、雑誌掲載を勝ち取るのは難しい。そこへいくと、時代劇小説の方は作家の人数も少ないし、開拓出来る余地が沢山あると考えたからで、それも（軍国主義の高まる時節に）ユーモアのある時代劇を目指していた。

原稿も自社の『講談雑誌』と『新青年』や、他誌の『サンデー毎日』『日の出』『富士』などの商業雑誌からもいろいろと依頼があったが、当時はまだ会社を辞めて筆一本で暮らす作家生活に踏み切る自信はなかった。

それでも5～6年、時代劇小説を書き続けて何とか食ってゆける自信をつけ、数えで40歳になった昭和14年（1939年）の秋に博文館を退職。昭和15年（1940年）の夏から「岡山合同新聞（現在は山陽新聞）」他、数誌に『桃太郎侍』が連載されたのである。戦時中の数少ない明朗娯楽作品として貴重なものだったと語られる同作品は、「ひょんなことから事件に巻き込まれ、元盗賊や鉄《てっ》火場《かば》の姐御《あねご》などの曲者《くせもの》の手を借りて、姦計《かんけい》を巡らす奸智《かんち》に長けた悪党どもを懲《こ》らしめる」ストーリー。山手樹一郎がその後、書いた多くの時代劇小説のパターンとなった。このことを評論家・尾崎秀樹は「山手樹一郎初の新聞小説で、氏の作家的資質を遺憾なく発揮した長編小説である」と評価している。

ちなみに、この作品が新聞連載になった岡山地方では、「続きを待ちわびる読者が読むのももどかしく、届けに来た新聞配達人にその日の話の筋を聞いてから、連載されている『桃太郎侍』を読んだ」という逸話があるくらいヒットした。この逸話は、山手樹一郎の『桃太郎侍』を解説する文章の中で、たまに使われている。

物語の主人公・右田新二郎は、讃岐丸亀藩十万石の若君・若木新之助の双子の弟として生まれるが、将来の跡目争いの火種となることを危惧されて、侍女・千代の子供として藩邸外で育てられる。25歳の時、育ての親・千代の臨終の際《きわ》に真相を知り、過去を捨てる気になった、その折も折、持ち前の義侠心《ぎきょうしん》から、見るに見かねて、（踊りの師匠の）小鈴を二人の武士から助けることになり、武士から名を問われたとき、とっさに「素浪人桃太郎」「桃から生れた桃太郎」と名乗ったのだった。それ以降、行く宛てのなかった〝右田新二郎〟改め〝桃太郎〟は、その経緯を見ていた（元盗賊で）かつぎ呉服屋の伊之助の紹介で、浅草聖天横の「お化け長屋」と蔑称《べっしょう》されている裏店に住み、名前の通り「鬼退治」と称し、悪党どもを懲らしめる正義の使徒となったのである。

初映像化は昭和27年（1952年）の『修羅城秘聞 前・後篇』（大映京都）で、ユーモアより殺陣《たて》に力を入れた本格的時代劇で、桃太郎は長谷川一夫が演じた。2作目は昭和32年（1957年）の『桃太郎侍』（大映京都）で、主役は市川雷蔵、伊之助役は堺駿二《さかいしゅんじ》（堺正章の実父）。『修羅城秘聞』の再映画化のようである。3作目は昭和35年（1960年）、映画会社が東映に変わり、里見浩太郎《さとみこうたろう》が主役の『桃太郎侍 江戸の修羅王 南海の鬼』（第二東映京都）。4度目の映画化は昭和38年（1963年）の『桃太郎侍』（大映京都）で、桃太郎役は本郷功次郎《ほんごうこうじろう》が演じた。銀幕の『桃太郎侍』はここまで。映画の斜陽とTVの隆盛の時代に入った。

映画の『桃太郎侍』ブームに便乗するように、昭和37年（1962年）にNET（テレビ朝日）系列で若杉恵之介《わかすぎけいのすけ》主演の『桃太郎侍』が放映。昭和42年（1967年）には日本テレビ系列で尾上菊五郎《おのえきくごろう》が主演し、昭和51年（1976年）には日本テレビ系列で高橋英樹の『桃太郎侍』が始まった。ワンパターンの勧善懲悪ドラマだったが、これが高橋英樹最大のハマリ役となり、昭和51年（1976年）10月から昭和56年（1981年）9月までの5年間で全258話の長寿番組となった。ちなみに、平成18年（2006年）にテレビ朝日系列で高嶋政宏主演の『新・桃太郎侍』が制作されたが、高橋英樹の足元にも及ばなかったのか、全8話でお終いとなっている。

机龍之助

都新聞（のちの東京新聞）に連載されていた中里介山《なかざとかいざん》の未完の大作『大菩薩峠《だいぼさつとうげ》』（大正2年・1913年9月12日～昭和16年・1941年［正確な連載終了日は未確認］まで全6篇、病死にて絶筆）に登場する虚無と破壊の剣士である。ただし中里介山は、後にこの作品を大乗小説（宗教小説）と呼び、机龍之助《つくえりゅうのすけ》は本編の主人公ではないと語っている。連載当初はせいぜい500～600枚で完結させる予定の物語で、机龍之助を兄の仇《かたき》として付け狙う宇津木兵馬《うつぎひょうま》の復讐譚として想定していたそうだ。

それが、である。読者諸氏は善悪を超越した机龍之助のニヒリスティクな魅力に惹かれていった。評判が高まるにつれ、構想はどんどん膨れ上がり、作者自身も制御不能な大長編小説になったのである。ちなみに、このように当初悪役《ヒール》だった登場人物が、読者や観客の人気で状況が一変して主役となり、のちにロングランとなった作品には、林不忘《はやしふぼう》の時代劇小説『丹下左膳《たんげさぜん》』や円谷《つぶらや》特撮映画の『ゴジラ』、そして横山光輝の漫画『鉄人28号』がある。ただ、悪役を貫いた机龍之助と違い、「丹下左膳」も「ゴジラ」も「鉄人28号」も正義の味方に変貌した。

読者を虜にした机龍之助は、ひたすら頑固な面と常軌を逸した直情径行な面を併せ持ち、剣が秀でているばかりに、剣の立ち会いを望み、相手を斬殺することを厭《いと》わず、やがて龍之助自身が妖刀《ようとう》と化して、人の血を求める殺人鬼となってゆく。その傍若無人ぶりは小説の冒頭から、何の所縁《ゆかり》もない巡礼の老人を一刀のもとに斬殺することに始まり、翻意、婦女子の陵辱、辻斬りなど、全篇に渡って残虐非道の限りを尽すのである。

生まれながら心に抱える無常感や虚無感から、「歌いたい者は勝手に歌い、死ぬものは勝手に死ぬ」と言い切る机龍之助の出自であるが、父親の名は机弾正《だんじょう》で、相馬の系統（平将門の流れ）を引く名家の生まれである。甲斐《かい》と武州《ぶしゅう》（山梨と東京）の国境にある大菩薩峠を東に下ったところにある沢井村の出身。弾正はその村で道場を構えていて、龍之助は剣客仲間から「沢井道場名代《なだい》の音無《おとな》しの勝負」と呼ばれる手練《てだれ》であった。龍之助の編み出した甲源《こうげん》[*2]一刀流の流れを汲む「音無しの構え」は、青眼《せいがん》の構えのまま、自分の刀に相手の刀を触れさせることなく、一撃で打ち負かす秘剣である。ただし甲源一刀流にはそのような形や構えは見当たらない。中里介山の創作らしく、どうやら幕末の剣豪・高柳又四郎《たかやなぎまたしろう》の「音無しの剣」を模倣したと思われている。

　道場主の子息であった龍之助が仇と狙われて流転するに至ったのは、恒例の武州御嶽山《おんたけさん》の奉納試合で、和田村で甲源一刀流の道場を構える宇津木文之丞《ぶんのじょう》と立ち合うことになってから。宇津木文之丞の内縁の妻・お浜に、「夫に勝を譲って欲しい」と頼まれるも、「剣を取って向かう時は、親も子もなく、弟子も師匠もない」と言って鮸膠《にべ》もなく追い帰すのだが、その帰途を待ち伏せしてお浜を水車小屋に捕えて凌辱。何の躊躇いもなく宇津木文之丞を斬殺し、龍之助を仇と狙う文之丞の弟・兵馬から逃れるため、お浜を連れて江戸に出奔する。江戸では無為な日々を送りお浜と子を成し、近藤勇《こんどういさみ》や芹沢鴨《せりざわかも》らと新徴組《しんちょうぐみ》（京都残留組が壬生浪士組を経て、のちに新撰組）に加わる。幹部の清川八《きよかわはち》郎《ろう》を土方歳三《ひじかたとしぞう》らと暗殺しようとして、誤って剣聖《けんせい》・島田虎之助を襲うも敵《かな》わず、おまけに「剣は心なり。心正しからざれば、剣また正しからず。すべからく剣を学ばんと欲する者は、まず心より学ぶべし」と諭され、剣への自信を失う。日々口論が絶えず遂にお浜を刺殺。これで江戸にも居られず京へと上る。

物語は第2篇に入り、龍之助は新撰組に入隊し、そこで芹沢鴨に近藤勇暗殺を託されるが、島原の廓《くるわ》・角屋《すみや》にてお浜の亡霊に悩まされて心身錯乱し、抜刀して狂乱。反対に芹沢鴨が沖田総司らに斬殺され、今度は逃げるように京を後にする。

第3篇では、大和の長谷《はせ》を経て三輪の植田丹後守に匿《かくま》われ、人さえ斬れれば構わない龍之助は、今度は討幕勤皇派の天誅組《てんちゅうぐみ》に加わることになる。しかし、文久3年（1863年）8月に天誅組は敗退し壊滅する。残兵の隊士たちと十津川の山中を敗走する際に泊まった山小屋にて猟師の仕掛けた火薬の爆発によって隊士は全滅し、龍之助は運よく爆死は逃れたが目を痛めて失明する。それでも人を斬りたい衝動は抑えきれず、「病気ではない、それが拙者の仕事じゃ。今までの仕事もそれ、これからの仕事もそれ、人を斬ってみるより他に俺の仕事はない。人を殺すより他の楽しみもない。生甲斐もないのだ」「神や仏、そんなものがあるかないか、拙者は知らん、ちょいと水が出たからとて、百人千人はブン流されるほどの人の命じゃ。疫病神が出て采配を一つ振れば、五万十万の要らない命がすぐそこに集まるではないか、これからの拙者が一日に一人ずつ斬ってみたからとて知れたものじゃ」と言って辻斬りを続けるのである。

そして物語が第4篇に入ると、芸人のお玉と米友（お玉の幼馴染み）が話の中心となり、作者がのちに「『大菩薩峠』には主人公は存在しない」と語るように、（20世紀フランスに生まれた）大河小説の様相を呈してゆく。第5～6篇に入ると、（まるで小池一夫原作『I・餓男《アイウエオボーイ》』のように）単なる仇打ちの物語から、無常の世に問う人生訓的な物語へと変化してゆく。とどのつまり、これを剣豪小説としたのは耳目《じもく》をひくためで、中里介山の意図は「上求菩提《じょうぐぼだい》、下化衆生《げけしゅじょう》」にあったといわれている。

それは単なるピカレスクロマン（悪党小説）の範疇に納まらない宗教小説にしたいとの想いもあり、『大菩薩峠』が書籍化されたものの巻頭には、著者謹言《きんげん》に「この小説『大菩薩峠』全篇の主意とする処は、人間界の諸相を曲尽して、大乗遊戯の境に参入するカルマ曼荼羅《まんだら》の面影を大凡下《だいぼんげ》の筆にうつし見んとするに有り」と記述していたり、また島野功緒《いさお》が自著『時代劇博物館』（社会思想社刊）の『大菩薩峠』の話で《「『峠』は人生そのものの表徴であり、従って人生そのものを通して過去世、未来世との中間のひとつの道標である。上る人も、下る人もこの地点に立たなければならないのである。ここは菩薩が遊化《ゆげ》に来る処であって、外道が迷宮を作る処でもある」と、作者が言っている通り、かなり広義の解釈が要求される》と書いているように、中里介山は常人には難解な論説を語っている。（解釈に）かなりの柔軟な脳髄が要求されるが、それでも中里介山の理想を汲むように、単なる大衆小説を超えるものとして、谷崎潤一郎や大宅壮一《おおやそういち》、萩原朔太郎《はぎわらさくたろう》などの作家や評論家が高く評価しているそうだ

中盤以降は机龍之助の思想が宗教的なものに傾倒していったため、冒頭で金貸しの老婆を殺害し、純真な娼婦との出会いで良心の呵責に苛まれる、ドフトエフスキーの『罪と罰』のラスコーリニコフが机龍之助とオーバーラップし、それをモチーフに『大菩薩峠』を書いたのだろうと語る人もいる。ただ、物語の後半で机龍之助が失明するあたりから、中里介山の人生哲学や宗教説話的な思想

が反映されるようになり、小説自体はまったく面白くなくなったと書いた本もある。

それでも虚無と破壊の剣士・机龍之助のキャラクターは、のちの剣豪小説のキャラクターに影響を与えていて、林不忘の『新版大岡政談 鈴川源十郎《すずかわげんじゅうろう》の巻』に登場する丹下左膳や、吉川英治の『鳴門秘帖』に登場する敵役の関屋孫兵衛《せきやまごべえ》（お十夜《じゅうや》孫兵衛）、柴田錬三郎の『眠狂四郎無頼控《ねむりきょうしろうぶらいひかえ》』の眠狂四郎などは、机龍之助をモチーフにしたと語られていた。他にも（原作者は語っていないが）、人気が出て復讐劇が迷走するところや、女たちが次々と男に魅了され不幸な死を遂げてゆくところは、前述の『Ｉ・餓男』の主人公・暮海猛夫《くれみたけお》や、北村寿夫《ひさお》の『新諸国物語 紅孔雀《べにくじゃく》』に登場する盲目の美剣士・浮寝丸《うきねまる》もまた机龍之助を彷彿させる。

初映像化はかなり難産だったようで、昭和3年（１９２８年）の秋頃、日活で企画が持ち上がり、伊藤大輔を監督に大河内傳次郎《おおこうちでんじろう》を机龍之助で折衝を重ねたようだが失敗。それで伊藤大輔が日活を退社して（東京で）大嶺社というプロダクションを設立して映画化を進めようとしたのだが、「大菩薩峠事務所」という看板を出したため、これが原作者・中里介山の逆鱗に触れてしまい、結局、映画化は実現しなかった。

それが昭和10年（１９３５年）初頭、日活で『大菩薩峠』映画化の機運が再燃。稲垣浩が監督で、再び大河内傳次郎を机龍之助、入江たかこをお浜としたが、これに中里介山は机龍之助役を大河内ではなく、剣道家の高野弘正《たかのひろまさ》を起用しろと注文をつけた。これは高野弘正が昭和の剣士高野佐《さ》三郎《さぶろう》の子息で、一刀流中西派の名声・実力とも当代一と謳われた人物だったことも然ることながら、高柳又四郎の流れを汲む人物だったからだろうといわれている。

それでも半年かけて、なんとか中里介山の快諾を得ることに成功。ただ、中里介山は撮影に際し、監督や出演俳優一同に作品の意図や登場人物の精神について説明をしたり、リアリティを出すために前述の高野弘正に武芸考証を依頼し、撮影所の一画に特設道場を造って出演者に本式の稽古をさせたりしたそうだ。

こうして原作料が5万円で製作費15万円の巨費が投じられた『大菩薩峠』は、中里介山も大満足の作品となり、大河内傳次郎の代表作の一つとなった。戦前はこれだけのようで、再び映像化されるのは昭和28年（1953年）以降。東映が片岡千恵蔵を主演に映画化し、昭和32年（1957年）～昭和34年（1959年）まで続編が制作された。昭和35年（1960年）と昭和36年（1961年）には大映が市川雷蔵を主演に、そして昭和41年（1966年）には東宝が仲代達矢《なかだいたつや》を主演に制作している。しかし、これを最後に映像化はされていない。

特に近年のTV時代劇は自主規制もあり、勧善懲悪・明朗快活な作品のみが放映され続けていて、結果、TV時代劇は絶滅危惧種となり果てた。現在、本気で制作会社が原作に則した『大菩薩峠』を制作してTV放送でもしようものなら、放送局はクレームの電話を覚悟することは勿論、（降りられぬように）スポンサーの顔色の窺《うかが》わねばならず、そんなリスクを負ってまでTV化しようと考えるプロデューサーはいないだろう。

ちなみに、口煩《くちうるさ》い人々の目に付きやすい所では実現不可と言ったが、ネットの方では果敢に挑戦しているようだ。小池一夫監修・ふくしま政実作画で、『大菩薩峠』を『超極悪ダークサイド時代劇 竜剣』と改題した劇画が、平成25年（2013年）頃から配信されていた。

丹下左膳

最初は昭和2年（1927年）10月から「東京日日新聞（のちに毎日新聞に統合）」に連載された、林不忘（本名・長谷川海太郎《かいたろう》）の『新版大岡政談 鈴川源十郎の巻』。講談噺の『大岡政談』をリスペクトしたこの作品に登場する主人公・丹下左膳は、隻眼隻手《せきがんせきしゅ》の辻斬りで、それはそれは読者の度肝を抜く外見だった。

若い頃、林不忘は大学を中退して6年間、米国を放浪したり中央公論社の特派員として欧州一周旅行に赴いた国際感覚の持ち主だけに、海外の小説の中にそのモデルがいるのだろうと言われた。ただし、著者は隻眼の剣豪「柳生十兵衛《やぎゅうじゅうべえ》」と隻手の剣士「伊庭八郎《いばはちろう》」をモデルにしたのではないかと思っている。

さてこの丹下左膳の出自だが、享保年間（1716〜1736年）、奥州中村藩の平侍であった。それが、奇矯《ききょう》ともいえる刀剣収集癖のある藩主・相馬大膳亮《そうまだいぜんのすけ》が、妖刀《ようとう》と評判の乾雲丸《けんうんまる》と坤竜丸《こんりゅうまる》の二振りの刀を欲し、それを手に入れるよう命じたことが全ての不幸の始まり。君命を受けた丹下左膳は江戸へ向かい、妖刀を求めた揚句、道場破りや辻斬り等の悪事を繰り返し、時の名奉行大岡越前と敵対し、お尋ね者となっていったのである。

と、ここまで丹下左膳を中心に語ってみたが、実は物語の主役は美剣士・諏訪栄三郎と大岡越前であり、連載開始当初の丹下左膳は脇役（それも悪役）の一人だったのだ。しかし、姿や容貌が特異なこの侍に読者の人気は集中し、やがて主役級の活躍をすることになっていったのだった。

さらに、『新版大岡政談 鈴川源十郎の巻』の結末では（当然、悪役だけに）悲惨な最期を遂げた〝左膳くん〟だったが、昭和8年（1933年）6月の「大阪毎日新聞」での新連載は題名が『丹下左膳（こけ猿の巻）』となり、見事に復活している。しかも、前作で一度死んだ（？）影響があるのかないのか、ニヒルでクールな性格が偏屈でヤンチャなおやじに変わったみたいだ。昭和9年（1934年）1月からは「読売新聞」で〝こけ猿の巻〟の続編で『新講談 丹下左膳（日光の巻）』が連載開始。現在は〝こけ猿の巻〟と〝日光の巻〟の2編をまとめて〝こけ猿の巻〟とされ、最初の『新版大岡政談 鈴川源十郎の巻』は〝乾雲坤龍《けんうんこんりゅう》の巻〟となっている。

多くの読者から支持されたこの愛すべき無頼漢《ぶらいかん》〝丹下左膳〟は、作家や映画プロデューサー諸氏の琴線《きんせん》に触れ、映像化され、長年に渡り少しずつキャラクターを変えながらも、役者たちが演じたくなる武士《もののふ》でもあった。

初映画化は昭和3年（1928年）。それも、東亜キネマから團徳麿《だんとくまろ》、マキノ映画から嵐寛寿郎、日活から大河内傳次郎がそれぞれ主演し、同年内に一つの作品を3社が映画（無声映画）化して公開した。

昭和8年（1933年）～昭和12年（1937年）には、日活で大河内傳次郎主演の発声映画『丹下左膳』全9作品が作られ、これに対抗するように、昭和11年（1936年）にはマキノ映画で月《つき》形龍之介《がたりゅうのすけ》の主演で2作品が作られた。

昭和13年（1938年）～昭和15年（1940年）には制作会社が東宝に変わり、林不忘の原作を離れ、川口松太郎の原作で、大河内傳次郎の『新篇丹下左膳』の全4作品が作られる。

昭和27年（1952年）に松竹より、阪東妻三郎（田村正和・亮兄弟の父）の主演で1作のみ作られた。

昭和28年（1953年）には大映でマキノ雅弘監督から三隅研次監督へと引き継がれ、大河内傳次郎主演で全3作品が制作された。

昭和31年（1956年）には日活がマキノ雅弘監督を擁し、水島道太郎《みちたろう》主演で全3作品が制作された。

昭和33年（1958年）からは東映が版権を取り、松田定次監督＋大友柳太郎で全4作品、加藤泰監督＋大友柳太郎で1作品が制作される。

昭和38年（1963年）には松竹に戻り、総天然色映画となって、生前自称〝霊界案内人〟の丹《たん》波哲郎《ばてつろう》が演じている。ただこの左膳は、見えないほうの目と手が、他の丹下左膳とは逆になっていた。

昭和41年（1966年）には、また東映で、五社英雄《ごしゃひでお》監督が中村（萬屋）錦之介主演で1作品を撮っている。その後、映画『トラック野郎』が全盛期の頃には、菅原文太主演の『丹下左膳』も企画されたが、これは実現しなかった。

平成16年（2004年）日活で豊川悦司主演の『丹下左膳』が公開。これは昭和10年（1935年）の『丹下左膳余話 百萬両の壺』（日活）のリメイク作品である。

TV放送では 昭和33年（1958年）に日本テレビ系で丹波哲郎、昭和40年（1965年）にTBS系で中村竹弥、昭和42年（1967年）にTBS系で松山英太郎（藤子不二雄Ⓐと藤子・F・不二雄の二人がゲストで出演した回もあった）、昭和45年（1970年）に日本テレビ系で緒形拳、昭和49年（1974年）に日本テレビ系で高橋幸治《こうじ》、昭和56年（1981年）にフジテレビ系で仲代達矢、平成2年（1990年）にテレビ朝日系で藤田まこと、平成16年（2004年）に日本テレビ系で中村獅童《しどう》が好演。しかしながら同年のトヨエツ左膳と獅童左膳以降、新たな『丹下左膳』はTVにも銀幕にも現れていない。

漫画（劇画）の方も、武内つなよしや手塚治虫、桑田次郎、横山光輝、小沢さとる等の著名な漫画家や、その他大勢の無名の漫画家が幾多の「丹下左膳」を描いていたのは昭和の頃。アニメや特撮が時代の寵児となると、リイド社以外の時代劇漫画はほとんど絶滅危惧種となっていった。ところが、転機は世紀末から21世紀初頭にかけての時代劇映画のプチブーム以降か。『新版 丹下左膳』全1巻（平成15年・2003年、原案・巨椋修《おぐらおさむ》、作画・米良仁《めらじん》、リイド社刊）や、『キャットディフェンス』全3巻（平成17年・2005年、原作・小池一夫、作画・政岡としや、小池書院刊）、『丹下左膳』（平成24年・2012年から『コミック魁《さきがけ》』に連載、原作・林不忘、作画・神田たけ志、竹書房刊）など、林不忘の『丹下左膳』とは違った新解釈で描かれ続けている。

これもまたマイナーな時代劇漫画ファンの暗黙の要望か、忘れかけた頃に本屋の棚の中で、さほど自己主張せず『丹下左膳』は出現していた。

旗本退屈男

大正12年（１９２３年）1月に菊池寛が自宅に創設した文藝春秋社の雑誌『文藝春秋』は、社長兼編集者の菊池寛のセンスの良い装丁や編集で評判を呼び、作家デビューから数年で菊池寛は文壇の中核を担うようになった。その周囲に蝟集《いしゅう》した川端康成や今東光《こんとうこう》、その他の秀英の中の一人に佐々木味津三《みつぞう》がいた。当初、佐々木味津三は純文学の道を歩んでいた（そして大衆小説を蔑視していた）が、大正15年（１９２６年）、突然他界した実兄の多額の借金を肩代わりし、兄の幼児５人と自身の幼い子供５人の、合計10人の面倒を見なくてはならなくなったため、より多くの原稿料を得るため大衆作家へと転身することに。

仕方なく書いた大衆小説であったが、雑誌『富士』（昭和3年・１９２８年3月号、大日本雄辯會講談社、現・講談社刊）に読み切り掲載された『右門《うもん》捕物帖　南蛮幽霊』がとても面白いので、編集者から次回は講談調で書いて欲しいという注文付きで『右門捕物帖』はシリーズ化された。富士新聞と朝日新聞の分載で、昭和7年（１９３２年）6月まで全38話が掲載された。連載中に橋本松男監督、嵐寛寿郎主演の映画『右門捕物帖　一番手柄　南蛮幽霊』が公開（昭和4年・１９２９年）され、「（右門を演じる際の）お手本は（無表情が売りの喜劇俳優）バスター・キートンやった」と後年、嵐寛寿郎は回顧している。そして映画の成功が、八丁堀の同心・近藤右門（アダ名は〝むっつり右門〟）の人気に拍車をかけたのだった。

映画化以降、世間一般では本名の近藤右門より、通り名の〝むっつり右門〟の方が有名になったが、このアダ名を考案したのは嵐寛寿郎だった。他にも、原作では同僚の「あばたの敬四郎」とだけしか書かれてなかったのを、映画で敬四郎役の尾上紋弥《おのえもんや》の本名の「村上幸一」から苗字を借用して映画用に「村上敬四郎」というフルネームを作ったり、「あばたの敬四郎」を略して「アバケイ」とアダ名を付けたり。また、人差し指を立てて顎に手を持ってゆく推理のポーズは、映画評論家・南部僑一郎《なんぶきょういちろう》の癖を拝借したと語られている。逆に、それらを佐々木味津三が小説の方に反映させたそうだ。

この〝むっつり右門〟のヒットによって、他の大衆雑誌からの引き合いも増加。そして雑誌『文藝倶楽部』からの依頼で書き始めたのが『旗本退屈男《はたもとたいくつおとこ》』（昭和4年・1929年4月～昭和6年・1931年4月まで全10話が不定期連載）である。あり得ない設定と『右門捕物帖』よりも荒唐無稽な活躍をする主人公の痛快さで人気作品となった。

主人公の早乙女主水之介《さおとめもんどのすけ》は「長割下水《ながわりげすい》のお殿様」と呼ばれる1200石取りの直参《じきさん》旗本（だけど無役、そして独身）で、篠崎竹雲斎《しのざきちくうんさい》直伝の諸羽流正眼崩《もろはりゅうせいがんくず》しの達人（&武芸百般）。背丈は五尺六寸（168センチ）、腰には長めの蠟色鞘《ろういろざや》を落とし差しにし、（今なら石田純一を彷彿させる）素足に意気な雪駄《せった》履き、黒羽二重《くろはぶたえ》の着流しの凛々しい出立ち、美丈夫でくっきりと白く広い額には（31歳の時に浅草雷門で無頼の剣客団「長藩七人組《ちょうしゅう》」を斬り伏せた時に対手から負った三寸ほどの）三日月形の刀傷、これが早乙女主水之介トレードマークとなっている。この三日月傷のヒントは、作者が幼児の時に受けた額の刀傷からだと書かれた大衆文学事典があった。ただし、自分の額の刀傷についての具体的な説明の記述はなかった。

この「長藩七人組」を秘剣・諸羽流正眼崩しで一刀薙《いっとうな》ぎに斬り伏せて以降、額の三日月傷とともに早乙女主水之介の嬌名《きょうめい》が江戸中に轟くが、時は元禄の泰平の世で平和そのもの、自慢の剣の腕前を揮《ふる》えるような、これといった事件もなく退屈を持て余し、以来3年、夜ごと日ごと江戸市中（「吉原」と場所を限定して書いている本もあり）を徘徊しているうちに、誰言うことなく、人呼んで「旗本退屈男」との異名をとった。

ある日、早乙女主水之介は妹の菊路《きくじ》から恋人の霧島京弥《きょうや》が行方不明となったと泣き付かれ、「これは格好の退屈凌ぎになる」と、喜び勇んで不可解な事件の渦中へと飛び込んでゆくことに。すぐさま犯人は京弥に横恋慕した榊原候の妾・お杉方の仕業と突き止め、お杉方の隠れ家に単身乗り込み、誘拐に加担した悪侍たちを尻目に京弥を連れ帰る。これに味をしめた主水之介は、事件のある所に（直参旗本の特権を使ってでも）どこにでも現れて大暴れ。「庶民の味方」と江戸っ子から大喝采を受けるのであった。

この粋な武士役をいち早く射止めたのは市川右太衛門《うたえもん》[*3]だったが、作者の佐々木味津三は剣法や剣劇に精通しておらず、秘剣・諸羽流正眼崩しの剣構えも所作も具体的には何も書いてなかったので、早乙女主水之介の剣法を具現化するために相当の苦労があった。何度も試行錯誤を重ね、市川右太衛門の殺陣のシーンの映り方や、その見栄えを良くし、工夫の果てに諸羽流正眼崩しの剣構えも完全に自分のものとしたので、大きな体でも変幻自在な動きが可能となったのである。工夫は他にもあり、原作（第1話）での早乙女主水之介の頭髪は「青月代《あおさかやき》」*4だったが、映画ではそれを江戸時代初期の旗本奴《やっこ》のような浪人風の総髪《そうはつ》に変えていた。

昭和5年（1930年）に封切られたこの映画が、市川右太衛門が独立後に立ち上げた市川歌右衛門プロダクションの「旗本退屈男シリーズ」の1作目となった。銀幕に映った誰憚《はばか》らぬ豪放磊落《ごうほうらいらく》な早乙女主水之介の言動や所作や、（リアル感を廃した）日本舞踊の舞にも似た華麗な右太衛門の立回り、そして「天下御免の向こう傷」という名台詞。これらが相まって、（おまけに映像のカラー化に伴って着物姿も派手になり）早乙女主水之介といえば市川右太衛門、市川右太衛門といえば早乙女水之介とまでいわれる当たり役となる。戦前には9作品、戦後は21作品が制作されて、他にはTVや舞台でも演じられる国民的ヒーローとなった。晩年、80歳を過ぎても早乙女主水之介を演じ、主役以外はやらないという市川右太衛門の姿勢が小気味よかったと語られている。

市川右太衛門の他にも、中村竹弥（昭和35年・1960年、KRテレビ）、高橋秀樹（昭和45年・1970年、フジテレビ）に、右太衛門の実子・北大路欣也（平成13年・2001年、フジテレビ）が早乙女主水之介を演じているが、元祖を超えるような評価は……。

眠狂四郎

昭和初期に連載された吉川英治の『鳴門秘帖』の敵役に〝関谷孫兵衛〟という怪剣士が登場する。島原の乱で落ち延びた者の子孫で、欧州人の血を引く隠れキリシタンの子であった。そのため、母親の信仰心からくる戒《いまし》めと、世間の目を逃れる苦しい生活の狭間で、子供の頃は鬱屈した人生を余儀なくされ、悪の限りを尽くす無頼漢《ぶらいかん》となっていった。額に十字の傷が刻印されているため、始終〝お十夜頭巾《じゅうや》〟をかぶって顔を隠しているので、通り名を〝お十夜孫兵衛〟といい、最期は主人公・法月弦之丞《のりづきげんのじょう》に斬り殺されるという内容だが、この怪剣士の出自と所業がこの伝奇小説『鳴門秘帖』の程好い味付けとなっている。

それから三十数年後、アメリカ（ＧＨＱ）による戦後の日本国民主化の一環で米国文化が浸透してきたが、それでもまだ島国根性がなくならぬ日本で、〝お十夜孫兵衛〟と同じく父親がキリシタンの欧州人である、剣士〝眠狂四郎〟が大衆文学に登場した。初期の丹下左膳や、お十夜孫兵衛の無頼の生き方を受け継ぐも、彼らと違い、その出立ちは優美となっていた。

だが、その美剣士の登場までには原作者の紆余曲折があった。エッセイで「自分は好き好んで剣豪作家になったわけではない」と公言する柴田錬三郎は、『イエスの裔《すえ》』で昭和26年（1951年）下半期の第26回直木賞を受賞したが、純文学志向の氏には、どの文藝雑誌や大衆雑誌からも原稿依頼がなく、現実の大衆文学と純文学の狭間で暗中模索の刻《とき》を送っていた。

そんな折り、『週刊タイムス』という零細出版社の編集長が、柴田錬三郎の慶応の後輩であったところから、(当時は剣豪小説の流行で) 時代劇小説を依頼してきた。慶応大学では中国文学の専攻で、日本の歴史は得意ではなかったため、まずは神田の古書店街を駆け回って、江戸の市井の暮らしや武家の知識を得るための雑誌を買い漁ったのである。

前述の佐々木味津三と同じく、柴田錬三郎も時代劇小説を書くことで人生が変わってゆく。初の長編時代劇小説『江戸群盗伝』は、昭和29年(1954年)5月に連載開始。きっちりとしたプロットも考えず、イメージの浮かぶままに筆を進めていたので、三流作家ならつまらない時代劇小説となるところ、これが他誌の編集長や編集者から見ても、柴田錬三郎の力量を感じられる出来であった。この感触がのちに図らずも柴田錬三郎を時代劇小説作家へと導いてゆくことになる。

氏自身も、書くにつれ、純文学よりは伝奇時代劇小説の方が向いているのでは、と思い始めていた。それゆえに便利屋として使われ、時代劇小説作家のレッテルを貼られてしまうのではないかという危惧もあり、作家としての自分の才能に迷い、純文学か時代劇小説かの岐路で逡巡していた。

しかし(おそらく糊口《ここう》を凌《しの》ぐため)そんな悩みとは裏腹に、昭和31年(1956年)の『オール讀物』(文藝春秋刊)3月号に『異変助太刀記《いへんすけだちき》』と『小説公園』、6月号からは初の剣豪小説『一の太刀』と、原稿を依頼されるままに時代劇小説を書いていた。翌年『一の太刀』の連載が終わった頃、突然(面識のない)新潮社の編集者・斎藤十一《じゅういち》が新宿の柴田宅を訪れ、『週刊新潮』[*5]に時代劇小説の連載を求めた。即答を避けた柴田錬三郎に対して、「間、髪を容れず」数日後に編集部の麻生吉郎を送り、「1話完結で全20話。主人公は腕の立つ剣客で、締め切りは1ヵ月後」と要求した。

結局、腹を括《くく》った柴田錬三郎は、魅力的な剣客を創造するための参考として、剣豪小説の大ヒット作である吉川英治の『宮本武蔵』と大佛次郎の『鞍馬天狗』を読むのだが、どうにもこれらの怪傑には琴線に触れる要素がなく、後年語る「私はそれに、どのように反逆するか、ということを考えた」との矜持から、宮本武蔵的、鞍馬天狗的でない、新たな剣客像を模索してゆく。そして神田の古書店で十数冊の参考資料を求めて、作品の構想を練ったのである。

その参考資料の中に『大菩薩峠』があったかどうかを記述する書籍はないが、柴田錬三郎は〝机龍之助〟をとても意識していたようで、「机龍之助とは、まことに良い名である。机は全ての人間が使っている。マスコミに売り出す名は、こういう良い名でなくてはならぬ」と語っていた。そして、数日間昼夜考え続けた末、ある晩「眠」という名前が閃いた。眠りは人には欠かせないもので、「机」と同じくらいポピュラーな名前であった。姓が決まると、名の「狂四郎」はすんなりできたらしい。

次はキャラクター設定だが、柴田錬三郎は、宮本武蔵や鞍馬天狗などに見られる、求道精神主義や勧善懲悪至上主義を一切廃し、「氏素性が正しく、清廉潔白・品行方正のフェミニスト」の全て逆をいくことにした。回顧談によれば、「陰惨な条件をアレコレと考えているうちに、戦後において混血児という存在が、奇妙な浮かび上がり方をして、万人の関心を集めていることに、気がついた」ことから、「大目付松平主水正《もんどのしょう》によって転び伴天連《バテレン》となった阿蘭陀《おらんだ》人医師ジュァン・ヘルナンドが、(背信の罪悪感を含みながら) 意趣返《いしゅがえ》しで黒ミサを行い、主水正の娘を生贄《いけにえ》として凌辱し、その結果、娘は混血の子供を身籠る」。こうして、生まれながらに背徳を背負った虚無《ニヒリスト》の剣豪・眠狂四郎が誕生したのである。

このようにキャラの設定は決まったが、雑誌に載るまでにもうひと波乱あった。なんとか第一稿「雛の首」を送ったのだが、「トーンが甘い」と新潮社の斎藤十一に書き直しを要求されたのだ。そこで今度は荒唐無稽さを増した内容にするため、背徳《エロ》を全面にちりばめ、眠狂四郎に円月殺法《えんげつさっぽう》*6という（無敵の）魔剣法を持たせた「雛の首」を書いて、再度編集部に送ったのであった。

昭和31年（1956年）の『週刊新潮』5月8日号に『眠狂四郎無頼控』の第1話「雛の首」が連載されると、刺激的なストーリーに虚無《ニヒリスト》の美剣士の魅力で圧倒的な人気を呼んだのである。斎藤十一は、「（全20話どころか）ずっと書き続けて欲しい」と再依頼し、柴田錬三郎は「そんなに書けないから、やめさせてほしい」と、新潮社の一室で長時間睨み合ったという逸話が残っている。

これほどの魅力的なキャラクターを映像関係者が見逃すはずもなく、昭和31年（1956年）に鶴田浩二主演で『眠狂四郎無頼控』（東宝）が初映画化され、翌32年（1957年）には『眠狂四郎無頼控 第二話 円月殺法』、昭和33年（1958年）に『眠狂四郎無頼控 魔剣地獄』の全3作品が制作された。

昭和38年（1963年）には市川雷蔵主演の『眠狂四郎殺法帖』（大映京都）がヒットすると、次々に市川雷蔵の眠狂四郎が映画化。昭和39年（1964年）の『眠狂四郎勝負』『眠狂四郎円月斬り』『眠狂四郎女妖剣』、昭和40年（1965年）の『眠狂四郎炎情剣』『眠狂四郎魔性剣』、昭和41年（19

６６年）の『眠狂四郎多情剣』『眠狂四郎無頼剣』、昭和42年（１９６７年）の『眠狂四郎無頼控 魔性の肌』、昭和43年（１９６８年）の『眠狂四郎女地獄』『眠狂四郎人肌蜘蛛』、昭和44年（１９６９年）『眠狂四郎悪女狩り』の全12作が制作。市川雷蔵のはまり役として語られた。

しかし昭和44年（１９６９年）に市川雷蔵が夭折し、代役で近衛十四郎の実子・松方弘樹が抜擢されて、『眠狂四郎 円月殺法』『眠狂四郎 卍斬り』の全２作を制作。この『眠狂四郎 卍斬り』には、阪東妻三郎の実子・田村正和も出演していた。実に〝親の七光×２＝親の14光〟の共演映画であったが、市川雷蔵の人気には遠く及ばず、眠狂四郎の映画はここで打ち止めとなっている。

初のＴＶ化は、東宝映画に副うように、昭和32年（１９５７年）７月３日から日本テレビが江見《えみ》渉《わたる》主演の『眠狂四郎無頼控』（池内淳子が共演）を放映。昭和36年（１９６１年）に日本テレビが再び江見渉を主演に『眠狂四郎』を放映。昭和42年（１９６７年）にはフジテレビが平幹二朗《ひらみきじろう》主演で、さらに昭和47年（１９７２年）にはフジテレビが田村正和を主演にそれぞれ『眠狂四郎』を放映。田村正和のハマリ役となる。

しかしテレビ東京が、昭和57年（１９８２年）『眠狂四郎 円月殺法』に片岡孝雄（現・片岡仁左衛《にざえ》門《もん》）を抜擢すると、移ろいやすきは女心かな、田村正和の眠狂四郎を凌ぐほどの人気を得たようで、昭和58年（１９８３年）に再び片岡孝夫を主演に『眠狂四郎無頼控』がテレビ東京で放映された。

その後、再び田村正和を主演に『眠狂四郎』（放映日時と放送局は不明）スペシャル時代劇があったが、これ以降、映画でもＴＶ番組でも『眠狂四郎』は作られていない。ただ近年、ＧＡＣＫＴ《ガクト》

が『眠狂四郎』の舞台劇を公演。それを録画した映像がＢＳで放映された。

月影兵庫

個性的な俳優のコンビ出演で、ノリの好いドラマは幾多ある。例えば『噂の刑事トミーとマツ』（ＴＢＳ、昭和54年・１９７９年～昭和57年・１９８２年、国広富之・松崎しげる共演）、『傷だらけの天使』（テレビ朝日、昭和49年・１９７４年～昭和50年・１９７５年、萩原健一・水谷豊共演）、『あぶない刑事』（日本テレビ、昭和61年・１９８６年～昭和62年・１９８７年、館ひろし・柴田恭兵共演）。最近では『ケイゾク』（ＴＢＳ、平成11年・１９９９年、中谷美紀・渡部篤郎共演）、『トリック』（テレビ朝日、平成12年・２０００年、平成14年・２００２年、平成15年・２００３年、仲間由紀恵・阿部寛共演）、『スペック』（ＴＢＳ、平成22年・２０１０年、戸田恵梨香・加瀬亮共演）等で、息の合った演技や合間のギャグ、キャラのミスマッチのぶつかり合いで、いろいろと楽しませてもらった。だがこれよりさらにさらに昔、前記の作品のどれにも負けない、超ノリノリのドラマが存在していた。それもＴＶの時代劇でである。

東映の『柳生武芸帳シリーズ』（全9作品）で見事な剣技を披露し、剣豪〝柳生十兵衛《やぎゅうじゅうべえ》〟を好演した近衛十四郎《このえじゅうしろう》を主役に据え、昭和40年（１９６５年）10月から日本テレビ系列で『素浪人《すろうにん》 月影《つきかげ》兵庫《ひょうご》』（放送期間の途中まではモノクロ）は放映が開始された。

南條範夫《なんじょうのりお》の傑作時代劇『月影兵庫シリーズ』から『月影兵庫聞書抄《ききがきしょう》』のストーリーを大胆にアレンジした、〝柳生武芸帳シリーズ〟以上の痛快時代劇で、事件に巻き込まれた（もしくは自ら首を突っ込んだ）月影兵庫が、十剣無統流の剣の腕で悪人を懲らしめるお話である。ストーリー的には、まあよくある時代剣劇パターンの物語だが、映画やTVの『柳生武芸帳』の主役で好演した近衛十四郎の人気によって、2クール放映された。

これで終了と思いきや、近衛十四郎の〝月影兵庫〟は捨て難いキャラクターだったのだろうか、昭和41年（1966年）3月放送終了から9ヵ月間中断後の、昭和42年（1967年）1月7日からテレビ朝日に変わって3クール目が始まった。でも、何故かここから内容が一変する。これと言って際立った癖のなかった〝月影兵庫〟に、猫嫌いの個性が加わった。また、曲がったことが大嫌いで口達者、おまけに蜘蛛嫌いという渡世人《とせいにん》〝焼津の半次〟が旅の同行者として登場する。

主役の近衛十四郎はチョットお歳を取っていて、申し訳ないが、見た目も〝おじさん〟（ご子息の松方弘樹・目黒祐樹はハンサムなのだが……）なので、原作のように腰元の〝桔梗《ききょう》〟連れでは構図が良くない。そこで代わりに、原作では存在しない〝焼津の半次〟（焼津町から命名）が創造されたと語る批評家もいる。

〝焼津の半次〟役は、大映京都の『忍びの者』（市川雷蔵主演、昭和37年・1962年〜昭和41年・1966年、全8作品）のTV版『忍びの者』（昭和39年・1964年、日本テレビ）で好演したが、以降、これといった主演作品のなかった第二東映の2枚目スター・品川隆二《しながわりゅうじ》が起用されていた。

剣劇はさらに見せ場が多くなり、でもストーリーはギャグ基調で御都合主義。時代考証などほったらかしで、毎回のサブタイトルも洒落の利いたものとなっていた。兵庫と半次の会話はテンポの良い掛け合い漫才（今だと差別的で使えない語彙あり）のようで笑わせてくれて、最後は〝月影兵庫〟の胸の好くような殺陣で締める。これが大当たり。テレビ朝日史上に輝く高視聴率番組となった。これに連動するように品川隆二の人気も急上昇。「焼津の半次の歌」が作られ、劇中歌劇シーンも茶の間を楽しませていた。

当時のTV論評によると、毎週30～40パーセントを誇る視聴率ナンバーワン時代劇で、他の番組を含めても5位より下がることはなかった。面白いことに、その人気は多数の女性視聴者（年齢は高め）に支えられていたそうだ。半年、1年、1年半と、順風満帆、人気は上々であったが、思いもよらぬ伏兵が立ちはだかった。これはあくまでも噂であるが、原作を逸脱したハチャメチャなノリが原作者・南條範夫の不評を買ったため、昭和43年（1968年）12月28日で『素浪人 月影兵庫』は終了することになってしまったと語る人がいる。

だが本当に南條範夫はTV版『月影兵庫』が気に入らなかったのだろうか、それを疑問に感じるのは、昭和43年（1968年）1月から『週刊大衆』（双葉社刊）で『月影兵庫』シリーズを復活させているからである。週刊雑誌に併せて1話完結で、『月影兵庫旅を行く』という題名を付け、TV版の向こうを張るような設定の道中記が書かれていた。

これがTVのようなふざけた展開は皆無に等しい、正統派の娯楽時代劇小説となっていて、勿論、〝焼津の半次〟は出てこないのだが、半次を彷彿させる元スリの〝合点の安〟が途中から道連れとして登場している。洒落の利いたサブタイトルにしても、TV版の「だました奴が泣いていた」「君子が墓穴を掘っていた」に対し、小説では「食いすぎて寝ていた牛」「鬼の目に涙があった」「災難は不意にやってくる」と、南條範夫も負けてはいない。それだけ思い入れの強い『月影兵庫』だったからこそ、TVのハチャメチャ加減が許せなかったのだろうか、本人のコメントが見当たらないので結論が出ないが、人気時代劇だった『素浪人 月影兵庫』が打ち切りになったことだけは確かである。

しかしTV局側も、転んでもただでは起きなかった。(再び近衛十四郎を主演にして) 翌昭和44年(1969年) 1月から同局で放映が始まった『素浪人 花山大吉』を観てびっくり、一人旅になった〝焼津の半次〟が、〝月影兵庫〟とそっくりな〝素浪人の花山大吉〟と出会うところから始まるのである。主役のキャラクター設定が変わっただけで(猫嫌いが、おから好きに変更)、結局『素浪人 月影兵庫』と全く同じく、駄洒落の利いたノリノリで、さらにいい加減になった珍道中は続くのであった。

これも好評を得るが、近衛十四郎の体の不調で昭和45年(1970年) 末に中断されることになったのだった。ただ、10月から始まった裏番組の『8時だよ!全員集合』(TBS) に押されて消えたと語る評論家もいる。

昭和48年(1973年) にテレビ朝日系列の『素浪人 天下太平』でTV時代劇に三度《みたび》復活するも、往年の近衛十四郎を知るファンの期待に沿えるだけの輝きはなかったと、時代劇のカルト本に書かれてあった。そしてこの〝天下太平〟の後に、次男の目黒祐樹と共演した『いただき勘兵衛旅を行く』（昭和48年・1973年、テレビ朝日）が最期の主演だと思われる。4年後の昭和52年（1977年）に近衛十四郎は他界する。

ちなみに、近衛十四郎以外で月影兵庫を演じたのは、昭和34年（1959年）に原作の第1弾『月影兵庫 上段霞斬り』が大映京都から主演・勝新太郎で映画化されている。勿論、出演者の中に中村玉緒もいる。TV映画では、『月影兵庫聞書抄』を基に、平成元年（1989年）にテレビ東京で『月影兵庫 あばれ旅』が、月影兵庫役を村上弘明、桔梗役に片平なぎさ、合点の安役に大和田獏で放映された。平成7年（1995年）4月には『花山大吉』（テレビ朝日系列、「春の時代劇」スペシャル）が、主演に近衛十四郎の長男・松方弘樹を起用し、相方の〝焼津の半次〟役に田原俊彦でリメイクされたと書かれた本があった。

平成19年（2007年）7月17日火曜日、テレビ朝日の時代劇シリーズで『素浪人 月影兵庫』が復活（全8回）。主演には再び松方弘樹を起用。なぜか〝月影兵庫〟と〝花山大吉〟が混ざったようなキャラクターとなっていた。〝焼津の半次〟役は個性派俳優の小沢仁志で、ナレーションは品川隆二が務め、1話目では居酒屋で酒を飲みながら昔話をする老人役で花を添えていた。ここまでは感涙ものなのだが——感想を言えば、「何だか物足りない」に尽きる。「お調子者の焼津の半次の、〝立て板に水〟のツッコミと、それをサラリと受け流したり、逆ツッコミしたりする月影兵庫のオトボケぶり」、こうした作品のウリが希薄で、松方弘樹は二枚目の部分を捨てきれず、小沢仁志は滑舌が悪すぎた。

もし著者がプロデューサーとなって配役を決められるのならば、『ぶらり新兵衛・道場破り』（昭和48年・1973年、フジテレビ）で魅せたオトボケぶりと、キメの殺陣が凄い高橋英樹の月影兵庫が見てみたい。そして無責任なマシンガントークが出来て、股旅ものに違和感のない吹越満《ふきこしみつる》の〝焼津の半次〟がいいし、若い俳優なら、TV『ウォーターボーイズ』の（二枚目半の）生徒会長役で好評だった瑛太の〝焼津の半次〟も捨て難い！ 監督には『トリック』や『スペック』で人気の堤幸彦を起用して、昭和パロディ満載で、『大追跡』（昭和53年・1978年、日本テレビ）や、『俺たちは天使だ』（昭和54年・1979年、日本テレビ）のポップでスピーディーな、ギャグとアクションの展開を加味した時代劇にしてみたいものである。

金太郎（坂田公時、幼名を〝怪童丸〟）

日本で有名なお伽草子《とぎぞうし》の三大太郎――浦島・桃・金――の一人であり、子供がいる昭和中期の家庭には「金太郎」の（足柄山《あしがらやま》で熊と相撲する）物語の書かれた絵本が、必ずあったと言っても過言ではないと思う。団塊の世代以前の日本人にとって金太郎とは、まず端午の節句に飾られていた〝㊎マーク〟の腹掛けをした童人形とか、（現在は見かけなくなった）鯉幟《こいのぼり》の鯉の背に摑まった尻丸出しの児童の絵に、金太郎飴、そして源頼光《みなもとのよりみつ》の四天王の一人だった坂田公時《さかたのきんとき》（金時）などが思い起こされる。

今さら言うまでもないことだが、この坂田公時は実在の人物であり、現在に記録が残る書物での初出は説話集『今昔物語集』（巻二十八の第二）。そこに「源頼光の朝臣《あそん》の郎等の平貞道・平季武《すえたけ》・公時の3人の兵《つわもの》は腕が立ち、胆力があって、思慮深くて賢い」と書かれてある。ただし、出自については不明なので、巷説《こうせつ》、俗説などでは荒唐無稽な出生の逸話が生まれたのだろう。

一般的な巷説俗説は「坂田公時は幼名を金太郎といい、相模国の足柄山《あしがらやま》の山姥《やまうば》と赤竜《せきりゅう》の子で、赤ら顔の力持ち。まさかりを担いで足柄山を闊歩し、熊と相撲を取って打ち負かした」だろう。ちなみに、金太郎が赤ら顔のところから「金時」を用いて、（例えば）小豆などで赤いものは〝金時小豆〟と名付けられていたり、酒に酔って真っ赤になることを「金時の火事見舞い」などと言うこともあった。

金太郎研究が書かれた書籍によれば、かなり古くから種々の巷説、俗説はあるのだが、寛文4年（1664年）正月刊行の浄瑠璃『漉根悪太郎《すくね》』に、山姥が源頼光に奉った子の〝坂田民部金時〟として初めて登場したそうで、その50年後（正徳2年）には、大坂竹本座興行の近松門左衛門作の浄瑠璃『嫗山姥《こもちやまうば》』に、熊や猪と力を角《かく》す（くらべる）童として演じられている。

これが現在知られているお伽草子の基なのだろうが、幼名は〝金太郎〟ではなくて〝怪童丸〟となっていた。そもそも金太郎という名は、公時（金時）が近世代の童話向けに改名されたのだろうといわれていて、放浪の旅の源頼光が相模国で怪童丸を見出し、都に連れて帰り、元服させて公時（金時）の名を与え四天王の一人とした、金太郎こと坂田公時のサクセスストーリーのように語られている。

しかしながら近年の坂田公時（金太郎）は、永井豪《ながいごう》の漫画『手天童子《しゅてんどうじ》』の坂田公時、平成ライダーシリーズ『仮面ライダー電王』のキンタロス、auのCMに出演している濱田岳の金太郎等に見られるように、怪力が自慢だけのお頭《つむ》の軽いキャラとしてデフォルメされることが多く、彼《か》の豪勇無双の雄姿はどこへいったのやら、まったくもって「昔の光、今いずこ」である。

余談だが、「今となっては昔のことだが」、牛蒡《ごぼう》の千切りに唐辛子、醤油、砂糖を加えて胡麻油で炒めた料理には強壮作用があると考えられて〝怪力金平《きんぴら》〟と名付けられた。これは父親に似て豪勇無双だった坂田公時の息子の公平（金平）から命名されたとする書籍があった。つまりのちの世で、〝金平牛蒡〟と呼ばれている料理の語源ということである。

河内山宗俊

松林亭伯円《しょうりんていはくえん》の講談噺『天保六花撰《てんぽうろっかせん》』に登場する御数寄屋坊主《おすきやぼうず》である。なお、この御数寄屋坊主には実在のモデルがおり、本名は河内山宗春《こうちやまそうしゅん》。練塀《ねりべい》小路に住む小普請組《こぶしんぐみ》彦坂近江守支配の無役だった。もともとは、祖先の宗隣《そうりん》が御土圭《おとけい》役坊主（時計の間で和時計の世話をする坊主）肝煎《きもい》りを務める家柄で、祖父の宗久《そうきゅう》・父の宋築《そうちく》と続いた。しかし父の宋築が若くして他界し、宗春が河内山家を継いだのだが、（元来の素行の悪さから）小普請入になり、暮らしに困窮した。そこで子分（片岡直次郎・斎藤孫八郎・河内山三之助・佐伯源吾、他三十数人）を使って人の弱みに付け込み、ゆすり、たかりを行っていたのである。

まあ、故事にも「天網恢恢疎《てんもうかいかいそ》にして漏《も》らさず」とあるように、その末路は斯《か》くも哀れであった。寺社地域以外では禁止されていた富籤《とみくじ》を、隠れて私設でやっていた御三家の一つである水戸家を恐喝。その話が世間に広まって投獄される。お上は水戸家の世間体を守るため、牢獄内で宗春を毒殺させたらしい。

文明開化の頃、寄席で泥棒（鼠小僧次郎吉《ねずみこぞうじろきち》）や盗賊（雲霧仁左衛門《くもきりにざえもん》）、毒婦《どくふ》（鬼神のお松）の噺で大人気だった講釈師〝二代目・松林亭伯円〟は河内山宗春の身内が存命と知り、創作意欲が沸き立った。そして、宗春の母親と妾の娘に取材し、この実話の講談を作り上げたのである。ちなみに、この講談噺で河内山宗俊に改名されたとは思うが、本によっては「宗春」と記述するものあり、「宗俊」が使われ始めたのは講談からか、歌舞伎からなのか、正確には把握出来ず。

お題の『天保六花撰』だが、話を面白くするために実在の片岡直次郎（直侍《なおざむらい》）の他に、悪事を働く取り巻きの暗闇の丑松《うしまつ》や金子市之丞《かねこいちのじょう》、森田屋清蔵《せいぞう》、娼妓の三千歳《みちとせ》を創作し、河内山宗春を加えて６人になったところから、六歌仙（古今和歌集の仮名名序に評論された平安初期の、在原業平《ありわらのなりひら》、僧正遍昭《そうじょうへんじょう》、喜撰法師《きせんほうし》、大伴黒主《おおとものくろぬし》、文屋康秀《ふんやのやすひで》、小野小町ら６人の歌人）をもじって『天保六花撰』と名付けられた。

なお、実在の河内山宗春の悪事が露見したのは文政７年（１８２４年）であったが、そのままの〝文政六花撰〟では語呂が悪いとかで、文政の次の年号の〝天保〟を頭に付けて〝天保六花撰〟が誕生した。

これが大当たりの講談噺となった。そしてその人気は講談から歌舞伎へと移ってゆく。明治7年（1874年）10月に河竹黙阿弥《かわたけもくあみ》が脚本を書いた『雲上野三衣策前《くもうえのさんえのさくまえ》』が河原崎座で上演され、これも大評判。河内山宗俊人気は高まり、明治14年（1881年）3月に新富座で『天衣粉上野初花《くもにまごううえののはつはな》』が上演されると、河内山宗俊ら六花撰が悪徳商人をゆする姿に庶民は喝采を送ったそうだ。ちなみに、この『天衣粉上野初花』をモチーフにして、子母沢寛《しもざわかん》が書いた『すっ飛び駕《かご》』では、河内山宗俊は江戸城勤務の御数寄屋坊主となっている。

映画化は昭和11年（1936年）に中山貞夫監督の『河内山宗俊』（日活京都）が公開。主役は河原崎長十郎《かわらざきちょうじゅうろう》が演じた。昭和35年（1960年）にマキノ雅弘監督の『天保六花撰 地獄の花道』（東映京都）が公開され、市川右太衛門が主役を演じ、TVでは勝新太郎主演で『痛快！河内山宗俊』（昭和50年・1975年10月6日～昭和51年・1971年3月29日、フジテレビ系列）が放映。（普段のイメージから）勝新太郎の当たり役だとの評価を得た。

最近の活字となると、藤沢周平と北原亞以子《あいこ》が『天保六花撰』のトリビュート小説を書いている。藤沢周平が昭和60年（1985年）『月刊カドカワ』（角川書店刊）6月号に『蚊食鳥《かくいどり》（直侍篇）』と7月号に『闇のつぶて（金子市篇）』、平成元年（1989年）『野生時代』（角川書店刊）1月号に『赤い狐（森田屋篇）』、平成2年（1990年）10月号に『泣き虫小僧（くらやみの丑松篇）』、平成3年（1991年）5月号に『三千歳《みちとせ》たそがれ（三千歳篇）』、平成4年（1992年）1月号に『悪党の秋（河内山宗俊篇）』と、篇ごとに中心人物を変えて語るトリビュートを書き、それをまとめた『天保悪党伝』が角川書店から刊行されている。

北原亞以子の方は、平成2年（1990年）『問題小説』（徳間書店刊）8月号に『罪な女』と9月号に『忍び逢う』、平成3年（1991年）10月号に『みそっかす』、平成4年（1992年）7月号に『逃げた魚』と11月号に『喧嘩屋市之丞』、平成5年（1993年）6月号に『逢引き上手』と12月号に『思案のほか』、平成6年（1994年）3月号に『川の流れ』、平成7年（1995年）3月号に『のるか、そるか』、平成8年（1996年）3月号に『一期一会』を書いた。北原亞以子流に味付けされた『天保六花撰』だそうだ。それらをまとめた『贋作《うそばっかり》　天保六花撰《えどのはなし》』が徳間書店と講談社文庫から刊行されている。

他にも、直木賞受賞後（時代劇小説家として名を売る前）の柴田錬三郎が、『オール讀物』（文藝春秋刊）に講談本をネタにした『真説河内山宗俊』を、また探偵小説の大家・高木彬光《あつみつ》が『天保六花撰』をトリビュートした伝記時代劇小説『折鶴秘帖―天保毒花撰―』（連載誌・連載期間は調べつかず）を書いていた。

児雷也（自来也）

明治・大正・昭和前期生まれの人には、大蝦蟇《おおがま》の妖術を使う〝児雷也《じらいや》〟として有名であるが、この話の元ネタは、中国・宗の時代（960〜1126年）の『諧史《かいし》（短編小説集、ただしこの頃は短編小説集だけで、長編小説集は作られていない）』の中に収録された『我来也《われきたるなり》』。その内容は、盗みに入った家には必ず〝我来也〟と書いてゆく、自己顕示欲の強い盗人の話のようだ。

正確な伝来の時期まで調べが付かなかったが、この「我来也」の逸話をモデルに、文化3年（1806年）～文化4年（1807年）に感和亭鬼武《かんわていおにたけ》（倉橋羅一郎《らいちろう》）が読本『報仇奇談《かたきうちきだん》 自来也説話《じらいやものがたり》』を書いた。内容は（蝦蟇《がま》の）妖術を使う義賊《ぎぞく》の自来也《じらいや》（本名は尾形周馬寛行《おがたしゅうまひろゆき》）の復讐の物語（妖術を見破られ復讐は成就せず終わる）。読本としては大した評判を得なかったが、上方で『柵自来也談《やえもすびじらいやものがたり》』として劇化され、歌舞伎や浄瑠璃の演目として使われた。のちに江戸でも『越白浪《こしのしらなみ》自来也話』として上演され、これらはどれも評判を得ていた。

天保10年（1839年）に『報仇奇談 自来也説話』をモチーフにして、美図垣笑顔《みずがきえがお》が書いた長編合巻『児雷也豪傑譚《ごうけつものがたり》』が出版される。なお、ここでの〝自来也〟から〝児雷也〟への名称変更だが、子供が雷を怖がるところから、そのくらい恐ろしい盗賊だという意味を込めて、〝児雷〟の当て字が使われたとの説がある。以降、一筆庵主人《いっぴつあんしゅじん》が6～11篇まで『児雷也豪傑譚』を引き継ぎ、12篇からは作家が柳下亭種員《りゅうかていたねかず》に代わり、以来、現在知られている「大蝦蟇の精霊仙素道人《せんそどうじん》から妖術を習った児雷也」「人と大蛇《うわばみ》の混血で悪賊の大蛇丸《おろちまる》」「蛞蝓《かつゆ》仙人から秘術を授かった綱手《つなで》」の三竦《さんすく》みの趣向が考案された。40篇からは4人目の柳水亭種清《りゅうすいていたねきよ》に代わり、明治元年（1868年）に43篇まで執筆したが大団円《だいだんえん》とはならず『児雷也豪傑譚』は終了した。

映画の日本伝来後、舞台劇では絶対不可能な演出・演技が映像（活動写真）では可能となり、尾《お》上松之助《のえまつのすけ》（目玉の松ちゃん）が自来也を演じて大評判を呼び、その後も市川百々之助《もものすけ》や片岡千恵蔵が演じている。この人気に副うように、立川文明堂《たつかわぶんめいどう》が『立川文庫《たつかわぶんこ》』と銘打って刊行した少年向け講談本シリーズ『立川文庫』のラインナップの中にも「児雷也」が登場すると、以降、読本や講談本にも欠かせないヒーローキャラとなった。

思い起こせば、昭和の小説や漫画には「児雷也」を登場させた話が随所に転がっていたし、本来の物語の内容が忘れ去られた現在でも、児雷也・大蛇丸・綱手の独特の個性の特性は捨て難いらしく、『週刊少年ジャンプ』（集英社刊）に連載されていた岸本斉史《まさし》の『ＮＡＲＵＴＯ』の中でも、まるでこの漫画のオリジナルキャラのように活躍している。ちなみに、平成26年（２０１４年）の雑誌『ＡＥＲＡ』（№54・朝日新聞出版刊）のインタビューによれば、同氏は連載前に『児雷也豪傑譚』は読んでいたそうで、「サスケの『写輪眼《しゃりんがん》』も児雷也の目が元になっている」と語っていた。

猿飛佐助と霧隠才蔵

猿飛佐助《さるとびさすけ》は真田十勇士《さなだじゅうゆうし》の一人で、同じ十勇士の霧隠才蔵《きりがくれさいぞう》と並び、講談で有名となった忍者である。川中島の城主・森武蔵守長可《もりむさしのかみながよし》の家臣だった鷲塚佐太夫《わしづかさだゆう》の一子で、武蔵守の戦死後、父・佐太夫は二君《じくん》に仕えることを是とせず、武士を捨て百姓暮らしをしていた。その信州（長野県）の鳥居峠の南麓《なんろく》に生まれる。

物心がつく前から遊び場にしていた山中で、仙人と見紛う老武芸者（一般的には甲賀忍者だと語られている）戸沢白雲斎《とざわはくうんさい》と邂逅《かいこう》した佐助は、武士として生きるため、武術（忍術）を習得しに弟子入りする。やがて武術の才能が開花した佐助は、真田幸村《ゆきむら》の目に留まって配下となり、「猿《ましら》の如く飛び回る妙を得ておるゆえ、予の名前の一字を取り、猿飛佐助幸吉と名乗れ」と、真田幸村から〝猿飛佐助〟を命名されたのであった。

一方の霧隠才蔵は葦名《あしな》家の家臣であったが、伊達正宗に敗れた葦名氏が滅亡して浪人となる。ちなみに、本によっては浅井《あざい》家の家臣・霧隠弾正左衛門《だんじょうざえもん》の遺児で、主家滅亡後に伊賀に逃げ延びて、百地丹波《ももちたんば》に弟子入りしたとも書かれている。ともあれ、伊賀流忍術の名人である才蔵は、天下取りの野望に燃え、伊賀で知り合った石川五右衛門と義兄弟の契りを交わし、山賊となり豪商を襲っては軍資金集めをしていた。そんな盗賊の日々の中で（甲賀忍者の）猿飛佐助と対峙することになった。お互い忍術・体術・秘術を尽くした果ての勝負は、猿飛佐助の勝ち。その後、佐助に諭され、天下取りの野望を諦め、真田幸村の元へと参じ、真田十勇士の一人となったのである。

猿飛佐助と霧隠才蔵が初めて講談本に登場したのは、明治36年（１９０３年）に中川玉成堂から刊行された『真田幸村諸国漫遊記』で、（諸説はあるが）猿飛佐助のモデルは〝下柘植木猿《しもつげきざる》（上月《こうづき》佐助）〟とか、〝飛び加藤〟と語る人がいる。またこの二人は伊賀忍者なので、豊臣家に仕えた甲賀忍者の〝三雲佐助賢春《みくもさすけよしはる》〟という説もある。それと『真田三代記』に登場した忍者頭の霧隠鹿右衛門《しかえもん》が霧隠才蔵の原型だと記述する本があったが、誰がモデルかは未だ不明である。

その後、『立川文庫』の第5編『智謀《ちぼう》真田幸村』に、忍術の名人として猿飛佐助が登場。また第40編『忍術名人猿飛佐助』では、さらに超人的活躍をして人気者となる。共演の霧隠才蔵・三好清《みよしせい》海入道《かいにゅうどう》もしかりで、彼らの登場する読本はかなり売れたそうだ。

この人気にはメディアミックスの追い風もあった。〝目玉の松ちゃん〟こと尾上松之助が『自雷也』（大正3年・1914年、日活京都）、『霧隠才蔵』（大正4年・1915年、日活京都）、『猿飛佐助』（大正11年・1922年、日活京都）で演じた主人公は、フィルムの逆回しや、フィルムを止めて人物を移動させる等の映像トリックを使い、まるで忍法を使う忍者を表現した、そんな松之助に観客は喝采を送った。松之助の忍者映画は一世を風靡し、以後、多くの作品が作られ、巷では子供たちの間で〝忍者ごっこ〟が流行。しかしいつの時代も同じで、物語の低俗性を論《あげつら》う識者がメディアに溢れ、活動写真の害悪について論じられた。

まあそんな大人の事情など子供たちにはどこ吹く風、映画や読本では同じように人気者だが、猿飛佐助と霧隠才蔵はライバルで、「猿飛佐助派」の子供vs「霧隠才蔵派」の子供の間で、どちらが強いかといった論争まで起こっていた。それは創作の側でも同じで、一度は扱ってみたいキャラのようだが、『放浪記』で有名な林芙美子が書いた『絵本猿飛佐助』（昭和26年・1951年3月、新潮社刊）を古本屋で見つけた時には驚いた。これは昭和25年（1950年）6月11日～11月27日まで「中外新聞」夕刊に連載されていたものの書籍化だが、病気療養のために中断、再び連載を望んでいたが叶わず心臓麻痺で急死したため、結局、物語はここで終了した。しかしながら、この作品は絶筆の扱いはされていない。

他にも、猿飛佐助・霧隠才蔵を登場させた物語は、後述の一覧（298～305ページ参照）のように現在まで数多ある。

新世紀になって十数年、猿飛佐助（&霧隠才蔵）の活躍が昔ほど語られなくなったが、キャラクター自体のネームバリューは棄て難いようで、ＮＨＫの「猿飛三世」（伊藤敦史主演）などのようにパロディ化されたり、ＢＳ11のアニメ「百花繚乱サムライブライド」では猿飛佐助が忍猿《さる》だったりと、ライトノベルや漫画、舞台演劇の中でいろいろと二人のキャラとネームバリューが再注目されてはいる。

まあ、前述の『週刊少年ジャンプ』の『ＮＡＲＵＴＯ』では、〝猿飛佐助〟のままではキャラが使い難かったのか、「猿飛アスマ」と「うちはサスケ」の２名に名前が分けられ、猿飛アスマは真田十勇士を彷彿させる守護忍十二士の証を持ち、うちはサスケは霧隠才蔵的なクールキャラとなっている。ただし、「『猿飛アスマ』と『うちはサスケ』の２名に名前が分けられ」という件はあくまでも著者の感想であり、原作者・岸本斉史本人の言ではない。

新時代の時代劇やいかに

ここまで50歳以上のおやじには懐かしく、そして一世を風靡した時代劇のヒーローを（著者の独断と偏見で）選んで列挙してみた。かっては講談本に始まり、活動写真にＴＶ、漫画にと江戸時代以降の日本文化の中で培われた多種多様なメディアで、所構わず普通に登場していた英傑だったが、戦後「スーパーマン」という外来種のヒーローの渡来から、和製ヒーローも西洋化する変化に始まり、近年の日本人（特に若者）の娯楽・趣味の多様化もありで、映画離れ、TV離れ、本離れが顕著になってゆき、活劇の花形であった〝髷物の怪傑〟たちの（特に映像での）活躍の場が消滅してしまった。

こうした時代劇の凋落を多方面から介錯（解釈）した新潮社新書の『なぜ時代劇は滅びるのか』（時代劇フリーク春日太一の著書）では、昭和30年代のTVの台頭と映画の斜陽から始まり、毒も灰汁《あく》もないワンパターンの時代劇を大量生産し、結果的に時代劇の視聴者＝高齢者だと記憶に刷り込んだTV時代劇の功罪、（一部の）評論家・視聴者の過剰なまでの時代考証チェック、近年の名監督・名優・名脇役の不在と、自然体の演技を是《よし》とし、臭い演技を非《あし》とする俳優の演じる時代劇の現代劇化。すでに重症の域まで来ている時代劇の凋落の危機に際しても、（向上心の欠片もなく）変化出来ない業界人（監督・プロデューサー・脚本家・役者、そしてTV局社員）に苦言を呈している。

ただ、そのような散々たる状況下も、（異論もあるだろうが）時代劇にも一点の光明は差しており、〝髷物の怪傑〟は舞台劇や衛星放送へと生存の場所を移しているようだ。これは「固定ファンによる集客や視聴が期待出来るのが要因」だといわれている。有名なところでは、宝塚歌劇団が古くは伊賀忍者を題材にした『響け！わが歌』から、石川五右衛門と霧隠才蔵が揃い踏みの『花吹雪 恋吹雪』、カブキ者・前田慶次《けいじ》がテーマの『一夢庵風流記《いちむあんふうりゅうき》』、人気TVゲームの『戦国BASARA』、和月伸宏《わつきのぶひろ》の大ヒット剣劇漫画『るろうに剣心』、藤沢周平の時代劇小説『蟬しぐれ』などを舞台化し、宝塚オタクのリビドーを刺激した。

宝塚以外でも、剣劇ものの舞台は梅沢富美男や早乙女太一などの人気役者を排出した大衆劇一座によるものや、西郷輝彦や杉良太郎、松平健などの俳優（兼歌手）が、ファン向けの歌謡ショーの第2部で、『遠山の金さん』や『徳川吉宗』を披露するなど、ニッチな時代劇ファン向けに開演されていた。

平成23年（２０１１年）2月に東京国際フォーラム（ホールＣ）で、ＧＡＣＫＴ主演の『眠狂四郎無頼控』（原案はエンドウミチスケ、脚本は小山薫堂、音楽はＳＵＧＩＺＯ、脚本・演出は金子良次）が舞台劇となって上演された。演劇と映像・音楽（音楽監修のＳＵＧＩＺＯは、〝Ｘ ＪＡＰＡＮ〟と〝ＬＵＮＡ ＳＥＡ〟の共同名称）のコラボレーションが好評だった。翌年9月28日には東京国際フォーラム（ホールＣ）で、ＧＡＣＫＴ原作・脚本・演出・主演の『ＭＯＯＮ ＳＡＧＡ―義経秘伝―』が上演され、企画協力・衣装コンセプトデザインは（漫画家集団の）ＣＬＡＭＰ（代表作は『Ｘ』『レイアース』『ツバサ』）で、共演者には早乙女太一が、義経に付きまとう物ノ怪として好演していた。

人気の再燃は眠狂四郎や義経だけでなく、悲運の武将・真田幸村も戦国武将たちを網羅したＴＶゲーム『戦国ＢＡＳＡＲＡ』で、イケメンキャラとして生まれ変わって人気者となったり、ＮＨＫ大河に『真田丸』が決まったこともあったりで「真田十勇士」や「真田幸村」ブームが再燃しているのだろうか、このところ舞台演劇で立て続けに『真田十勇士』が公演されていた。ひとつは平成25年（２０１３年）赤坂ＡＣＴシアター5周年記念の『舞台 真田十勇士』で、真田幸村は上川隆《かみかわたか》也《や》、猿飛佐助は柳下大《やなぎしたとも》、霧隠才蔵は葛山信吾《かつらやましんご》、三好清海入道は小林正寛《まさひろ》が演じた。好評につき、

1年後の1月8日から再公演が行われていた。もうひとつは日本テレビ開局60年特別舞台の『真田十勇士』（青山劇場）。真田幸村は加藤雅也《まさや》、猿飛佐助は中村勘九郎、霧隠才蔵は松坂桃季《とおり》、三好清海入道は駿河《するが》太郎が演じ、（『ケイゾク』『トリック』『スペック』で有名な）堤幸彦演出の一風変わった物語で、これを映画化したものが平成28年（2016年）9月22日に公開された。

余談だが、模倣好きの関西人がそんな「真田十勇士」ブームを見逃すはずもなく、笑いの殿堂「なんばグランド花月」で、平成27年（2015年）4月2日〜12日に、吉本新喜劇特別公演『大坂の陣新喜劇〜戦国降幕〜笑う忍』を行っている。その録画が同年5月5日の15時からBSフジで放映された。

前述の『なぜ時代劇は滅びるのか』に、最近は舞台でも小型のマイクを付けて演じている時代劇もあり、これでは時代劇の俳優が育たないとの苦言もあったが、それはそれ、時代劇に人の耳目が集まってトレンドとなれば、芸の幅を広げようと切磋琢磨する役者も居るはず（そう信じたい）。ともあれ、GACKT主演の『眠狂四郎無頼控』や『MOON　SAGA—義経秘伝—』と堤幸彦演出の『真田十勇士』は、劇場で録画したものがBSで放映されもした。視聴率は確認出来ないが、ただただ、この劇場時代劇ブームが一過性のものとならず、ひいては映画やTV時代劇への起爆剤となって欲しいものだ。

話をTV時代劇の方へと戻すが、昭和から平成へと年号が変わったあたりから、（地上波の）日本テレビ系とテレビ朝日系から時代劇が減ってゆき、フジテレビ系もTBS系も、弱小TV局ながら頑張っていたテレビ東京も、現在では時代劇の連ドラは皆無となった。せいぜい1〜2年に1回、スポットで『必殺仕事人』『剣客商売』『鬼平犯科帳』などが放映される程度である。今やＨＮＫだけが、辛うじて大河ドラマや時代劇を放映して孤軍奮闘している。

このように一見民放から見放されたような時代劇だが、舞台時代劇の箇所でも書いたが、地上波から衛星放送（ＢＳ・ＣＳチャンネル）へと舞台を移して、（例えば）松本清張や多岐川《たきがわ》恭《きょう》の短篇時代劇を毎週放映しているＢＳジャパンのように、新たな兆しも見える。日本経済新聞の「文化」欄の記事では、「テレビ局の枠組みを超える形で、ＢＳやＣＳ放送向けに番組を制作する動きも出てきた。一時は存続が危ぶまれてたテレビ時代劇だが、蓄積されたノウハウを業界全体で継承しようとする機運が高まっている」とか、他新聞でも「時代劇へのニーズは高まっている」ＣＳと地上波の制作を行う企業が組むことで、新たなるソフト作りの形を提示出来る」と、時代劇専門チャンネル代表者の意気込みを載せていた。

＊1　嵐長三郎（寛寿郎）

本名は高橋照市。明治36年（１９０３年）12月8日に京都で生まれる。祖父は大阪文楽の人形遣いの桐竹紋《きりたけもん》十郎《じゅうろう》、叔父は歌舞伎俳優の嵐徳三郎で、母親が経営する旅館の葉村屋は新国劇の戯作者・行友《ゆきしも》李《り》風《ふう》が定宿としていた。こうした環境で育った照市は、いつしか役者として身を立てたいと思っていたのだが、周囲に反対され京都の呉服屋で丁稚奉公となる。だが4年後に呉服屋が倒産すると、実家に帰り再び役者への思いを募らせるが、親族の理解は得られず、お決まりの家出。18歳で歌舞伎界入りし、義士劇・片岡松之助一座で嵐徳太郎との芸名を名乗った。大正13年（１９２４年）には片岡仁左衛門一座に加入し、嵐和歌太夫と改名して女形として売り出す。それが映画の父と称される牧野省三の目に止まり、映画《マキノプロ》の世界へ。芸名を嵐長三郎として初主演した『鞍馬天狗異聞 角兵衛獅子』（昭和2年・１９２７年）が当たり、人気俳優の仲間入りとなった。翌年、マキノプロに内紛が起こり、その時に独立し、芸名を嵐寛寿郎として寛寿郎プロダクションを立ち上げた。

＊2 甲源一刀流

甲斐源氏逸見《へんみ》氏の第19代目・逸見太四郎義年《たしろうよしとし》が開祖。太四郎は江戸時代中期の生まれで、若い頃に溝口派の一刀流を桜井五郎助長政に就いて修行し、代々逸見家に伝わる剣法を基本に甲源一刀流を編み出した。この甲源一刀流の名称は、甲斐源氏の出であるところから、一刀流に〝甲〟と〝源〟を付けて甲源一刀流とした。他の流派と比べて知名度が低かったが、中里介山の『大菩薩峠』で広く世に知られるようになった。

＊3 市川右太衛門

北小路欣也の実父なのは時代劇好きには周知のこと。6歳の頃から中村扇雀《せんじゃく》一座の子役として舞台に立ち、後に上方歌舞伎〝所作事《しょさごと》〟の第一人者・市川右團次《うだんじ》の門下に移って〝市川右一《ういち》〟の芸名をもらい、関西青年歌舞伎（ちんこ芝居）の一員となる。19歳の時、折からの無声映画ブームに乗り映画界へ。大正14年（１９２５年）に阪東妻三郎がマキノ映画から独立した後釜として、マキノ映画に迎え入れられて市川右太衛門と改名した。ちなみに、マキノに迎え入れられたのは、阪東妻三郎の豪快かつ線の美しさを重んずる殺陣に近かったからともいわれている。

＊4 青月代

月代とは男性のみの風習で、前額から頭の中央にかけて半月形に剃髪《ていはつ》したもの。もともとは冠や烏帽子《えぼし》をかぶった時、生え際が見えないように剃ったことに始まる。のちに武士が合戦で兜をつけると頭が蒸れて、気の逆上を防ぐために頭髪を抜いたのが始まり。「さかやき」の語源は「逆気」からとまでいわれている。なお、青月代とは剃ったばかりで青々とした月代のこと。

＊5　週刊新潮

明治33年（1900年）、博文館の『太平洋』の失敗以来、発行までに（取材上の）機動力と（印刷・販売などで）資本力を必要とする週刊誌は、『週刊読売』『週刊朝日』『週刊サンケイ』『サンデー毎日』等々、新聞社系にしかなく、週刊誌の収入で出版経営の恒常的な安定を図ることが出来る、羨望の的であった。それが神武景気の後押しもあり、初の出版社系週刊誌『週刊新潮』が昭和31年（1956年）2月6日に創刊。谷崎潤一郎の『鴨東綺譚《おうとうきたん》』、大佛次郎の『おかしな奴』、そして五味康祐の『柳生武芸帳』の3本を柱とし、小説に特化した週刊誌を目指して他誌との差別化を図った。これを契機に週刊誌ブームが起こり、『週刊文春』『週刊現代』『週刊ポスト』と、講談社や小学館などの大手出版社も参入。そのブームは芸能・娯楽・漫画雑誌にまで及んでいった。

＊6　円月殺法

下段の構え（刀の切っ先を自分のつま先三寸）をとり、切っ先を左回りに、ゆっくり円を描いてゆく。その刀の円軌道に相手が幻惑されて、真円となるまでに斬り殺されるのである。眠狂四郎が20歳の時、自分の出生の真相を確かめるため長崎に赴いた帰りに、遭難して瀬戸内海の孤島に漂着。そこで隠遁生活を送っていた老剣士と邂逅し、剣の手ほどきを受けて、一刀流の流れを汲む秘剣を伝授された。それを自己流にアレンジしたのが円月殺法である。ちなみに、眠狂四郎の愛刀《あいとう》・無想正宗《むそうまさむね》はこの孤島で老剣士から与えられた。

「柴田錬三郎は昭和20年（1945年）4月に、南方戦線バシー海峡で乗っていた輸送船が魚雷を受け、7時間余の海上漂流のすえ奇跡的に救出されたという、文字通り海から帰って来た帰還兵である。（中略）この体験を思うとき、死の戯れによって成り立っているアクロバチックな秘剣円月殺法は、実は、作者自身が体験したエトンネ（人を驚かすこと）の所産であった」と、文藝評論家・縄手一男は考察している。

猿飛佐助・霧隠才蔵の登場小説一覧

▼**『蔦葛《つたかずら》木曾《きそ》棧《のかけはし》』**

博文館『講談雑誌』、大正11年９月〜大正15年５月。

伝奇小説の大家・国枝史郎著。

☞挿絵には岩田専太郎・伊藤幾久造を配して、スケールの大きな伝奇小説になるはずだったが、国枝史郎の体調不良で「前篇」の形で中断。構想の３分の１にも達していなかったそうだ。その後、平凡社の『現代大衆文学全集』の第６巻「国枝史郎集」（昭和５年７月刊）で、雑誌掲載時の最終回をカットして、新たに数枚を書き加えて完結とした。

▼**『帰去来峠』『真説霧隠才蔵』**

前者は東京日日新聞・大阪毎日新聞、昭和９年。後者は京都新聞夕刊、昭和26年。講談倶楽部の四天王のひとりであり、「大衆文藝」運動を提唱して雑誌『大衆文藝』創刊に参画した白井喬二著。

▼**『猿飛佐助《火道の巻・水道の巻》』**

新潮社『新潮』昭和20年２月〜３月。『夫婦善哉《めおとぜんざい》』で文壇に登場した織田作之助著。『忍者だもの』（平成27年２月、新潮文庫）で読める。

▼**『猿飛佐助』『続・猿飛佐助』**

大虚堂『りべらる』、前者は昭和22年１月〜12月、後者は昭和24年４月〜10月。講道館の西郷四郎がモデルの『姿三四郎』で有名な富田常雄著。

☞富田の作品としては、他にも『若草軍記（風雲真田軍記）』（東京新聞、昭和30年正月から３００回）、『新版猿飛佐助』（東京新聞、昭和31年〜32年）がある。

▼**『眞田隠密衆』**

東京文藝社、昭和29年10月15日。佐々木杜太郎著。

▼**『密偵の顔』**

『宝石』昭和24年９月増刊号。大坪砂男著。

☞大坪の作品としては、ほかに『霧隠才蔵』（『面白倶楽部』昭和25年12月号）、『変化の顔（「密偵の顔」の異稿版）』（『別冊読切特選集』昭和35年１月号）がある。

▼**『魔界風雲録』**

若潮社、昭和29年11月10日、５０５枚書下ろし。大坪砂男を第一の師と仰ぐ都築道夫著。

☞余談だが大坪砂男は、柴田錬三郎とは佐藤春夫門下の同輩だったこともあり、『幽霊紳士』『赤い影法師』と『眠狂四郎』の長篇（「どの作品かは忘れた」都築道夫談）の1〜2作は、大坪砂男が筋書きを作って柴田錬三郎に売ったのだそうだ。

▼『少年猿飛佐助』

東京新聞夕刊、昭和31年〜34年。火宅の人・壇一雄著。

☞東映動画『少年猿飛佐助』（昭和34年12月公開）の原作。

▼『新編真田十勇士』

月刊誌『剣豪列伝集 第23集』（昭和33年2月15日発行、双葉社刊）の特集。

☞陣出達朗『猿飛佐助』、（多分）昭和25年の『面白倶楽部』12月号の再録と思われる大坪砂男『霧隠才蔵』、岩崎栄『三好清海入道』、野村敏雄『三好伊三入道』、戸伏太兵『穴山小助』、風巻絃一『筧十蔵』、大田久行『海野六郎』、島守俊夫『望月主水』、園生義人『由利鎌之助』、水上準也『根津甚八』と、10名の作家が連作をしている。講談噺だけに挿絵画家にも注力しているようだが、月刊誌『剣豪列伝集 第23集』が広告しか手に入らず、誰が参加しているのか確認できず。

▼『真田十勇士』

朝日新聞社、昭和32年7月〜昭和34年5月。村上元三著。

☞穴山小介から三好伊三入道までの真田十勇士が真田幸村の元に集まる話で、11人の各自の逸話を連作小説。

▼『風神の門』

東京タイムズ、昭和36年。司馬遼太郎著。

☞霧隠才蔵を主役にした『真田十勇士』のようだ。

▼『赤い影法師』『柴錬立川文庫』

『週刊文春』（昭和35年2月〜12月）と姉妹作の『赤い影法師（南国群雄伝・主水血笑録）』（昭和45年、番町書房の『日本伝奇名作全集11』の書き下ろし?）。『柴錬立川文庫』（昭和37年〜昭和41年12月、オール讀物）。柴田錬三郎著。

☞『赤い影法師』と『赤い影法師（南国群雄伝・主水血笑録）』は〝異聞真田十勇士〟で、人坂夏の陣で「討ち死にしなかった」真田左衛門佐幸村と赤猿佐助（猿飛佐助の偽名）が、徳川家光の治世の江戸や天草で、服部半蔵率いる幕府隠密組と闘う後日談的な話。『柴錬立川文庫』は短編集で、『猿飛佐助』『霧隠才蔵』『三好清海入道』『真田幸村』『岩見重太郎』等があり、タイトルからも判るように『立川文庫』のオマージュだ。

▼**『少年少女物語文庫13 猿飛佐助』**

集英社、昭和35年、書き下ろし。筒井敏夫著で、挿絵は玉井徳太郎が担当している。

▼**『霧隠才蔵』**

『大衆小説』昭和37年5月号。宮本幹也著。

▼**『大暴れ十勇士』**

『小説倶楽部』昭和37年11月号。陣出達朗著。

☞霧隠才蔵を中心に語られる短編。

▼**『異聞猿飛佐助』『異聞霧隠才蔵』**

どちらも東都書房、昭和38年。中田耕治著。

☞『異聞猿飛佐助』は福田善之がシナリオを書き、篠田正浩監督が映画化し、昭和40年に公開された。

▼**『信玄忍法帖』『魔天忍法帖』**

前者は講談社、昭和39年3月。後者は徳間書店、昭和40年8月。昭和忍者小説の雄・山田風太郎著。

☞これも「異聞真田十勇士」と言えばいいのか、『信玄忍法帖』の方は、隠棲していた山本勘助が真田の忍者の真田源三郎・猿飛天兵衛・霧隠地兵衛に、〝信玄〟の7人の影武者を護らせる話。『魔天忍法帖』は多重世界を舞台にして、主役は服部半蔵に導かれ「大坂の陣」前夜にタイムスリップした幕府隠密の鶉平太郎で、豊臣家に叛意した石田三成の千姫拉致を阻むため、真田幸村の命を受けた猿飛佐助と共闘する話である。

▼**『忍法「黒髪縛り」』**

『読切文庫』昭和39年9月号。郡順史著。

☞雲隠才蔵を中心に語られる短篇。

▼**『大豪傑と小豪傑』**

『読切特選集』昭和39年12月号。佐野孝著。

☞真田十勇士では活躍の場が少ない、穴山小助、根津甚八、海野六郎を中心に語られる短編。

▼**『三好清海入道』**

双葉社『剣豪小説 9月特大号』昭和44年9月1日。宮本幹也著。

☞猿飛佐助はチョイ役で登場している。

▼**『草書本猿飛佐助』**

オール関西、昭和46年3月~10月。神坂次郎著。

▼**『太陽の使者(真田残党奔る)』**

報知新聞、昭和49年7月25日~昭和50年1月31日。『柳生武芸帖』で一世を風靡した五味康祐著。

▼『真田十勇士①〜⑤』

日本放送出版協会、昭和50〜昭和51年。柴田錬三郎著。

☞NHKの連続人形劇『真田十勇士』の書き下ろし原作。

▼『真田一族の陰謀』

櫂書房、昭和54年8月。松永義弘著。

▼『真田十勇士』

桃園書房『月刊小説』昭和54年7月〜昭和57年5月。任侠時代小説『木枯らし紋次郎』で一躍名を上げた笹沢佐保著。

☞第1話『佐助翔ぶ』、第2話『霧か霞霧隠』、第3話『生きていた光秀』、第4話『家康暗殺』、第5話『二人の千姫』、第6話『妖女淀君』、第7話『乱心！且元』、第8話『薩摩への密使』、第9話『方広寺事件』、第10話『妖刀・村正』、第11話『風雲大坂城』、第12話『真田丸奮戦』、第13話『謀略夏の陣』、第14話『倒れゆく柱』へと続くが、第15話『決戦の日』で連載が未完中絶したため、10年後の文庫本化の際に、第15話の一部と最終話『さらば死者よ』が書き下ろされた。

▼『真田十勇士』

成美堂出版、昭和60年4月10日。詩人で歴史関連のノンフィクション作家・土橋治重著。

☞史実に裏打ちされた新鮮な伝説的物語にしたいとの著者の意向で、真田十勇士の物語の流れに則して、随所に、現地取材した真田の里、九度山町付近、大坂城周辺の写真や、コラム的な史話を挿入した本作は〝虚実をぬっての伝奇ロマン〟とのコピーがカバーの解説に書かれている。

ここまでが大正・昭和の真田十勇士（猿飛佐助・霧隠才蔵）の話。これが平成に入ると、少し趣の変わった真田十勇士の話が書かれるようになってゆく。

▼『猿飛佐助 誕生編 貴種伝説の巻』

カドカワノベルズ、平成元年10月。『紺碧の艦隊』の作者・荒巻義雄著。

☞カドカワノベルズからは、これも含めて『猿飛佐助 疾風編1 小田原攻めの巻』（平成2年1月）、『猿飛佐助 疾風編2 関ヶ原合戦の巻』（平成2年5月）、『猿

飛佐助 疾風編３ 関ヶ原延長戦の巻』（平成２年７月）、『猿飛佐助 遊行編１ 太閤遺金探しの巻』（平成２年10月）、『猿飛佐助 遊行編２ 甚八大航海の巻』（平成３年１月）、『猿飛佐助 遊行編３ 信玄隠し金山の巻』（平成３年４月）、『猿飛佐助 決戦編１ 東海道戦争の巻』（平成３年10月）、『猿飛佐助 決戦編２ 大坂の陣の巻』（平成４年２月）の全９巻が、書き下ろし刊行。

▼『立て真田十勇士』『行け真田十勇士』
角川書店、前者は平成４年７月、後者は平成５年３月。『ぼくらの七日間戦争』の作者・宗田理著。

▼『真田忍侠記』
毎日新聞、平成６年11月〜平成８年９月。津本陽著。

▼『霧隠才蔵』
祥伝社、平成９年１月。ＮＨＫ大河ドラマ『天地人』の作者・火坂雅志著。

☞続編に『霧隠才蔵―紅の真田幸村陣』（平成９年７月、祥伝社文庫）、『霧隠才蔵―決闘根来忍び衆』（平成10年１月、祥伝社文庫）があり、全て書き下ろし。

▼『真田幻闘記ⅠⅡ』
ロングセラーズ、平成９年１月。北山密《ひそか》著。

▼『真田十勇士猿飛佐助』
講談社、平成10年１月。後藤竜二著。

☞「痛快 世界冒険文学」と銘打って編成された作品集の中の一冊。

▼『真田大戦記①〜⑩』
学研、平成11年７月。竹中亮著。

☞真田十勇士の猿飛佐助の代わりに、猿を操る甲賀忍者の三雲佐助が登場。佐助は石田三成の遺児で「豊臣秀頼に瓜二つ」との意味深の設定となっている。平成18年から『新真田大戦記』が発行されているが、絶版のため内容の確認をしておらず。

▼『幸村』
ＰＨＰ研究所、平成11年９月。嶋津義忠著。

☞〝大坂の陣〟を舞台に書かれた『真田十勇士』風のお話。

▼『魔風海峡 死闘！ 真田忍法団対高麗七人衆』
祥伝社ノン・ノベル、平成12年12月10日。荒山徹著。

☞〝慶長の朝鮮出兵〟を舞台に「任那日本政府《みまな》の隠し秘宝」を巡る、真田の忍者と朝鮮の忍者の死闘を描く。

▼『幻の城 慶長十九年の狂気』

祥伝社ノン・ノベル、平成13年5月。NHK時代劇『妻はくノ一』の作者・風野真知雄著。

☞〝大坂夏の陣〟を背景に、徳川方vs真田幸村&真田十勇士の戦いを描いているのだが、物語の第1章「九度山脱出」で、大坂城に入城する前の斥候に行った猿飛佐助が、待ち伏せしていた柳生一族の二十数名の刺客と戦って戦死している。

▼『真説 猿飛佐助（奔る猿飛佐助）』
講談社、平成14年。亀井宏著。

▼『嶽神』
中央公論新社、平成16年1月～6月。長谷川卓著。

☞武田家の御遺金を巡って、真田忍軍、風魔一族、伊賀忍軍が合い争う話で、白土三平の忍者漫画『サスケ』と同様、猿飛佐助は個人名ではなくて、真田忍軍「猿」として著されている。

▼『決定版・真田十勇士 霧隠才蔵』
集英社、平成17年12月。宮里洸著。

▼『蔭丸忍法帳 死闘大坂の陣』
幻冬舎、平成20年6月10日、書き下ろし。越後屋著。

☞この物語の主役は蔭丸で、千姫救出を服部半蔵から依頼され、猿飛佐助や霧隠才蔵と敵対する。

▼『真田幸村 家康狩り』
ぶんか社、平成22年2月。朝松健著。

▼『真田十忍抄』
一個人、平成23年6月号～平成26年6月号。『魔界都市』シリーズ、『ヴァンパイアハンターD』シリーズ等のSF伝奇小説で人気の菊池秀行著。

▼『悪夢の猿』
文藝春秋『オール讀物』平成22年7月号。犬飼六岐著。

☞『オール讀物』は、以後『消える月』（平成22年12月号）、『煌めく霧』（平成23年4月号）、『誘う雪』（平成23年6月号）、『群がる罠』（平成23年9月号）、『毒と毒』（平成24年1月号）、『闇の果て』（平成24年4月号）を掲載。いずれも「大坂夏の陣」後の家康の首を狙う猿飛佐助・霧隠才蔵の暗闘を語ったもので、平成24年6月に『佐助を討て』（文藝春秋）のタイトルで、7つの短編を1冊に纏めたものが刊行されている。

▼『戯曲 真田十勇士』
論創社、平成26年8月。中島かずき著。

☞平成26年1月に公演された『舞台 真田十勇士』用

に書かれたもの。

▼『猿飛佐助の憂鬱』

文芸社文庫、平成26年。福田善之著。

☞劇作家の福田善之が60年安保の挫折をテーマにした戯曲『真田風雲録』を書き、昭和37年4月に都市センターホールにて初演（俳優座系スタジオ劇団合同公演）。昭和38年には加藤泰監督でミュージカル時代劇として映画化されて話題を呼び、昭和48年に角川書店から文庫本で刊行。平成20年に早川演劇文庫から『真田風雲録』は復刻。翌平成21年10月15日〜11月1日に彩の国さいたま芸術劇場インサイド・シアター（大ホール内）にて、（財）埼玉県芸術文化振興団が主宰・企画・製作の、蜷川幸雄演出で『真田風雲録』の公演があった。そして『真田風雲録』から50年の時を経て、福田善之が書き下ろしたのが、この『猿飛佐助の憂鬱』である。

▼『真田恋記』

メディアワークス文庫、平成27年11月。瀬田ユキノ著。

☞戦国時代にタイムスリップした女子高生と真田幸村の、書き下ろしSFラブストーリーで、「佐助」と呼ばれる幸村に仕える透波（忍者のこと）が登場する。

▼『真田幸村と忍者サスケ』

角川つばさ文庫、平成28年1月。吉橋通夫著、佐嶋真実画。

▼『真田十勇士』

小学館、平成28年7月。松尾清貴著。

☞堤幸彦監督の映画『真田十勇士』（平成28年9月22日公開）を原案として書き下ろされた。

▼短編小説『魔剣龍神丸―佐助と九人の仲間―』

連載誌と連載期間は確認できず。武蔵野次郎著。

☞冒頭の「老仙人が山頂から、闇黒の宙空に投げた一振りの長剣が、十振りの剣に分かれ、驚嘆すべき速力で東西南北へ四散する」の場面は、どことなく『南総里見八犬伝』で伏姫の体内から各地へ飛び散る〝八つの玉〟が彷彿される。

『魔剣龍神丸』の他にも、掲載誌と掲載日が判らなかったものに、『いだてん百里 どろん六連銭の巻』（山田風太郎著）、『新変卍飛脚』（宮崎惇著）、『霧隠才蔵の秘密』（嵐山光三朗著）等の短編があり、長編では市川雷蔵主演の『忍びの者』の原作である村山知義の『忍びの者』（の第3巻『真田忍群』、第4巻『忍びの陣』、第5巻『忍び砦のたたかい』）、東郷隆の『おれは清海入道』と、目に付いた大衆時代小説だけでもこれだけ多くの猿飛佐助や霧隠才蔵のリスペクトがあった。

また漫画でも手塚治虫、白土三平、小山春夫、石ノ森章太郎、横山まさみち、永井豪、本宮ひろし、他にも無名の漫画家を含めると、枚挙に暇がないほど「真田十勇士」猿飛佐助（霧隠才蔵は脇役扱いが多い）の物語が描かれていた。

実在・架空人物 侍・忍者の補足解説一覧

【高柳又四郎】 机龍之助の項で記載

著者が初めてこの剣豪を知ったのは、昭和43年にテレビ朝日系で放映された『日本剣客伝シリーズ』の高柳又四郎の回である。ただし憶えていたのは、剣を打ち交わすことなく相手を倒す「音無しの剣」の名称のみで、当の高柳又四郎の名前はすっかり忘却していた。それが机龍之助の「青眼・音無しの構え」が心の片隅に引っかかっていて、今回机龍之助を探究する過程で、高柳又四郎と「音無しの剣」の名称を見つけ、どうして「音無しの構え」が心に引っかかったのかが腑に落ちた次第である。

一説によると、高柳又四郎は一刀流中西派の逸材とのことだが、手持ちの日本の剣豪解説本で探しても出自の記述がなく、千葉周作の好敵手としての話があるだけ。千葉周作との立会いで引き分けとなったが、「音無しの剣」は破られて、江戸を去って以降消息を絶つ。剣の天才で、孤独な異端者・高柳又四郎の姿が、虚無の剣士・机龍之助のモデルだとも言われている。

【島田虎之助直親】 机龍之助の項で記載

奥平家家老逸見志慶の家臣の島田市郎右衛門親房、その末子（第六子）として文化11年（1814年）に現在の大分県島田村で生まれる。剣は戸田一刀流の堀部太夫に師事し、16歳のとき九州を遍歴して修行をした。その後、天保9年（1838年）に江戸へ上り、そこで日本随一と言われていた男谷《おたに》精一郎信友の道場を訪ねて試合を申し込んだ。三本勝負を行い、男谷から1本は取れた虎之助は、「男谷も結局大した剣客じゃない」と、高を括り、次は下谷車坂に道場を構える直心影流・井上伝兵衛に挑んだ。

だが井上伝兵衛は江戸でもかなりの強豪で、田舎剣術の虎之助では反撃する間もなく散々に打ち込まれた。鼻柱をへし折られた虎之助は、門下に加えて欲しいと懇願したが、伝兵衛は自分より男谷精一郎に学ぶことを薦めた。そこで男谷精一郎の「にこぽん主義（お山の大将程度の道場破りには、3本勝負のうち1本は打たせて花を持たせる）」を聞かされた虎之助は、井上伝兵衛の紹介状をいただき、再び男谷精一郎信友の道場を訪ねた。

再度立ち会った男谷精一郎は以前とは違い、打ち込もうにも一分の隙もなく、手も足も出なかった。虎之助は床に平伏して弟子入りを懇願。直新影流に入門し印可を得た。天保12年（1841年）、深川霊岸島（江東区）に道場を設け、後に島田虎之助直親谷と男谷精一郎信友と大石進種次とで、幕末の三名人と呼ばれた。

【男谷精一郎信友】

祖先は士族ではなくて、越後小千谷村から江戸に出てきて検校（盲人の最高位の官名）にまでなった平民。この男谷検校が御家人株を買って、自分の末子の平蔵忠恕を武士とした。しかし平蔵忠恕の嫡子の彦四郎思孝には男子が生まれなかったので、一族の男谷新次郎信連の子の精一郎（後の下総守信友）を養子として迎えて、自分の次女と結婚させた。この精一郎は幼児の頃より武芸を嗜み、射術は吉田流、槍は宝蔵院流、剣術は直心影流、兵学は平山子龍に学んだとある。

幕末に輩出した剣豪の中でも男谷信友は群を抜いていた（言うなれば幕末随一だ）が、他の有名剣客のように派手な武芸修行を宣伝しなかったため、講談や大衆時代小説の主人公になっていないそうだ。ちなみに、平蔵忠恕の弟は小吉といい、勝家に養子に出された。そしてこの勝小吉の息子の麟太郎が、後に日本の命運を握ることになる勝海舟である。また勝は島田虎之助直親の愛弟子でもあり、直心影流を継承している。

【大石進種次】

大石神影流の開祖で、幕末剣術界の風雲児と称された大石進は、寛政9年（1797年）筑後国三池郡宮部村（大牟田市）にて、柳川藩士大石太郎兵衛種行の子供に生まれる。神陰流剣槍術（卜和泉伊勢守秀綱流祖）を家芸とする祖父の大石遊剣入道種房の代から、柳川藩と三池藩の兵法師範を務めるも禄高三十石の下級武士の家系であった。

大石進の強さは圧倒的で、6尺（180センチ）の巨軀が構えた5尺あまりの長竹刀から繰り出す得意技の片手突きは、物凄い威力を持っていたそうで、幕末の剣術界に長竹刀を流行させた。それ以外にも、従来の防具や袋竹刀による教授法の弱点を看破し、13本穂の面がね、竹胴、短籠手の使用を考案したと言われている。

【伊庭八郎】丹下左膳の項で記載

伊庭八郎秀頴は、千葉周作・斎藤弥九郎・桃井春蔵ら剣豪の開いた道場と並んで、江戸の四大道場と呼ばれた心形刀流伊庭道場の道場主で、伊庭家中興の祖で名剣士と言われた8代目伊庭軍平衛秀業の嫡子。

下谷御徒町和泉橋通り東寄りの伊庭道場で「伊庭の小天狗」と呼ばれるほどの剣才があったが、秀業がコレラで他界した時はまだ16歳の少年だったので、門人の垪和氏を養子にして伊庭家を継がせた。これが9代目伊庭軍平衛秀俊で、直系の八郎秀頴は秀俊の養子となって、やがて10代目を継ぐはずだったが、薩長同盟の結成後に倒幕運動が本格化し、伊庭八郎は日本を二分する戦乱の渦中へと。

御家人である伊庭八郎は一橋慶喜が組織した遊撃隊に入隊。鳥羽伏見の戦いの後、箱根でゲリラ戦を行い、撤退際に数人を切り倒すも、敵兵の一刀により左肘より先を失った。3ヵ月後蝦夷に渡り、榎本武揚とともに、新政府軍相手に鬼人のように戦ったが、流れ弾に当たり絶命した。ただ結核で血を吐いて絶命したと語る識者もいる。

【近藤右門】旗本退屈男の項で記載

3代将軍家光の治世の江戸八丁堀の定町回り同心(但し、町方与力・同心の住居が八丁堀付近になったのは家継の治世の享保16年（1731年）なので、佐々木味津三が時代考証をせず時代劇を書いたからと言われている)。錣正流居合抜きの達人で草香流の柔術を得意とする美男子の捕物名人だが、偏屈で無精者。その無口さから〝むっつり右門〟と呼ばれている。

初映画化は昭和4年『右門一番手柄 南蛮幽霊』で、当時は無名だった山中貞雄が小説に着目し、嵐寛寿郎を主演に、配下の〝おしゃべり伝六〟に頭山桂之助、〝あば敬〟に尾上紋弥を起用して大ヒット。その後、昭和30年『右門捕物帳 恐怖の十三夜』まで全35本が嵐寛寿郎主演で作られた。他に映画では、片岡千恵蔵、浅香新八郎、大友柳太郎。テレビでは中村竹弥、黒川弥太郎、中村吉右衛門、杉良太郎が近藤右門を演じた。

【源頼光と四天王】　金太郎の項で記載

源頼光は摂津源氏の祖・源満仲の長男で実在の人物。名前は頼光（よりみつ）と読み、文武両道の傑出した武士だったようで、平安末期の説話集『今昔物語集』や鎌倉時代の説話集『古事談』『十訓抄』『古今著聞集』の中ではその活躍が伝えられている。

それら説話集を元ネタにして室町時代に編纂されたお伽草子の『土蜘蛛草紙』『大江山絵詞（伊吹山絵詞）』『酒呑童子』『羅生門』では、呼び名は源頼光（らいこう）となっていて、その四天王の渡辺綱・坂田公時・碓井貞光・卜部季武の武勇譚が語られている。

渡辺綱も実在の人物で四天王の兄貴分的存在。父親は嵯峨源氏の祖・源融の曾孫だが、源満仲の婿の源敦の養子となって摂津国の渡辺に移り、渡辺の姓を名乗った。ちなみに、お伽草子の中での活躍の多さから見ると、実質的な主役は渡辺綱のようだ。

碓井貞光のモデルは平貞道で、卜部季武のモデルは平季武。源頼光の（身分の高い武士）従者で、実際の2人は傑出した兵だったようだが、お伽草子の中での活躍する場面はほとんどない。

【片岡直次郎】　河内山宗俊の項で記載

講談噺に登場する片岡直次郎は河内山宗俊の義兄弟で、江戸本郷大根畑に住む御家人。通称は直侍。しかし剣術の方はからっきしのようだ。水も滴るいい男だが、着たきり雀で懐は何時も寂しい。「色男、金と力は無かりけり」を地でいっており、柔弱で卑怯でふがいない小悪党。最後には河内山宗俊に義兄弟の縁を切られ、以前犯した強盗殺人が露見して、召し捕られて処刑された。

【大蛇丸】　児雷也の項で記載

一言で言えば、児雷也の天敵である。柳下亭種員に書き手が代わった『児雷也豪傑譚』の第12編から残忍な盗賊として登場する。越後国頸城郡の郷士と青柳池の主（大蛇）との間に生まれた、蛇性を帯びた半妖。盗みを好み狡猾で残忍、そして淫欲深く人を害する。

【綱手】 児雷也の項で記載

後に児雷也と夫婦になる怪力の美少女で、『児雷也豪傑譚』の第9編から登場。天敵である大蛇丸の罠に嵌まった児雷也を助けて大活躍をする。見目麗しい優乙女なれど、幼い頃から蛞蝓の精霊（蛞蝓仙人）に武芸と水練を仕込まれた無敵の怪力乙女。当初、見た目に惚れて我が物としようとした大蛇丸が、侮って襲ったのはいいが、綱手にはまったく歯が立たなかった。

【百地丹波】 猿飛佐助・霧隠才蔵の項で記載

伊賀流忍術の開祖で、伊賀忍者を統括していた三家（服部氏・藤林氏・百地氏）の統領の一人。別名の百地三太夫の方が世間の通りがよいが、丹波と三太夫は別人で、三太夫は架空の人物という説がある。

【下柘植木猿】 猿飛佐助・霧隠才蔵の項で記載

本名は上月佐助。忍術秘伝書『萬川集海』に、傑出した伊賀忍者11人の中の一人として記述されている。猿のように身軽だったとか、猿を使う術者だったとかで、木猿の名前が付けられたそうだが、それを検証できるもの無し。

【飛び加藤（鳶加藤）】 猿飛佐助・霧隠才蔵の項で記載

浅井了意の『御伽婢子』（寛文6年・1666年刊）には、常陸国の生まれと書かれてあり、加藤（加当）段蔵と名乗る伊賀の流れをくむ忍者らしい。跳躍の名手であったので、〝飛び加藤〟の異名を持ち、自らを「忍術名人」と称し、幻術もうまく操ったそうだ。

【風魔小太郎】

室町時代後期の武将たちの松永久秀、斉藤道三とともに戦国時代の三梟雄と呼ばれた北条早雲（初めは伊勢新九郎と称し、上方の素牢人から一代の才覚で伊豆と相模の両国を支配下に置く）から5代に渡って、北条氏に仕えた悪名高き乱波《らっぱ》集団の風魔一党の首領。「風の魔物の如く神出鬼没」だから「風魔」と呼ばれているが、正式な苗字は「風間」である。

乱波（透波）とは忍者の前身で、主に関西方面では透波、またはセッパとも言われ、この透波が〝すっぱ抜く〟の語源である。これら乱波（透波）は、盗賊などを生業にして、体力腕力に優れた者は強襲班、身軽な者は偸盗班に分けられていた。群雄割拠の戦国時代、金払いの良い領主（武将）に雇われて、敵対勢力の情勢の探索や、別働隊で夜襲や奇襲を行うこともあったそうだ。

【怪傑鷹《かいけつだか》（快傑鷹の羽）】

米国の冒険活劇『奇傑ゾロ（Mark of Zorro）』（大正9年・1920年公開）をリスペクトした『怪傑鷹』（二川文太郎監督作品）は、仮面の剣士が活躍するアクション映画で、大正12年（1923年）12月にマキノ等持院が制作し、高木新平主演で公開された。ちなみに、本作にはブレイク前の阪東妻三郎も出演している。

主演の高木新平だが、映画評論家の寸評によると、「マキノ三羽烏として、阪東妻三郎・月形龍之介と共に売り出した新平は（米国映画もどきの身の軽いこなしを売りにして）鳥人の名を欲しいままに、昭和初期まではダグラス張りの活躍を売り物に銀幕狭しと、縦横無尽の活躍をして大衆の人気を博した」そうだ。『刃光』『侍甚七』『阿蘭陀屋敷』『南蛮寺の怪人』『毒刃』等の、高木新平の主演する連続活劇は、特に子供たちには大人気であり、この人気の波に乗って、高木新平の独立プロ「高木新平プロダクション」が昭和2年（1927年）1月に設立した。

しかし松竹配給で第一回作品『紫蜘蛛』をリリースするも、小資本プロのため作られる映画の内容も貧弱で、かつ昭和初期の独立プロ設立ブームも相俟って、良い人材が確保できなかったのも原因だったのだろう、半年で松竹と絶縁し、設立1年半で解散となってしまった。

太平洋戦争終戦後、宝塚映画がマキノ等持院の『怪傑鷹』をリメイクした、少年向け時代活劇『怪傑鷹』の、第1篇・蛟竜風雲の巻、第2篇・奔流怒濤の巻、第3篇・剣風乱舞の巻の3作品を制作して、昭和29年（1954年）10月13日から公開。主演は中川晴彦で、無声映画時代の丹下左膳役だった團徳磨が共演している。

今度は東宝テレビ部が制作を担当してTV化。主演は岩井良介に交代し、タイトルも『怪傑鷹』から『快傑鷹の羽』に改題。内容も「奉行のドラ息子が仮面を付けて、悪の為政者と戦う」話が、当時流行っていた『白馬童子』や『風小憎』等の影響からか、「悪人から若君を守る仮面の騎士」に変えられ、昭和35年（1960年）11月からフジテレビ系列で5ヵ月間放映されている。なお〝鷹の羽〟が守る稲葉城の若君菊丸役は太田博之が抜擢された。

TV化に合わせてコミカライズは、昭和35年（1960年）の月刊誌『少年画報』7月～12月号まで、田辺虎男原作・矢野ひろし作画で連載されていたが、ブームもここまで、現在に繋がる「月光仮面」などの新ヒーロー登場で消滅してゆく。

第6章 電気紙芝居《テレビドラマ》

絶滅危惧度——★★★☆☆

テレビドラマの黎明期だった昭和28年（1953年）4月に発売された「キネマ旬報・増刊No.61：テレビ大観」（キネマ旬報社）の表紙。

テレビドラマの前夜

ギリシャ語の〝遠い〟（ｔｅｌ）＋ラテン語の〝像・構想〟（ｖｉｓｉｏｎ）が語源の「テレビジョン」。電流に変換された動画を送信して受信側に順次再現させる電気信号方式は、明治8年（1875年）米国のケアリーにより開発され、明治10年（1877年）にソーヤーが改良した。これがテレビジョンの始まりだと語る本もあった。しかし、一般的には、最初に実用的なテレビジョンを発明したのは英国のテレビ技術開発者ジョン・ロジー・ベアードで、大正14年（1925年）にテレビジョンの実験を行った。それは覗き眼鏡を見るようにニポー円板に映る画像を小さな画面から見るものだった。なお、翌年にはアメリカのベル電話研究所が、ワシントン―ニューヨーク間のテレビ放送の実験に成功している。

日本では浜松高等工業高校助教授の高柳健次郎《たかやなぎけんじろう》が、大正13年（1924年）に「絵の出るラジオ」の研究を始め、大正15年（1926年）12月には世界に先駆けてブラウン管を利用したテレビジョンの実験に成功。[*1]画像に「イ」の字を表示させ、昭和2年（1927年）3月には物体の映像の表示をすることが出来た。

しかし日本のテレビジョンの父である〝高柳健次郎〟の名前は米国のTV史には出てこないそうだ。細かな事情は荒俣宏《あらまたひろし》の著書『TV博物誌』（小学館刊）を読まれることを薦めるとして、判りやすい要因のひとつを説明すると、「高柳健次郎と欧米諸国とでは特許取得の概念が違っていて、その上当時の貧乏な環境では日本特許を出すのがやっとで、外国に出願することが出来なかった」からであった。

昭和3年（1928年）11月に（現在の）東京電機大学でテレビジョンの公開実験が行われる。昭和11年（1936年）頃から日本放送協会は、昭和15年（1940年）に開催予定の東京オリンピックのテレビ放送を（国威発揚を図ろうという）目標として、研究や放送設備の整理に努力してきた。しかし昭和12年（1937年）に日中戦争が勃発し、翌年にはオリンピック開催返上が決定され、オリンピックの放送設備の整理は中止となった。

それでも将来に備えてテレビジョンの研究は継続され、技術研究所を拡張して撮像管・受像管の研究を行うと同時に実験局の準備を進め、昭和14年（1939年）3月27日に有線によるテレビの実験を技術研究所にて公開。昭和14年（1939年）〜昭和15年（1940年）の2年にわたりテレビ実験局を使ってテレビ放送の準備研究を行い、定期放送が一応可能な状態にまでなった。ちなみに、昭和14年（1939年）9月20〜27日に日本橋高島屋8階ホールにて、東京芝浦電気主催で、東京電気・ビクター・コロムビア協同のテレビジョン完成発表会が開かれて、有線受像展示が行われた。

日本初のテレビドラマは、昭和15年（1940年）に日本放送協会の実験放送によって放映された。12分ほどの生放送（4月14日・20日に放映）で、タイトルは『夕餉前《ゆうげまえ》』。出演は原泉子《せんこ》（のちに原泉《いずみ》と改名）と野々村潔《きよし》（岩下志麻《いわしたしま》の実父）、そして関志保子（寺尾聰《あきら》の実母）の3名で、3人家族（母と兄と妹）

の夕飯前のひと時に、結婚話で微妙に揺れ動く兄妹の心理を描写したドラマだった。続いて同年10月8日と11日に『謡《うた》と代用品』（中村メイコ、坂本猿冠者《さるかじゃ》、荒木道子が出演）のドラマ放送があった。なお、この時の脚本は「シナリオ」とはいわず、テレビの「テレ」とシナリオの「リオ」を持ってきて「テレリオ」と呼ばれていた。

しかし昭和16年（1941年）になると、日本放送協会技術研究所の研究テーマは国家の要請に沿うように時局向きの研究に重点が置かれ、6月にテレビ実用化研究は中止。これによって戦前に制作されたテレビドラマは、『夕餉前』『謡と代用品』の2作品のみとなった。以降、日本放送協会技術研究所は軍の研究に協力することとなり、テレビ放送機器開発の経験豊富な研究者の大部分は、研究設備を動員して、もっぱら電波兵器[*2]の研究に邁進することになった。さらに、同年12月8日の太平洋戦争開戦とともに、放送司令部の設置を中心とする戦時放送業務処理要領が制定され、（情報局の指導・監督を受けた）国家管理体制下で（主にラジオの）放送統制が始まっている。

太平洋戦争の開戦により開発中止を余儀なくされ、終戦後もGHQの意向で止められていたテレビ実用化の研究が、戦時中を含めて約5年間の空白を経て、昭和21年（1946年）6月に解禁され、日本放送協会がテレビ実験研究を再開する。しかし、十年一昔といわれていた頃の5年の空白期間に、米・英・仏のテレビ技術のは目まぐるしく進歩し、世界の最新技術を会得して、日本で新たなテレビ放送技術を発展させるのは容易なことではなかった。

余談だが、もっぱらお茶の間の情報源はラジオが担っていたが、戦後はラジオ放送もGHQの管轄下となっており、昭和20年（１９４５年）９月10日に定められた「日本に与ふる放送準則」によって、９月22日に報道放送・慰安番組・情報および教育番組・広告番組に関して順守すべき規律が指令。これにはＣＩＥ（民間情報教育局）とＣＣＤ（民間検閲部）がその指導にあたった。

このＣＩＥが「ソープ・オペラ」[*3]に着想し、助言によって「長編連続放送劇」が生まれた。そしてラジオドラマ制作のためＣＩＥに呼ばれた伊馬春部《いまはるべ》、八住利雄《やすみとしお》、北条誠《ほうじょうまこと》、山本嘉次郎《かじろう》の４人の作家が、試行錯誤の末、日本のお茶の間にマッチした「長編連続放送劇」を創り上げていった。刮目《かつもく》すべきは、後に山本嘉次郎と交代した北村寿夫《ひさお》。氏が創作した長編連続放送劇の『新諸国物語シリーズ』は大評判を呼び、映画や漫画になって国民的人気を得たのである。こうした作家たちの努力によって、〝放送作家〟という新たな職業が誕生したのはこの時期だといわれている。

戦後とテレビ放送時代の始まり

昭和24年（１９４９年）に入り、ＧＨＱからテレビ研究用の電波を一波長もらった日本放送協会が実験放送を開始。昭和25年（１９５０年）２月25日東京世田谷区砧《きぬた》の日本放送協会技術研究所に東京テレビジョン実験局を開設し、３月21～29日に日本橋三越で戦後初のテレビ無線受像の公開と、銀座三越から放送会館まで初めてテレビ中継が実施された。

昭和24年（１９４９年）10月のＧＨＱの検閲廃止の後、周波数の国際登録事務の日本側への移管に伴い、12月１日に自らの手で自律規正する「日本放送協会放送準則」が制定。そして、組織・業務・財政および政府との関係など新しい理念のもとに、昭和25年（1950年）6月1日に社団法人日本放送協会は解散して、特殊法人日本放送協会（NHK）が発足。その年の11月10日に東京テレビジョン実験局の（週1回、1日3時間）定期実験放送が開始されている。

昭和26年（1951年）2月16日には参議院で、テレビ実験放送を投写型受信機による初公開と、3月20〜22日には新宿と渋谷でテレビ実験放送の受像公開があり、6月3日にプロ野球実況を後楽園球場から東京・日本橋三越の電波展会場へ、（マイクロ波を用いた）テレビ中継が行われた。10月5日にはテレビ実験放送の拡充。従来のフィルム番組に加えて、演芸・音楽・教養・教育（学校放送）等のスタジオ番組が編成された。ちなみに、この年から白黒テレビの実用化と並行して、日本放送協会と日本コロムビアにおいて、CBS方式（カラーテレビ電子方式）の本格的実験が進められ、カラーテレビの実演、映画、静物の電送実験が行われた。

昭和27年（1952年）2月21日に日本放送協会（NHK）のテレビ・ドラマ実験放送による、軽い喜劇タッチのホームドラマ『新婚アルバム』（山本嘉次郎・脚本、山口淳・演出）が15分の生放送で行われた。これが戦後初のテレビドラマである。そして3月22〜23日には、CBS方式によるカラーテレビを日本放送協会技術研究所から送像し、放送会館で初めて受像の特別公開がされた。

また、昭和27年（1952年）4月28日にサンフランシスコ講和条約が発効して、GHQの無線に関する各種統制の撤廃とラジオコードが失効、ゆえに「日本に与ふる放送準則」による規制も解除される。

そして同年7月31日には郵政省電波管理局から日本テレビ放送網（現・日本テレビ）に、日本初のテレビ局予備免許が与えられ、年も押し迫った12月26日に日本放送協会（ＮＨＫ）の東京テレビ局と、翌年の1月16日にラジオ東京テレビ（現・ＴＢＳ）の2社にも予備免許が与えられている。

ちなみに、昭和27年（１９５２年）6月17日には放送法が一部改正されて、「標準放送」が「放送」と改められ、ラジオ・テレビを問わず、受信者は全て日本放送協会と受信契約をすることが規定。8月8日には受信契約者が１０００万を突破したそうだ。

昭和28年（１９５３年）1月2日に日本放送協会（ＮＨＫ）の東京テレビ局が、スタジオで行われていた第3回『紅白歌合戦』を、同時にテレビ実験放送した。これが『紅白歌合戦』のテレビ初放送である。そして2月1日より、東京テレビ局が他局に先駆けて正式なテレビ放送の開始を成し遂げた。初放送されたのは菊五郎劇団の舞台劇『道行初音旅《みちゆきはつねのたび》・吉野山の場』であった。ちなみに、この先駆けには、読売新聞社の社主・正力《しょうりき》松《まつ》太《た》郎《ろう》の放送局設立声明（昭和27年・１９５２年2月16日）に慌て驚いた日本放送協会が、民放に主導権を取られないように放送開始を急いだとの噂もある。

昭和28年（１９５３年）8月18日から日本テレビ放送の街頭テレビの設置が始まり、日本放送協会（ＮＨＫ）に遅れること半年後の8月28日に日本テレビ放送が放送を開始した。最終的には都内55ヵ所に約２２０台の街頭テレビが置かれ、そこに映し出された動く画像の臨場感は、東京都民に衝撃を与えたのである。

翌8月29日には民放初のプロ野球中継（後楽園での巨人・阪神戦）が行われ、以降後楽園球場の巨人戦を中心にプロ野球中継が街頭テレビのメインイベントとなった。10月27日の白井義男vsテリー・アレンのプロボクシング世界選手権のテレビ中継は、街頭テレビの周りに大勢の見物人を集めた。このように街頭テレビ熱は高まっていったのである。当時は現在のように各家庭にテレビジョンなどない時代であった。(放送時間が正午〜午後9時までの) 街頭テレビの放送を求めてさまよい歩く人々がいたことから、「テレビジプシー」という流行語が生まれた。

昭和28年(1953年)と昭和29年(1954年)の2年間は、日本放送協会(NHK)と日本テレビ放送の2局が日本のテレビ放送の全てを担っていた。電波が安定的に送受信されることを留意するのが中心で、ナマ放送のドラマを流すよりも技術的制約の少ない舞台劇や(プロ&高校)野球、大相撲、プロレス(昭和29年・1954年2月29日の「力道山・木村政彦vsシャープ兄弟」実況放送以降、プロレスリングの定期中継放送が開始)などの中継が多く人気もあったが、中継だけでは除々に増えてゆく番組表の枠の中を埋めることは無理で、ラジオ番組同様、バラエティ番組や歌謡番組、演劇番組(ドラマ)などを組み込まねばならなかった。

放送作家の鳥山拡《とりやまひろむ》は、テレビ演劇番組にとって当時のテレビ放送を「テレビ・ドラマにとっては、テレビは見切り発車してしまった電車のようなものである。ともかく乗って走りながら試行錯誤した。めざすところは①ジャンル(種目・様式)の開発と定着。②さまざまな技術的制約の克服。の2点である」と自著『日本テレビドラマ史』(映人社刊)で語っている。

またこの頃に制作された単発ドラマから、占領下のラジオドラマ放送でCIE(民間情報教育局)

に示唆された「クォーター・システム（15分間番組・30分間番組・45分間番組・1時間番組）」を踏襲し、それが連続ドラマになると、放送の連続13回の放送を1単位（1クール）と決めて、1年の52週を4季（4クール）に分けてドラマを連続放送する。この様式は、現在に受け継がれている。ただし平成に入ってからは、（1年4クール制は維持するも）1クール13回は形骸化していて、1クールが8～12回と、他の放送番組との兼ね合いと（たまに視聴率の悪いドラマの打ち切りもあり）で変化させている。

鳥山拡は著書で、「昭和30年に入ると、草創期の単発ドラマの多くは、誕生して間もないテレビジョンの独自性を試行錯誤しつつ、ドラマの核心を目指していった。演劇や映画の模倣から脱出して『テレビ・ドラマとは何か』という核心を一気に突こうと熱気があふれていた」とも、当時のテレビ放送に携わる人々の熱情を回顧している。

さてテレビジョンとドラマの起源はここまでとして、ここからは「まだテレビドラマの創作に熱情が迸《ほとばし》っていた」と近年よく回顧されている、草創期・第2期から定着期（高度成長期）に作られたテレビ番組について語ってみよう。「はたして、近年『おわコン（終ったコンテンツ）』と蔑称されているテレビドラマの創作と、どこに熱情の違いがあったのだろうか」などという、頭の痛い命題は抜きにして気楽に読んでいただきたい。

日真名氏飛び出す

昭和28年（1953年）8月28日の日本テレビ放送開局から遅れること1年半後の、昭和30年（1955年）4月1日にラジオ東京テレビ（現・TBS）が開局。7日に民放最初のハイファイ放送が始まり、9日からは連続サスペンスドラマ『日真名氏《ひまなし》飛び出す』のTVナマ放映が開始された。だが、それまでにはいろいろ逡巡があったようだ。当時の放送は全てぶっつけのナマ本番。時間内に終わらなければ内容が尻切れトンボになることなどザラ。娯楽の花形だった映画関係者からは、「電気紙芝居」と蔑称《べっしょう》されていて、銀幕のスターからは歯牙《しが》にもかけられず、仕方なくテレビドラマの出演者には、映画の脇役たちをもってきて制作したのである。おまけに制作費も足りない。民放がスポンサーからいただく制作費は1分1万円が相場であった。こんな状況であるから、ナマ放送でも間違いの少ない、演劇や寄席等の舞台や、スポーツの中継とか、映画のTV放送ばかりが放映されていたのであった。

さて、この『日真名氏飛び出す』はラジオ東京テレビが開局にあたり、どのような番組を作るべきか迷っていたため、協力していた電通が中心となって制作した本邦初のTV連続ドラマである。また、レギュラーでスポンサーが付いたドラマの第1号でもある。

原案は外国推理小説の権威者であり映画評論家の双葉《ふたば》十三郎《じゅうさぶろう》に依頼。米国で流行っていた素人探偵コンビをモチーフに、サスペンスにユーモアが加味するドラマとしたそうだ。主人公は「旗本退屈男」の如く、〝暇な奴〟をもじって〝日真名進介〟とし、相棒は銭形平次の子分ガラッ八《ぱち》の如く〝慌て者〟で、これをもじって〝泡手大作〟となった。題名は、戦前の米国パラマウント映画『悪魔が飛び出す』からコピーして、『日真名氏飛び出す』と命名された。

こうして原案は出来上がり、次は配役。しかし、冒頭にも書いた理由で銀幕のスターの出演は端《はな》から望めない。双葉十三郎は、かねてより注目していた東宝の脇役・久松保夫《ひさまつやすお》を主役に抜擢。相方には「文学座」の俳優・高原駿雄《としお》を起用した。この二人のレギュラーの他には、スポンサーの三共製薬のCMガールズに選ばれた宮地晴子《ミミちゃん》と淡京子《共ちゃん》と、毎回数人のゲスト・タレントがドラマに参加していた。

ドラマのセットには日真名氏の事務所近くに〝三共ドラッグストア〟があり、日真名氏（久松保夫）と助手の泡手大作（高原駿雄）が必ず1度は現れ、三共製薬の（強壮）薬を飲むという、CMを兼ねた演出が評判を呼んだ。そしてなんと、アメリカの人気テレビ西部劇『ララミー牧場』（現・テレビ朝日系列、昭和35年・1960年～昭和38年・1963年放送）のジェス役、ロバート・フラーが来日した際、久松保夫がジェスの日本語吹き替えをしていた縁で、放送局の垣根を越え、『日真名氏飛び出す』のドラッグストアの客として飛び入り出演し、薬を手にCMに協力したのであった。

またこのドラマには、毎回数人のゲスト・タレントが参加していて、その中の一人に現在、声優として活躍中の小原乃梨子《おはらのりこ》（代表作は『未来少年コナン』のコナン、『ヤッターマン』のドロンジョ等）がいた。何度もゲスト参加していたようで、ナイトクラブの歌手やハンティングする富豪の令嬢、チンピラの女スリ等々を演じ、なんと最終回では、臨月のお腹をドレスで隠して出演していた。また

「公私共に久松保夫にはお世話になったのだ」と、女優時代の思い出をアニメの関連本『テレビ・アニメ最前線』（石黒昇と小原乃梨子の共著、大和書房刊）で語っている。

これには後日談がある。月刊誌『おもしろブック』（集英社刊）で『日真名氏飛び出す』（昭和32年・1957年11月号〜昭和33年・1958年1月号）を漫画化していた笹川ひろしは、後にタツノコプロに入社しアニメ制作に携わるようになった。そこでプロデュースした『タイムボカン』シリーズで、声優になった小原乃梨子を起用した。『日真名氏飛び出す』のゲスト女優と漫画化を手掛けた無名の漫画家の、当時はまったく面識のなかった二人が、十数年後に思いもよらぬ場所で運命が交わり大輪の花が開くとは、まことに面白い縁といえよう。

快傑ハリマオ

戦前の映画や小説と、戦後のＴＶや漫画で脚光を浴びたこのヒーローだが、まったくの架空の人物ではなかった。手持ちの数冊の書籍やカルト本の中にちりばめられた諸説によると、「マ、ラ、ヤの虎《ハリマオ》」がそのモデルであった。国策で日本から移民した一青年が、広東人の暴徒に殺された妹の復讐と、東洋人を蔑《ないがし》ろにした英国警察に対する報復のため、盗賊団を組織。反日華僑や英国民間人から恐れられる、神出鬼没の盗賊団の統領となったその青年、谷豊《たにゆたか》が「マラヤの虎」と呼ばれていたのである。しかしながら、「彼は大人しく無類の孝行者で、平和なマライの風土が好きな気の好い男だった」と証言する友人たちもいたように、決して一般の善良なマレー人は襲わず、なおかつ困窮している人々には金品を分け与えていた。

　そこにF機関（Freedom Friendship）が接触したのである。F機関とは、太平洋戦争開戦の3ヵ月前の昭和16年（1941年）9月18日に発足し、現実に組織されていた日本軍のスパイ組織で、別名・藤原機関ともいった。総員30名ほどの小さな組織で、陸軍中野学校の教官だった藤原岩市《いわいち》を機関長に充て、卒業生の尉官クラス5名を中心に、下士官1名と軍属5名、あとは現地での志願や勧誘により集められた民間人で構成されていた。小さな機関であったが、秘密工作では大きな役割を果たした。それは「インド工作」と「対マレー人工作」の二つで、バンコクの日本大使館付き武官・田村浩大佐が事前にマレー半島の情勢を調査して発案し、それをF機関が実行に移したのであった。

「インド工作」はインド独立連盟（IIL）という反英独立運動組織を利用し、マレーシアの英印軍内のインド兵の戦意喪失、投降、背反を促し、英国軍の兵力を削ぐことを目的とした。

　一方の「対マレー人工作」は別名「ハリマオ工作」といい、マレー人匪賊《ひぞく》の頭目《とうもく》であり英官憲に追われていたハリマオ（谷豊）とその部下を利用して、マレー人の中に反英の意識を植え付け、対日協力を扇動することを目的とした。南方諜報部の田村浩大佐の密命でハリマオ確保に動いた工作員による説得の後、ハリマオとその部下はゲリラ活動に従事して、東南アジア独立闘争の最中に日本軍のマレーシア攻略の手助けをした。またハリマオは諜報・扇動だけではなく、ダムや橋梁《きょうりょう》の破壊や確保などの物理的工作も行っている。

そのハリマオが日本中に知られるきっかけになったのは、従軍記録映画だった。大映東京がマライの陸軍に同行して戦意高揚映画『シンガポール総攻撃』のロケをしていた時、折角の海外ロケなのだから1作品だけでは勿体ないと、同じキャストを使ってついでに撮影されたのが『マライの虎』であった。ハリマオ役は中田弘二《なかたこうじ》（「キャプテン・ウルトラ」役・中田博久《ひろひさ》の実父）、子分のハッサンは10代の小林桂樹《こばやしけいじゅ》が演じた。

『マライの虎』は昭和18年（１９４３年）６月24日に日本で公開され、予想外に大ヒットしたことで主人公の〝ハリマオ〟が軍部のプロパガンダに利用されてゆく。その一環であろうか、同年、講談社刊の少年雑誌『少年倶楽部』に『愛国熱血事実物語 マライの虎』（大林清・著）が掲載されていた。ただ、本人の意思を離れ、日本国家のために東南アジアで「八面六臂の大活躍」をしたと美化されていた。ハリマオこと谷豊はマラリアに罹り、映画や小説で評判になる前の昭和17年（１９４２年）３月17日に30歳の若さで他界している。

谷豊が病死して18年後、ＴＶのカラー本放送の開始を前に、直木賞受賞作家・山田克郎の『魔の城』をベースに、昭和35年（１９６０年）４月５日から日本テレビ系列で『快傑ハリマオ』（勝木《かつき》敏之《としゆき》・主演）の試験カラー放送での放映が始まった。このカラー放送の実施は日本テレビ会長・正力松太郎の要請と、制作プロダクションの宣弘社のパイオニア魂、そしてスポンサー・森下仁丹の理解の上に実現出来たそうだ。

しかしカラードラマの制作は手間ばかりかかり、また予算と技術力も伴わず、カラーでの放送は

第1〜5話までで、結局、最終回までの残り60回はモノクロだったようだ。TV放映は全5部構成で『魔の城』篇、『ソロ河の逆襲』篇、『アラフラの真珠』篇、『南蒙の虎』篇、『風雲パコダ』篇の全65話。基本『マライの虎』がモチーフなので、東南アジアっぽいロケ地で撮影されてはいるのだが、TVで見た限り、どこか無国籍映画の雰囲気があった。

『快傑ハリマオ』の漫画化は、TV放映に合わせて昭和35年（1960年）3月26日発売の『週刊少年マガジン』第16号（講談社刊）から連載が開始。作画は石森章太郎（現・石ノ森章太郎）に頼み、内容は『魔の城』篇から『南蒙の虎』篇（の昭和36年・1961年第10号で連載終了）までを石森流にアレンジしてあった。

その後、貸本漫画から火の点いた戦記漫画のブームから、昭和39年（1964年）『週刊少年キング』第33号（少年画報社刊）で『風雲児ハリマオ』が連載開始。『マライの虎』は再び小説で復活する。しかしTVドラマ『快傑ハリマオ』で育った少年たちにとって、本来のハリマオ（マライの虎）は異質なものであり、これといった評判にもならず終了したようだ。

2度目の映画化は平成元年（1989年）。昭和も終わりを告げたこの年、『ハリマオ』が松竹より公開された。映画初監督の和田勉が主演に陣内孝則を据え、内容はTV版の勧善懲悪ではなく、さりとて『マライの虎』のような戦意高揚映画でもなく、実在の人物を軸にフィクションにして、マレーシア戦線で国家に利用され見捨てられた男の悲劇を映し出し、人の起こした戦争の虚しさ愚かさを表していた。ほとんど和田勉の思い入れで実現した映画であり、戦争を知らない世代に何らインパクトも与えず、その他大勢の映画の中に埋没する。以降『マライの虎』をモチーフにしたドラマを見かけない。

風小憎

著者《わたし》の家にテレビジョンが来たのは１９６０年代。ＳＦアニメのブームだったが、再放送で観た『風小僧』はどんなアニメより魅力的で、だからだろう、ＴＶ番組の主題歌で初めて覚えたのが、この『風小僧《かぜこぞう》』だった。歌いながら風小僧の真似をして、保育園の裏庭を駆け回った記憶がある。されど、どんなに「風よ！　風よ！」と叫んでみても、ＴＶドラマのように風など吹くわけもなく、精々風邪をひくのがオチであった——という、おやじギャグはさて置き、この『風小僧』は日本教育テレビ（現・テレビ朝日）開局記念番組の一つであり、制作した東映テレビプロダクションのテレビ時代劇の第1号として、昭和34年（１９５９年）2月3日に放映が開始された。

主役の〝風の小六《ころく》（風小僧）〟は、ＴＶ初主演で、小学校卒業間近だった目黒ユウキ（現在は目黒祐樹に改名）。彼は俳優の近衛十四郎《このえじゅうしろう》の次男坊で、その実兄は（トローリング好きの）松方弘樹。俳優一家である。共演者として、風小僧の風の術の師匠、〝星影疾風之介〟役は、第二東映の時代劇のホープとして銀幕デビューしていた山城新伍《やましろしんご》が抜擢されていた。ちなみに星影疾風之介は、風の小六が危機になると助けに現れる〝風の神〟の顔を持っているのだが、何故かこの〝風の神〟が、（大風を起こす）〝芭蕉扇《ばしょうせん》〟を持つ〝羅刹女《らせつにょ》（『西遊記』の敵キャラ）〟とオーバーラップする。

人気はあったと思うのだが、昭和34年（1959年）4月、同志社中学校入学を期に目黒ユウキは学業に専念するため『風小僧』を1クールで降板。2クール目からは成長した〝風小僧〟役で山城新伍が主役に昇格することになった。しかし、なぜ山城新伍が主演することになったのか、ことの経緯を記した資料がないので詳しいことは不明。山城新伍自身も、趣味で観ていた内外の映画のウンチクや、「子供の頃に、時代劇俳優の〝目玉の松ちゃん（尾上松之助《おのえまつのすけ》）〟に憧れて、尾上松之助と同じ役者を目指した」という生い立ちの話や、主演した『白馬童子《はくばどうじ》』についての逸話はよく語っているが、なぜだか『風小僧』のことは、私の知る限りほとんどない。ただ時代劇の実録本に、「テレビ向けの子供映画に出るのを気恥ずかしく思っていたらしい」とだけあった。

原作は北村寿夫《きたむらひさお》が地方新聞に連載した少年向け小説。物語は『新諸国物語』シリーズの『紅《べに》孔《く》雀《じゃく》』の登場人物の一人をピックアップした外伝的（スピンオフ）作品で、主人公で白鳥党の正義の剣士「那智《なち》の小天狗」こと那智小四郎に付きまとう孤児の風小僧（風の小六）が主役に充てられた。そしてこの『風小僧』では、風の小六の出自が物語の主となっている。

またTVドラマ化にあたり、小説では（自称〝風のように〟）足が速かっただけの小六に、風を操る力が与えられていて、原作には登場しない小六の〝風の術の師匠〟の星影疾風之介や（正体不明の）風の神が、小六が危機の時に現れて、悪人を懲《こ》らしめる内容に変えられた。

ちなみにこの大変更だが、当初脚本家・真弓典正《まゆみのりまさ》が小説に則して書いた脚本が、監督陣に気に入られなかったことが原因であった。窮余《きゅうよ》の策《さく》として助監督の翁長孝雄《おきながたかお》が脚本の書き直しを任され、子供ウケするような忍法活劇物語に書き直したのである。

白馬童子

少年向けに書かれた小説や漫画――『赤胴鈴之助《あかどうすずのすけ》』『快傑黒頭巾《かいけつくろずきん》』『笛吹童子《ふえふきどうじ》』『紅孔雀』『風小僧』『天兵童子《てんぺい》』『矢車剣之助《やぐるまけんのすけ》』等――のTV化・映画化や少年向け痛快時代劇の流行で、テレビ受像機の普及率も上がってきていた頃。頭部に鏡獅子の鬣《たてがみ》を思わせる飾り房を着け、勤皇隊将校にも似た姿を白装束に替え、「鞍馬天狗」や「快傑黒頭巾」、洋物では「ローン・レンジャー」など覆面ヒーローの美味しい部分をチョイスした〝正義の使徒〟が登場した。

昭和35年（1960年）1月5日に日本教育テレビ（現・テレビ朝日）系列で放映が開始された『白馬童子』は山城新伍の当たり役で、山城の唯一の大ヒット作品。以来（主にバラエティだが）自ら「白馬童子のおじさん」というキャッチフレーズを吹聴していた。「風小僧」の項で記述したように、「テレビ向けの子供映画に出るのを気恥ずかしく思っていたらしい」と語る人もいるのに、「この心変わりはどうしたものだろうか」とお思いだろう。ただ『白馬童子』のことだけは時代劇の実録本の中で本人から聞いた話があり、そこに、心変わりの理由らしきことが記されていた。

それは岡山の競技場で行われた「東映スター」たちによる、ファンサービスの一環として催された野球の親善試合の時のことである。『里見八犬伝』『新諸国物語シリーズ』『幽霊船』の中村（萬屋《よろずや》）錦之介《きんのすけ》や、『若さま侍捕物帳』『新吾十番勝負』の大川橋蔵を筆頭に銀幕の大スターたちが集う中、山城新伍も東映の一俳優として末席を汚していた。この頃のTV映画は映画関係者から、「電気紙芝居」「テレビ紙芝居」と蔑まれていて、たとえTV映画の主役といえども、そこには雲泥の差があった。おまけに、山城新伍が『白馬童子』の主役を射止めたのも、実は僥倖《ぎょうこう》だったのである。

　第二東映の東映時代劇のホープと呼ばれながらも、まだまだ売れない役者だった山城新伍は、少しでも収入を増やすため、あることに目をつけた。当時、騎乗は専門職だったので、馬に乗れるだけでギャラがアップした。以来、乗馬の練習に励み、念願の昇給となったのである。そればかりか、（折も折）TVの新企画の主役の〝白馬童子〟役で、「馬に乗れて、そこそこ顔の好い俳優」という条件に合致。ほとんど棚ぼたの、異例の抜擢だったのだ。そんな自分と比べて周りは、「綺羅、星の如く」スターの輝きを放つ錚々《そうそう》たるメンバーだった。トップスターから順に紹介され、万雷の拍手や喝采を浴びる先輩たちを横目に、こんな地方で自分のことを知っているファンがいったい何人いるのだろうと、不安が胸いっぱいに広がっていたそうだ。

　それがそれが、「山城新伍」の名前がコールされた瞬間、スタンドの少年たちや、若い女性たちから嵐のような大拍手と声援が送られ、「大先輩たちを遥かに凌ぐ拍手や喝采声援に戸惑った」と、山城新伍は語っていた。この逆転現象は「自分たちが蔑んでいたTVの影響力がこれほどあって、隆盛を誇った映画産業をやがて駆逐してしまうなどとは、映画関係者が誰一人として思いも及ばなかった」TV黎明期《れいめいき》の逸話のひとつとして語られている。

　そして人気上昇に伴った、特に若い女性ファンの声援の多さが、自他ともに認める女好きの自尊心をくすぐったと思われる。だが、はまり役が災いしてか、以降ヒット作品には恵まれなくて、やくざ系・ポルノ系映画への出演が中心となり、そして『金曜10時！うわさのチャンネル‼』（日本テレビ系列）のメインレギュラーに招聘《しょうへい》されてからというもの、俳優業よりTVのバラエティへの露出が多くなってゆく。

MCとなったゴールデンの番組では、（誰の格言の引用かは知らないが）「狂気を演じられるのは理性である」という妄言をかましながら、「チョメ、チョメ（伏せ字の代替語で今は死語だが、フジテレビ系朝の情報番組『情報プレゼンター　とくダネ！』でMCの小倉智昭が使っていた）」という造語が流行語になったり、（古巣）東映の三角ロゴのことを「義理欠く、恥掻く、人情欠くの、三角マーク」と毒舌を吐いたり、公共の放映番組を私物化したとのクレームで降板させられたり、また同じ女性（女優）と離婚・再婚を繰り返したりと、いろいろ無頼な人生を送っていた。老齢となり、最期を養老院で終えたらしいが、それでも山城新伍の中で『白馬童子』は、先年鬼籍に入る時まで輝いていたと思いたい。

豹の眼

大正14年（1925年）の年明け某日に投稿された小説『竜神丸』は、新人としては珍しく『少年倶楽部』（講談社刊）編集部の意にかなった少年向けの作品であったため、即採用となった。しかし、この小説を投稿したのは作者・高垣末男《たかがきすえお》本人ではなかった。（経緯は不明だが）大正9年（1

920年）から劇団・新国劇の脚本部に籍を置いていた高垣の同級で、岡本綺堂《きどう》門下生の額田文治が（無断で）送ったのだといわれている。大正12年（1923年）から東京府立青梅高女の教師をしていた高垣末男は、こうして思いもよらぬ展開で作家デビューを果たした。当時、奥多摩の青梅に住まいがあったのと、その年の長男の誕生が嬉しくて、長男の名前を合体させて、筆名を青梅昕《おうめきん》二《じ》とし、『少年倶楽部』4月号から（12月号まで）連載が始まった。この連載は新人には異例の抜擢だったらしく、登場人物の過多や展開などにいろいろと難点を指摘する評論家もいた。

そして、昭和2年（1927年）に筆名を高垣眸《ひとみ》と改名。その改名後の第1弾が、『少年倶楽部』1月号〜12月号まで連載された『豹《ジャガー》の眼』である。後書きによると、高垣眸は従来（明治・大正時代が対象と推察する）の少年少女向けの読み物には、微温《びおん》的で面白くない物が多いと感じていた。

高垣眸が作家を目指していた頃は、エドガー・アラン・ポーやコナン・ドイル、モーリス・ルブランなどの小説が流行り始めていて、大正9年（1920年）に読者を引き付ける読み物として、翻訳探偵小説が載った『新青年』（博文館刊）が創刊。これが若い読者層の支持を得て好評。さらなる将来性を求めて創作探偵小説の募集も始まった。まさに日本の創作探偵小説の黎明期である。読者も編集者も、力のある新人の登場を渇望していたのだった。

他の娯楽では無声映画の全盛期でもあり、有名なところでは、『カリガリ博士』（ドイツ）、『キッド』『奇傑ゾロ』『三銃士』『血と砂』（以上、米国）、『ゼンダ城の虜』（米国・英国）などが、当時の日本映画や芝居では得られない高揚感を人々に与えていた。

各劇場や映画館では呼び物の大作映画との抱き合わせで、次週へと続く連続活劇映画が上映されて好評を得ていたのである。これらの探偵小説や連続活劇映画のストーリー展開は、従来の日本の小説や演劇には見られなかったもので、強烈な興味を覚えた高垣眸は、この新鮮な面白さをそっくり頂戴して、胸のすくような切れ味のある作品を作りたいと考えていた。

そこで生まれたのが『豹の眼』で、大衆文学研究会会員で日本大学講師の伊藤秀雄は、当時の冒険活劇映画『名金《めいきん》』からヒントを得ているのではないかと語っている。ちなみに、『名金』のストーリーを簡略に説明するなら、「古城の地下に眠る財宝の在処を示す、2片に分かたれた金貨を巡り、善悪入り乱れての争奪戦」。これはトレジャー・ハント（宝探し）冒険活劇の古典であり王道でもあるそうだ。

挿絵は伊藤彦造が担当。『豹の眼』掲載から2ヵ月後の『少年倶楽部』に連載された『鞍馬天狗角兵衛獅子《かくべえじし》』の挿絵も、伊藤彦造が同雑誌に並行して描き、〝鞍馬天狗〟の和風の絵と、〝豹の眼〟の異国情緒でミステリアスな絵とのコントラストは話題を呼んだ。

しかし『豹の眼』の作品自体がどのように評価されたのか、当時の記事や文献が手元にないので何とも言い難い。これはあくまでも著者個人の意見だが、少しばかり時代が早すぎたのと、やはり『少年倶楽部』の昭和10年（1935年）1月号から連載された『快傑黒頭巾』と、翌年の『まぼろし城』が大当たりしたので、『豹の眼』が霞んでしまったと思っている次第である。当時の少年向けの小説では冒険活劇より、まだまだ伝奇時代物の方のウケが良かったと推測する。

『豹の眼』が脚光を浴びるのは、戦後のＴＶヒーロー華やかなりし頃となる。それまで無名の役者だったが、前年の『月光仮面』で人気急上昇の大瀬康一《おおせこういち》を主役に、昭和34年（１９５９年）７月からＫＲテレビ（現・ＴＢＳ）系で『豹の眼』の放映が開始。制作はこれも、『月光仮面』の大ヒットで飛ぶ鳥を落とす勢いの宣弘社であった。

ただ30年前の原作をそのまま使えなかったのか、主人公・黒田杜夫《もりお》はインカ帝国の王の末裔ではなく、チンギス・ハンの子孫で正義を愛する熱血男児となり、世界征服を企むジャガー一味を相手に、チンギス・ハンの財宝の在処を示す、「フビライの矢」「オルコンの弓」「ダッタンの的」の３つの神器の争奪戦へ、設定が随分変えられている。それでもアジアが舞台の出だしの雰囲気は、割と原作に忠実に異国情緒たっぷりに作られていたとカルト本に書かれていた。

それと登場するキャラクターが、どうしても当時の仮面ヒーロー流行りの影響だろうか、敵役のジャガーは豹頭の怪人で、おまけに豹頭の正義のジャガーも登場するのである。この正義のジャガーの正体だが、黒田杜夫（大瀬康一）だと思っていた視聴者が多かった。さらに『快傑黒頭巾』のオマージュのような、白頭巾（忍者風の白装束）の〝笹竜胆《ささりんどう》〟まで現れて、話が日本編に移ったあたりから原作の世界観を離れ、混沌とした内容となっていった。

ちなみに〝笹竜胆〟だが、昔からチンギス・ハンの正体は源義経かもしれないという民間伝説があり、その源義経の家紋が笹竜胆だったので、ＴＶ版の『豹の眼』では、チンギス・ハンの子孫たる黒田杜夫が扮装した白頭巾に名付けられた。

崑ちゃんのとんま天狗

昭和53年（1978年）に講談社が刊行した『CM25年史』に「1960年代の初め頃まで、番組を提供すること自体が放送広告の中軸であるとする考え方が支配的で、CMより番組企画に力を入れる広告主が多く、広告会社のクリエーティブ部門でさえ番組企画スタッフの方が幅をきかせていた時期があった。広告コンクールの大宗《たいそう》、広告電通賞にテレビ広告部門が設けられたのは1954年だが、そこでも以降数年間の選考対象はもっぱら番組だった。こうした傾向が著しかったのは、やはり大阪系のTV番組で、ことに公開のお笑い番組。そこでは番組の主題歌に商品名をはめ込んでコマソン化してしまうといったことが当然のようにして行われた」とあった。その典型といえる番組が大村崑《おおむらこん》主演の『お笑い珍勇伝　頓馬天狗《とんまてんぐ》（のちに〝崑ちゃんのとんま天狗〟に改題）』（読売テレビ系列、昭和34年・1959年9月2日〜昭和35年・1960年12月24日）だった。タイトルから判るように、大佛次郎《おさらぎじろう》の『鞍馬天狗』のパロディである。

原作と脚本は（『どてらい奴』『銭の花』等で、小説家として名を馳せる前の人気脚本家）花登《はなと》筺《こばこ》が担当した。ちなみに、企画段階から放送開始の当初は『お笑い珍勇伝　頓馬天狗』だったが、番組と大村崑人気の上昇に伴い、子供にもわかりやすいように、〝とんま〟と平仮名に変更し、大村崑の愛称の〝崑ちゃん〟が頭に付いた。

スポンサーは大塚製薬だったので、〝とんま天狗〟の名乗りを上げる（時代劇特有の）口上の「姓は尾呂内《おろない》、名は南公《なんこう》」は主題歌の一節にも加えてあり、また劇中で観劇客にこの姓名を名乗るだけで、大塚製薬の〝オロナイン軟膏〟の宣伝となっていた。この後、大村崑が大塚製薬の〝オロナミンCドリンク〟を飲みながら「うれしいとメガネが落ちるんですよ」のCMは、当時の流行語になったのではなかったか。

こうした大阪流のCM作りの第一歩は、昭和33年（1958年）にKRテレビ（現・TBS）で放映された『やりくりアパート』からだった。ドラマの扮装のまま登場した大村崑と佐々十郎《さ さじゅうろう》が、スポンサーのダイハツ・ミゼットの漫才CM（片方が何度話し掛けても、相手方は「ミゼット」としか答えない連呼CM）を行った。翌年の日本教育テレビ（現・テレビ朝日）の『番頭はんと丁稚どん』（昭和34年・1959年6月8日〜昭和35年・1960年4月17日）では、丁稚役の大村崑と芦屋雁之助《あしやがんのすけ》・小雁《こがん》兄弟が、スポンサーの（漢方薬）七福の名前をはめ込んだ主題歌をコーラスして、公開放送の劇場に集まった観客たちの笑いを誘った。これらの作法を『崑ちゃんのとんま天狗』が踏襲した。

「流石！　浪花が制作した番組だ」と思うか、「あざとい」と思うかは個人の趣向に任せるとして、元々この『崑ちゃんのとんま天狗』は、広告代理店の第一企画と東宝が共同で企画し、スポンサーを付けて読売テレビ放送に持ち込んだ肝煎りの番組で、大村崑を喜劇役者としての一本立ちを目論《もくろ》んだ作品でもあった。

平成25年（2013年）12月に発売された『'60年代蘇る昭和特撮ヒーロー』（コスミック出版刊）での『崑ちゃんのとんま天狗』の解説では、「大村崑は『やりくりアパート』で注目され、『番頭はんと丁稚どん』で大村崑と芦屋雁之助・小雁兄弟が大ブレイクし、この3人がそろって『とんま天狗』に出演した」と書かれてあった。しかしその水面下では、声帯模写の大久保怜の弟子で、〝佐々やん・崑ちゃん〟のコンビとして（『やりくりアパート』等の番組で）売り出していた大村崑を、相方の〝佐々《ささ》やん（佐々十郎）〟抜きでも、喜劇役者として通用させたいとの、東宝の楠美昌《くすみまさ》プロデューサーの考えがあったのだ。

こんな理由で、役者経験の浅い大村崑を大抜擢した『崑ちゃんのとんま天狗』だったが、（花登筺脚本の真骨頂の）大阪独特のコテコテギャグ満載のコメディ時代劇で、時事の事柄を風刺した内容も絡めて全国区の人気を得て、大村崑は国民的喜劇役者になってゆく。キャリアにとても五月蝿《うるさ》い上方芸能の軋轢に屈せず、大村崑を『崑ちゃんのとんま天狗』の主役に推した東宝の楠美昌プロデューサーの面目躍如といったところである。

5年後になぜ番組が復活したのかは解明出来なかったが、『009‼大暴れ とんま天狗』（よみうりテレビ系列、昭和40年・1965年10月2日〜昭和41年・1966年6月25日、原作と脚本・花登筐）のタイトルで、スケールアップ（着物が黒から白へ変更？）した第2弾が放映された。

この題名の頭に付いている〝009〟のことであるが、当時は『007 ジェームズ・ボンド』の映画が世界中でヒットしていて、アメリカのテレビドラマで原題『アンクルから来た男』は『0011ナポレオン・ソロ』に、また同じくアメリカのテレビドラマの原題『ワイルド・ワイルド・ウエスト』は『0088 ワイルド・ウエスト』など、『007』に便乗した邦題が流行っていたからだろう。

もしくは子供ウケを狙って、昭和39年（1964年）の夏頃から『週刊少年キング』（少年画報社刊）に連載されていた『サイボーグ009』の〝009〟からきているのかもしれない（大阪人には、ウケるためなら清濁併せ呑むことが出来る根性がある）。また、その私説を補足するかのように、「サイボーグ009」の原作者の石森章太郎（現・石ノ森章太郎）が『009 大あばれとんま天狗』の漫画化を『冒険王』（秋田書店刊）の昭和41年（1966年）3～9月号に連載していた。

神州天馬侠

手元にある日本映画とTV時代劇の資料によると、映画化は3度、TV化は2度あった。

初の映画化は昭和27年（1952年）に『新州《しんしゅう》天《てん》馬《ま》侠《きょう》』のタイトルで大映京都から。GHQが発布した出版法指令《プレス・コード》のため、「神州」という言葉が使えず、窮余の策で「新州」と改題された。主役の武田伊那丸《いなまる》役を長谷部健、和田呂宋兵衛《るそんべえ》役を羅門光三郎《らもんみつざぶろう》で、家宝の兜《かぶと》をめぐって武田勝頼の遺児伊那丸が、謀反人の和田呂宋兵衛と戦う話となっていた。

2度目の映画化は、昭和29年（1954年）～昭和30年（1955年）に新東宝から全4部が作られている。藤間《ふじま》城《じょう》太郎《たろう》（現・中村東蔵《とうぞう》）主演で、細川俊夫や天地《あまち》茂《しげる》も共演していた。3度目は昭和33年（1958年）に東映京都からで、ニューフェイスの里見《さとみ》浩《こう》太郎《たろう》（TBSの『水戸黄門』で昔は助さん、そして最後の水戸黄門役を演じる）が主演であった。

TV化の方は最初の放映は昭和36年（1961年）で、フジテレビ系列の『神州天馬侠』（長岡秀幸主演）だった。昭和30年代の前期は『赤胴鈴之助』『快傑黒頭巾』『あんみつ姫』『風小僧』『天兵童子』『矢車剣之助』『崑ちゃんのとんま天狗』『白馬童子』『琴姫七変化』『天馬天平』『笛吹童子』『まぼろし城』などが、次々と放送され、こうした未成人向けのTV時代劇が大ヒットしていた時期であった。その流れで『神州天馬侠』がTVドラマ化されたのだろう。

2度目のTV化は昭和42年（1967年）6月から、TBS系列で毎週日曜日の午後6時30分から放映された『神州天馬侠』（黒田賢と東《あずま》千代之介《ちよのすけ》の共演）で、TVや漫画ばかりに傾倒していた著者が、この小説の存在を知るきっかけとなったTV時代劇である。ただ大まかなストーリーは、「滅亡した武田氏の隠し財宝をめぐり、武田勝頼の遺児・伊那丸に仙術を使う忍者木隠《こがくれ》龍《りゅう》太郎《たろう》・怪力無双の僧侶加賀見忍剣《かがみにんけん》・大鷹使いの少年竹童《ちくどう》と、山賊・バテレンの妖術使い和田呂宋兵衛・悪人の上部八風斎《かんべはっぷうさい》（通り名を〝鼻かけト斎《ぼくさい》〟）などが、敵と味方に分かれて相争う冒険譚だった」と記憶するが、話の展開や結末が全く思い出せなかった。

同年の4月からフジテレビ系列で、あの『仮面の忍者 赤影』（坂口祐三郎・主演）が放映され、子供たちの間で大ヒットしていたので、多分に、『仮面の忍者 赤影』の特撮で演出された忍法に影響されたのだろう。赤影ほど過激ではないが、竹童の操る大鷲が人を乗せて大空を羽ばたくシーンや、忍者木隠竜太郎の指先からや、妖術使いの首飾りの髑髏《どくろ》の眼から出る破壊光線（物語内では仙術や妖術だと説明されていた）など、ところどころに特撮が使われていた。

半年の放送期間で、1クールの終了時点に、『週刊少年キング』第34号（少年画報社刊）の冒頭で特集が組まれていた。これで少年たちの好奇心をくすぐり、ドラマの視聴者を増やそうとしたのだろう。つまり、人気の程は今ひとつだったと思われる。『仮面の忍者 赤影』の他にも、昭和40年（1965年）放映の『009!!大暴れ とんま天狗』、昭和41年（1966年）放映の『（実写版）忍者ハットリくん』『わんぱく砦《とりで》』と、子供向けの人気番組があったので、それらと比べられるとどうしても見劣りがしたのかもしれない。結局のところ、評判のほどは判らなかったが、これ以降『神州天馬侠』は映画化もTV化もされていない。

余談だが、この頃から民放の少年向けTV時代劇も、（これも時代の趨勢《すうせい》なのか）特撮ドラマ化してゆき、『仮面の忍者 赤影』と『仮面ライダー』を混ぜたような特撮時代劇の、『快傑ライオン丸』『変身忍者嵐』『笛吹童子』『魔人ハンターミツルギ』『風雲ライオン丸』『白獅子仮面』が制作されている。『笛吹童子』は別としても、これら作品のスタイルが『仮面ライダー』の時代劇化なのは否めず、回を追うことにその境界線が曖昧になっていった。これが全ての原因とはいえないが、『白獅子仮面』を最後に、民放から少年向けTV時代劇は姿を消し、NHKでも昭和51年（1976年）の『少年ドラマシリーズ』の第70弾『快傑黒頭巾』を最後に、少年向けTV時代劇を見ない。

映像の方では今ひとつ盛り上がりがなかった『神州天馬侠』だが、原作は当時『少年倶楽部』（大日本雄辯會講談社、現・講談社刊）の編集長だった加藤謙一に口説き落とされて、（どうやら子供の読者が苦手らしい）吉川英治が書いた少年向け小説で、大正14年（1925年）5月号から昭和3年（1

９２８年）12月号まで、足掛け４年間（全44回）連載され、山口将吉郎の挿絵と相俟って人気を博し、昭和初期の同誌の隆盛に貢献した作品であった。

ちなみに、吉川英治と山口将吉郎の名コンビはこの作品から始まった。武田勝頼の遺児・伊那丸と侠党七士（戒刀《かいとう》の名人・木隠龍太郎、荒武者《あらむしゃ》の双龍《そうりゅう》、巽小文治《たつみこぶんじ》、加賀見忍剣《かがみにんけん》、弓道家の山県蔦《やまがたつた》之助《のすけ》、軍師の小幡民部《こばたみんぶ》、紅一点の咲耶子《さくやこ》、果心居士《かしんこじ》の弟子の竹童《ちくどう》）が、武田家再興を願い艱難辛苦《かんなんしんく》するお話である。以前、講談社の吉川英治文庫『神州天馬侠』全３巻を買ったまま本棚の肥やしとなってしまって、（「忙しさに感《かま》けて」と言い訳）未だに読んでいないので、本作の魅力のほどは他の評論家に譲ることにする。

宇宙人ピピ

昭和30年代の子供向けテレビ番組は、『鉄腕アトム』を筆頭にＳＦアニメブームの真っ只中で、ＮＨＫといえども子供向け番組の企画を考える際には、こうしたブームを念頭に置かなくてはならず、いろいろと頭を痛めていたことだろう。そんなＮＨＫ青年部のプロデューサーのＩ氏が小松左《こまつさ》京《きょう》に頼みたいと思ったのは、たまたま読んだ『日本アパッチ族』（小松左京著・光文社カッパ・ノベルス刊）がユニークで面白かったことを覚えていたからだった。「実際の世界とアニメを結びつけて、空想的で子供に面白いものを書いてくれるのは、小松さんがぴったりだ」と思って、昭和39年（１９６４年）の夏頃に最初のコンタクトをした。そして同年の晩秋に２度目のコンタクトをした時に、

「実写の、現実の世界に、アニメの世界が飛び込んだらどうなるか」を小松左京にぶつけて結果を委ねた。

そこで小松左京は、SFアニメブームで排出されたドラマとは一線を画す、（例えば）後年、藤子・F・不二雄が得意とした日常生活とSFがコラボレーションする、そんなドラマを考えていた。ちなみに主人公が宇宙人なのは、当時アニメで宇宙人ものの人気が高かったからで、「『宇宙人ピピ』は『パーマン』『ウメ星デンカ』『ドラえもん』の一種の原型といえる」と小松左京は語っていた。

ここまではよかったのだが、小松は『SFマガジン』（早川書房刊）に『果しなき流れの果に』の連載が始まると忙しくなり、このままでは脚本に手が回らなくなりそうなので、その頃『エイトマン』（TBS、昭和38年・1963年11月7日〜昭和39年・1964年12月24日）のシナリオを書いていた平井和正[*4]に手伝いを求めた。ローテーションのためプロデューサーが4人付き、交替でシナリオを書く予定だったのだが、ケンカっ早い平井和正が2度ばかりプロデューサーとケンカをして、結局、土壇場で小松にシナリオ執筆が回ってきて、そんなことが4週続くこともあった。なお、「プロデューサーとの折り合いが悪くて、第1話のみで降板した」と書かれた本もある。

アニメのフィルムを実写のフィルムの上に合成した（ビデオ合成）ドラマ『宇宙人ピピ』の放映が始まったのは、昭和40年（1965年）4月8日木曜日の午後6時。フジテレビの孫会社のテレビ動画が制作し、（いろいろ問題はあったが、）原作はSF作家の小松左京と平井和正の両氏となっている。主題歌の作詞と脚本は『銀河少年隊』に続いて若林一郎、作曲は冨田勲が手掛け、30分1

話完結の4クール全52回で昭和41年（1966年）3月31日まで1年間、好評放映された。

NHKで放映された番組の解説本によると、その手法は「ビデオ合成」といい、青い背景で撮影したキャラクターのフィルムをテレビ局でビデオテープに転換し、実写撮影の背景のフィルムの上に重ねて合成する方法である。そんな子供騙しの画像でも、子供だった著者は騙された（ちょっと語弊があるが）。ちなみに、後年読んだ雑誌によると、現在のようにコンピューターを使って画像をシンクロさせる機能も技量もなく、それに実写ドラマとの合成にあまり金を掛けられなかったので、動きがないシーンは、型抜きのベニヤ板に描かれたピピを撮影に使っていた。

余談だが、「宇宙人ピピ」の方が先に放映が始まったのにも関わらず、手塚プロが主張するところによると、昭和42年（1967年）虫プロ製作の『バンパイヤ』が日本初のアニメと実写の合成映画であり、また大方の書籍にもそう認められている。「ピピ」の〝ビデオ合成〟と「バンパイヤ」の（エリアルイメージカメラというアニメ合成用撮影台で制作する）〝エリアル合成〟、これが明暗を分けるのだろうけれど、著者には判断が付きかねるので、『宇宙人ピピ』と『バンパイヤ』のアニメ実写合成議論は、他のアニメ評論家に任せることとする。

漫画化は昭和40年（1965年）『たのしい幼稚園』（講談社刊）7月号から翌年の3月号まで、石森章太郎（現・石ノ森章太郎）の作画で連載。扉絵には〝小松左京、平井和正・作〟〝石森章太郎・絵〟とあり、幼児向けの漫画ながら、マンガコレクター魂がくすぐられる要素に溢れていた。ただ、この漫画が琴線に触れたのは読者ばかりでなく原作者もで、TV放映期間に合わせて全9回という短期の連載であったが、（漫画家の過去を持つ）[*5]小松左京にとっても印象強く、「ＴＶの『宇宙人ピピ』のキャラクターを描いたのも、石森章太郎だとずっと思っていた」と語っている。

スパイキャッチャーＪ３

昭和40年（１９６５年）に東映東京製作所が、「特別機動捜査隊」などを作っていたテレビ映画部とは別に、ＴＶ映画を作ることになって、その第1回作品として（当時の世界的なスパイブームを鑑み）『００７ジェームズ・ボンド』張りのスパイアクションに、ＳＦ特撮を加味した企画を考えていた。そこで特殊撮影の基本イメージだけ東映側で決め、フォーマット作りは小説家・都筑道夫《つづきみちお》に依頼したのである。

この抜擢について都筑道夫は、「都筑は（早川書房が昭和31年7月に創刊した『エラリー・クイーンズ・ミステリー・マガジン』の日本翻訳編集長時代に）イアン・フレミングの００７シリーズを、日本に輸入した張本人であり、それに倣ったファンタスティクなアクション小説、『なめくじに聞いてみろ』『三重露出』を書いていて、どちらも映画化がきまっていました。そうしたことを知っていて、（制作者の）近藤照男は依頼してきたのでしょう」と、『スパイキャッチャーＪ３』を小説化した『暗殺教程』（集英社刊）の後書きで分析していた。

米国流に1クール分のシノプシス（あらすじ）を全て整えてからスポンサーに売り込むとのことだったので、万全を期し、作家仲間の田中小実昌《こみまさ》と他二人をブレーンにしてフォーマット作りを始めた。シノプシス作成がスムーズに進むようにと、当時、日本テレビが買い付けて近く放送予定だった『0011 ナポレオン・ソロ』を先んじて見せてもらい、13本のエピソード＋オープニングの原案を書き上げた。

原稿用紙12枚程度のダイジェスト版だが、あらゆるジャンルに精通し、長編・中編・短編と数々の秀作を世に送り出したオールマイティー作家の都筑道夫は、星新一にも負けないショート・ショートの名手でもある。故に、起承転結の簡潔なストーリーの中にも奇抜なアイデアが詰め込まれた、秀逸なシノプシスに仕上がっていた。

こうして国際秘密警察チューリップ日本支部のエース壇《だん》俊介《しゅんすけ》こと『スパイキャッチャーＪ３』が誕生したのである。

都筑道夫はフォーマット作りだけでなく脚本の方も頼まれて、シノプシスを基に第1話・第2話・第3話・第5話の4作品の脚本を書いたのだが、放映時間が午後7時半から8時の時間帯と決まってから、子供向けの色合いが濃くなり始め、そのため初期のフォーマットから大きく逸れることとなる。折角書いた脚本も、まともに使われたのは第1話のみで、第2話はアイデアだけが映像化、それ以外は全部没となってしまった。ちなみに、この時に書かれた全シノプシスと4話分のシナリオは、後年、徳間書店から刊行された『都筑道夫ドラマ・ランド』に収録されている。

30分番組の前編・後編の2話完結で、昭和40年（１９６５年）10月7日テレビ朝日系列で『スパイキャッチャーＪ３』の放映が開始。主人公のＪ３には、この年にＴＶ放映が開始された『ザ・ガードマン』（ＴＢＳ）で好演していた川津祐介を起用、キャップの〝Ｊ１〟には今は亡き自称・霊界案内人の丹波哲郎、ブレーンの〝Ｊ２〟には江原真二郎がレギュラー出演。和製スパイものの本作は、のちの東映アクションシリーズの原点になったと「東映チャンネル」の会報に載っていた。

後日談であるが、没になったが13のエピソードに盛り込んだアイデアを捨てるのが惜しかった都筑道夫は、小説家になる前の（翻訳や米国文化の紹介をしていた）片岡義男の紹介で、タイミングよく依頼がきたアクション小説にこの話を転用することにした。『スパイキャッチャーＪ３ 暗殺教程』として、昭和40年（１９６５年）末から恒文社出版の週刊誌『Ｆ６セブン』で連載を開始。ちなみに挿絵は、そのころデザイン会社のサラリーマンだった無名のイラストレーター・山藤《やまふじ》章二《しょうじ》が起用された。

また、小説版の主人公の名前であるが、〝壇俊介〟ではなくて〝吹雪俊介〟となっている。これは、ＴＶの企画段階で主人公の名前としてこの２パターンが考えられていたことに起因する。都筑道夫の回顧談によると、聴覚的に響きが好いからＴＶの方には〝壇〟が選ばれ、小説の方は視覚的によいからと、〝吹雪〟が使われた。

昭和42年（１９６７年）１月に桃源社ポピュラー・ブックスより、『暗殺教程――スパイキャッチャーＪ３』のタイトルで１冊の本にまとめられることになり、かなりの加筆修正を経て出版されている。この装丁も山藤章二が務め、以降、都筑道夫と緊密なコンビを組むことになったのだ。ちなみに、昭和40年（１９６５年）の月刊誌『ぼくら』（講談社刊）11月号から堀江卓《たく》の作画で漫画化されているのだが、この連載が書籍出版の呼び水となったのだと思っている。

わんぱく砦

〝昭和元禄〟と呼ばれた昭和40年代は、子供文化と大人文化の2極だった日本に、新しく若者文化を芽吹かせ、短期間に百花繚乱させた。その余波は多分に子供文化にも影響を及ぼしていた。

TV番組で例を挙げるなら、アニメ以外にも、子供中心のドラマやバラエティ番組がブラウン管（旧式のTV受像機の別称）に登場し、内容も日々華やかさを増していた。子役を主演にしたTVドラマが多く制作され始めたのも昭和40年代。四方晴美《よもはるみ》を国民的アイドルにした『チャコちゃんシリーズ』（TBS系列）や、チャコちゃんの弟分の『ケンちゃんシリーズ』（TBS系列）や、等身大（一般家庭）の少年を主役にしたドラマのハシリともいえる『アッちゃん』（日本テレビ系列）などがあり、このアッちゃんは現代っ子の象徴として肥満系の男の子であった。

また、民放ばかりか日本放送協会でも、子役を主役にした〝NHK少年ドラマシリーズ〟が制作されていた。最初の作品の放映が始まったのもこの頃であり、主要登場人物のほとんどを子役や10代の演者が占めていた。純文学、児童文学小説からSF小説や漫画まで、あらゆるジャンルの作品を少年向けにドラマ化して、今でも作品の評価が高い。

こうした子供劇の黎明期の中でも、ナンセンスを基調にした内容で、かなりハジケタ番組があった。TBS系列で昭和41年（1966年）8月7日〜昭和42年（1967年）6月11日に放映された『わんぱく砦《とりで》』である。オープニングに「わんぱく大将の竜之介が走り寄って来て弓を射る」アニメーションシーンがあり、それから実写画面に変わってから、ポップな主題歌で始まる。時代背景は戦国時代後期の荒廃した都で、登場人物も時代劇そのものなのだが、出て来る悪童たちは放送当時の現代っ子の感覚を持ち合わせていて、統率力のあるリーダー〝たつまき竜之介〟を中心に、一芸を持ったメンバーが毎回事件を起こしたり、解決したりするのである。ある時は「ただ馬鹿っぽく大騒ぎをする」という逸話とか、ある時はシニカルに、「横暴な大人たちを遣り込める」という話もあり、当時の世相を皮肉る展開やストーリーも盛り込んであった。

『わんぱく砦』の会計係・刀左エ門《とうざえもん》役の二瓶康一《にへいこういち》は子役（劇団こまどり所属）時代の火野正平（池波正太郎が命名し、昭和48年・1973年に二瓶康一から改名）。『わんぱく砦』の終了後、この番組のシリーズ化を狙ったのだろう、〝伴刀左衛門〟役の二瓶康一と、〝風来和尚〟役の里井茂を主演にして、『無敵！わんぱく砦』（山崎プロダクション制作、朝日放送系列）が、昭和43年（1968年）から放映された。

新メンバーには『丸出だめ夫』（昭和41年・1966年3月7日〜昭和42年・1967年2月26日、日本テレビ系列）の〝だめ夫〟役で一世を風靡した保積ぺぺが、「剣の達人だが争いが大嫌いで、争いが起こるとジンマシンが出る」というキャラのジンマシン役で出演している。そういえば十数年前に、堤幸彦監督の映画『溺れる魚』やドラマ『トリック2』で、中年おやじになった保積ぺぺの姿を見かけたが、今でも役者を続けているのだろうか。

海の次郎丸

大佛次郎の少年向け時代劇小説『ゆうれい船』のＴＶ化作品。書き始めは大佛次郎が59歳の時で、昭和31年（１９５６年）６月から32年（１９５７年）５月までの1年間「朝日新聞」で連載されていた。（確証はないが）北村寿夫の『新諸国物語』シリーズを意識して作られたのかもしれないと思える設定や展開の時代活劇となっている。

前半は「海で父・重兵衛が行方不明になったため、都に住む叔父の五郎太夫を頼って京に上った次郎丸（と愛犬・シロ）が、彼を守るように集うキャストの、（ハックルベリー・フィンを彷彿させる）礫《つぶて》の名手・鬼夜叉、剣の達人で義侠心の強い青年剣士・佐々木左馬之助《さまのすけ》、薄幸のヒロイン雪姫らと応仁の乱（応仁元年・１４６７年～文明９年・１４７７年）で荒廃した時代を背景に活躍する」という、陰謀渦巻く混乱の都（京都）での剣劇もの。後半は「海賊あがりの野武士にさらわれた雪姫を追って明国（中国）に渡り、密貿易を生業《なりわい》とする悪竜王の助力で悪人を懲らしめる」という幽霊船をめぐる海洋冒険活劇もの。簡単にいえば、陸と海、二つの冒険活劇をコラボした話である。

ＴＶドラマの方だが、まったく資料が見つからなかったので、ＴＶ化のきっかけは推測しか出来ないが、昭和40年代に入って『とんま天狗』『忍者ハットリ君』『わんぱく砦』『仮面の忍者 赤影』『神州天馬侠』など、子供向けの時代劇風ドラマが出回っていたことから、柳の下の泥鰌《どじょう》を求めて松竹のプロデューサーが、この少年向け時代劇小説を発掘してきたのだろう。昭和43年（１９６８年）の年明けにＴＢＳ系列で、『海の次郎丸』の題名に改題されて放映（昭和43年・１９６８年1月7日～

8月25日）される。だが、このドラマ内容の記憶が曖昧で、憶えているのは主題歌の一部分と、次郎丸の相棒となる鬼夜叉の顔が、（お笑い芸人）インパルスの板倉俊之に似ていたくらいか。

内容の薄いエッセイを余談で補足するなら、主演の中村光輝（のちに中村歌昇→中村又五郎に改名）は、翌年のNHK大河ドラマ『天と地と』（昭和44年・1969年）で上杉謙信の少年時代を演じて大人気となった。この人気が、その前年の大河ドラマ『竜馬がいく』（昭和43年・1968年）が低視聴率で、（NHK内部も含めた）世間で蔓延していた「大河終息論」を払拭した。ただ、大人気子役の後を引き継いで中盤から上杉謙信役を演じた石坂浩二は、「とにかくやりにくかった」と語っている。

中村光輝はTV映画より歌舞伎舞台を中心に芸歴を重ねて今日に至る。ただフジテレビの『（萬屋錦之介版）鬼平犯科帳』（昭和56年・1981年〜昭和57年・1982年）では、火付け盗賊改め同心の細川峯太郎役で（毎回ではないが）出演していた。

話が前後するが、昭和32年（1957年）には東映京都が『ゆうれい船』を映画化し、中村（萬屋）錦之介を主演に前編・後編の2部制で公開されている。大スター中村（萬屋）錦之介の主演だけに、スポットライトが当たる部分は当然、錦之介が中心で、三島雅夫演じる著者が好きだった準主役キャラ〝鬼夜叉〟の大活躍する場面がほとんどないのが残念！

江戸川乱歩シリーズ 明智小五郎

番組冒頭での明智小五郎（滝俊介）の独白と、エンディングでの（手や足、乳房、腹などを重点に置いた）女体写真が万華鏡で次々と映し出されるミステリアスさが印象的なドラマは、昭和45年（1970年）4月4日から東京12チャンネル（現・テレビ東京）で放映された『江戸川乱歩シリーズ明智小五郎』（工藤栄一監督他）である。流石「TV番外地」と自嘲していた東京12チャンネル。今のTVの電波では流すことの出来ない放送禁止の表現が満載、いや、てんこ盛りであり、かつ、やたらと裸女が画面に躍っていた、アダルト向けエログロ作品なのである。

主役の滝俊介は俳優座養成所の15期生であり、当初は溝口舜亮《みぞぐちしゅんすけ》の芸名で「自由劇場」というアングラ劇団に参加し、小劇場などで前衛的・実験的な芝居に出演。そんな彼と〝明智小五郎〟との出会いは、子供の頃に読んだ「少年探偵団」のシリーズだった。小学生の頃の憧れの人物であり、なおかつ俳優になっても明智小五郎は、特別な存在として特に魅かれていた。

そんな溝口舜亮に〝滝俊介〟という芸名が贈られたのだ。これは彼《か》の江戸川乱歩の未亡人が名付け親なのである。それだけに『江戸川乱歩シリーズ 明智小五郎』で主役を演じるにあたっては、万感胸に迫るものがあったかもしれない。

ドラマの明智小五郎は、原作と違って探偵ではなく大学講師で、警視庁の浪越《なみこし》警部（山田吾一）に乞われて、心理学ゼミの受講生・小林（これも原作と違い、ここでは道化役）などと、猟奇殺人事件の解明に駆り出されるのだった。

今思うと、これがなんだか（広島出身の作家）島田荘司《そうじ》が創造した名探偵・御手洗潔《みたらいきよし》＆（狂言回し役の）石岡和己《かずみ》とオーバーラップするのである。特に（ドラマの何話目か忘れたが）明智小五郎がスランプに陥った回などは、昭和56年（１９８１年）の御手洗潔シリーズ『占星術殺人事件』における不調の御手洗潔と瓜二つに感じるのだ。

また、なぜか全26話中、第15話「夜光人間」と第16話「悪魔の燈台」の2話だけに〝怪人二十面相vs少年探偵団〟の逸話が存在していた。勿論、エログロシーンはなかったと思う。怪人二十面相は三上真一郎、小林少年（といっても大学生）は岡田裕介が演じ、少年探偵団員の一人には、あの塩屋翼《しおやよく》（『海のトリトン』のトリトン役で声優デビュー）がいたみたいだ。

なお、小林少年役の岡田裕介だが、後に役者を廃業して東映のプロデューサーへ転身。現在は実父の後を継いで東映代表取締役グループ会長に就任している。

本作品以外にもいろいろと江戸川乱歩作品はＴＶドラマ化されたが、どれもいまひとつの感が否めない。昭和52年（１９７７年）のテレビ朝日系の土曜ワイド劇場で始まった天知茂（のちに北大路欣也）主演の『明智小五郎』シリーズだけ、乱歩の陰美な世界（勿論、裸女満載）を具現しようとする努力は認められるが、他局より放送コードの緩かった当時の東京12チャンネルのようにはいかなかったようだ。まだ円谷《つぶらや》プロの『怪奇大作戦』（昭和43年・１９６８年、ＴＢＳ）や『恐怖劇場アンバランス』（昭和48年・１９７３年、フジテレビ）の方が乱歩的な世界観を表していたのではと語る批評家もおられる。

好き！すき‼魔女先生

昭和41年（1966年）1月にTVに登場した円谷プロの『空想特撮シリーズ ウルトラQ』から始まった特撮怪獣人気に追随して、アニメ制作会社で特殊映像制作も行っていたピー・プロダクションが『マグマ大使』や『怪獣王子』、東映が『悪魔くん』『仮面の忍者 赤影』『キャプテンウルトラ』『ジャイアントロボ』、宣弘社が『光速エスパー』を制作。円谷プロも『ウルトラマン』『ウルトラセブン』『怪獣ブースカ』を制作し、一大特撮怪獣ブームが巻き起こった。

しかし2年もするとやりつくした感は否めず、ピー・プロダクションは『怪獣王子』の失敗から制作を自重《じちょう》。東映は『河童の三平 妖怪大作戦』と『怪盗ラレロ』が不調で、しばし様子見。円谷プロは大人の鑑賞にも耐える特撮ドラマを目指して『マイティジャック』や『怪奇大作戦』を送り出すも、時代が早すぎた。大人の視聴者の支持を得られず『マイティジャック』はコケたし、『怪奇大作戦』は順調なスタートを切るも、独特の世界観に最後までついてこられたのはマイノリティな人々だけで、特撮怪獣番組は下火となっていった。

一方で、梶原一騎の名を一躍有名にした『巨人の星』（昭和41年・1966年『週刊少年マガジン』19号・講談社刊）、『柔道一直線』（昭和42年・1967年『週刊少年キング』23号・少年画報社刊）、『タイガーマスク』（昭和43年・1968年、月刊誌『ぼくら』1月号・講談社刊）や、望月あきらの『サインはV！』（昭和43年・1968年『週刊少女フレンド』・講談社刊）、浦野千賀子の『アタックNo.1』（昭和43年・196

8年『週刊マーガレット』・集英社刊）などのアニメ化や実写化で、少年少女向けのTV番組は、特撮怪獣番組に代わってスポーツ根性（学園）ものがもてはやされていったのである。

それらを横目に、（まるで申し合わせたかのように）昭和46年（1971年）にピー・プロダクション・円谷プロ・東映が、それぞれ『宇宙猿人ゴリ』『帰って来たウルトラマン』『仮面ライダー』を放映して捲土重来《けんどちょうらい》したのだ。以降、雨後の筍のように玉石混淆の特撮怪獣番組が作られていった。

その中の一つに『好き！すき!!魔女先生』（東映、テレビ朝日系列、昭和46年・1971年10月3日〜昭和47年・1972年3月26日）があった。当時の東映のプロデューサー・平山亨はDVDの解説書で「東映では『柔道一直線』『仮面ライダー』でアクションものが続いたので、今度は《TBSの『コメットさん』のような》女の子ものの企画をしようということで石森章太郎（現・石ノ森章太郎）原作の『[*7]千《せん》の目《め》先生』でいこうということになった」と語っていた。

ちなみに、こうした女の子ものを制作したかったのには、「当時、好評放映されていた『魔法使いサリー』『ひみつのアッコちゃん』『魔法のマコちゃん』等の、女の子向けアニメに対抗意識があったからだ」と解釈するムック本もあった。

ストーリーは視聴者の年齢とアニメの魔女っ子ブームに合わせて、主役の女先生を超能力者から魔法使いに変え、児童に馴染みやすく題名も「かぐや姫先生」としたのだが、同局で放映された『白雪姫と七人の悪党たち』（吉永小百合・主演）がコケたのが原因で、上層部に（童話の）「〜姫」的な題名はタブー視されていた。そこで、放送直前になって題名の変更を余儀なくされたのだ。そうなるともう恥も外聞もなく、もろ魔女っ子アニメになぞらえて、『好き!すき!!魔女先生』と題名を付けた。ただ、主題歌を変更する時間的な余裕がなかったので、歌詞は「かぐや姫先生」のまま放送されたのである。

月ひかる（菊容子《きくようこ》）のミニスカート姿に、胸チラ・パンチラシーンの効果もあってか、女子より男子に好評で、視聴率も18パーセントくらいはあったが、平山亨プロデューサーがさらに視聴率20パーセント以上を目論《もくろ》み、局側の許可も取らず独断で、2クール目を〝ファンタジー〟から〝変身〟ものに路線変更。アンドロメダ宇宙連合の地球監視員のクラスがA級に上がった月ひかるが、（変身コンパクトで）〝アンドロ仮面〟に変身出来るようになり、地球（主に月ひかるの住む町）に禍《わざわい》をもたらす異星人と戦う（まるで『超人バロム1』のような）話となった。

評価のほどは他の批評家に任せるとして、この〝アンドロ仮面〟は日本初の変身スーパーヒロインで、以降〝（ウルトラマンA《エース》の）南夕子〟や〝（人造人間キカイダーの）ビジンダー〟〝（女性仮面ライダー）タックル〟〝モモレンジャー〟〝ベルスター〟他、現在の幾多の変身スーパーヒロインが生まれる試金石となったのは確かである。

へんしん!ポンポコ玉

NHK・BSプレミアムで放映された韓流ドラマ『シークレット・ガーデン』。その前半部のクライマックスに花を添えているのが、（怪しい）漢方薬を飲んで魂が入れ替わった男女のくだりで、スラプスティック・ラブコメディ（どたばた恋愛喜劇）の様相を呈していた。だが、これより前に男女の魂の入れ替わりの物語を映像化したのは、大林宣彦監督作品の『転校生』（昭和57年・1982年）だ。この『転校生』には原作がある。『あばれはっちゃく』で有名な児童読み物作家・山中恒《ひさし》が、ジェンダー・アイデンティティの形成を茶化《パロッ》したような意欲作『おれがあいつであいつがおれで』（旺文社刊『小6時代』の昭和54年・1979年4月号〜昭和55年・1980年3月号に連載）である。

これは小学6年生向けに書かれたジュブナイルであるが、内容が内容だけに、どこか、手塚治虫が社会に投げかけた問題作の『やけっぱちのマリア』『アポロの歌』『ふしぎなメルモ』などに類した、リビドーを感じて止まない作品なのである。その思いは著者《わたし》だけではあるまい。

平成に入ってからも、いしだ一成《いっせい》・観月《みづき》ありさダブル主演の『放課後』（平成4年・1992年、フジテレビ）や、飯田美心《いいだみこ》・渋谷謙人《しぶやけんと》が出演した『どっちがどっち！』（平成14年・2002年、NHK）、そして大林宣彦監督自らが『転校生』をリメイクした『転校生 さよならあなた』が平成19年（2007年）夏に公開されるなど、時代に合わせて設定を変えながら何度も映像化されたところから、これらドラマ制作者の思いが著者と同じでは、と感じられる。ゆえに山中恒が、この〝男女の魂の入れ替わり〟というエポック・メイキングの発案者と思っている人も多いだろう。

ところがどうした、山中恒が『おれがあいつであいつがおれで』を書く6年も前に、〝男女の入れ替わり〟をネタにしたTVドラマが作られていたのだ。タイトルは『へんしん！ポンポコ玉』（昭和48年・1973年4〜7月、TBS系列で放映）。一組の女と男が、赤と青の玉をひとつずつ握り、「（女が）男になりたい」「（男が）女になりたい」「（大概は二人同時に）ポンポコピィー！」と呪文を唱えると、片方がどんな状況にあろうと、心が入れ替わるのである。ちなみに、ウルトラマンのごとく（入れ換わりには）タイムリミットがあり、時間切れが迫るとポンポコ玉が光って点滅。当然、タイムアウトで元の状態に戻る。

この『へんしん！ポンポコ玉』が放映された日曜日午後7時台は、昭和37年（1962年）10月7日から『隠密剣士』が好評放映されていた時間帯で、その後も『ウルトラQ』『ウルトラマン』『キャプテンウルトラ』『怪奇大作戦』『妖術武芸帳』『柔道一直線』と、今では考えられない高視聴率を打ち出していた（武田製薬がスポンサーの）ゴールデン・タイムだった。

それが昭和46年（1971年）になると、『柔道一直線』終了後、野球ドラマの『ガッツ ジュン』↓シリアス系SF特撮『シルバー仮面』↓体操ドラマ『決めろ！フィニッシュ』↓パロディ系SF特撮『アイアンキング』と、手を替え品を替えてドラマを制作するも、どの番組も全くヒットせずジリ貧状態。おまけに他局がこの時間帯にアニメや円谷プロの特撮ものをぶつけてきたのだ。

そこで当時、すでに飽和状態にあった「ヒーローもの」との差別化を図り、特撮とアニクリエーション（人形アニメ）によるシチュエーション・コメディで、幅広い視聴者層へのアピールを狙った、とDVDに付いていた説明書には書かれてあった。

結果『へんしん！ポンポコ玉』は全15話が制作されて、好評放映された。当然キワモノ好きな著者は、毎週楽しく観ていたが、これがヒットしたかどうかは微妙なところである。

面白いドラマが見たい

昭和時代前半の娯楽とは、前世代から継承するか、自分たちで考え作り出して遊ぶものが大半であった。そこに突如登場したのがテレビジョンである。その圧倒的な存在感で、お茶の間の娯楽だったラジオを凌駕し、時を置かずして日本中の一般家庭の娯楽の王様となった。小学校での話題といえば、前日のTV番組のことが多く、最近小学生にも評判となった『家政婦のミタ』（平成23年・2011年10月12日〜12月21日、日本テレビ系）や『半沢直樹』（平成25年・2013年7月7日〜9月22日、TBS系）のように話題は尽きず、また新番組が始まる前には期待半分の与太話で盛り上がっていた。

基本的にテレビは一家に1台であり、当然、普通の家庭にTVドラマを録画出来る器械も当時はなかった。それだけに、新番組で見たいアニメやドラマが同時間帯で重なった時など、新聞のTV欄を眺めながら逡巡した人も多いだろう。それが、半世紀経った平成の日本では、放送・映像技術や機器は格段に進歩しているのに、TVを視聴する世帯が年々減って、統計によると、子供の頃にはTVに親しんでいたはずの40〜50代ですらTV離れが進んでいる。

出版物を見渡してみると、『テレビだョ！全員集合』（平成19年・2007年、青弓社刊）、『テレビ番組事始』（平成20年・2008年、NHK出版刊）、『テレビに夢中だった』（平成26年・2014年、双葉社刊）、『視聴率15％を保証します！』（平成26年・2014年、小学館刊）など、TV番組の知られざる一面や面白さなどを語る書籍も出版されてはいる。しかし、（人様の記事のことはいえないが）どれも前述の40～50代の回顧趣味をくすぐる内容であり、ただ「あの頃は良かったなぁ」という（これといった根拠のない）感慨だけ。未来を展望した建設的な話は見受けられない。

これら以外でも、『週刊文春』は（以前から）シーズンごとに新番組の賛否《ツッコミ》の記事（まあ大抵が否定的）を特集していたり、『調査情報第3期（見たいテレビを見せてくれ――テレビ局と視聴者にミスマッチはないのか？）』（平成22年・2010年9月号、TBS刊）や『「見たいテレビ」が今日もない』（平成26年・2014年、長谷川豊著、双葉社刊）などの書籍や、『週刊ポスト』平成26年（2014年）2月28日号の特集「五輪も選挙もドラマも、テレビが日本を台無しにした」、平成26年（2014年）6月13日号の特集「いまテレビ局に起きている本当の話」等々と、目にしたものだけでも、ことさら現在のTVの凋落を論《あげつら》っていた。

おまけにコンプライアンス重視でTV局の自主規制が顕著（それとも偏重）となったことも含めて、例えば、ドラマが「まず、作品ありき」ではなく、特定のタレントを主役に据えるため、そのキャラにマッチした原作を探してドラマを制作したり、主役タレントとの抱き合わせで出演出来た（ほとんど素人の）新人が良い役をもらえて、そのために原作が脚色されイメージが崩れてしまったなど、TV局（特に民放の経営者&制作者）の矜持《きょうじ》のなさを論ったものが目を引くのである。

そういった業界の裏事情を皮肉りたかったわけではないだろうが、平成26年（2014年）7月1日の午後11時15分からBSプレミアムで、『おわこんTV』（出演は千葉真一、小泉孝太郎、片瀬那奈、福田沙紀他）というタイトルのドラマが、毎週火曜日に全8話で放映された。原作はTV構成作家（&

脚本家）の水野宗徳が書いた『チョコレートTV』（平成24年・2012年、徳間書店刊）で、勿論フィクション。TV局に阿《おもね》る弱小制作会社の社員たちの、ちっぽけな（けど当事者にとっては存在意義を否定される）挫折と再起の物語で、（放送1～2回で1話完結の話ごとに）その逸話の中心となる社員の一人を狂言回しとして、TV番組制作の裏事情を滑稽に描いた傑作である。

タイトルとストーリーに最近流行の自嘲言葉「おわコン」を全面に出せたのは、TV業界で独り勝ちのNHKのドラマだからこそで、スポンサーの顔色を窺わねばならない民放では議題にも上らなかっただろう。毎回社員の窮地に現れては、美味しいところの全てを持っていってしまう、千葉真一演じる荒巻源次郎の高笑いの「ガハハハ」は、NHKの高笑いにも受け取れる。

ドラマ制作に青息吐息の民放を尻目に、圧倒的な資本力で、犯罪・経済・流行などの社会派から、恋愛（結婚、不倫、離婚も含む）やアニメ、SFの柔らかいドラマまで制作していて、さらに話題性も評価も高い。ただし、国営放送に尊厳を求める視聴者も少なからずいて、HNKの民放化が進行しているとの嘆きも上がっているのではあるが……。

民放もBS（主にWOWOW）の方で、開局10周年を機に意欲的なドラマを制作し続けており、最近では『百舌《もず》』（西島秀俊と香川照之のダブル主演）のように、TBSと提携してドラマを作って話題作りもした。映像化が難しいといわれていた小説のドラマ化だけに盛り上がりはあったが、一過性だったようで、他にもいろいろと作られているドラマの評判も含め、（有料放送だからだろう）今は一般の大衆雑誌等で語られることがない。

新世紀になって、名優と呼ばれた役者が次々鬼籍に入られ、そこに居るだけで場が締まるような華のある主役や、脇でドラマを支えられるバイプレーヤーが少なくなった。代わる役者たちの力量不足は否めずで、（TV関係者たちに）現在の名優と評される俳優たちに、「自然体を良として役を演じているので、どんな役を演じても（全て）一緒だ」と酷評する評論家もおられる。

情報もIT化に伴う氾濫と迅速化で、近年は芸能人にも身近さを求め、彼らの素の人間性が見られることを好み、自分たちと変わらぬ庶民性がある芸能人が好まれている。好きな芸能人を愛でるだけの視聴者の生温い掌の上で、いつもの面子《めんつ》でいつもの演技を行う。視聴者の感覚に副わない個性を出し過ぎては視聴率も上がらず、次回のキャスティングにも影響があるのかもしれない。

やがては、使い勝手の良い役者となって小さくまとった姿ばかりが画面上を埋め尽くしてゆくのであろうか。それに食わず嫌いの一般日本人はどこか定番（マンネリ）好きで、奇抜なものを敬遠したり、人によっては攻撃・排除したがる傾向があるようだ。たとえるなら、脚本家・野島伸二がタブーに挑んだドラマなどがいい標的となっていた。

民放地上波でも年に2～3本は意欲的なドラマも見受けられるので、著者の思い込みも多分にあるのだろうけど、以前からドラマを観て感じるのは、昔々いつかどこかで見たような、パターン化されたストーリーのアナグラム、画一化された金型を使って大量生産される商品の安心感にも似たものを視聴者に提供することで、コンプライアンス厳守をほのめかしてクライアントにコンセンサスを求める。進化の根幹は多様性であることを忘れているとは思いたくないが、周りの空気を読んで大勢に合わせたり阿ったりする、日本人特有の資質が悪しき踏襲となってドラマ作りに反映されてしまわぬことを願いたい。

＊1　ブラウン管

電気信号を陰極線（電子ビーム）で光学像に変える陰極線管（電子管）のこと。明治30年（１８９７年）にドイツのK・F・ブラウンが発明したので、ブラウン管と呼ばれていた。

＊2　電波兵器

連合艦隊指令長官・山本五十六の一言から始まった殺人兵器開発プロジェクトであった。昭和18年（１９４３年）9月に島田実験所が開設し、糸川英夫他、科学技術者や機械技術者が集められて、「殺人光線Z《マグネトロン》」の開発が進められた。ただし、本によっては、「昭和初期から陸軍内で、八木アンテナの発明者の八木秀次博士の指導で研究を開始。部内では『怪力光線』と名付けられ、怪力を『くわいりき』と当時、仮名表記したことから、『く号兵器』の符牒でよばれていた」と記述されるものがあった。日本本土上に飛来する米軍機の搭乗者を、強力な電波（マイクロ波）によって殺害する兵器として研究されたが、平行平板電極を使った送受信間隔5メートル以内の輻射《ふくしゃ》電波実験で、モルモットを絶命させるのが限界で、数百メートル以上の上空を飛ぶ米軍機の中の人体に影響を及ぼすまでの、威力のある電波兵器は完成せず、終戦を迎えた。その後、実験資料や機材は全て米軍に徴集された。あくまでも私論だが、昭和25年（１９５０年）に米国で商品化された電子レンジの開発に、この実験資料が使われた可能性があると思っている。

＊3　ソープ・オペラ

鳥山拡の著書『日本テレビドラマ史』（映人社刊）によると、米国で大評判だった家庭の主婦向きに昼間放送されるメロドラマ調の連続放送劇のことで、1話ごとにヤマ場を作り、問題を解決しないまま、後は明日のお楽しみで続く安手の演劇《オペラ》である。石鹸《ソープ》会社がスポンサーであったので、「ソープ・オペラ」と呼ばれていた。また、これは泡のように消えるものという皮肉と軽蔑のニュアンスも含まれている。

＊4　平井和正

漫画家を夢見て月刊誌『漫画少年』（学童社刊）への投稿を繰り返す青少年の一人だったが、どれも落選ばかり。同時期投稿の入選常連者であり、昭和30年（1955年）、同誌1月号に『二級天使』でデビューした小野寺章太郎（石ノ森章太郎の本名）に悔しい思いを抱きつつ漫画家を諦めたが、創作活動までは諦めきれず、昭和37年（1962年）『SFマガジン』（早川書房刊）6月号に『レオノーラ』で作家デビューする。しかし当時新人のSF作家が喰っていける土壌はなく、台頭してきた週刊少年漫画雑誌に活路を求めることとなった。そこでSF漫画の原作者として糊口《ここう》を凌《しの》ぎ、SFアニメブームに沸く漫画動画の世界へも足を踏み入れていった。

＊5　漫画家の過去

昭和25年（1950年）の『ぼくらの地球』（不二書房刊）がデビュー作の、知る人ぞ知る幻の漫画家モリ・ミノル。最近まで、その正体が小松左京だと知る人は少なかった。デビュー作発売後、『大地底海』（漫画出版社刊）と『イワンの馬鹿』（不二書房刊）を刊行したが、『第五研究室』『大宇宙の恐怖アンドロメダ』の2作品はお蔵入り（未発表）。結局のところ、漫画家モリ・ミノルとしての実績はこの単行本の3冊であった。

ただ、これを埋もらせてしまうのは惜しいと思っていたモリ・ミノルのファン（松本零士他）からの要望もあって、平成14年（2002年）に『幻の小松左京モリ・ミノル漫画全集』（小学館刊）として、『ぼくらの地球』『大地底海』『イワンの馬鹿』『第五研究室』『大宇宙の恐怖アンドロメダ』がセット（学生時代の未完成漫画付き）で復刻された。先年（平成24年・2012年）、17歳の時に〝小松實《みのる》〟の名義で描いた漫画『怪人スケレトン博士』（昭和23年・1948年、さかえ出版刊）が米国メリーランド大学図書館の「プランゲ文庫」で見つかった。これにより、モリ・ミノルのデビュー作は『ぼくらの地球』だが、新事実として、小松左京（小松實）自身の漫画家デビュー作は、この『怪人スケレトン博士』と判明した。

＊6　俳優座養成所の15期生

昭和41年（１９６６年）度の俳優座メンバー。故・林隆三、故・地井武男、故・夏八木勲、故・原田芳雄、故・太地喜和子、前田吟、村井国夫（現・村井國夫）、小野武彦、栗原小巻他多数、錚々たる人材が同期だったので、〝花の15期生〟と呼ばれていた。

＊7　千の目先生

石森章太郎（現・石ノ森章太郎）が「米国のサスペンス小説『夜は千の目を持つ』に影響を受けて描いた作品」と語る、学園ドラマ風のサイキック漫画で、昭和43年（１９６８年）に主婦と生活社の『ティーンルック』第1号～第28号に連載された。ちなみに『夜は千の目を持つ』は、サスペンス小説の雄ウイリアム・アイリッシュが、昭和20年（１９４５年）にジョージ・ハプリイの名義で書いた不朽の名作である。昭和22年（１９４７年）にジョン・ファロウ監督・エドワード・G・ロビンソン主演で映画化されたが、小説ではオカルト風だったストーリーが、映画ではＳＦサスペンスに脚色されていた。

アニメーション伝来――明治・大正時代のアニメ

まず日本初制作のアニメーションは何かの前に、どのようにアニメーションが日本に伝来し、浸透していったかを軽く語ってゆきたいのだが、はっきりしないこともあった。浅草帝国館で上映されたフランス・パテ社の『ニッパールの変形（Les Exploits de Feu Follet）』を、日本で初めて公開されたアニメーションであるとする書籍が複数あるが、本によっては明治42年（1909年）春公開とか、明治45年（1912年）春公開と書かれている。新世紀になって出版された日本映画の研究本では、明治43年（1910年）前後に公開されたと記述にあるだけで、作品も上映時期も特定していなかった。

何とか記録に残っているのは、明治43年（1910年）から福宝堂が次々と輸入した無声映画の中にあるフランス人エミール・コールの作品で、明治41年（1908年）からフランスで制作された線画映画（アニメーション）シリーズの中の、『ファントーシュ（邦題〝ファントーシュたちの間のドラマ〟）』という、おでこの出っ張った少年（凸坊《でこぼう》）のキャラクターが活躍する作品だった。『凸坊《でこぼう》新画帖《しんがちょう》』という邦題が付けられ、『凸坊新画帖・冒険の巻』『凸坊新画帖・魔術の巻』などのファントーシュのシリーズが、大正3年（1914年）から公開されて爆発的な人気を得た。

なお、便宜上ここまでアニメーションという呼び名を使ったが、現在のように「実写映画」と「アニメーション」との境界線がはっきりしておらず、当時「アニメーション」という名称は、映画全般の中の一手法として認識されていたに過ぎなかった。日本でも無声映画のひとつとして公開されたのだが、これが大人気となったため、暫く日本では「凸坊新画帖」や「線画映画」が、アニメーションのことを示す一般名詞として使われることになった。

当初こうした「線画映画」は無声映画上映の合間に添え物のように上映され、稀に特集上映される程度であったが、それでも観客には好評だった。そして『ファントーシュ』のシリーズが大評判になると、映画製作会社も輸入に頼らない、「線画映画」の国産化を目指したのである。

大正5年（1916年）頃から、まず乗り出したのが天然色活動写真株式会社（天活）。正確なところは記録に残っていないが、小林商会や日活向島撮影所（日活）も、ほぼ同時期に計画が進んでいた。

ちなみに、デモクラシーが声高に叫ばれる大正時代に入ると、無声映画の隆盛に伴って映画雑誌が創刊され始めた。公開映画のタイトル一覧（あらすじ・寸評付き）も掲載され、後には輸入線画映画に関する批評も載るようになった。

近年まで公開月日がはっきり示されず、開発時期と公開年が重なっていた小林商会や日活のどの作品が日本初のアニメーションなのか、特定されなかったが、現在は公開月が判明し、下川凹天《しもかわおうてん》の『芋川椋三玄関番《いもかわむくぞうげんかんばん》の巻』（天活、大正6年・1917年1月公開）が国産初のアニメーションと考えられている。この作品は天活が線画映画の国産化にあたり、漫画絵が描けるなら線画も描けるだろうという、至って単純な理由から、時事漫画雑誌『東京パック』を創刊した北澤楽天《きたざわらくてん》の弟子で風刺漫画家だった下川凹天に、破格の好条件で線画映画の研究と制作を依頼した。

しかしながら、そうそう思惑通りにはいかなかった。映画館で公開されている線画映画を見ながら独学で研究し、試行錯誤の果てに考え出したのが、背景を三種類くらい印刷しておき、その上に人間や動物を描いたものをコマ撮りするというものだった。しかし全てが目分量のぶっつけ描きなので、決して上出来《うまい》といえるような代物ではなかった。ちなみに、「芋川椋三」は『東京パック』に掲載した自分の漫画のキャラクターと同名であるが、フィルムが現存しないので、同一キャラクターかどうかは不明である。

その後、洋画家で美術雑誌編集者だった北山清太郎《せいたろう》が『猿蟹合戦』（日活、大正6年・1917年5月公開）、そして下川凹天と同業の風刺漫画家だった幸内純一が『なまくら刀（塙凹内《はなへこない》名刀之巻と改題される）』（小林商会、大正6年・1917年6月公開）を制作。同年は3人合計で18本もの短編線画映画《アニメーション》（内10本が北山清太郎）が公開された。彼らが使用したアニメーションの技術は、海外でも多く使われていたペーパーアニメーションと切り紙アニメーションであった。ちなみに東京国立近代美術館フィルムセンターは、奇しくもこの3人が線画映画を公開した大正6年（1917年）を、「日本アニメ元年」に相当すると解説している。

前述のように、当時の線画映画は無声映画の添え物的な扱いだったので、下川凹天作品は現存しておらず、北山清太郎作品は2作品、幸内純一作品は3作品しか現存していなかったが、平成19年（2007年）夏に骨董市で幸内純一の『なまくら刀』と北山清太郎の『浦島太郎』のフィルムが奇跡的に見つかったのである。これは線画の作品ではなくて、切り紙の絵をコマ撮りしたものだった。今のところ現存する国内最古のアニメーションということで、デジタルで復元されて、東京国立近代美術館フィルムセンターの特集「発掘された映画たち2008」では、この2作品を含めたフィルム96本が、平成20年（2008年）4月下旬から上映された。

下川凹天は『芋川椋三』をシリーズ化し、『芋川椋三宙返りの巻』『芋川椋三釣の巻』を制作。他にも数編の線画映画を制作するも、効率よく線画を描くために作ったライトボックス（現在はトレース用のライト板）が原因で目を痛め、1年半で天活を退職し、元の風刺漫画家へと戻っていった。

幸内純一は作品が検閲に引っ掛かり（一般には）公開禁になることもありつつ、精力的に線画映画を制作したが、大正7年（1918年）には所属していた小林商会が経営難に陥ったため、線画映画作りは中止されてしまった。そこで幸内純一も元の風刺漫画家に戻り、毎夕新聞に政治マンガを描いていた。ただ線画映画作りを諦めきれなかったようで、大正12年（1923年）に「スミカズ映画創作社」を設立し、線画映画の世界に戻ってきたのであった。

残りの一人、北山清太郎も他の2人と同様、線画映画作りは試行錯誤の連続であったが、失敗した作品を無二の参考として研究を重ね、独自の線画映画を作り上げていった。ラインナップも『桃太郎』『浦島太郎』『一寸法師』『花咲爺』等の昔噺から新しい創作童話も手掛け、またそれが逓信省の貯金局の目に留まり、線画映画で貯蓄増進の宣伝に使いたいと、日活を通して北山清太郎に依頼があった。これが日本初の宣伝《CM》用線画映画だといわれている。

他にも無声映画の字幕の改良にも興味があった北山清太郎は、こちらも研究を重ねて、日活無声映画の字幕も担当するようになった。それが他社にも知られ、注文が集まってくるようになると、これを契機に日活から独立し、大正10年（1921年）に「北山映画製作所」を設立する。これが独立した〝国産漫画映画製作業（アニメーション専門スタジオ）〟の先鞭であり、北山清太郎を慕ってスタジオに集まった作業員（金《きん》井《い》木《き》一路《いちろ》・山本早苗他）から、その後の日本アニメの屋台骨を背負う人材が育っていった。

線画映画から動く漫画（漫画映画）へ——日本の４人の天才たち

話が少し日本から離れるが、新たな大衆文化の産みの苦しみを味わっていた日本の裏側では、映画界に一大転機が訪れていた。ウィンザー・マッケイやフライシャー兄弟の動く漫画（当時の米国でも漫画家が大半のアニメを制作）の虜になったウォルト・ディズニーが、兄のロイをビジネスパートナーとして、大正12年（1923年）10月16日「ディズニー・ブラザーズ・カートゥーン・スタジオ」をハリウッドに設立。大正15年（1926年）には「ウォルト・ディズニー・スタジオ」と社名変更し、多くの名作漫画映画や人気キャラクターを世に送り出した。例えば大正3年（1914年）に開発された「セル画（セルロイド板）」を使った漫画映画制作など、生涯にわたりいつも進歩的な技術の先駆けとなって、漫画映画を芸術の域まで高めたウォルト・ディズニー。彼の功績により、映画全般の中の一手法だったアニメーションの名称は、映画のジャンルのひとつとして確立し、のちに「アニメーションというメディアを定義した」と評論家諸氏に語らせた。

米国の地で天才が頭角を現した頃、日本でも天才たちが動く漫画（アニメーション）という魔物《ローレライ》の虜になっていた。大藤信郎《おおふじのぶろう》、村田安司《やすじ》、政岡憲三《まさおかけんぞう》、瀬尾光世《せおみつよ》の４人である。

明治33年（１９００年）、浅草千束町《せんぞくちょう》生まれの大藤信郎（本名は信七郎）は、子供の頃から「線画映画を作りたい」という夢を持ち、24歳、大正13年（１９２４年）頃に幸内純一に師事し、彼の元でアニメーションの技術を習得し、同年、単独で実写と千代紙の切り紙を使った試作的アニメ『煙《けむ》り草《ぐさ》物語』を制作した。大正15年（１９２６年）６月には丸山町で置屋を経営していた実姉の資力で、渋谷の代々木上原にある自宅に「自由映画研究所」を創設する。そこでダグラス・フェアバンクスの『バクダッドの盗賊（Thief of Bagdad）』（大正13年・１９２４年、アメリカ）のタイトルをもじった『馬具田《ばぐだ》城《じょう》の盗賊』を制作し、大正15年（１９２６年）７月15日に新宿松竹館で封切。続いて『孫悟空物語』を制作して同年10月に新宿武蔵野館で封切られる。全篇モノクロながら、切り紙のキャラクターの衣装に、江戸千代紙をふんだんに使ったこの２作品は評判を呼んだ。

当初「切紙細工映画」として発表し、またパンフレットには「活動漫画」という名称が使われているのだが、いつしか人々はこれを「千代紙映画」と呼んで評した。ちなみに、映画の分類にて「漫画映画」の名称が現れたのは大正10年（１９２１年）からで、以降、物語中心の「漫画映画」と図解や説明が中心の「線画映画」とに使い分けられるようになっていった。

一躍〝大藤信郎〟の名は漫画映画界に知れ渡たり、千代紙映画製作者として認知されていった。（主に）江戸千代紙を使った昭和２年（１９２７年）の『蜜柑船《みかん》』（大藤信郎プロダクション制作）から昭和12年（１９３７年）の『かつら姫』（千代紙映画社制作）まで、千代紙映画を続々と制作しているのだが、氏は千代紙映画だけを作っていたわけではなかった。ギャグの多い内容には「セルロイド板（セル画）」を、またギャグの少ない大人向けの内容には「影絵アニメ」と、作品に応じて使い分けがされていた。なお、「セルロイド板（セル画）」が使われようになるのは、昭和８年（１９３３年）に制作された『沼の大将』（千代紙映画社制作）からであり、太平洋戦争以降は影絵のアニメ作品が中心になっていった。

ところが、これが禍した。昭和中期の日本は、まだまだアニメーション後進国で、（のちに詩人ジャン・コクトオや画家のピカソが魅了されたといわれる）大藤信郎の芸術性のみを追求した影絵アニメを、まともに批評出来る評論家も観客も育っていなかったのだ。

昭和35年（１９６０年）、フランスのカンヌ映画祭からアニメ部門が独立。初めて国際アニメーション映画祭が開かれ、大藤信郎にも招待状が送られたのだが、当局（外務省と教育映画製作連盟）の手違いとかで、大藤信郎のもとに招待状は届かなかった。半年たっても一向に返事のないことに痺れを切らしたフランスの主催者側は、日仏学院宛に手紙を出して大藤信郎を探してもらったのだった。しかし当時の日本は一般人の海外渡航が制限されていて、そう簡単にパスポートを発行してはもらえなかったのである。辛うじて『幽霊船』のセロファン原画と日本動画界の現状に関するレポートは主催者側に提出出来、動画参考館の第４室に展示されたが、大藤本人が脚光を浴びることの出来る道は閉ざされた。

さらに不運は連鎖する。昭和36年（1961年）7月に脳軟化症で倒れると、回復することなく「不遇の天才」は60歳で生涯を終えたのである。しかし現在、その業績は再評価され、アニメーションの先駆者である大藤信郎は「孤高の天才」と呼ばれるようになった。

2人目の村田安司は、明治29年（1896年）に横浜で生まれ、北山清太郎の愛弟子の一人、山本早苗とは幼馴染みだった。無声映画に携わりたくて松竹に入社したのだが、大正12年（1923年）9月1日の関東大震災で映画業界が大きな被害を受け、松竹は京都に本拠地が移されることになった。しかし関東圏から離れたくなかった村田安司は松竹を退職。創業者・佐伯永輔が大正12年（1923年）1月1日に創立した「横浜シネマ商会」に再就職した。ただ、入社当初は社員が5～6人しかおらず、映画会社とは名ばかりの会社だったので、3年間は映画のタイトル書きをやらされていた。

創立当初はフランスのパテ社と特約し、ニュース映画の資料を送ったり、海軍関係の撮影を引き受けていたのだが、当時、映画配給会社の岡本洋行が輸入公開していた漫画映画の人気に刺激されて、「横浜シネマ商会」でも漫画映画を作ろうという話になった。大正12年（1923年）の暮れから制作を開始した漫画映画のシリーズは、当時、岡本洋行にいた青地忠三《あおちちゅうぞう》が英文用の筆名に使っていた〝アテナ〟を借用して、「アテナ・ライブラリー」と名付けられる。シリーズ第1作は『雪』で、以降、大正時代末までに17本の漫画映画が制作され、好評を得て「アテナ・ライブラリー」は大成功だった。ちなみに、「アテナ・ライブラリー」は、昭和10年（1935年）頃までに70余編も制作されている。

だが、前述のように映画のタイトル書きしかさせてもらえなかった村田安司は、このシリーズを観るにつけ漫画映画の方に興味を引かれていったのである。「アテナ・ライブラリー」の作品を研究する傍ら、大正14年（1925年）に「山本漫画製作所」を設立した山本早苗のもとを訪ね、アニメーション製作の技法を勉強。昭和2年（1927年）に日本線画（漫画）映画界の一般的な製作技法だった「切り抜き法」を使って『猿蟹合戦』（原作・青地忠三、撮影・上野行清）を完成させ、続いて『蛸の骨』（原作・青地忠三、撮影・上野行清）を制作。この2作品を発表してから、昭和12年（1937年）に「横浜シネマ商会」を退職するまで、線画・千代紙映画の他に、セルロイド版（セル画）を使った透写技術を導入した漫画映画など、（精力的に）数多くの作品を世に送り出したのである。

3人目の政岡憲三は明治31年（1898年）10月に大阪で生まれ、大正2年（1913年）に京都市立美術工芸学校絵画科に入学し日本画を学ぶ。大正6年（1917年）に卒業した後は、1年あまり洋画家の黒田清輝主宰の（東京の）葵橋洋画研究所に通って洋画を学び、その後、再び京都へ戻って絵画専門学校でも洋画を学んだ。ここで本来なら画家になるはずの政岡憲三であるが、なぜか大正14年（1925年）にマキノ映画製作所に入社したのである。

余談だが、テレビ東京で放送中の『開運！なんでも鑑定団』で、政岡憲三の下書きの絵が出品された時の氏のプロフィール紹介のナレーションで、「（政岡憲三は）幼い頃から関心を抱いていた漫画映画……」と語っていたが、それが理由でマキノ映画製作所に就職したとは思えなかった。当時のマキノでは漫画映画を制作していなかったはずである。

ともあれ、入社直後はセットの製作をしたり、昭和2年（1927年）には知り合いの独立プロ作品の技術面での手伝いをしていたが、翌年にはマキノ映画で役者としても働くことになり、芸名を「瀬川瑠璃《るり》之介《のすけ》」と名乗った。その後、29歳で映画監督にもなったと聞いたが、これは昭和4年（1929年）にマキノ映画製作所から日活へ転職してからであろうか、この転職は漫画映画への興味からであろうか。頭の痛いことに、マキノ映画製作所から日活の頃の政岡憲三を詳しく語る資料がまったく見つけられなかったので、当時の氏の心情は不明である。ただ『日本アニメーション映画史』（有文社刊）には「（日活に）教育映画部技術主任として入社」とだけ記されていた。

それでも人生の転機はここからで、裕福な家庭に生まれてから少年期・青年期にわたり、ここまで順風満帆の人生を送ってきた政岡憲三に、「好事魔多し」、ほどなく教育映画部が廃止の憂き目に遭うのであった。まあ、これが凡人ならめげてしまうところでも、政岡憲三は、この状況を逆手に取ったのである。日活を勇退することを条件に、漫画映画を制作するための資金を調達したのだった。昭和5年（1930年）12月に『難船《なんせん》ス物語　第1篇　猿ヶ島』、昭和6年（1931年）には『難船ス物語　第2篇　海賊船（海の物語）』を制作。続いて柾木統三・作画の「馬鹿八《ばかはち》と城主様（殿様と馬鹿八）」を制作し、以降、すっかり漫画映画にとりつかれてしまい、漫画映画制作に邁進していった。

このように盛り上がっていった日本の漫画映画であるが、我が国の技術はガラパゴス化する遺伝子でも組み込まれているのか、昭和4年5月に米国の発声映画（トーキー）、『進軍（Marching On）』が日本に初上陸し、武蔵野館や電気館で公開されると、松竹蒲田が日本初製作の発声映画『マダムと女房』を昭和6年（1931年）8月1日に公開。日本の映画界は発声映画時代となってゆくのに、画像技術も録音技術も、日本の漫画映画は時代の潮流から取り残されていた。

セルロイド版（セル画）で描かれたディズニーのミッキーマウスやシリー・シンフォニーのシリーズなど、アメリカの発声映画が輸入されると、観るだけでその作品の質の差は歴然。おまけに、もっぱら家内工業で漫画（線画）映画・千代紙映画を制作する国産品より、海外から買ってきた漫画映画の方が、一作品の使用料が安かったので、ますます海外の漫画映画を上映する映画館が増えてゆく。しだいに目の肥えた映画館経営者や観客は、日本の漫画（線画）映画や千代紙映画に見向きもしなくなっていったのである。

最後の一人、瀬尾光世（兵庫県姫路市生まれ）は、昭和5年（1930年）の満20歳の誕生日に「絵の勉強がしたい」と決意して上京。多様なアルバイトで生計を立てながら絵画の研究所に通い始め、翌年に知人の紹介で、日本プロレタリア映画同盟（プロキノ）で線画を描くアルバイトをしたことから漫画映画の虜になってしまったのである。だが、思想運動を啓蒙した作品を作っていたプロキノは、治安維持法（大正14年・1925年公布、昭和3年・1928年改正）の下に厳しい弾圧を受けて運営が傾いていた。

そこで本格的に漫画映画の勉強がしたいとの思いから、昭和6年（1931年）、（一面識もないのに）思い切って政岡憲三を訪ねた。当時の政岡憲三は、昭和7年（1932年）1月に木村角山・清水英雄・熊川正雄らと、京都市左京区に「政岡憲三映画研究所」を設立。4月に松竹の援助のもとで土橋式トーキー漫画の製作契約をし、それまでの線画ではない、日本製漫画映画で反撃の狼煙《のろし》を上げていた。これに瀬尾光世は加わった。

約半年の時間をかけて、昭和7年（1932年）10月に松竹配給の第1作『力と女の世の中』を完成させる。これが国産初の「発声映画漫画映画（トーキー漫画映画）」という前評判で注目を浴びたが、値段の高いセルロイド版（セル画）を使った透写法製作で海外の作品を真似ても、一朝一夕で技術が世界レベルに達するはずもなく、まだまだ試作段階の出来だった。

続けて松竹配給第2作として、前篇「仇討烏」、後篇「ギャングと踊り子」など発声映画で漫画映画を制作している。人や機材も増えて手狭になったのだろう、昭和8年（1933年）の暮れには、京都市下加茂の鉄筋コンクリート2階建のビルに移転し、「政岡憲三映画研究所」を「政岡憲三映画美術研究所」と改名。この移転を期に瀬尾光世は独立し、東京で「瀬尾発声漫画研究所」を設立した。

昭和10年（1935年）に政岡憲三映画美術研究所は「ターちゃんの海底旅行」を制作し、その後、「森の妖精」を発表。これを大藤信郎は「日本の漫画映画史上で最優秀漫画だ!! まるでディズニーのシリー・シンフォニー・シリーズの中の1本かと見間違えるばかりだ」と評したが、制作に金と時間がかかる漫画映画は採算が合わず、数年で経営が行き詰まり政岡憲三映画美術研究所は倒産。借金の肩代りでスタジオを手放して、メンバーも（ひとまず）解散したのである。

それでも政岡憲三の漫画映画に対する情熱は冷めやらず、昭和11年（1936年）に柾木統三、木村角山、宮下万三、熊川正雄らの元メンバーを集めて、当時は円谷英二（のちの円谷特技プロダクションの創設者）も所属していたJOトーキーの京都「JOスタジオ」の漫画部（昭和8年・1933年6月創設）の漫画映画制作や、松竹系の日本映画化学研究所で、漫画映画制作の下請け作業を行い、こうした地道な仕事を積み重ねて捲《けん》土《ど》重来《ちょうらい》を期した。

政岡憲三は時をかわさず、昭和12年（1937年）11月、仲間の仕事をスムーズにするために、あくまでも便宜上の「日本動画協会」を京都で設立する。この社名に使われた「動画」とは、映画技法「アニメーション」の和名で、政岡憲三が造語した。これが「動画」という名称が使われたお初で、以降、映画業界で「アニメーション」のことを「動画」とも呼ぶようになってゆくのである。

プロパガンダ・アニメーションへの傾倒

前述の『日本アニメーション映画史』によると、「以上が昭和7年～昭和11年までの日本の動画映画界の動きだ。ふり返ってみると、この時期は、動画映画というものが、興業的な価値を認められながらも、国産動画だけがそれだけ報われず、苦難の時代だった。少しでも興業ベースにのせようと努力した製作者の中には経済的にハタンをきたす人も出た。そしてこの時期は日本の動画がいかに教育界と離れては存在し得ないか、これをいやというほど知らされた時期でもあった」と記されていたが、そんな国産の漫画映画に転機（日本国民にとっては暗鬼か）が訪れる。第3章の「絵物語」の中でも語ったが、二・二六事件（昭和11年・1936年2月26日未明）以降、軍部の政治支配力が著しくなり日本全土に軍靴の響きが高まってゆく。その時勢に乗って、国産漫画映画も除々に経済的上昇線を辿っていった。絵物語や紙芝居と同様に、軍部主導国家のプロパガンダに利用されていったのである。

セバスチャン・ロファ著『アニメとプロパガンダ』（法政大学出版局刊）には、「昭和6年の村田安司の『空の桃太郎』（横浜シネマ商会制作）が日本初のプロパガンダ・アニメーションである」と記述されていた。内容は、「南極近くの平和な小島で暮らすペンギンやアホウドリに戦争を仕掛けた猛鷲を、日本から桃太郎が飛行機でやって来て懲《こ》らしめる」というもので、満州（中国の東北一帯の俗称）に対して独占的支配に乗り出した日本を、これは正当な行為だと比喩するプロパガンダ・アニメーションであった。以降、（少数だが）軍部の顔色を窺った漫画映画は制作されている。最も有名なところでは田河水泡《たがわすいほう》の漫画のキャラクター「のらくろ」の漫画映画で、昭和8年（1933年）～昭和13年（1938年）まで数作品が横浜シネマと瀬尾発声漫画研究所で制作されていた。

日本特有の擬人化で深刻な主題をぼやかしていたプロパガンダ・アニメーションに変化が現れたのは、昭和12年（1937年）に佐藤線画製作所（のちに佐藤映画製作所）の佐藤吟次郎が、陸軍省の許可を得て制作した〝マー坊シリーズ〟の『マー坊の少年航空兵』以降で、翌年（昭和13年・

日号、映画出版社刊）で「ウォルト・ディズニーのシリーズ・シンフォニーに迫った佳作」と称賛している。しかし、戦時下の当時は、「（内容が）時局に合わぬ」という監督官庁からの批判があって、図書と違い文部省推薦は得られなかった。

一方、芸術映画社を辞した瀬尾光世は引く手数多で、ほどなく4大文化映画社から誘いがきた。その中から松竹を選んで昭和19年（1944年）2月に入社した。これは海軍省からの大作動画制作の話を詰めていた松竹が、瀬尾光世の力量を買ってスカウトし、瀬尾光世本人は再び大作に挑戦出来る嬉しさと、松竹に所属していた（瀬尾光世の師匠である）政岡憲三に対する対抗意識から入社を決めたといわれている。

スマトラ侵攻の日本陸軍パレンバン空挺部隊を題材にした長編漫画映画は、師匠の政岡憲三を差し置いて、演出・撮影を瀬尾光世が担当し、（軍事色の動画を是としない）政岡憲三は影絵のみの参加であった。それに1本の作品に50人ものスタッフがかかりきりで制作するという、瀬尾光世の夢であった設備拡充・人員増員が叶った漫画映画制作となった。しかしこの頃には、米軍による日本本土の空襲が激しさを増し、度々仕事が中断したり、スタジオを焼かれたり、（赤紙により）若きアニメーターが数多く出兵して命を散らしていった。

大日本帝国存亡の危機の中、丸1年の歳月をかけて昭和20年（1945年）3月に『桃太郎・海の神兵』（昭和20年・1945年4月12日封切）を完成させたのだが、空襲によって日本の主要都市は焦土となっていた。それでも破壊を免れた映画館などで上映されたのだが、ほとんど観客はいなかったそうだ。

ただ、結果から歴史を俯瞰《ふかん》すると、ここに面白い逸話があった。大阪松竹座で公開された際、数少ない観客の中に、当時16歳の手塚治虫《てづかおさむ》がいたのだ。手塚少年は涙を流して感動し、「一生に一度でも良いから、自分の漫画映画を作って、この感動を子供たちに伝えるのだ」と心に誓ったと語られている。また小学生の松本晟《あきら》（のちの松本零士）も大阪松竹座で『桃太郎・海の神兵』を観ていた一人で、「（もしかしたら）手塚さんに遭っていたかもしれない」と回顧していた。

戦後アニメーションの興亡

無為に多くの人命や文化を滅して、昭和20年（１９４５年）８月15日に、日本国の無条件降伏で太平洋戦争は終結する。28日に連合軍の先遣隊が厚木に進駐し、占領軍の統制下で暫定的にマスメディアの検閲制度が敷かれ、２日後の30日に、連合軍最高司令官・ダグラス・マッカーサーが厚木に降り立つ。９月２日に米軍艦ミズーリ号上にて降伏文書調印式が行われると、８日には米第８軍第１騎兵師団２７００人が東京に進駐。東京の至る所に英字の標識や看板が立ち並び、まるで異国のような景観に一変した。日比谷の第一生命ビルに連合軍総司令部（ＧＨＱ）が置かれ、９月９日にマッカーサーの「日本管理方針」声明があった。軍に代わった連合軍総司令部が統制を行い、19日にはその連合軍総司令部から出版法指令《プレス・コード》が発表。これは主に言論や新聞報道の自由に関する規制で、当然、舞台演劇や映画にも関わる規制だった。

幻のアニメ発見

昭和33年（1958年）10月15日に日本テレビで放映されたカラーアニメ作品『もぐらのアバンチュール』。このアニメ史研究家の間でのみ知られていた幻のアニメのフィルムが、平成25年（2013年）2月、川崎市にある日本テレビの生田スタジオの倉庫で発見された。これまで著者《わたし》は、以前テレビ朝日のバラエティ番組『シルシルミシル』の〝連続テレビアニメのお初〟のコーナーで紹介された、「横山隆一の動画スタジオ『おとぎプロダクション』[*1]で制作し、フジテレビで放映された『ヒストリーカレンダー（本によっては〝インスタント・ヒストリー〟と記述されているものもある）』（昭和36年・1961年5月1日〜昭和37年・1962年2月25日、月〜金曜日の17時47分〜17時48分）」が、TVアニメのお初だと思い違いをしていた。他にも、「おとぎプロ」が制作した『おとぎマンガカレンダー』（ラジオ東京テレビ、昭和37年6月25日〜昭和39年・1964年7月4日、月〜土曜日の18時55分〜19時）も放映されていた。

ともあれ、『もぐらのアバンチュール』が本邦初のカラーアニメ作品であると知り、今までシタリ顔で同人誌に書いた昭和のTVアニメのエッセイを回収して、こっそり描き直したい衝動に駆られている。ネット社会となり、自分しか知らないマイノリティな情報や埋もれていた事実が、瞬時に詳《つまび》らかにされる怖い世の中となった。(もしかして)今書いているこの原稿が書籍化される頃には、全く見当違いとなって全否定される、そんな恐ろしい未来が来ないことを祈りたい。

第7章

TVマンガ（漫画映画）

絶滅危惧度――★★☆☆☆

初の国産長編アニメ『桃太郎の海鷲』（1942年、藝術映画社製作）の公開（1943年3月）を知らせるチラシ。平成の日本アニメ（漫画映画）は「クールジャパン」の先鋒として世界にアピールしているが、昭和前期（戦前・戦中）は戦意高揚を目的としたものが多かった。

般の中の一手法として認識されていたに過ぎなかった。日本でも無声映画のひとつとして公開されたのだが、これが大人気となったため、暫く日本では「凸坊新画帖」や「線画映画」が、アニメーションのことを示す一般名詞として使われることになった。

当初こうした「線画映画」は無声映画上映の合間に添え物のように上映され、稀に特集上映される程度であったが、それでも観客には好評だった。そして『ファントーシュ』のシリーズが大評判になると、映画製作会社も輸入に頼らない、「線画映画」の国産化を目指したのである。

大正5年（1916年）頃から、まず乗り出したのが天然色活動写真株式会社（天活）。正確なところは記録に残っていないが、小林商会や日活向島撮影所（日活）も、ほぼ同時期に計画が進んでいた。

ちなみに、デモクラシーが声高に叫ばれる大正時代に入ると、無声映画の隆盛に伴って映画雑誌が創刊され始めた。公開映画のタイトル一覧（あらすじ・寸評付き）も掲載され、後には輸入線画映画に関する批評も載るようになった。

近年まで公開月日がはっきり示されず、開発時期と公開年が重なっていた小林商会や日活のどの作品が日本初のアニメーションなのか、特定されなかったが、現在は公開月が判明し、下川凹天《しもかわおうてん》の『芋川椋三玄関番《いもかわむくぞうげんかんばん》の巻』（天活、大正6年・1917年1月公開）が国産初のアニメーションと考えられている。この作品は天活が線画映画の国産化にあたり、漫画絵が描けるなら線画も描けるだろうという、至って単純な理由から、時事漫画雑誌『東京パック』を創刊した北澤楽天《きたざわらくてん》の弟子で風刺漫画

アニメーション伝来――明治・大正時代のアニメ

まず日本初制作のアニメーションは何かの前に、どのようにアニメーションが日本に伝来し、浸透していったかを軽く語ってゆきたいのだが、はっきりしないこともあった。浅草帝国館で上映されたフランス・パテ社の『ニッパールの変形（Les Exploits de Feu Follet）』を、日本で初めて公開されたアニメーションであるとする書籍が複数あるが、本によっては明治42年（1909年）春公開とか、明治45年（1912年）春公開と書かれている。新世紀になって出版された日本映画の研究本では、明治43年（1910年）前後に公開されたと記述にあるだけで、作品も上映時期も特定していなかった。

何とか記録に残っているのは、明治43年（1910年）から福宝堂が次々と輸入した無声映画の中にあるフランス人エミール・コールの作品で、明治41年（1908年）からフランスで制作された線画映画（アニメーション）シリーズの中の、『ファントーシュ（邦題〝ファントーシュたちの間のドラマ〟）』という、おでこの出っ張った少年（凸坊《でこぼう》）のキャラクターが活躍する作品だった。『凸坊《でこぼう》新画帖《しんがちょう》』という邦題が付けられ、『凸坊新画帖・冒険の巻』『凸坊新画帖・魔術の巻』などのファントーシュのシリーズが、大正3年（1914年）から公開されて爆発的な人気を得た。

なお、便宜上ここまでアニメーションという呼び名を使ったが、現在のように「実写映画」と「アニメーション」との境界線がはっきりしておらず、当時「アニメーション」という名称は、映画全このような物資等の制約がある中で、依頼から約1年後の昭和18年（1943年）早春に、日本初の長編漫画映画『桃太郎の海鷲《うみわし》』（全37分）をようやく完成させた。「文部省推薦」のお墨付きを得て3月に公開。『ハワイ・マレー沖海戦』とともに大入りを続けていった。

これらの大成功で瀬尾光世は大きな自信を得たが、海軍省に出入りしているうちに（シンガポール占領の際に）日本軍が持ち帰ったアメリカ映画の中のディズニー作品、『白雪姫』や『ファンタジア』を観て、日米の動画の技術や技量の差に愕然とした。そしてアメリカ動画に負けないものを作りたいという思いから、大村英之助社長に設備拡充・人員増員の必要性を訴えるも、『桃太郎の海鷲』の成功で良しとしている社長には聞き入れられず、口論の末、昭和18年（1943年）の初夏に瀬尾光世は芸術映画社を辞職したのだった。

ちなみに、昭和18年（1943年）には大幅な文化映画社の統合が行われた年で、芸術映画社は7月に他の8社とで朝日映画会社と合併した。一時は全国で二百数十社あったものが、最終的には松竹・東宝・理研・日映の4つの文化映画社に統合されたのである。

軍部の台頭とともに軍事色に染まっていった日本の漫画映画だったが、それに抗う者が皆無だったわけではなく、彼《か》の政岡憲三はロマンチックな夢を与える漫画映画にも関わっていた。文部省推薦図書で横山美智子の童話集『よい子つよい子』に掲載された一編を使って、『くもとちゅうりっぷ』（松竹動画研究所制作、昭和18年・1943年4月15日公開）を完成させた。現在なら、政岡憲三と松竹の英断は感歎されただろう。現に映画批評家・今村太平は『映画旬報』（昭和18年・1943年3月1

芸術映画社の漫画映画の方は、昭和17年（1942年）の新年早々、社長の大村英之助と動画制作担当だった瀬尾光世が海軍省の報道部から呼び出しを受け、経済的な制約もフィルムの心配もない仕事を依頼され、瀬尾光世は俄然ヤル気が高まった。それもそのはず、以前「瀬尾発声漫画映画研究所」を設立したが、高橋幸次郎が渋谷に設立した「日本漫画フィルム研究所」の専属下請けの仕事しかなく、昭和13年（1938年）に新たな漫画映画製作会社の「瀬尾プロダクション」を新宿の小谷橋に設立。やっと専属の下請けを脱したが、世の中はそう思い通りにはならなかった。今までやったことのない売り込みや、売れる漫画映画を作るためには厖大《ぼうだい》な資金が必要だという現実に直面したのだ。そして前述の映画法によって、昭和15年（1940年）10月に「瀬尾プロダクション」は、線画仕事をもらっていた芸術映画社に、社員ごと統合を余儀なくされてしまっていたからである。

内容は映画と同様、真珠湾攻撃の成功を描くことだが、当然、観客は子供たちであることから、ここでも御伽話《おとぎばなし》の人気者の筆頭である「桃太郎」を主人公とし、鬼退治と真珠湾攻撃をシンクロさせ、桃太郎以外は擬人化して描かれた。担当は瀬尾光世他11名（後年、人形映画の大家となる持永只仁《もちながただひと》もいた）。作業は当初、順調に進んでいたが、長編漫画映画制作という前人未到の地は、今まで10分程度の短編漫画映画しか作ったことのない彼らにとっては苦行の地でもあった。（資金は潤沢であったが）肝心要のセルロイド版（セル画）が優先的に火薬製造に回されていたため入手困難で、撮影が終わったセルロイド版（セル画）を洗っては使い回していた。

転機となるのは昭和15年（１９４０年）に実地された映画法の中の「文化映画の強制上映法」で、7月1日をもって六大都市の映画館は、文部省が認定した文化映画を毎日上映することを法律で強制。お上の意向に沿った文化映画を制作する文化映画社の創設が相次ぎ、日本の映画界は活況を呈してゆく。しかしながら日本の動画作品は内容からの判断が難しく、認定されたものはごくわずかで、すぐにはこの恩恵を受けられなかった。諺の「風が吹けば桶屋が儲かる」的に漫画映画界が活況を呈してゆくのは昭和16年（１９４１年）になってからで、それを象徴するように、同年2月、日本で初めての漫画映画の統一機関「日本線画協会」が内務省の肝入りで設立された。

そして、昭和16年（１９４１年）12月8日未明に日本海軍が真珠湾の米海軍基地に先制攻撃を仕掛けて太平洋戦争が勃発すると、メディアに日本人の戦意高揚を促すプロパガンダが蔓延してゆく。それに伴い日本の映画・動画業界に多額の資金が投入される。海軍省の報道部は真珠湾攻撃成功1周年を記念して、東宝には映画の制作を、芸術映画社には漫画映画の制作を指示したのだった。

東宝は山本嘉次郎製作監督の『ハワイ・マレー沖海戦』を制作した。ストーリーの大半は予科練や航空隊での訓練風景を、ドキュメンタリー・タッチで撮影していたので、映画研究者から「当時を知る資料としての価値がある」といわれているのと、特撮カメラマンで円谷英二が戦闘シーンを撮影したことは有名。戦後、この戦闘シーンのことで円谷英二が戦犯の取り調べを受けることになったくらい、実際の戦闘ドキュメンタリー画像と見紛う出来栄えであった。昭和17年（１９４２年）12月から日本中の映画館で公開された同作品は、どこも好評を博す大成功を収めたのである。

1938年）には、佐藤吟次郎の『マー坊の大陸秘境探検』『マー坊の木下藤吉郎』『荒鷲』、大藤信郎の『空の荒鷲』（千代紙映画社制作）、橋本蔵六の『お猿飛スパイ戦線』（ナルミ商会映画部制作）、他多数の漫画映画が制作され、ほとんどの作品が「軍事色」に染まっていった。

ちなみに、こうしたポップカルチュアが国家のプロパガンダに利用されるのは日本だけに限ったことではなかった。特に第二次世界大戦中は顕著で、枢軸国のドイツやイタリアも、国際連合のイギリス、アメリカ、ソビエト連邦（現・ロシア）も、またドイツの支配下にあったベルギー、デンマーク、ノルウェー、オランダ、チェコスロバキア、ギリシャも、さらに中立国であったスペイン、スイス、スウェーデンにおいても、プロパガンダ・アニメーションは制作されていた。

言うまでもなく、国威発揚または戦意高揚を促すものであったが、日本ではこれ以外に、日本軍が占領していった南方諸地域で言葉の通じない現地住人を漫画映画で教宣するために計画されて、「南方映画工作」の中心的位置を占めた。

松竹の協力のもと昭和14年（1939年）、政岡憲三は京都市の三条にあるニュース映画館の2階に、「日本動画研究所」という小さなスタジオを構えて、昔の仲間たちに集合をかけた。この数年で彼ら一人一人が優秀な技術を持つ人材へと育ち、同年から精力的に多くの動画を制作したのである。ただ、全般的に日本動画は海外動画と比べて、アフレコ技術と（資金不足による）キャラクターのアクションの貧困さと脚本の稚拙さなど粗が目立ち、街の映画館では次第に日本動画を倦厭《けんえん》する館が増えていった。

戦争は終わったが、戦火で散り散りとなった家族が多く、召集された人々は未だ復員せずで、見渡す限り灰塵に帰した帝都東京は混沌としていた。そうした悪環境の中でも、松竹漫画映画部を退職した政岡憲三や山本早苗らを中心に漫画映画の制作者が団結して、昭和20年（１９４５年）10月に「新日本動画社」を設立。翌11月には村田安司や瀬尾光世、新井和五郎らも加わって、社名を「日本漫画映画株式会社」に変更すると、およそ１００人のアニメーターが集まった。

他に仕事がなかったにせよ、短期間にこれだけの人員を集められたのは、各地に潜伏して再びプロパガンダ・アニメーションを作るかもしれないとの疑心もあって、連合軍総司令部が監視しやすいように、１ヵ所に漫画映画の関係者が集まるよう圧力をかけたのだろうと推測されている。ただし、集まることには集まったが、ここに来た大半が自負心の強い（家内工業的）職人肌の人たちだったため、団体や集団で作品を作り上げるためのコミュニケーションを持ち合せておらず、不協和音だけが響いていた。なお、ここに集まったアニメーターの中には、後年、漫画家として名を成す福井英一（代表作は『イガグリくん』）もいた。

余談だが、他にも後年、名を成す多くの人材が胎動していた。例えば、漫画映画への想いを捨てきれずにいた手塚治虫は、昭和21年（１９４６年）某日に漫画の売り込みで上京した際、「マンガ映画作家募集」の張り紙を見付けて、某動画会社の面接を受けに行ったのである。しかしながら「あなたの絵はアニメに向いていない」と断られ、この時は漫画映画への夢を諦めたそうだ。「歴史に〝ｉｆ〟（もしも）はない」といわれるが、あえて「もしこの時」に手塚治虫がアニメーターとなっていたなら、以降の日本の大衆文化の世界は全く違った形となっていただろう。手塚漫画に感化されて漫画家になった石森章太郎（現・石ノ森章太郎）、藤子不二雄（藤本弘と安孫子素雄）、赤塚不二夫、さいとうたかを他、大勢の才能が漫画と全く関係のない市井の中で埋もれていったかもしれない。

ともあれ、不協和音状態の中でも政岡憲三は山本早苗と漫画映画の制作にかかり、昭和21年（1946年）5月に『春の幻想（原題・櫻）』を完成させた。後年、「これといって物語に筋はなく、動画による幻想詩映画なのだが、京都で暮らし、日本画を習った政岡憲三の純日本的な情緒の世界が垣間見られた」と称賛の辞を得られたが、当時は評価されず「商業的価値」がないとされて、一般には封切られずじまいで、結局、お蔵入りとなったのである。人は余るほどいても協調性のない職人たちの集まりでは、1年半経っても制作された漫画映画は、これ1作品のみで、昭和22年（1947年）4月に「日本漫画映画株式会社」は分裂する。漫画映画制作の中心人物であった政岡憲三と山本早苗が、志をともにできる数人の仲間と脱退。その夏に三和銀行系から資本導入を得て、後に東映動画株式会社の前身となる「日本動画株式会社（日動）」を東京・牛込に設立したからである。

瀬尾光世や村田安司や新井和五郎は「日本漫画映画株式会社」に留まり独自の道を歩み、昭和22年（1947年）に『伸びゆけよい子』『カチカチ山の消防隊』『続く大漁』『マッチ売りの少女』『豚と狼』を、昭和23年（1948年）に『じゃんけんぽん』『奥様《さん》にも春が来た』と『王様のしっぽ』を制作した。しかし、どの作品もかかった制作費の割には収益が上がらないばかりか、破格の経費と1年10ヵ月という時間をかけて制作した『王様のしっぽ』が、共産主義（アカ）の傾向があると判断され、一般公開が出来なかったのである。これで資金回収の道が閉ざされていった。

なお『王様のしっぽ』完成後に、瀬尾光世も福井英一も漫画映画の世界から足を洗う。瀬尾光世は童画美術の世界へと転職し「瀬尾太郎」と名乗り、福井英一は『漫画少年』等の月刊漫画雑誌への投稿を経て、翌年に漫画家に転身した。村田安司や新井和五郎は昭和24年（1949年）の『鐘が鳴るなる』『アカ吉の知恵』を制作するが、これを最後に「日本漫画映画株式会社」は倒産。以降の両者の所在は漫画映画の記録に見あたらず。

作りたいものを自由に作れる環境を求めて動画製作会社を設立した政岡憲三は、昭和22年（1947年）8月に『すて猫トラちゃん』、昭和23年（1948年）2月に『トラちゃんと花嫁』を制作。それと前後して『小人と青虫』に着手するも資金難で中止。次に『トラちゃんのカンカン虫』に着手するも、これも資金難で、おまけに従業員の給料も遅配するまでになってしまった。また折悪く奥さんが大病を患ったため、お金が必要となって、政岡憲三は「日本動画株式会社（日動）」の退職を決める。そして10人ほどの仲間を集めて昭和24年（1949年）4月に「日本動画集団」を結成。「動画」と銘打ってはいるが、漫画映画会社からの注文はなく、主な仕事は雑誌向けの漫画を描く、漫画家集団であった。亡くなるまで漫画映画に後ろ髪を引かれる想いはありながら、晩年は漫画映画の制作とは縁が切れてしまった。しかしながら、それまでの功績により「日本アニメーションの父」と呼ばれることになった。

一方の山本早苗は「日本動画株式会社（日動）」に留まり、東宝がストライキの解決策として東宝教育映画部から分化させた東宝教育映画社（昭和23年・1948年12月設立）に配給を依頼したり、また共同制作することで漫画映画の制作資金を捻出し、会社の延命を図った。だが、昭和23年（1948年）頃からアメリカのアニメーションが解禁。フライシャー兄弟の『ガリヴァー旅行記』（昭和23年・1948年4月6日封切）、『バッタくん町に行く』（昭和26年・1951年1月26日封切）と、ウォルト・ディズニーの『白雪姫』（昭和25年・1950年9月26日封切）、『バンビ』（昭和26年・1951年5月26日封切）、『南部の唄』（実写合成、昭和26年・1951年10月23日封切）、『ピノキオ』（昭和27年・1952年5月17日封切）、『シンデレラ姫』（昭和28年・1953年3月13日封切）などのカラーアニメーションが次々と公開されてゆく。そして戦前同様、日本の漫画映画界に圧倒的な技量と技術の違いを見せつけた。

そうでなくても、全国2200館ある映画館にほとんど見向きもされなかった日本漫画映画は、映画館での公開を諦めて、かわりに学校の教材映画や社会教育映画、そして官庁や民間会社の宣伝用映画へと活路を見出してゆく。それによって昭和27年（1952年）には活況を呈していたが、いかんせん注文量に対して、受注する側の（「日本漫画映画株式会社」の倒産後にできた少人数の）製作プロダクションの数が多く、個々の製作プロダクションに割り当てられるボリュームが十分ではなかったのである。元々自転車操業の弱体製作プロダクションでは経営もままならず、多くが整理統合されていった。

TV局の開局とTVアニメの登場

昭和27年（1952年）は日本漫画映画界にとって好転の年となっている。これまで繰り返してきた製作プロダクションの離合集散が落ち着いた年で、フジフィルムと小西六《こにしろく》（現 コニカミノルタ）が国産カラーフィルムを発表した年でもあった。これで海外のようにオールカラーの漫画映画を作りやすくなった。昭和28年（1953年）2月にNHK、8月に日本テレビが開局して、そこに民放のTVコマーシャルという新たなる収入源が日本漫画映画界に降って湧いたのである。捲土重来を期して漫画映画会社が改革を始めたり、TV局や映画会社の漫画映画制作への参画が始まった。

主なところでは、昭和28年（1953年）9月に東宝教育映画の子会社「東宝図解映画」と「日本動画株式会社」が合併し、社名を「日動映画社」に変更し、山本善次郎（別名・山本早苗）が社長に就任した。

昭和29年（1954年）にかけてはコマーシャル・フィルムを専門に制作していた日本テレビジョンKKの傘下に、動画専門の製作会社としてTCJプロダクション（現・エイケン）が設立された。

東映は昭和29年（1954年）10月に教育映画の自主制作を発表して東映教育映画部を新設。教育映画の一環として漫画映画も手掛けるようになり、TVコマーシャルの需要増加を見越して、昭和30年（1955年）3月25日に「漫画映画自主製作研究委員会」を新設して、内外の漫画映画の調査研究を開始させている。そして日本最強の漫画製作映画会社が誕生するのであるが、それは東映教育映画部が第1回自主作品として『うかれバイオリン』を日動映画社に制作を委託したことが発端であった。

昭和30年（１９５５年）10月に完成した『うかれバイオリン』が好評だったので、東映教育映画部は次回作品として企画していた長編漫画映画『白蛇伝』も日動映画社に頼みたいという話になった。しかし、借金だらけの日動映画社に長編漫画映画を制作する体力などあろうはずもなかった。そこで、社長の山本善次郎は「それなら、ついでに日動を買わないか」と会社の買収を持ちかけ、「負債総額３００万円と社長以下スタッフ20人余り」を東映が買い取ることになった。

東映は昭和31年（１９５６年）1月に「漫画映画自主製作研究委員会」を廃止し、製作研究委員会を設置後、7月31日に日動映画社の全株式を取得して「東映動画株式会社（現・東映アニメーション）」を発足。昭和32年（１９５７年）1月9日、東京都練馬区大泉町１００２番地に新動画スタジオが竣工。鉄筋コンクリート3階建で、総面積が２８００平方メートルあった。

動画スタジオの現場には山本善次郎以下、日動映画社のスタッフの他に、藪下泰司《やぶしたたいじ》や大工原章《だいくはらあきら》、森康二《もりやすじ》らと、のちに大塚康生、中村和子、紺野修司、坂本雄作、喜多真佐武《きたまさたけ》らが加わり、『こねこのらくがき』『ハヌマンの新しい冒険』『かっぱのぱあ太郎』など3作品の短編を制作。昭和33年（１９５８年）4月5日にやはり短編アニメ『夢見童子』を完成させ、東映が日動映画社を買収してまでも制作したかった『白蛇伝』を9月3日に完成させた。昭和33年（１９５８年）10月22日に日本初の総天然色長編漫画映画『白蛇伝』が封切られた。

この成功を皮切りに、以降、『少年猿飛佐助』（昭和34年・1959年12月25日）、『西遊記』（昭和35年・1960年8月14日）、『安寿と厨子王丸』（昭和36年・1961年7月19日）、『シンドバッドの冒険』（昭和37年・1962年7月21日）、『わんぱく王子の大蛇退治』（昭和38年・1963年3月24日）、『わんわん忠臣蔵』（昭和38年・1963年12月21日）など、次々と子供向けの長編漫画映画を世に送り出し、東映動画株式会社は日本動画界の覇者となってゆくのである。

同社が、月刊誌『漫画王』（秋田書房刊）に連載されていた『ぼくのそんごくう』をアニメ化したいと、演出の白川大作《だいさく》が富士見台の手塚治虫邸を訪ねたのは、昭和32年（1957年）初夏のこと。来訪の目的を話すやいなや、開口一番「やりたい！」と即座に快諾されたそうだ。世界のアニメーションの覇者ウォルト・ディズニー社の作品に魅了され、売れっ子漫画家としての地位を築いても、まだ漫画映画に惹かれていた手塚治虫に「断る」という選択肢は存在しなかった。助手として石森章太郎（現・石ノ森章太郎）と月岡貞夫《つきおかさだお》を引き連れて、『西遊記』の制作に関わっていったのである。

夢にまでみた漫画映画制作であったが、巨大映画会社の権威主義に頭を押さえられ、「出来上がった漫画映画はイメージの50パーセントしか実現しなかった」と後年、手塚治虫は語っている。しかしながら、これで焼《や》け棒杭《ぼっくい》に火が付いた。自分のプライベートアニメを作るために、山本暎一ら有識者数人と自宅で動画工房を始めた。それが昭和36年（1961年）には「手塚治虫プロダクション動画部」となり、昭和37年（1962年）11月5日、銀座ヤマハホールで「第1回虫プロダクション作品発表会」を開催。『ある街角の物語』『鉄腕アトム（第1話）』『おす』を上映して大喝采を受けたのである。これが虫プロの実質的な旗上げイベントだったそうで、12月には「株式会社虫プロダクション」の発足となった。そして昭和38年（1963年）1月1日に虫プロダクションの商業アニメ第1号『鉄腕アトム』が、フジテレビで放送が開始となった。本邦初の30分連続TVアニメ番組であり、（異論もあろうが）『鉄腕アトム』から日本のTVアニメが開闢《かいびゃく》したのである。

TVアニメにおける手塚治虫の功罪については他の批評家に譲るとして、『鉄腕アトム』ブームは社会現象となり、追随して数多のアニメーションが制作され、多種多様な作品が日本中の昭和の少年（&少女）たちの心を鷲掴みしていった。

TVマンガからTVアニメへ

さて章題の「TVマンガ」だが、当時（昭和30年代）はまだ「アニメーション（アニメ）」という名称が一般化されておらず、長年「漫画映画」と呼ばれていた。それに倣って「TVアニメ」は「TVマンガ」と表現。少年漫画雑誌のアニメ記事でも、「TVマンガ」「まんが映画」「動画」等の名称が使われていた。アニメ制作の関係者や漫画マニアなどの認識はさておき、「アニメーション」の略である「アニメ」の名称が一般的に使われるようになるのは、TVアニメ『宇宙戦艦ヤマト』が再放送されて人気に火がつき、映画『宇宙戦艦ヤマト』が昭和52年（1977年）に公開され爆発的な「ヤマトブーム」となり、その人気の大波に乗って、アニメ専門雑誌『アニメージュ』[*2]（徳間書店刊）が昭和53年（1978年）に創刊されてからだといわれている（ただし、これには諸説あり）。

まあ、説の真偽は別として、この『宇宙戦艦ヤマト』の大ブレイクを境に、「TVマンガ」「まんが映画」「動画」の名称が死語となっていったのは事実である。

ヤマトブームの影響力はこれだけに留まらず、作品コンセプトの変化（アニメの脱・子供向け）を促した。それまではほとんどのアニメが子供向けで占められ、大の大人が全身全霊を込めて子供のアニメを制作していた。ところが、ヤマトブームを境に逆転現象が起き始めた。除々に子供向けアニメが減って、中高大の学生を意識したアニメが増え、歴史的必然のように、『機動戦士ガンダム』が登場した。このガンダムブームがさらに視聴者の年齢層を広くし、日本アニメのスタンダードが子供から成人向けへと取って代わっていったのである。この頃から、「アニメは子供のもの」という欧米のスタンダードとは次元を異にした日本独特のアニメが開花していった。

＊　＊　＊

ここまで長々と日本アニメーションの起源をつづってきたが、ここからは本題のTVマンガの（過去～現在までの）悲喜交々《ひきこもごも》を語ってゆく。

日本の大衆文化のカテゴリーでは、昭和中期（1958～1979年）のTVマンガも、昭和後期以降（1980年～現在）のTVアニメも、当然「アニメーション」として一括りにされているが、あえて個人的な感想を言わせてもらえば、TVマンガは「パラパラ漫画」の延長であり、TVアニメは拡張現実（バーチャル・リアリティ）へと昇華してゆくものであって、この二つは別物だと感じて已《や》まないのである。

そこのところを含めて、TVアニメの黎明期から平成の現在まで、日本アニメはどのような変容を遂げたか、説明しやすいように、黎明期の「TVマンガ」時代、発展期の「80〜90年代TVアニメ」時代、成熟期の「ゼロ年代&新世紀TVアニメ」時代の3時代に分別した。

補足すると、「圧倒的な技術力のアメリカ産アニメを羨望しながら、日本独特のアニメーション制作を模索して生み出されたのが『TVマンガ』で、「ようやく技術力等がアメリカのアニメに伍してきた『80〜90年代TVアニメ』」へ継承し、「海外から『(日本)アニメ』と呼ばれて独自性を評価され始めた『ゼロ年代&新世紀TVアニメ』」となる。

「TVマンガ」時代

TV放映されるアニメの2大スポンサーが製菓会社と玩具会社で、もちろんターゲットは年少者たちである。キャラさえ人気が出れば関連品の売上が伸び、携わった人間に莫大なロイヤリティが入る契約（TVアニメの商品化権料や当初は脚本家に二次著作権料）もあった。これにより先行投資や制作費の穴を埋められたり、次回作品のパイロット版の企画・制作・宣伝に資金が回せたりもした。

その反面、アニメが単なるキャラクタービジネスの打出の小槌となる裏面をも生み出していたのである。それゆえ、「SFアニメが全盛の頃のプロデューサーの中には、他に類似しないスーパーマンキャラを創造する手段とだけ見なす傾向があった」と、当時脚本を書いていたSF作家の豊田《とよた》有恒《ありつね》は回顧している。

昭和40年（1965年）に藤子不二雄原作のアニメ『オバケのQ太郎』が大ヒットすると、それまでTVアニメ界を席捲《せっけん》していたSFアニメ作品が少なくなって、『おそ松くん』『ロボタン』『パーマン』『花のピュンピュン丸』『おらぁグズラだど』『怪物くん』『ハクション大魔王』等の、ギャグアニメが次々と作られるようになる。

まあ、SFアニメが少なくなったのは、スーパーキャラのネタ切れとマンネリが原因であるが、結果的に止めを刺したのは、円谷プロ制作のTV特撮ドラマ『ウルトラQ』（昭和41年・1966年、TBS系）だった。実写の圧倒的なリアル観に、手塚治虫が『鉄腕アトム』で採用してから、当時主流だったリミテッドアニメ[*3]が大敗を期したのだろう。以降『マグマ大使』『ウルトラマン』『悪魔くん』『怪獣ブースカ』等が制作されて、特撮怪獣ブームも続くのである。

潮目が変わったのは昭和47年（1972年）の『海のトリトン』（TBS系）と『マジンガーZ』（フジテレビ系）からだと思う。特に主題歌のアニメの演出に制作者の技巧が具現化されるようになると、『海のトリトン』からファン層に変化が現れ、これもオープニング演出にこだわった『マジンガーZ』から「スーパーロボットブーム」が到来する。ただ、ロボット同士の戦いがストーリーの大半を占めていたため、これらのアニメを「（中身のない）ロボット・プロレスだった」と酷評するアニメファンやアニメ評論家、SF作家などもいた。

そうした酷評もあって、アンチテーゼが生まれる。「アンチ『マジンガーZ』」を旗印に集った元虫プロダクションの面々と（その他）有志たちが制作した『宇宙戦艦ヤマト』（昭和49年・1974年、日本テレビ系）と『勇者ライディーン』（昭和50年・1975年、NETテレビ）が大人気を呼び、SFアニメにも女性ファンが増えてゆくのである。

主に男性の漫画好きが集った「まんが研究会（通称・漫研）」という小サークルにも女性たちが進出し、中には女性のみのサークルも登場。全国数百ものグループが存在し、個々のサークル内で会員用の同人誌を作って配布していた。なお、この頃の同人誌は仲間向けに情報を伝聞するだけの会誌であった。

このブームにコミックマーケット（通称・コミケ）が拍車を掛ける。昭和50年（1975年）12月25日に東京・虎ノ門日本消防会館で第1回コミックマーケットが開催され、参加サークル数32、一般参加者700人（広告を載せたのが『別冊少女コミック』だったので7〜8割は女子）が集結した。ちなみに、各サークルの同人誌の即売もあって、同じサークル内でのみ読まれていた同人誌が広く一般に配布されるようになり、徐々に商品性を獲得していった。

当初のコミケでは（主に）原画展示・自主制作のアニメやドラマの上映会・漫画のオークションなどが行われていたのだが、昭和52年（1977年）頃からコスプレが始まる。『海のトリトン』か『科学忍者隊ガッチャマン』が（コミケの）コスプレのお初のようで、昭和53年（1978年）からは『宇宙戦艦ヤマト』のコスプレを集団でするようになった。「ヤマトブーム」で日本の津々浦々に広まったアニメ人気に乗って、「ここから（コスプレーヤーの人数が）急増していった印象がある」と、コミケの育ての親である故・米澤嘉博《よねざわよしひろ》が語っている。

また、こうした催しは全国に広がってゆき、大阪のコミ－ルや名古屋のコミカなど、地方の大都市でもコミケに似たイベントが行われるという、一大コミケブームが起きた。ブーム拡大に伴い、コミケの情報だけでは満足出来ないアニメファンも増え、彼らの要望に応えるように、前述の通り、徳間書店が満を持してアニメ情報誌『アニメージュ』を創刊すると、「勝馬に乗れ」とばかりに、数社からアニメ情報誌（&アニメ雑誌）が創刊されたのだった。

なお、この頃から「TVマンガ」や「漫画映画」という名称が使われなくなり、一挙に「アニメ」「アニメーション」の名称が一般化した。

これらアニメ情報誌（&アニメ雑誌）で簡単にアニメ情報が入手出来るようになると、それまでの同人誌は消滅し、それに代わって創作漫画を載せる同人誌が増えてゆく。その延長で、アニメのパロディを描いた一部のサークルの同人誌に人気が出てきたり、漫画やアニメ好きの男子系サークルの一部が（昭和55年・1980年頃から）〝ロリコン系〟へと変貌する。また、独自性を出そうと模索するサークルや、人気サークルを追随・摸倣するサークルも増え、アニメ系、ロリコン系、美少女系、小説系、ジャンプ系、ゲーム系等々の、80～90年代におけるコミケ・ジャンルの多様化の礎を築いていった。

アニメ情報誌（&アニメ雑誌）の乱立によって、同人誌の漫画家にも出版社からお呼びが掛かるようになると、それまで同人誌に創作漫画を描いていた素人作家の作品が、アニメ雑誌にも掲載されるようになった。みなもと太郎、柴門《さいもん》ふみ、高橋陽介等々、プロの漫画家になってゆく人たちも出てきた。また、それまではアニメの黒子的存在だった声優やアニメ主題歌の歌手にスポットライトを当てたのもアニメ情報誌（&アニメ雑誌）で、現在はチョット痛いアニメ歌手の堀江美都子も水木一朗も、当時はアイドルモドキの人気を得ていた。ただしそれは、アニメ好きのオタクたちに、であるが。

70年代後半頃になると、『キャンディ・キャンディ』『タイムボカンシリーズ ヤッターマン』『銀河鉄道９９９』『宇宙海賊キャプテンハーロック』『機動戦士ガンダム』『未来少年コナン』『ベルサイユのばら』『ルパン三世 カリオストロの城』等のアニメがヒットすると、さらに、鬼の如く拍車が掛かったコミケとコスプレ・ブームに、声優人気やアニメ情報誌（&アニメ雑誌）などの影響で、それまでアニメに興味のなかった少女漫画ファンも、徐々にアニメに傾倒するようになり、ファン層が少しずつ厚みを増していった。幼児や小学生が中心だった視聴者層が、中高大学生へと世代交代が進んでゆくのである。まあ、見方を変えれば、子供の頃、アニメに傾倒していた世代が、成長しても漫画やアニメから卒業出来ず、そのまま視聴者となっていたので、制作者側も彼らを意識して作品を作るようになったということなのだろう。

「80～90年代TVアニメ」時代

ひたすら巨大化（参加数増）かつ制度化するコミケと、新世紀の寵児となるライトノベル（通称ラノベ）の胎動、さらに加速する人気声優のタレント化とアニメソング（通称アニソン）の隆盛がTVアニメを後押しする相乗効果で、コミケのジャンルは多様化した。また観て楽しむだけのアニメファンの中から昇華して、玉石混淆の同人誌作家が右肩上がりに増え、個人的にアニメ制作を始めるオタクたちも現れてきた。ちなみに、この時代のオタクたちの話は島本和彦の漫画やドラマで語られている。時間に余裕のある人は、『アオイホノオ』（小学館刊『ゲッサン』連載）と、柳楽《やぎら》優弥《ゆうや》主演でドラマ化された『アオイホノオ』（テレビ東京）を観てほしい。80年代に漫画家やアニメーターを目指した、島本和彦や庵野《あんの》秀明《ひであき》らの青春を追体験した気がする内容になっている。

家庭用ビデオやレーザーデスク（通称・LD）の普及で、TV放送や映画館では公開せず、ビデオテープやLDで製作販売するオリジナル・ビデオ・アニメ（通称・OVA）が増加。TV放送で人気のあったアニメには、新エピソードのOVAが製作販売された。これが原因の一端だろうか、それまでは主人公の名前や必殺技を連呼するだけだったアニメの主題歌にも変化が表れる。Jポップアーティストの曲をアニメの主題歌にするタイアップが始まった。アニメ専門でない歌手が歌う作品が増えて、ヒットチャートの上位に名を連ねるアニソンも出てくるようになった。

ちなみに、職場を荒されたアニソン歌手はというと、アニメ声優らと（アニメキャラを模した）ライブを催して差別化を図っていたようだ。そのうちアニメキャラ抜きでもライブに客を呼べる声優やアニソン歌手も現れてきた。

スラップスティック（どたばた喜劇）・アニメの極致《きょくち》ともいえる押井《おしい》守《まもる》の『うる星やつら』が評

判を呼んだ80年代には、東映動画（東映アニメーション）の『魔法少女ララベル』を皮切りに魔法少女ブームも起こる。『うる星やつら』のスタッフも数多く参加したスタジオぴえろの『魔法の天使クリィミーマミ』がオタク男子（特にロリコン系）のリビドーを刺激して人気を博し、葦《あし》プロダクションの『魔法のプリンセスミンキーモモ』と人気を二分した。

その後、スタジオぴえろからは『魔法の妖精ペルシャ』『魔法のスターマジカルエミ』『魔法のアイドルパステルユーミ』『魔法のステージファンシーララ』、一方の葦プロダクションからは『魔法のエンジェルスイートミント』と、魔法少女シリーズが次々と作られた。このブームは、同業者から「ＴＶ番外地」と呼ばれていたテレビ東京にも伝染して、ＯＶＡ『天地無用！』のスピンオフアニメ『魔法少女プリティサミー』が放映されている。

面白いことに、これらの魔法少女アニメ群の視聴者は女児だけでなく、これが（昭和61年・１９８６年頃よりロリコン系から昇華した）美少女系オタク男子たちも食いついて、男性の視聴者を増やしていったことである。ちなみに、ロリコン系・美少女系はオタク男子の独壇場であり、これらに対応するオタク女子の名称は、パソコン通信の中でのみ語られていた〝腐女子《ふじょし》〟（ボーイズ・ラブ、やおい漫画やアニメ、ラノベを好む女子）であった。

こうしたロリコン系・美少女系に反するように存在していたのが、正統派のアニメ系と朝日ソノラマ文庫（『宇宙戦艦ヤマト』をはじめ、アニメや漫画の小説化〈ノベライズ〉本を刊行）を端緒とする小説系、そして新参者のジャンプ系のオタク男子（女子）たちで、数年後にはゲーム系オタク男子（女子）たちも登場する。ロリコン系・美少女系の推しが魔法少女アニメなら、正統派アニメ系の推しは、彼らの情熱で社会現象とまでなった富野由悠季《とみのよしゆき》の『機動戦士ガンダム』で、ガンダムブームからそれに類したロボットアニメ（『戦国魔神ゴーショーグン』『銀河旋風ブライガー』『魔境伝説アクロバンチ』『銀河烈風バクシンガー』『太陽の牙ダグラム』『銀河疾風サスライガー』『機甲創世記モスピーダ』『特装機兵ドルバック』、他にも十数作品）が雨後の筍のように登場した。

タイトルも内容も『機動戦士ガンダム』の二番煎じ感は否めず、中にはアニメファンの趣味の多様化で善戦したものもあったが、大半のロボットアニメは量産型ロボット「ザク」の如く、あっさりと討ち死にしていった。ただしアニメの革命児といわれた故・金田伊功《かねたよしのり》が生み出したスペクタクルなアニメ表現は、この時代のロボットアニメを観て育った美術家の村上隆、映画監督の庵野秀明に影響を与え、後輩のアニメーターたちに継承《コピー》されているようだ。近年まで続編が制作される人気アニメの『超時空要塞マクロス』『装甲騎兵ボトムズ』等にも、どこか金田伊功作画の継承が窺《うかが》える。

ジャンプ系のオタク男子（女子）たちは、当然、漫画の『Dr.スランプ アラレちゃん』『世紀末救世主伝説 北斗の拳』『ハイスクール！奇面組』『ドラゴンボール』『きまぐれオレンジ★ロード』『とっても！ラッキーマン』『聖闘士星矢《セイントセイヤ》』『遊戯王』『ワンピース』等が、次々とアニメ化されるのにあわせて生まれたファンたちであるが、はっきりと明確化したのは90年代の『幽☆遊☆白書』『SLAM DUNK』からである。ちなみに、集英社の『週刊少年ジャンプ』に連載された漫画は、当初からアニメ化を意識して掲載されるというトレンドを生み出した。その試みは大成功し、今日ロングランの人気を誇るアニメなどは何度もリメイクやリブートされて、ＴＶ放送や映画公開がされている。他の少年漫画雑誌の作品もアニメ化はされているが、『週刊少年ジャンプ』ほど徹底した概念はないと思える。

90年代に入り、バブルが弾けて日本中が大不況の坩堝《るつぼ》となっていたが、漫画やアニメ関連だけはバブル景気状態が続いていた。日本国内の漫画・アニメ人気もさることながら、アメリカ人のオタクが台頭して日本製アニメの人気が急激に高まり、毎月アメリカのどこかの州で日本のアニメのイベントが行われていた。アメリカに続いてフランスでも日本の漫画やアニメの人気が右肩上がりとなり、そこから上がる収益が日本国内の出版社やアニメ制作会社に還元し始めていたのである。

90年代を代表するアニメとしては、武内直子原作漫画をアニメ化した『美少女戦士セーラームーン』（平成4年・１９９２年3月放送開始）と、ガイナックスのオリジナルアニメ『新世紀エヴァンゲリオン』（平成7年・１９９５年10月放送開始）、そして任天堂のゲームからアニメ化された『ポケットモンスター』（平成9年・１９９７年4月放送開始）がある。『美少女戦士セーラームーン』は女児を、『ポケットモンスター』は男児を中心に人気が爆発。特に平成8年（１９９６年）以降はハイティーン以上のアニメファンを中心に、エヴァ人気が日本中を狂乱の渦に巻き込んでいった。

ちなみに、ガイナックスとは大阪芸術大学の学生を中心にした自主制作集団「ＤＡＩＣＯＮ ＦＩＬＭ」を母体に、オタキングこと岡田斗司夫《おかだとしお》が昭和59年（１９８４年）に設立したアニメ制作スタジオで、庵野秀明や山賀博之《やまがひろゆき》、赤井孝美《あかいたかみ》らが参加していた。

それともう1点、90年代で特筆すべきことは、漫画やアニメの舞台化やミュージカル化が盛んになったことと、ライトノベル（通称ラノベ）の誕生である。

そもそも漫画の舞台化（ミュージカル化）の端緒は宝塚歌劇団で、お初は長谷川一夫演出の『ベルサイユのばら』（昭和49年・1974年）だった。他にも、木原敏江の『大江山花伝』（昭和61年・1986年）、『アンジェリク』（昭和55年・1980年）、池田理代子の『オルフェウスの窓』（昭和58年・1983年）、大和和紀の『虹のナターシャ』（平成8年・1996年）等が、宝塚歌劇団でミュージカル化されていた。それ故に、リスペクトした小劇団が公演した漫画の舞台化は、大半が少女漫画の作品だったのだろう。美内すずえの『ガラスの仮面』、萩《はぎ》尾《お》望《も》都《と》の『トーマの心臓』『訪問者』『半神《はんしん》』、竹宮惠子の『疾風《かぜ》のまつりごと』、さいとうちほの『少女革命ウテナ』が舞台化された。そして少女漫画以外でも、秋本治の『こちら葛飾区亀有公園前派出所』や車《くるま》田《だ》正《まさ》美《み》の『聖闘士星矢』も公演された。中でも大好評だったのはミュージカル劇『美少女戦士セーラームーン』で、平成4年（1992年）から10年余りロングラン公演されていた。

ラノベであるが、その母体は少年少女向けの小説で、「ジュブナイル」とも「ヤングアダルト小説」とも呼ばれていた。小説系のオタク男子（女子）が傾倒していた代表的なものには、笹本祐一の『ARIEL』、高千《たかち》穂《ほ》遙《はるか》の『ダーティペア・シリーズ』『クラッシャージョウ・シリーズ』、菊池秀行の『魔界都市シリーズ』、栗本薫の『グイン・サーガ』、水野良の『ロードス島戦記』、田中芳樹の『銀河英雄伝説』『アルスラーン戦記』などがあり、これらは全てロングヒットしてアニメ化もされている。

前述の同人誌（コミケ）作家の中からも、売れっ子作家らを模倣追随する者が大挙するのだが、彼らに比する力量のある作家は少なかった。そこで同人誌特有のデフォルメを加えてキャラが立った登場人物を（まず）創造して、キャラありきのストーリーを創作。そしてキャラの挿絵を多量に導入しながら文章でアニメを書く、つまりアニメと小説のハイブリッドを生み出したのである。

ただこの新種の小説は、「ジュブナイル」とも「ヤングアダルト小説」とも呼び難いブランドであった。そんな折も折（80年代末）、パソコン通信ニフティサーブの「SFファンタジー・フォーラム」で、それまでのSFやファンタジーとは別の会議室を作るにあたって付けられたのが、「ライトノベル」という名称だった。

あくまでも私論だが、パソコンゲームのシナリオなどが小説となって市民権を得てきたことから、いつしか「アニメと小説のハイブリッド」も「ジュブナイル」も「ヤングアダルト小説」も含めて、全てが「ライトノベル（ラノベ）」と呼ばれるようになり、90年代以降、その呼び名が広がっていったのであろう。

「ゼロ年代&新世紀TVアニメ」時代

20世紀も終わる頃には、セル画の手描きでアニメの絵を製作するスタジオが減少して、パソコンの作画ソフトを使ったデジタル画やCG（コンピュータグラフィックス）で描くのが世界のスタンダードとなった。

その頃に発売されたソニーのプレイステーション（通称プレステ）は、上位機種が出るたびに３ＤＣＧで表現されたゲームのビジュアルが格段に向上し、ゲームに登場するキャラに萌えるオタクたちが増えてゆく。そこから歴史武将を愛でる「歴女」なる人種も登場。また二次元の住人に萌える〝腐女子〟も仮想現実（バーチャル）から現実世界（リアル）に解き放たれ、彼女たちがこよなく愛する萌え系のアニメ、ゲーム、同人誌から、「男の娘《こ》」という新種の擬人も誕生した。

前述のように、パソコンゲームのシナリオの小説化を愛でる（パソコン通信の）デジタル世代の他、コミケのゲーム系オタクに小説系オタクと、隠れ巨大市場のＢＬ（ボーイズ・ラブ）を愛でる腐女子が育んだ「ラノベ」というレーベルが、出版業界の孝行息子にまで育ち、その人気は国内だけに留まらず、アジア（韓国・台湾・香港・上海）の都市の若者へと広がっていった。

こうした「漫画」に伍する人気をアニメ制作会社が見逃すはずもなく、前世紀までアニメ原作の主役だった「漫画」が、「ラノベ」という新人にその座を奪われてゆくのだった。そもそもラノベはアニメブームの落とし子でもあって、漫画と同等以上にアニメとの親和性が高く、アニメ化しやすかったのが要因ともいえる。

アニメ系オタクから派生したゲーム系オタクは、系列からいって勿論アニメ好きである。故にゲーム系オタクも大半は「ラノベ」好きである。これはユーザーのみならず、クリエーターの方にもいえることで、制作者の越境が頻繁に行われるようになった。

ゲームソフト制作会社で、ゲーム用のオープニングムービーに携わっていた新海誠《しんかいまこと》は独立後、Mac1台で個人制作したアニメ『ほしのこえ』で評判を呼ぶ。これに感化されたようにゲーム業界から越境してアニメ制作に携わる人材が現れている。

ゲームクリエーターの奈須きのこ（代表作『月姫』）が、『フェイト／ステイナイト』『空の境界』等のアニメ制作に携わったり、『空の境界』をラノベ化してオタクたちの耳目を集めると、「泣きゲー（泣ける要素が多く取り入れられた恋愛アドベンチャーゲーム）」で有名な天才シナリオライター麻枝《まえだ》准《じゅん》（代表作『AIR』『クラナド』『リトルバスターズ！』）もアニメ制作に参入し、『エンジェルビーツ』『シャーロット』等の原作・脚本・音楽を担当し、そのマルチな才能を発揮してアニメオタクたちの笑いと涙を誘った。

他に虚淵玄《うろぶちげん》（代表作『鬼哭街』）も当初ゲームクリエーターだったが、漫画原作と並行して同人誌などでラノベを掲載。奈須きのこ原案の『魔法少女まどか☆マギカ』や、『サイコパス』『映画版サイコパス』の脚本で、地球上のアニメ好きの心にその名を深く刻み込んだ。

そしてもう一人忘れてはいけない人物が冲方丁《うぶかたとう》（代表作『マルドゥック・スクランブル』『蒼穹のファフナー』）。早稲田大学在学中に『黒い季節』で作家デビューし、その後、ゲームや漫画、アニメの原作・脚本、またラノベなどで人気を呼び、近年は時代劇小説『天地明察』で吉川英治文学新人賞を受賞した。先年は人気アニメの続編『サイコパス2』や、人気アニメのリブート作品『攻殻機動隊 ARISE ALTERNATIVE ARCHITECTURE』『攻殻機動隊 新劇場版』のシリーズ構成・脚本も担当している。

このようにポツポツながら新しい才能は開花しているのだが、日本アニメの未来に悲観的な想いを感じている批評家もいる。アメリカで芽吹き、フランスで開花して世界へと広まった「クールジャパン」という言葉に踊らされて、90年代から始まった海外向けアニメや漫画のブームが沈静化し、平成17年（2005年）をピークに海外への売上が半減していった。さらにアニメの縁の下の力持ちたる日本人の作画家（アニメーター）が不足して、アジアの人材を登用する制作会社が増え、これによってさらに分業化が進み、新人作画家の仕事が個人作業となってしまった。そのため、古参の作画家からの技術の継承がうまくゆかず、ますます我が国の作画家の育成が進んでいかなくなったのだ。とにかく（見た目が華やかな）声優やアニメ歌手になりたがる若人は山ほどいるのだが、アニメの根幹をなす（地味でしんどくて薄給の）作画家が絶滅危惧種になっているようだ。

まず海外での売上が落ちていった原因であるが、90年代から始まった日本製アニメの人気が「棚ボタ」だったことと、インターネットが進化してリアルタイムで世界発信される海賊版が横行し、漫画本やアニメのＤＶＤが売れなくなったことが挙げられる。「棚ボタ」と言ったのは、韓国のように（国を挙げて）戦略的にポップカルチュアを世界に発信したわけでなく、日本のアニメや漫画の凄さを欧米のオタクたちが世界へ独自発信し、タイミングの良いことに、『世紀末救世主伝説 北斗の拳』『ドラゴンボール』『ポケットモンスター』『ワンピース』『ＮＡＲＵＴＯ』と、（アニメは子供のものという世界感覚に合う）子供ウケするロングランの傑作アニメが揃っていたことで、その他諸々の日本のアニメや漫画も一緒に売れて、なんら苦労することもなく、勝手に売上が伸びていったからであった。

そのため、海外販売のノウハウがほとんど蓄積出来ておらず、ブームが沈静化していっても、良い作品を作っていれば売れるだろうという希望的観測から、本来、世界で商売になるであろう子供向けのアニメには重きをおかず、かれこれ十数年、ヤングアダルト向けアニメ制作が中心の国内志向の時が流れた。このような事態に、人によっては日本アニメの敗北とか衰退を語る評論家もいれば、まだまだ世界は日本アニメに惹かれていると語る評論家もいる。

まあ、どちらもその立場と見方で違いがあるだろうが、悲観論と楽観論の相違点は他の書籍に任せるとして、（基本的に）極楽蜻蛉《とんぼ》の著者が、ここまで「滅びた」「潰《つい》え去った」「消えていった」等々と、書いていてネガティブ疲れを起こしてしまったので、本のタイトルには反するのだが、アニメ未来の展望くらい（日本大衆文化の擁護記事を元ネタにして）少しはポジティブな話で締めることにする。

80～90年代のアニソンの隆盛がＴＶアニメを後押したと記述したが、ゼロ年代&新世紀ではアニメとアニソンの相互依存関係が深化してゆき、どちらを欠いても飛べない比翼の鳥となった。その一翼を担ったのが株式会社ランティスで、前にいた会社の同僚だった4人がアニソンに特化したレーベルを目指して、平成11年（１９９９年）11月に設立。３年後の平成14年（２００２年）に、ＴＶアニメ『あずまんが大王』の作品に関わる音楽制作を一手に引き受け、音楽を通じて作品を盛り上げてゆくという、ランティスのスタイルを世に提示した。

そしてアニメ業界空前のヒットとなる『涼宮《すずみや》ハルヒの憂鬱《ゆううつ》』（平成18年・２００６年）と『らき☆すた』（平成19年・２００７年）で、ランティス独自のスタイルが大きく評価を得ていった。『涼宮ハルヒの憂鬱』のエンディングでキャラクターが踊るダンスが世界中で大ブームとなり、動画投稿サイトでこのダンスを真似て踊るシーンがアップされてさらに評判を呼んだ。

ＰＣゲーム界との提携や才能の発掘は勿論のこと、昭和のアニメと違って主要キャラごとに多くのファンが付くようになると、個別のキャラクターソングが作られ、しかも主題歌並みにヒットする。キャラを担当した人気声優たちがソロアーティストとしてデビューし、彼らを集めたアニソンの野外フェスや日本武道館公演を開催。今やアニソンのライブイベントは毎年至る所で行われ、アジアから火が点いて、世界中からライブイベントの開催をオファーされている。こうしたランティスのスタイルは、他のアニメにも多大な影響を及ぼした。

従来の漫画雑誌とのタイアップで相乗効果を生み出したメディアミックスの枠を越えて、クロスメディアへと広がり、さらに、新世紀のＴＶアニメは拡張現実へと昇華していった。その最たるものは、アニメキャラの生活する（実際の）町を巡る、「聖地巡礼」である。リアルとバーチャルを繋ぐことで、好きなアニメの世界と一体化したいという、ファンの妄想願望を擽《くすぐ》って大ブームとなった。例えば、『らき☆すた』の聖地として有名となった鷲宮《さぎのみや》神社の土師祭《はじさい》では、お祭りの参加人数が激増したり、町おこしのイベントとして、秩父鉄道と東武鉄道の合同企画「らき☆すた×あの花」記念乗車券を作成して聖地巡礼列車を走らせていた。また箱根町では、エヴァンゲリオンの聖地巡礼のための「箱根補完マップ」を配布。アニメと100パーセント、シンクロしたいファンの人気を呼んでいた。

90年代に漫画やアニメの舞台化やミュージカル化が盛んになったことは前述したが、新世紀に登場したミュージカル『テニスの王子様』（略称はテニミュ）が、漫画・アニメのミュージカル化人気をさらに加速させた。『テニミュ』はそれまでのミュージカル以上に主演の役者を原作のキャラクターに似せることに注力し、台詞や場面も原作と寸分違わぬ演出をすることで、原作ファンの心の琴線に触れたようだ。初日は6割程度の入りであったが、口コミ等で徐々に人気が広まり、やがてロングラン公演となっていった。

以降、2次元（漫画・アニメ）と3次元（舞台）が融合したミュージカルを、「2・5次元ミュージカル」と呼ぶようになり、『ブリーチ』『黒執事』『忍たま乱太郎』『NARUTO』『最遊記《さいゆうき》』『デスノート』『薄桜鬼《はくおうき》』『弱虫ペダル』等の人気アニメ（漫画）が2・5次元ミュージカル化され、年々その知名度は高まっていった。

平成27年（2015年）3月21日に2・5次元ミュージカルの専用劇場「アイア2・5シアタートーキョー」が開館。2・5次元ミュージカルを漫画やニメ、アニソン（Jポップ）、TVゲームに並ぶ、「クールジャパン」のウリのひとつに育て、海外公演または海外から常時ファンを呼べるように、上演作品のブラッシュアップを図っている。

そうした枝葉の広がりもあってか、アニメ本体もここにきてようやく若手アニメーターの育成プロジェクトや、大々的なパブリック・リレーションズ（PR）に動き出していた。

お上（文化庁）主導というのが少し引っかかるが、日本アニメクリエーティブの振興と向上を目指して、（海外への外注で人材が育ち難くなった）業界の将来を担うアニメーターを育成するために始まった、国を上げての一大プロジェクトで、「あにめたまご」と名付けられた。そしてこの趣旨に賛同した手塚プロダクション、武右ェ門、STUDIO4℃、シグナル・エムディなどの、アニメ制作会社やCG制作会社が、業界に入って間もないアニメーターの育成に協力し、実戦的な技術の伝承を行っている。

PRの面では、平成26年（2014年）から「アニメジャパン」と銘打って、「アニメの全てがここにある」をテーマに、大学やテレビ局、アニメ制作会社、その他多くの会社や団体が出展した、アニメ総合見本市が東京ビックサイトで開催。アニメ業界に新規参入したものを含めた新旧アニメ展示・公開や、革新的なもの、そして伝統的なものを（手探りながら）ビジネスとして海外に向けて紹介し、捲土重来を期すための大計《たいけい》を立てているようである。また世界を意識し、アニメのネット配信で活路を見出そうとする企業家が、日本ポップカルチュアのグローバル化に腐心していた旧態然の業界で発言力を高めていた。

ただ意気込みだけでは、いつもの「鼬《いたち》ごっこ」を繰り返すことにもなりかねない。同じ轍《てつ》を踏まないように、やはり受け手である海外の人たちの気持ちが、この20年余りでどう変化していったの

かを知るべきだと考えていたら、その点を如実に語った興味深い記事が、広島発の地方紙「中国新聞（平成27年・2015年5月9日版）」に載っていた。

日本文学研究家マイケル・エメリック（カリフォルニア大ロサンゼルス校上級准教授）が、日本のアニメを論ずるゼミを担当して「学生のアニメに関する分析力や知識熱には感心しつつも、それ以上に、いわゆるポピュラーカルチュアの分野で、日米関係がいつの間にかここまで大きく変動していたことに大きく驚かされた。（大学生や大学院生など）受講生全員にとって日本のアニメとは普通にそこにあるもの、まるで空気のように自らの人生を取り巻く一種の『共通文化』になっているようだ」。そして「日本国内では日本ポピュラーカルチュアが世界的ブームとなっていると報道されているが、このブームという言葉は現状を形容するのに妥当でないように思う。今回のゼミには、いわゆるアニメ・オタクが受講者の大半を占めると予想していたが、実際の受講者は子供の頃にはアニメをよく見たが、最近は見なくなった人がほとんど。学生たちにとってアニメはブームではなく懐かしいもので、それも学生の出身地と関係なく、皆が共有する共通文化として親しんできたそうだ。日本アニメがブームとなっていった90年代に比べて、アメリカで日本語を学ぶ学生の数は約60パーセント上昇している。どうやら、日本は世界の若者にとって従来とはまるで違う『近い』存在になってきているようだ」とあった。

昨今、日本を訪れる観光客をインタビューする多くの番組の中で、昭和時代の旅行者と違って（片言でも）日本語を話せる異邦人が多いことに関心していたのだが、この記事を読んで腑に落ちると

ともに、（喜ばしきかな）万人の心の琴線に触れた日本文化の奥深さと、懐の広さも感じられる内容であった。ただ、こういった休火山状態の日本文化ファンをどう活火山に戻してゆくのか、思案のしどころである。

また、アジアの新興国の若者には「アニメを吹き替えなしで観たい」と思ってるファンが多いようだ。日本文化により親しむには、日本語の習得は必須なのである。こうした共通語習得で共感力もさらに高まる。そこに目を付けて、ネットで漫画を使って日本語を教えるベンチャーも現れた。

これを見習い、日本のアニメ制作者もマニア系やアーティスティクなものばかりを追求せず、アメリカのセサミストリート的な趣の幼児向け日本語教育アニメを制作（無料）配信し、海外の子供たちの潜在意識に日本語をインストールして、日本アニメファンの底上げを図ってみてはどうだろう。「雀百まで踊り忘れず」である。

＊1　おとぎプロダクション

昭和30年（1955年）1月に漫画家の横山隆一（代表作は『フクちゃん』）が、鎌倉の自宅の離れの二階家に造った動画スタジオである。当初は総勢6名のスタッフで始めたそうで、翌年（昭和31年・1956年）に『オバケのQ太郎』の名物キャラ「ラーメン大好き小池さん」のモデルとなった鈴木伸一がアニメーターとして参加。他にも、後年虫プロで活躍する山本栄一と映画研究家の岡田英美子も入社している。ちなみに、昭和33年（1958年）3月に新社屋を完成し、スタッフも23名に増員された。

＊2　アニメージュ

昭和52年（1977年）の劇場版『宇宙戦艦ヤマト』（8月6日封切り）の公開に合わせて、徳間書店が発売した『ロマンアルバム 宇宙戦艦ヤマト』の驚異的な売れ行きで日本中にアニメーションブームが起こる。これにより、アニメーションの情報も商売になるという認識を得て、昭和53年（1978年）7月にアニメ情報誌『アニメージュ』を創刊。アニメ誌の先駆的な雑誌であり、以降『月刊ＯＵＴ』（みのり書房刊）、『季刊 宇宙船』（ホビージャパン刊）、『季刊 プータオ』（白泉社刊）、『月刊ニュータイプ』（ＫＡＤＯＫＡＷＡ刊）等々、雨後の筍のように有名無名の大小出版社から、さまざまなアニメ（漫画）＆特撮情報誌が刊行されていった。

＊3　リミテッドアニメ

手塚治虫の説明では、1秒間に8枚程度（フルアニメーションでは24枚）の動画枚数で制作されたアニメ。

されど明日になれば、日はまた昇る。

参考文献リスト

『郷土秘玩』郷土秘玩社／昭和7年発行
『紙芝居精義』内山憲尚著／東洋圖書／昭和14年発行
『日本人形史』山田徳兵衛著／冨山房／昭和17年発行
『操人形の顔』堂本彌太郎著／一條書房／昭和17年発行
『日本の遊戯』小高吉三郎著／羽田書店／昭和18年発行
『体験が語る紙芝居の實際』平林博著／照林堂書店／昭和18年発行
「キネマ旬報第61号（増刊・日本欧米テレビ大鑑）」キネマ旬報社／昭和25年発行
『人形劇の本』川尻泰司著／国土社／昭和31年発行
『かわら版物語』小野秀雄著／雄山閣出版／昭和35年発行
『日本のおもちゃ』山田徳兵衛著／芳賀書店／昭和43年発行
『紙芝居昭和史』加太こうじ著／立風書房／昭和46年発行
『おもちゃの話』斎藤良輔著／朝日新聞社／昭和46年発行
『漫画博物誌　日本編』須山計一著／番町書房／昭和47年発行
『絵の言葉』小松左京著／講談社／昭和51年発行
『一億人の昭和史』毎日新聞社／昭和51年発行
『嵐寛の世界』御園京平・磯貝宏國共著／池田書店／昭和52年発行

『SF事典』横田順彌著／広済堂出版／昭和52年発行
『日本アニメーション映画史』山口且訓・渡辺泰共著、プラネット社編／有文社／昭和52年発行
『放送五十年史 資料編』／日本放送協会篇／日本放送出版協会／昭和52年発行
『CM25年史』全日本CM協議会編／講談社／昭和53年発行
『写真で見る大衆文学事典』興津要著／桜楓社／昭和53年発行
『テレビアニメ全集』①〜③／杉山卓著／秋元書房／昭和53年発行
『なつ漫グラフィティー』双葉社／昭和54年発行
『明治漫画館』清水勲著／講談社／昭和54年発行
『あなたもSF作家になれるわけではない』豊田有恒著／徳間書店／昭和54年発行
『太陽 古典と絵巻シリーズⅡ説話絵巻』平凡社／昭和54年発行
『太陽 古典と絵巻シリーズⅢお伽草子』平凡社／昭和54年発行
『日本風俗史事典』日本風俗史学会著／弘文堂／昭和54年発行
『テレビ・アニメ最前線』石黒昇・小原乃梨子共著／大和書房／昭和55年発行
『OH！漫画』日高敏編集／晶文社／昭和57年発行
『2B弾・銀玉戦争の日々』米沢嘉博・式城京太郎共著／新評社／昭和57年発行
「えすとりあ　季刊3号 水木しげる特集」坂育夫編、水木しげる伝／えすとりあ同人／昭和57年発行
「えすとりあ　季刊4号 山川惣治特集」坂育夫編、山川惣治伝／えすとりあ同人／昭和58年発行
『「異説」日本人物事典』桑田忠親監修／三省堂／昭和58年発行
『江戸時代を見た英国人』ろじゃめいちん著／PHP研究所／昭和59年発行

『サンダーバード スーパーマリオネーション・グラフィティ』／朝日ソノラマ／昭和59年発行
『ひげよさらば ムック版』／理論社／昭和59年発行
『1970年大百科』／JICC出版局／昭和60年発行
『影絵劇の世界』藤城清治著／東京書籍／昭和61年発行
「歴史と旅 臨時増刊号（日本剣豪総覧）」秋田書店／昭和61年発行
『なんたって！ヒーロー』竹内義和著／ケイブン社／昭和61年発行
『日本テレビドラマ史』鳥山拡著／映人社／昭和61年発行
『子どもの昭和史 昭和20年－35年』／平凡社／昭和62年発行
『江戸東京学事典』小木新造・陣内秀信他5名編集／三省堂／昭和62年発行
『マレーの虎 ハリマオ伝説』中野不二男著／新潮社／昭和63年発行
『よみがえれ！TVヒーロー』平凡社／平成1年発行
『架空人名事典 日本編』教育社／平成1年発行
『「少年」傑作集 第4巻』光文社／平成1年発行
『「漫画少年」と赤本マンガ―戦後マンガの誕生―』清水勲著／刀水書房／平成1年発行
『小説黄金バット』加太こうじ著／筑摩書房／平成2年発行
『テレビ40年 in TVガイド』TVガイド編集部／東京ニュース通信社／平成3年発行
『本の情報事典』紀田順一郎監修／出版ニュース社／平成3年発行
『新聞錦絵の世界』高橋克彦著／角川書店／平成4年発行
『おもちゃ博物館』①～㉔／多田敏捷編／京都書院／平成4年発行

『殺陣 チャンバラ映画史』永田哲朗著／社会思想社／平成5年発行
『時代劇博物館』島野功緒著／社会思想社／平成5年発行
『タツノコプロ30周年記念全集』バンダイ／平成5年発行
『ニッポン漫画家名鑑』長谷邦夫著／データハウス／平成6年発行
『江戸時代の常識・非常識』歴史街道編／PHP研究所／平成7年発行
『超人画報』竹書房／平成7年発行
『少年マンガの世界 子どもの昭和史』Ⅰ・Ⅱ／米沢嘉博著／平凡社／平成7年発行
『ニッポン漫画雑誌名鑑』長谷邦夫著／データハウス／平成7年発行
「アサヒグラフ別冊 戦中戦後 紙芝居集成」朝日新聞社／平成7年発行
『TV博物誌』荒俣宏著／小学館／平成9年発行
『日本人形玩具辞典』斎藤良輔著／東京堂出版／平成9年発行
『凧大百科 日本の凧・世界の凧』比毛一朗著／美術出版社／平成9年発行
『フィギュアバイブル』フィギュア王編集部編／グリーンアロー出版社／平成9年発行
『スーパーヒロイン画報』竹書房／平成10年発行
『戦後人形劇風雲録』曽根喜一著／晩成書房／平成10年発行
『フリンジ・カルチャー』宇田川岳夫著／水声社／平成10年発行
『スペクトルマンVSライオン丸』鷺巣富雄著／太田出版／平成11年発行
『図説 映像トリック』広瀬秀雄・矢牧健太郎共著／河出書房新社／平成14年発行
『日本幻想文学全景』須永朝彦編／新書館／平成10年発行

『大阪漫画史』清水勲著／ニュートンプレス／平成10年発行
『アメリカTVドラマ劇場』内野真一郎著／同文書院／平成11年発行
『拳の文化史 ジャンケン・メンコも拳のうち』たばこと塩の博物館／平成11年発行
『とても変なまんが』唐沢俊一著／早川書房／平成12年発行
『NHK少年ドラマシリーズのすべて』増山久明編著／アスキー／平成13年発行
『幻燈の世紀』岩本憲児著／森話社／平成14年発行
『映画大全集 増補改訂版』メタモル出版／平成14年発行
『NHK連続人形劇のすべて』池田憲章・伊藤秀明編著／アスキー／平成15年発行
『すぐわかる絵巻の見かた』榊原悟監修／東京美術／平成16年発行
『白土三平論』四方田犬彦著／作品社／平成16年発行
『日本のレオナルド・ダ・ヴィンチ 手塚治虫と6人』ブティック社／平成17年発行
『キャプテンスカーレット&ジョー90＋ロンドン指令Xアルバム』朝日ソノラマ／平成17年発行
『「ジャパニメーション」はなぜ敗れるか』大塚英志・大澤信亮共著／角川書店／平成17年発行
『「コマ」から「フィルム」へ マンガとマンガ映画』秋田孝宏著／NTT出版／平成17年発行
『テレビアニメ魂』山崎敬之著／講談社／平成17年発行
『時代小説盛衰史』大村彦次郎著／筑摩書房／平成17年発行
『黒頭巾旋風録』佐々木譲著／新潮社／平成17年発行
『アニメ・特撮・SF・映画メディア読本』浅尾典彦著／青心社／平成18年発行
『世界SF映画全史』北島明弘著／愛育社／平成18年発行

『紙芝居がやってきた！』鈴木常勝著／河出書房新社／平成19年発行
『紙芝居と〈不気味なもの〉たちの近代』姜竣著／青弓社／平成19年発行
『日本の人形劇 1867－2007』加藤暁子著／法政大学出版局／平成19年発行
『江戸の遊戯 貝合わせ・かるた・すごろく』並木誠士著／青幻社／平成19年発行
『日本文化のかたち百科』小町谷朝生・細矢治夫・宮崎興二編／丸善／平成20年発行
『バトルヒロイン 完全ガイド』コスミック出版／平成20年発行
『太平洋戦争秘録 日本・秘密兵器大全』宝島社／平成20年発行
『テレビ番組事始』志賀信夫著／日本放送出版協会／平成20年発行
『明治・大正・昭和の大衆文化』成蹊大学文学部学会編／彩流社／平成20年発行
『日本人形の美』是澤博昭監修／淡交社／平成20年発行
『大佛次郎の「大東亜戦争」』小川和也著／講談社／平成21年発行
『人形記 日本人の遠い夢』佐々木幹郎著／淡交社／平成21年発行
『アニメ作品事典』日外アソシエーツ／平成22年発行
『日本映画は生きている 第6巻 アニメは越境する』岩波書店／平成22年発行
「調査情報」9・10月号 TBSメディア総合研究所編／TBS／平成22年発行
『おじさんはなぜ時代小説が好きか』関川夏央著／集英社／平成22年発行
『劇画師伝説』松本品子編／国書刊行会／平成23年発行
『日本こどものあそび図鑑』笹間良彦著／遊子館／平成22年発行
『にほんのかたちをよむ事典』形の文化会編／工作舎／平成23年発行

『アニメとプロパガンダ』セバスチャン・ロファ著／法政大学出版局／平成23年発行
『日本遊戯史』増川宏一著／平凡社／平成24年発行
『テレビアニメ 夜明け前』津堅信之著／ナカニシヤ出版／平成24年発行
『梵天、かく語りき。—紙芝居・漫画の頃—』丹野雅仁編／凡天劇画会／平成24年発行
『ＮＨＫ連続人形劇プリンプリン物語 メモリアル・ガイドブック』友永詔三著／河出書房新社／平成25年発行
『金太郎の謎』鳥居フミ子著／みやび出版／平成24年発行
『「大菩薩峠」を都新聞で読む』伊東祐吏著／論創社／平成25年発行
『'60年代蘇る昭和特撮ヒーロー』石橋春海著／コスミック出版／平成25年発行
「シアターガイド」９月号　モーニングデスク／平成25年発行
『ボードゲームワールド』小野卓也著／スモール出版／平成25年発行
「ボードゲームカタログ２０１」すごろくや編／スモール出版／平成25年発行
『日本のアニメは何がすごいのか』津堅信之著／祥伝社／平成26年発行
『「見たいテレビ」が今日もない』長谷川豊著／双葉社／平成26年発行
『実録 テレビ時代劇史』能村庸一著／筑摩書房／平成26年発行
『なぜ時代劇は滅びるのか』春日太一著／新潮社／平成26年発行
『伝説の昭和特撮ヒーロー（宣弘社全仕事）』石橋春海著／コスミック出版／平成26年発行
『ライトノベルから見た少女／少年小説史』大橋崇行著／笠間書院／平成26年発行
『「講談社の絵本」の時代：昭和残照記』永峯清成著／彩流社／平成26年発行
『熱風の日本史』井上亮著／日本経済新聞出版社／平成26年発行

『日本語とはどういう言語か』石川九楊著／講談社／平成27年発行
『けん玉学』窪田保著、こどもくらぶ編／今人舎／平成27年発行

漫画おやぢ　まんが・おやぢ

安芸国の生まれの昭和男。本好きにしたいとの母親の思いが、何処で間違ったのか、無類の漫画好きとなる。社会人となってもオタク趣味は続き、中年となり人生を振り返った時、自分の足跡を遺したいとの思いに駆られ、学生時代の妄想だった物書きになりたい気持ちが再燃。折も折、旧知の古書店の同人誌から連載の依頼があり、渡りに船と引きうける。たびたび同人誌のテーマから外れた記事を書いてしまう性格は多面性を持ち、夜の闇を好んで、その生態は猫族に類する。

日出国《ひいづるくに》の落日《らくじつ》の大衆的文化《ポップカルチュア》

二〇一七年三月三〇日　第一刷発行

著者　漫画《まんが》おやぢ

発行者　田村 仁

発行所　株式会社講談社エディトリアル
郵便番号 一一二-〇〇一三
東京都文京区音羽一-一七-一八 護国寺SIAビル六階
電話 代表：〇三-五三一九-二一七一
販売：〇三-六九〇二-一〇二一

印刷・製本　共同印刷株式会社

定価はカバーに表示してあります。
落丁本・乱丁本は、購入書店名を明記のうえ、講談社エディトリアル宛てにお送りください。送料小社負担にてお取り替えいたします。

ISBN978-4-907514-73-0